中国科技期刊产业发展报告（2023）

平台经济视域下科技期刊产业生态优化专题

中国科协学会服务中心　主编

科学出版社

北京

内 容 简 介

《中国科技期刊产业发展报告（2023）》着眼于平台经济视野，通过科技期刊平台产业的摸底调研和中外对比，明确了"科技期刊平台"的定义及分类，深入剖析平台经济视域下期刊平台发展要素，研究保障平台产业健康发展的政策环境，回答了新时代如何平衡作者、读者、期刊、平台等多方权益的问题，并综合分析国内外科技期刊产业平台的基本情况和发展模式来反映平台的产业价值。针对科技期刊平台在建设与运营过程中面临的问题和挑战，提出应对策略和发展建议，为我国科技期刊产业发展优化生态，实现系统化、常态化，做"强"做"大"平台经济，探索出一条中国式发展道路。

图书在版编目（CIP）数据

中国科技期刊产业发展报告. 2023/中国科协学会服务中心主编. —北京：科学出版社，2024.8 — ISBN 978-7-03-079054-5

Ⅰ. G237.5

中国国家版本馆 CIP 数据核字 20244TN906 号

责任编辑：王 治　侯修洲／责任校对：孙 青
责任印制：关山飞／封面设计：科爱公司

科学出版社 出版
北京东黄城根北街 16 号
邮政编码：100717
http://www.sciencep.com
北京科信印刷有限公司 印刷
科学出版社发行　各地新华书店经销
*
2024 年 8 月第 一 版　开本：720×1000 1/16
2024 年 8 月第一次印刷　印张：21 1/2
字数：350 000
定价：198.00 元
(如有印装质量问题，我社负责调换)

《中国科技期刊产业发展报告》专家委员会

（按姓氏汉语拼音排序）

曹健林	《光：科学与应用》创刊主编
	世界一流科技期刊建设专家委员会委员
董尔丹	中国工程院院士，《中华医学科研管理杂志》总编辑，
	《生物医学转化》总编辑
杜大力	中宣部"学习强国"学习平台编委、副总经理
杜海涛	北京卓众出版有限公司董事长
黄小卫	中国工程院院士，稀土材料国家工程研究中心主任
李　军	中国期刊协会副会长，
	世界一流科技期刊建设专家委员会委员
李金华	中国社会科学院《数量经济技术经济研究》杂志常务副主编，
	中国数量经济学会常务副理事长兼秘书长
李亚栋	中国科学院院士，安徽师范大学校长
林丽颖	中国图书进出口（集团）有限公司总经理
刘长欣	同方知网董事长
刘兴平	中国科协科学技术创新部部长
龙　杰	高等教育出版社副总编辑
潘云涛	中国科学技术信息研究所首席研究员
彭　斌	中国科技出版传媒股份有限公司总编辑
乔晓东	北京万方数据股份有限公司副总经理
邵　行	北京北大方正电子有限公司董事长

魏均民　《中华医学杂志》社有限责任公司总经理兼总编辑，
　　　　中国科学技术期刊编辑学会副理事长兼秘书长
颜　帅　国际科学、技术与医学出版商协会（STM）中国顾问
张洪波　中国文字著作权协会常务副会长兼总干事
张铁明　中国高校科技期刊研究会理事长
周德进　中国科学院原科学传播局局长
周旗钢　中国有研科技集团有限公司副总经理

《中国科技期刊产业发展报告》编写委员会

（按姓氏汉语拼音排序）

顾立平	中国科学院文献情报中心研究员
黄延红	科学出版社期刊发展中心主任，编审
刘培一	北京中科期刊出版有限公司副总经理，编审
刘亚东	中国科协学会服务中心主任
楼　伟	中国科协学会服务中心副主任
马　峥	中国科学技术信息研究所信息资源中心副主任，研究员
钱九红	有科期刊出版（北京）有限公司总编辑
沈锡宾	《中华医学杂志》社有限责任公司新媒体部主任，编审
孙　平	思益迪（北京）国际教育咨询服务有限公司副研究员，国际科研合作信息网总编辑
伍军红	《中国学术期刊（光盘版）》电子杂志社有限公司文献评价研究中心主任，编审
肖　宏	同方知网副总经理、《中国学术期刊（光盘版）》电子杂志社有限公司总编辑，编审
谢艳丽	北京卓众出版有限公司副总经理，副编审
赵慧君	北京卓众出版有限公司总编室主任，《数字出版研究》副主编，编审

前　　言

《中国科技期刊产业发展报告》（以下简称《报告》）系列每五年一个周期，第一年为产业化综合报道，后续每年一个专题报道，以呈现中国科技期刊产业的最新研究热点。2021 版《报告》立足全球视野和产业视角，首次对科技期刊产业赋予了经济学定义，并通过对产业基础数据和发展结构进行解析，客观呈现了我国科技期刊产业现状，总体上回答了中国有没有科技期刊产业，产业化基础条件如何的问题。2022 版《报告》围绕"数字经济视域下科技期刊出版深度融合发展"这一专题，解读我国科技期刊产业新业态的呈现方式，深挖数字化转型道路上的问题及障碍，探究科技期刊产业出版融合发展的新途径。2023 版《报告》聚焦"平台经济视域下科技期刊产业生态优化"专题，旨在阐述我国科技期刊数字化转型过程中期刊平台的整体发展状况，分析平台在建设与运营过程中面临的问题和挑战，探讨科技期刊平台产业健康发展的对策建议，助力科技期刊产业高质量发展。

平台经济是基于数字平台的各种经济关系的总称，是以互联网平台为主要载体，以数据为关键生产要素，以新一代信息技术为核心驱动力，以网络信息基础设施为重要支撑的新型经济形态[①]。随着全球化进程加速、技术革新与互联网普及，平台经济正在全球范围内快速发展，成为现代经济中一种日益重要的商业模式。作为生产力新的组织方式，平台经济是构筑国家竞争新优势的重要载体，是经济转型和国家治理的重要引擎，对优化资源配置、推动产业升级、畅通经济循环具有重要意义。同时，平台经济的不断壮大，也将带动数字产业化和产业数字化的发展，从而为数字经济高质量发展注入全新动能。

近年来我国平台经济快速发展，在经济社会发展全局中的地位和作用日益突显。据统计，2021 年中国互联网百强营收达 4.58 万亿元，预测 2030 年平台经济的总规模将达到 100 万亿元。从全球视角看，我国平台经济已居于世界领先地位。根据中国信息通信研究院发布的《平台经济发展观察（2023 年）》统计，截至 2022 年底，全球价值超百亿美元的互联网平台共有 70 家，价值规模约 9.2 万亿美元。

---

① https://www.gov.cn/zhengce/zhengceku/2022-01/20/content_5669431.htm

其中，中美保持绝对引领，平台企业数量合计达 54 家，市值总额高达 8.8 万亿美元。中美作为全球平台经济的双引擎，比较来看，中国在数量上占优，美国在规模上占优。2022 年，中国超百亿美元数字平台的数量虽达到了 28 家，高于美国的 26 家，但价值总额为 2 万亿美元，约为美国的三分之一，差距仍然存在，且头部平台与美国差距在不断扩大。

为推动平台经济的健康发展，提升我国平台经济的竞争力，党中央国务院多次出台相关政策文件，围绕平台经济统筹工作部署。2021 年 12 月，国家发展改革委等部门印发《关于推动平台经济规范健康持续发展的若干意见》，从构筑国家竞争新优势的战略高度出发，建立健全规则制度，优化平台经济发展环境。

如今，平台经济已融合到科技界、学术界、出版界相关的各个行业，科技期刊业也不例外。一方面，在数字化时代，科技期刊的出版和传播方式随之发生了深刻的变化。一些学术出版平台或数据共享平台，通过构建在线平台，使得科研成果的发布、传播和共享变得更加快速、便捷和广泛。另一方面，平台经济也为科技期刊带来了新的商业模式。一些科技期刊利用自身的品牌和资源优势，搭建学术交流、成果发布以及宣传推广平台，通过提供增值服务等方式实现盈利，同时，期刊也可以从平台上获得版税收入等经济回报，从而有助于提升科技期刊的可持续发展能力。

参考国际上的科技期刊强国，其期刊出版产业链是由学术研究机构、专业出版机构、平台服务提供商共同打造，从而形成了上下游有机互动、利益共享、行业自律的学术传播交流生态圈。国内外科技期刊发展实践表明，近现代创办的一流科技期刊大多是在一流的平台上孵化出来的，两者相辅相成，共同促进了期刊产业的增长。相比之下，我国在期刊平台建设方面存在严重的短板，一定程度上阻碍了科技期刊数字化转型的进度及产业化发展的进程。因此，为了推动我国科技期刊更好地改革发展，党中央、国务院作出一系列战略部署。

2019 年 8 月中国科协、中宣部、教育部、科技部联合印发《关于深化改革 培育世界一流科技期刊的意见》，2021 年 5 月中宣部、教育部、科技部印发《关于推动学术期刊繁荣发展的意见》，2021 年 12 月国家新闻出版署印发《出版业"十四五"时期发展规划》等相关政策的出台，对于推动我国科技期刊平台建设、提升平台影响力具有十分重要的指导意义。因此，为全面贯彻习近平总书记关于加快建设现代化产业体系的重要论述，深入落实上述文件要求，2023 版《报告》着眼于平台经济视域，开展中外科技期刊平台产业的摸底调研和对比，深入研究平台经济视域下期刊平台发展要素，以及保障平台产业健康发展的政策环境，回答了新时代如何平衡作者、读者、期刊、平台等多方权益的问题，并提出对策建议，为我国科技期刊平台做强做大探索出一条中国式发展道路。

本书研究的科技期刊平台，可以定义为以集聚学术资源，促进学术成果传播与交流为目的，基于实体网站，提供与期刊出版工作密切相关的各类功能，满足学者、编者、读者信息交换需求，在特定规则下实现价值增值或转移的交易场所，可涵盖编辑出版、经营发行、传播推广、知识服务等单一或多种功能。

本书第一章，基于数据统计分析，客观呈现中国科技期刊产业现状和过去一年的发展变化；更新科技期刊产业发展指数，揭示不同区域和不同行业的期刊产业发展形势；更新科技期刊产业景气指数，反映科技期刊产业整体所处的周期性发展状态，衡量不同属性科技期刊的产业发展能力。

第二章分析了与期刊平台产业健康发展密切相关的政策与环境因素，包括科技期刊平台相关政策与法律法规的分类梳理，作者、读者、期刊、平台、图书馆等多方权益问题的分析，中国科技期刊平台相关的科研诚信和伦理问题，以及通过对比分析法律纠纷案件和著作权法等相关法律法规的变化，阐述期刊平台相关法律难点问题及解决思路。

第三章首先对本书研究的科技期刊平台范围给予界定和分类，然后针对各类期刊平台的生存、发展状态进行深入调研，归纳总结影响期刊平台发展的内容及数据、技术、人才、资本等关键要素，从产业链视角，阐述它们相互依存和影响的关系，以及在平台建设中发挥的作用。

第四章，深入调研国内外科技期刊平台的规模、运营模式、投入情况、社会效益及经济效益，综合分析国内外科技期刊平台的基本情况和发展模式，反映平台的产业价值。并运用 SWOT 分析法，比较国内外期刊平台的优劣势、长短板，分析在开放科学、AIGC 等外部因素下，中国科技期刊平台面临的发展机遇及挑战。

第五章，总结归纳科技期刊平台的整体发展状况，分析提出专业集群化平台和传播服务类平台在建设与运营过程中面临的问题和挑战，最后以问题为导向，从政策环境、行业共同体、期刊社、平台企业等角度提出科技期刊平台产业健康发展的对策建议。

2023 版《报告》依托国内外知名数据库和直接采集的案例资料开展研究，数据来源为国家新闻出版署 2023 年全国期刊核验数据，国家统计局《中国统计年鉴》《中国科技统计年鉴》，中国知网、万方和中华医学会数据等。

本书专家委员会对《报告》整体方向进行把关，确定内容框架，审定出版内容，参加相关工作决策会议；编写委员会组建编写组，指导《报告》相关数据、案例的调查研究与统计分析，牵头《报告》内容撰写和修改完善，参加相关工作会议；编写组秉承公正客观的原则，实事求是地收集数据、查找文献、筛选案例、剖析问题、总结规律，对庞大数据和参考文献抽丝剥茧，力求数据准确、重点突出、论据可靠、表达规范，尝试全方位呈现中国科技期刊平台发展现状。

《报告》编制过程中，由于涉及的数据量庞大，且统计来源、数据选取、统计时段各有不同，部分期刊的指标数据存在一定缺失，使得统计结果存在一定误差。编写组在数据检索、统计分析、编辑统稿过程中难免存在疏漏之处，期待广大读者不吝赐教、批评指正。在此，谨向所有为本书的编制和出版付出辛勤劳动的专家、学者和业界同仁致以诚挚的感谢！

中国科协学会服务中心

2023 年 9 月

目　　录

前言 ·· i

第一章　中国科技期刊产业发展指数研究 ··· 1

　第一节　中国科技期刊产业基础数据分析 ·· 4
　　一、科技期刊产业发展指数指标体系设计 ··· 4
　　二、中国科技期刊产业总体数据情况 ·· 11
　　三、中国科技期刊产业区域数据情况 ·· 16
　　四、中国科技期刊产业行业数据情况 ·· 25

　第二节　中国科技期刊产业发展指数分析 ·· 31
　　一、中国科技期刊产业发展指数计算方法 ······································· 31
　　二、中国科技期刊产业发展指数区域计量分析 ································ 32
　　三、中国科技期刊产业发展指数行业计量分析 ································ 40

　第三节　中国科技期刊产业景气指数分析 ·· 46
　　一、中国科技期刊产业景气指数指标体系 ······································· 46
　　二、中国科技期刊产业景气指数计算方法 ······································· 52
　　三、中国科技期刊产业景气指数计量分析 ······································· 54
　　四、中国卓越期刊产业景气指数计量分析 ······································· 56
　　五、中国不同语种科技期刊产业景气指数计量分析 ························· 57
　　六、中国不同学科科技期刊产业景气指数计量分析 ························· 59
　　七、中国不同区域科技期刊产业景气指数计量分析 ························· 61

　参考文献 ·· 63

第二章　保障期刊平台健康发展的政策环境分析 ································ 64
　第一节　科技期刊平台建设相关法律法规和政策 ································ 68

一、科技发展相关的法律法规和政策 ································· 68

二、科技期刊平台相关法律法规和政策 ····························· 69

三、互联网平台相关法律法规和政策 ································· 70

四、科学数据相关法律法规和政策 ··································· 71

五、科研伦理和科研诚信相关法律法规和政策 ····················· 72

六、版权和知识产权相关法律法规和政策 ··························· 74

七、小结 ··· 75

第二节 作者、读者、期刊、平台、图书馆等多方权益解析 ·············· 75

一、作者、期刊、集成商等的知识产权关系 ························· 76

二、科技期刊平台经济的产业链 ······································ 76

三、科技期刊平台经济的各种生产者和加工者 ····················· 82

四、科技期刊平台经济的期刊平台和集成平台 ····················· 86

五、开放科学环境中的资助者、作者、出版商、平台的权益关系 ····· 87

六、小结 ··· 95

第三节 科技期刊平台相关科研诚信和出版伦理问题 ·················· 96

一、科研诚信和出版伦理相关概念和问题 ··························· 96

二、维护科研诚信和出版伦理的制度和机制 ························ 98

三、科技期刊界出版伦理建设实践 ································· 102

四、科技期刊界自律自治与行业可持续发展 ······················ 109

五、关于我国出版伦理建设的展望和建议 ························· 112

六、小结 ·· 115

第四节 科技期刊平台相关法律难点问题及解决思路探索 ············ 115

一、我国著作权法等相关法律法规变化情况 ······················ 116

二、期刊平台发展过程中的法律纠纷案件分析 ··················· 119

三、解决思路：做好"知识产权保护"和"知识合理利用"之间的平衡 ··· 123

四、小结 ·· 126

参考文献……126

第三章 平台经济视域下期刊平台发展要素分析……133

第一节 科技期刊平台定义及分类……135
一、平台……135
二、平台经济……135
三、科技期刊平台……136

第二节 科技期刊平台建设类型及数据要素分析……145
一、典型平台调研……145
二、科技期刊平台建设内容……166
三、科技期刊平台内容建设路径……173

第三节 科技期刊平台建设技术要素分析……175
一、构建科技期刊平台的关键技术及实际应用……175
二、科技期刊平台技术发展趋势及未来展望……190

第四节 科技期刊平台建设人才要素分析……196
一、科技期刊平台人才队伍组成及工作职责……197
二、国际期刊平台人才情况调研……205
三、我国科技期刊平台人才情况调研……209
四、我国科技期刊平台人才现状和发展措施……214

第五节 科技期刊平台建设资本要素分析……218
一、国际科技期刊平台建设资本要素分析……218
二、国内科技期刊平台建设资本要素分析……222
三、我国科技期刊平台建设资本的政策与环境分析……225

参考文献……227

第四章 中外科技期刊平台产业价值对比分析……231

第一节 国际期刊平台产业价值分析……233
一、国际期刊平台基本情况……234

二、国际期刊平台提供的服务 ………………………………………… 240

　　三、国际期刊平台的社会效益 ………………………………………… 243

　　四、国际期刊平台的经济效益 ………………………………………… 244

第二节　国内科技期刊平台产业价值分析 ………………………………… 248

　　一、国内科技期刊平台基本情况 ……………………………………… 248

　　二、国内科技期刊平台社会效益 ……………………………………… 254

　　三、国内科技期刊平台经济效益 ……………………………………… 256

第三节　国内外期刊平台产业价值对比分析 ……………………………… 259

　　一、优势（S）分析 …………………………………………………… 259

　　二、劣势（W）分析 …………………………………………………… 261

　　三、机会（O）分析 …………………………………………………… 264

　　四、挑战（T）分析 …………………………………………………… 266

　　五、对策与建议 ………………………………………………………… 267

参考文献 ……………………………………………………………………… 268

第五章　科技期刊产业的平台经济优化策略 …………………………… 271

第一节　我国科技期刊平台整体发展状况 ………………………………… 273

　　一、国家政策对科技期刊平台的支持逐步加大 ……………………… 273

　　二、期刊积极推动自身平台化建设 …………………………………… 274

　　三、我国已形成一定规模的期刊平台 ………………………………… 275

　　四、与国际一流科技期刊平台相比仍有差距 ………………………… 275

第二节　科技期刊平台发展过程中面临的问题和挑战 …………………… 277

　　一、专业集群化平台的主要挑战——如何发展壮大 ………………… 277

　　二、传播服务平台的主要挑战——如何对标世界一流 ……………… 279

第三节　科技期刊平台健康发展的对策建议 ……………………………… 282

　　一、完善政策，鼓励科技期刊跨区域整合 …………………………… 282

　　二、优化数字版权，推动科技期刊行业合规建设 …………………… 282

三、支持集团化办刊，助力科技期刊平台补短板 …………………………… 284

四、加强技术创新，提升上下游用户使用体验 …………………………… 285

五、深耕平台经济，创新盈利模式实现持续发展 ………………………… 286

参考文献 ………………………………………………………………………… 287

附录1 国内外科技期刊相关企业经营状况报告 ………………………………… 288

附录2 科技期刊平台相关的法律法规和政策 …………………………………… 315

第一章　中国科技期刊产业发展指数研究[①]

本章基于 2023 年全国期刊核验数据（以下简称"2023 版年检数据"）、国家统计局《中国统计年鉴》《中国科技统计年鉴》、中国知网资源总库等相关数据，统计分析中国科技期刊产业的资源基础，并与前两年进行对比分析，反映 2022 年中国科技期刊产业投入、经济效益及社会效益的客观现状及变化趋势。

基于 2023 版年检数据统计，截至 2022 年底中国科技期刊总量为 5160 种（与《中国科技期刊发展蓝皮书》相比，剔除了 10 种 CN 号后缀为 TS 的社科期刊，新增了 5 种网络版科技期刊和 2 种常规版科技期刊）。参与 2023 年全国核验的期刊均为中国公开发行的具有 CN 刊号的期刊[②]，总体特征为：

1）对 2023 版年检数据进行分类统计：根据中国科普研究所科普类期刊名单，科普类期刊 325 种，占 6.30%；学术类期刊 4835 种，占 93.70%。

2）各地区出版科技期刊数量呈不均衡分布状态。居前五的区域出版科技期刊占总量的一半以上（53.24%），依次为北京（1689 种，32.73%）、上海（354 种，6.86%）、江苏（266 种，5.16%）、湖北（222 种，4.30%）和四川（216 种，4.19%）。

3）出版周期以双月刊和月刊为主，其中双月刊 2030 种（39.34%）、月刊 1845 种（35.76%）。

4）文种分布以中文科技期刊占大多数（4551 种，88.20%），英文

[①] 第一章执笔：伍军红、赵军娜、时洪会、孙璐、李威。
[②] 本报告不含我国港澳台地区出版的期刊。

科技期刊 437 种（8.47%），中英文科技期刊 172 种（3.33%）。

5）经营总收入包括发行收入、广告收入、新媒体收入、版权收入、项目活动收入、其他收入。中国科技期刊 2022 年经营总收入 69.63 亿元，利润总额 5.29 亿元。

6）总支出包括纸张印刷费用、人员工资、稿酬、员工培训经费、新媒体投入、社会公益捐赠、其他支出。中国科技期刊 2022 年总支出 67.98 亿元。

7）办刊经费方面，2392 种（46.36%）科技期刊获得主管主办单位的办刊经费支持，资助金额共计 11.02 亿元；281 种（5.45%）科技期刊获得国家级"专项基金项目经费"支持，资助金额共计 2.31 亿元；156 种（3.02%）科技期刊获得省（区、市）级"专项基金项目经费"支持，资助金额共计 5352.70 万元；81 种（1.57%）科技期刊获得行业专业级"专项基金项目经费"支持，资助金额共计 1861.13 万元。

8）中国科技期刊整体定价较低，单期定价在 10～20 元的科技期刊有 2517 种，占 48.78%。

"科技期刊产业发展指数"从产业投入、经济效益及社会效益维度揭示不同区域和不同行业的期刊产业发展相对水平。

数据显示，各区域 2022 年科技期刊产业发展指数综合平均当量准值在 90 及以上的有 1 个区域，为北京；综合平均当量准值在 50～60（不含 60）区间的有 10 个区域；在 40～50（不含 50）区间的有 19 个区域。各区域科技期刊产业发展指数排序与去年相比，上海上升 1 个名次，位列第二；吉林上升 4 个名次，位列第三。

科技期刊产业投入当量准值位居前五的区域是北京（1689 种，86.17）、吉林（104 种，53.78）、上海（354 种，52.57）、江苏（266 种，51.17）和黑龙江（165 种，51.08）。

从经济效益维度来看，科技期刊经济效益当量准值位居前五的区域是北京（93.71）、吉林（56.51）、广东（51.69）、河南（50.90）和上海（50.82）。

从社会效益维度来看，科技期刊社会效益当量准值位居前五的区域是北京（92.07）、上海（57.30）、湖北（55.77）、江苏（55.54）和辽宁（54.49）。

各行业 2022 科技期刊产业发展指数位居前三的是"科学研究和技术服务业"（1297 种，62.90）、"卫生和社会工作"（1163 种，60.56）、"制造业"（878 种，55.97）。

从科技期刊产业投入当量准值来看，位居前三的行业是"科学研究和技术服务业"（62.04）、"卫生和社会工作"（56.83）和"制造业"（54.04）。

从科技期刊经济效益当量准值来看，位居前三的行业是"卫生和社会工作"（62.88）、"科学研究和技术服务业"（61.27）和"制造业"（57.53）。

从科技期刊社会效益当量准值来看，位居前三的行业是"科学研究和技术服务业"（65.40）、"卫生和社会工作"（61.96）和"制造业"（56.35）。

为准确了解我国科技期刊产业发展是否处于连续增长状态，本书研究设计了"科技期刊产业发展景气指数"（以下简称"景气指数"），用以定量反映科技期刊产业较上一年度的整体增长或衰退程度，进而表征科技期刊产业所处的周期状态。

"科技期刊产业景气指数"，由生产能力、投入水平、盈利能力、人才水平、影响力水平 5 个维度的计量评价体系共同构成。

数据显示，2022 年全国科技期刊的景气指数为 51.40%。高于 50%说明该行业处于扩张期。其中，卓越期刊景气指数 55.66%，高于全国总体水平；英文期刊景气指数 53.61%，好于中文期刊 51.09%；科普类期刊景气指数 53.16%，好于专业学术期刊；专业学术期刊各学科差别不明显，其中理学期刊 51.75%、工学期刊 51.47%、生命科学期刊 51.26%。

从景气指数的分项指标来看，表征影响力水平的国际即年被引量、即年下载量、新媒体传播量各类期刊均大于60%，处于景气程度较高水平；表征投入水平的主管主办单位办刊经费，国家级、行业专业级、省（区、市）级专项资金，期刊的总支出均大于50%，说明全社会对期刊的投入处于景气状态；表征人才水平的专业编辑队伍规模和高学历水平人才占比均在50%以上；表征盈利能力的指数全国为48.10%，处于不景气状态，特别是平均期发行量各类期刊仅40%左右，但卓越期刊和英文期刊组利润总额和经营利润率指数均高于50%，其中卓越期刊分别达到52.12%和50.44%，英文期刊分别达到51.06%和52.27%；表征生产能力的投稿量和载文量指标除卓越期刊外，各类期刊均低于50%，呈现了一种"论文量减质升"的现象。

第一节 中国科技期刊产业基础数据分析

一、科技期刊产业发展指数指标体系设计

《中国科技期刊产业发展报告（2021）》首次从经济学角度提出了科技期刊产业的概念，即：科技期刊产业，是指围绕科技期刊的所有经济活动的总和，包含科技期刊从内容组织、编辑加工、出版发行、市场营销到综合管理与服务各个分工不同但又利益相互关联的行业所组成的业态总集合。科技期刊产业发展的必要性，来自需求和供给两个方面的市场组合，即以支撑国家科技创新需求为根本，以满足作者和读者两个市场都发展的需求为目的，可持续地发展优质内容供给能力、实现社会效益和经济效益的双丰收[1]。

考虑到科技期刊产业的双效益特性，《中国科技期刊产业发展报告（2021）》设计了产业发展指数，从产业投入和产业产出两个角度考虑指标体系，产业产出又分成经济效益、社会效益两部分。以下介绍科技期刊产业发展指数的指标体系。

以下数据来源中，$A_1 \sim A_7$、A_{11}、$B_1 \sim B_8$、C_4 中的平均期发行量和微信公众号总订户数、C_9 等来自 2023 版年检数据；$A_8 \sim A_{10}$、B_9 数据来自国家统计局《中国

统计年鉴》《中国科技统计年鉴》；C_1 中的区域入选第一届至第八届"中国科协优秀科技论文遴选计划"论文数量、C_2、C_3 数据来自课题组采集的中国科学技术协会、中国科学技术信息研究所（以下简称"中信所"）《中国科技论文统计源期刊》、北京大学《中文核心期刊要目总览》、CSCD 数据库等中外数据库公开数据，C_1 中的高被引论文总量和国家基金资助论文比、C_4 中的国内及海外总被引频次和网络传播量、$C_5 \sim C_8$ 数据主要来自中国知网。

（一）产业投入类指标（A 类指标）

产业投入是产业形成和发展的基本支撑。为了客观、有效地反映科技期刊产业投入强度，我们从产业环境、产业基础和人财物等维度的可计量要素入手，共设计采集 11 项数据。在计算区域指数时使用了 $A_1 \sim A_8$、A_{10} 共 9 项数据；在计算行业指数时使用了 $A_1 \sim A_7$、A_9、A_{11} 共 9 项数据。

A_1. 主管主办单位办刊经费支持

主管主办单位办刊经费支持是指科技期刊出版单位在办刊过程中获得的来自其上级主办或主管单位提供的办刊经费总额，反映主办或主管单位的资金投入力度。

A_2. 国家、地方等专项基金项目经费支持

国家、地方等专项基金项目经费支持是指科技期刊出版单位在办刊过程中获得的来自国家或所在出版地管理部门等设立的针对科技期刊发展的专项基金项目的支持总额，反映国家或地方政府对刊物发展的资金投入强度。

A_3. 期刊业务总支出

期刊业务总支出是指科技期刊在所有办刊业务活动方面的经费支出总量，反映期刊出版单位在办刊方面资金投入的强度。

A_4. 期刊从业人员总数

期刊从业人员总数是指从事科技期刊业务活动所有相关岗位的总人数，包括期

刊在编人数和聘用人数。岗位包括管理人员、采编人员、新媒体人员、编辑人员、编务人员、广告工作人员、发行工作人员以及相关其他辅助人员，反映期刊出版单位在保障办刊人力资源方面的总体投入强度。

A_5. 期刊从业人员高层次人才占比

期刊从业人员高层次人才占比是指科技期刊编辑部门中具有副高级职称及以上职称的人数占期刊从业人员总数的比例，反映为保障办刊质量水平在高端人力资源方面的投入强度。

A_6. 期刊编辑部在职人均办公面积

期刊编辑部在职人均办公面积是指科技期刊编辑部办公面积与编辑部在职从业人数的比值，反映期刊出版单位对保障办刊基本条件的投入强度。

A_7. 区域/行业期刊总数

根据期刊出版地统计某个区域的科技期刊总量，或根据期刊所属学科统计某个行业的科技期刊总量。该项指标直观反映某个区域或行业的整体出版规模，也反映出期刊规模化发展的总体投入强度。

A_8. 期刊产业投入占区域 R&D 经费比例

期刊产业投入占区域研究与试验发展（R&D）经费比例是指区域对科技期刊产业的投入强度，参照文献[2]，通过该区域内科技期刊业务总支出占该区域 R&D 经费总额的比例予以表述，以反映一个区域的 R&D 经费投入到科技期刊办刊活动的相对强度。

A_9. 期刊产业投入占行业 R&D 经费比例

考察某行业对科技期刊产业的投入强度，通过该行业科技期刊业务总支出占行业所在的研发机构 R&D 经费内部总支出的比例予以表述，以反映一个行业在研发支出的使用及构成中投入到期刊办刊活动的相对强度。

A_{10}. 每百万人拥有科技期刊数

通过计算某区域每百万人拥有的科技期刊种数，以反映科技期刊在面向社会广大读者的需求方面的规模化投入强度,也反映出在该区域范围内科技期刊的相对规模化发展水平。

A_{11}. 每百家科研机构拥有科技期刊数

在统计行业的科技期刊相对规模化发展水平和产业服务能力时,采用某行业每百家科研机构实际拥有的科技期刊数量。

(二)产业经济效益类指标(B类指标)

产业经济效益和产业涉及的经济活动紧密相关。本书从科技期刊的经营收入(常见的有发行收入、广告收入、新媒体收入、版权收入、项目活动收入、其他收入)、利润等绝对指标,以及期刊人均产值、期刊人均贡献比等相对指标多方面来反映科技期刊在区域和行业领域的宏观经济效益状况,共计9个分项指标。

B_1. 期刊发行收入

期刊发行收入是期刊通过纸本或电子本发行的收入总额,反映期刊面向读者通过发行销售等取得的经济效益水平。

B_2. 期刊广告收入

期刊广告收入是期刊经营广告的收入总额,反映期刊广告销售的效益水平。

B_3. 期刊新媒体收入

期刊新媒体收入是期刊在微信公众号、微博等新媒体上的综合经营收入,反映期刊在多媒体、融媒体发展方面的综合销售效益水平。

B_4. 期刊版权收入

期刊版权收入主要是期刊在数据库合作、国际版权合作等方面的收入,反映期刊开展版权运营的效益水平。

B_5. 期刊项目活动收入

期刊项目活动收入主要是指期刊自身开展的各种市场性专题活动项目的综合

经营收入，反映期刊利用出版品牌实现的品牌经营活动的效益水平。

B_6. 期刊其他收入

期刊其他收入指以上收入之外的收入，一般包括学术期刊提供发表和排版服务、审稿服务等取得的经营性收入，基本反映期刊提供各类作者服务取得的收入水平。

B_7. 利润

利润采用2023版年检数据表中的"利润"项，反映科技期刊经营获利情况。

B_8. 期刊人均产值

期刊人均产值是期刊"总收入"[仅为经营性总收入，不含主办主管单位办刊经费支持和国家级、省（区、市）级、行业专业级资助项目基金]与期刊编辑部从业人员总数的比值，反映期刊的经营水平。

B_9. 期刊人均贡献比

期刊人均贡献比是期刊人均产值与区域人均生产总值的比值，是期刊产业发展达到或超过区域平均水平的相对水平，反映不同区域科技期刊队伍经营水平。

（三）产业社会效益类指标（C类指标）

产业社会效益是指该产业给社会带来的贡献、服务或影响力。中国科技期刊具有意识形态和文化产业属性，发挥广泛社会效益是其使命之一。为了反映各区域和行业的科技期刊综合社会效益差异，我们从区域/行业的期刊论文水平、发文作者水平、品牌建设情况、国内外影响力、发展空间和出版规模等角度设计选取了9组数据。在计算区域期刊社会效益指数时使用了 $C_1 \sim C_6$、C_8、C_9 共8组数据；在计算行业期刊社会效益指数时使用了 $C_1 \sim C_5$、$C_7 \sim C_9$ 共8组数据。

C_1. 论文水平

以区域/行业期刊发表的高被引论文总量、国家基金资助论文比、"中国科协优秀科技论文遴选计划"入选论文数3项数据来反映区域/行业期刊总体质量水平。

1）高被引论文总量，是指近5年某区域/行业期刊发表的高被引论文总量，反映区域/行业科技期刊刊载高影响力论文的能力差异，也是衡量期刊总体质量水平的一个重要维度。高被引论文是指将所有期刊论文分年份分学科按照被引频次降序排列遴选出的排名前1%的论文。

2）国家基金资助论文比，是指期刊2022年发表受国家级基金资助的论文数量占该刊2022年发表总论文数量的比值，体现科技期刊报道高质量研究论文的能力。

3）"中国科协优秀科技论文遴选计划"入选论文，是指入选第一届至第八届中国科学技术协会组织开展的"中国科协优秀科技论文遴选计划"项目获得表彰的优秀论文。虽然数量少，也是办刊质量水平的一项重要参考指标。

C_2. 高端作者数

从期刊发表论文中拥有国内高端作者的数量来揭示各区域/行业期刊作者的总体水平，体现期刊产业在吸引高端学者方面的差异，是反映期刊服务质量的重要参考指标。

区域/行业国内的高端作者数，是指某区域/行业科技期刊发文作者中的国内高端作者总数。此处，国内高端作者定义为H指数大于等于10的作者。

作者的H指数是指近10年某作者发表的论文中至少有H篇论文的被引频次不低于H次，作者H指数越高，表明其产出高质量、高影响力论文的能力越强，作者H指数是目前国际文献计量学领域较为通用的反映作者学术质量和影响力水平的指标。

C_3. 品牌建设情况

考察的是在区域/行业科技期刊中：①获得"中国出版政府奖"（含提名奖）期刊数；②入选中国科技期刊卓越行动计划期刊（以下简称"卓越期刊"）数；③入选分领域高质量科技期刊分级目录T1等级的期刊数；④在北京大学《中文核心期刊要目总览》、中国科学引文数据库（CSCD）来源期刊、中信所《中国科技论文统计源期刊》、《中国学术期刊国际引证年报》TOP榜单、《中国学术期刊影响因子年报》Q1区、科技期刊世界影响力指数（WJCI）来源期刊以及国际上科学引文索引（SCI）、工程索引（EI）、Scopus、医学索引（Medline）等评价数据库中，入选上述 2 个及以上评价系统或数据库的期刊数。以上述 4 项期刊数的总数来反映某区域/行业科技期刊品牌建设的总体强弱程度。

C_4. 影响力情况

从区域/行业科技期刊的国内总被引频次、海外总被引频次、平均期发行量、网络传播量、微信公众号总订户数 5 组数据来反映期刊的学术影响力和社会影响力。区域/行业的数据为该区域/行业科技期刊的合计数。

1）国内总被引频次，是指某期刊自创刊以来发表的全部可被引文献在统计年（2022 年）被国内期刊论文、会议论文及博硕士学位论文引用的总次数。数据来源于《中国学术期刊影响因子年报》复合总被引频次。

2）海外总被引频次，是指某期刊自创刊以来发表的全部可被引文献在统计年（2022 年）的国际被引总次数。数据来源于《中国学术期刊国际引证年报》的他引总被引频次。

3）平均期发行量，是指某期刊的年度总发行量与总期数的比值，反映期刊传统纸质媒介的传播情况。

4）网络传播量，反映期刊在互联网上的传播情况。该指标是指某期刊出版的所有文献在统计年（2022 年）在第三方网络数据库平台上下载的总篇次。数据来源于中国知网《中国学术期刊影响因子年报》、万方数据库及中华医学会平台上的总下载频次。

5）微信公众号总订户数，是指关注期刊微信公众号的用户量。

C_5. 覆盖国际地区数

覆盖国际地区数是某区域/行业期刊发文作者所属国家（区域）的总数，反映区域/行业期刊参与国际学术交流、服务世界范围内作者的能力。

C_6. 区域期刊学科覆盖度

区域期刊学科覆盖度是某区域期刊发文分布的学科数量（同一个学科只统计一次）与学科种类总量的比值，反映期刊在本区域所服务的学科范围。学科采用《中国图书馆分类法（第五版）》的 4 级分类号。

C_7. 行业期刊学科覆盖度

行业期刊学科覆盖度是某行业期刊发文分布的本行业学科数量（同一个学科只统计一次）与本行业学科种类总量的比值，反映期刊在本行业所服务的学科范围。学科采用《中国图书馆分类法（第五版）》的 4 级分类号。

C_8. 作者机构数

从区域/行业在统计年科技期刊发文作者所属的国内一级机构的数量和国际一级机构的数量（同一个机构只统计一次）两个数据来反映区域/行业期刊吸引科研机构关注度，也是服务能力的表现。

区域/行业国内一级机构的数量是指某区域/行业在统计年科技期刊发文作者中的国内作者（含合著）所在机构的总数。

区域/行业国际一级机构的数量是指某区域/行业在统计年科技期刊发文作者中的国际作者（含合著）所在机构的总数。

C_9. 出版总期数

出版总期数是某区域/行业期刊在一年内出版期刊总期数之和。期刊出版周期一般分为半月刊、月刊、双月刊、季刊等，周期越短出版期数越多。统计某区域/行业期刊每年出版的总期数可反映区域/行业期刊的总体出版能力。

二、中国科技期刊产业总体数据情况

（一）中国科技期刊产业投入情况

产业投入是产业形成和发展的基本支撑，本研究从中国期刊发展密切相关的产业环境、产业基础和人财物等维度选择可计量的定量数据指标，以期客观、有效地反映科技期刊产业投入强度。中国科技期刊产业投入涵盖主管主办单位办刊经费，国家级、行业专业级、省（区、市）级等"专项基金项目经费"，期刊业务总支出，期刊从业人员总数，期刊从业人员高层次人才数及在职人均办公面积等。各项统计数据见表 1-1。

表 1-1　2022 年中国科技期刊产业投入情况及与 2021 年、2020 年情况对比

类目	2022 年 总数	2022 年 刊数	2022 年 刊均	2021 年 总数	2021 年 刊数	2021 年 刊均	2020 年 总数	2020 年 刊数	2020 年 刊均	2022 年同比增长率/% 总数	2022 年同比增长率/% 刊均	2021 年同比增长率/% 总数	2021 年同比增长率/% 刊均
主管主办单位办刊经费支持	110 219.88	2 392	46.08	105 817.29	2 469	42.86	105 626.47	2 596	40.69	4.16	7.51	0.18	5.33
国家、行业专业级、省（区、市）级等"专项基金项目经费"支持	36 014.78	643	56.01	35 175.69	593	59.32	25 987.01	500	51.97	2.39	-5.58	35.36	14.14
期刊业务总支出	679 847.40	4 898	138.80	702 341.87	4 861	144.49	674 175.32	4 687	143.84	-3.20	-3.94	4.18	0.45
期刊从业人员总数	37 543	5 053	7.43	37 698	5 074	7.43	36 793	4 974	7.40	-0.41	0.00	2.46	0.41
期刊从业人员高层次人才	16 413	4 813	3.41	16 040	4 821	3.33	15 373	4 719	3.26	2.33	2.40	4.34	2.15
在职人均办公面积	—	5 111	11.98	—	5 076	12.12	—	4 995	12.19	—	-1.16	—	-0.57

注：数据来源于 2023 版年检数据，2022 版年检数据，2021 版年检数据。

表中经费和支出的总数的单位均为"万元"，刊数的单位均为"种"，人员数量的单位均为"位"，面积单位为"m^2"。

本书统计数据由于"四舍五入"的原因，存在 2022 年总数与表 1-10 略有差别的情况。

2022年中国科技期刊获得各类经费支持合计14.62亿元，同比增长0.52亿元。2151种（41.69%）科技期刊获得主办单位经费支持，458种（8.88%）科技期刊获得主管单位的经费支持，主管主办单位办刊经费同比增长4402.59万元。获得国家级"专项基金项目经费"支持的科技期刊281种，占5.45%，刊均支持力度82.37万元。获得行业专业级"专项基金项目经费"的科技期刊81种，占1.57%，刊均支持力度22.98万元。获得省（区、市）级"专项基金项目经费"支持的科技期刊170种，占3.29%，刊均支持力度31.49万元。

中国科技期刊2022年总支出67.98亿元，刊均138.80万元；其中，支付人员工资占47.19%，总计32.08亿元，刊均65.50万元；纸张印刷费用占15.40%，总计10.47亿元，刊均21.38万元；稿酬占5.52%，总计3.75亿元，刊均7.65万元；员工培训经费总计0.65亿元，刊均1.33万元；新媒体投入总计1.07亿元，刊均2.18万元；社会公益捐赠总计0.09亿元，刊均0.19万元；其他支出总计19.87亿元，刊均40.57万元。

中国科技期刊2022年从业人数37 543人，与2021年相比，下降0.41%。2023版年检数据中5053种期刊填报了期刊从业人数，单刊从业人数主要集中在4～5人（1544种期刊，占30.56%）和6～7人（1318种期刊，占26.08%），两者期刊数量之和占比为56.64%。从业人员中，正高级职称7798人、副高级职称8615人、中级职称10 547人。中国科技期刊人均办公面积为11.98m^2。其中，562种期刊拥有自有办公场所，3863种期刊由上级单位提供办公场所，712种期刊租赁办公场所。

（二）中国科技期刊经济效益情况

中国科技期刊经济效益指标包括收入和利润，各项经营收入包含发行收入、广告收入、新媒体收入、版权收入、项目活动收入、其他收入；2023版年检数据中填报经济效益相关指标数据的期刊有4705种。各项统计数据见表1-2。

2022年中国科技期刊经营总收入69.63亿元，同比下降4.06亿元，刊均总收入148.00万元；其中，发行收入总计16.58亿元，占23.81%，刊均35.24万元；广告收入总计9.95亿元，占14.29%，刊均21.15万元；新媒体收入总计2.33亿元，

表 1-2 2022 年中国科技期刊经济效益情况及与 2021 年、2020 年情况对比

项目	2022 年数额/万元 总额	2022 年数额/万元 刊均	2021 年数额/万元 总额	2021 年数额/万元 刊均	2020 年数额/万元 总额	2020 年数额/万元 刊均	2022 年同比增长率/% 总额	2022 年同比增长率/% 刊均	2021 年同比增长率/% 总额	2021 年同比增长率/% 刊均
总收入	696 334.49	148.00	736 895.42	157.66	696 422.30	154.28	−5.50	−6.13	5.81	2.19
发行收入	165 808.40	35.24	177 813.69	38.04	173 353.95	38.40	−6.75	−7.36	2.57	−0.94
广告收入	99 514.20	21.15	114 208.25	24.43	113 574.21	25.16	−12.87	−13.43	0.56	−2.90
新媒体收入	23 331.16	4.96	21 855.14	4.68	19 848.59	4.40	6.75	5.98	10.11	6.36
版权收入	4 805.68	1.02	4 632.07	0.99	3 682.68	0.82	3.75	3.03	25.78	21.47
项目活动收入	67 583.20	14.36	82 409.22	17.63	79 468.85	17.60	−17.99	−18.55	3.70	0.15
其他收入	335 291.85	71.26	335 977.05	71.88	306 494.02	67.90	−0.20	−0.86	9.62	5.87
利润	52 911.00	11.25	59 681.08	12.77	53 998.14	11.96	−11.34	−11.90	10.52	6.74

注：数据来源于 2023 版年检数据、2022 版年检数据、2021 版年检数据。
2023 版年检数据 5160 条，有效填报数据 4705 条；2022 版年检数据 5125 条，有效填报数据 4674 条；2021 版年检数据 5041 条，有效填报数据 4514 条。
总收入为发行、广告、新媒体、版权、项目活动、其他等各项收入之和。
本书统计数据由于"四舍五入"以及"单位统一"的原因，存在图表中的增长率和实际计算所得数据略有差别的情况，下同。

占 3.35%，刊均 4.96 万元；版权收入总计 0.48 亿元，占 0.69%，刊均 1.02 万元；项目活动收入总计 6.76 亿元，占 9.71%，刊均 14.36 万元；其他收入总计 33.53 亿元，占 48.15%，刊均 71.26 万元。中国科技期刊 2022 年利润总额 5.29 亿元，同比下降 11.34%；利润总额为负值的期刊 901 种，占 19.15%。

中国各类型、各学科科技期刊的收入模式各不相同（表 1-3）。科普类期刊以发行收入为主，且刊均广告收入、刊均新媒体收入均高于其他类型期刊；卓越期刊除了其他收入和发行收入较高外，项目活动收入在各类型期刊中最高。从不同语种期刊来看，中文期刊以其他收入（占总收入的 46.90%）为主，发行收入和广告收入（两者合计占总收入的 39.51%）为辅；英文期刊以其他收入为主，其他收入占总收入的 63.16%。从不同学科期刊来看，理学和生命科学期刊以其他收入为主；工学期刊以其他收入为主，发行收入和广告收入为辅。

（三）中国科技期刊社会效益情况

中国科技期刊社会效益是指该产业给社会带来的贡献、服务或影响力。中国科

表 1-3　2022 年各类型、各学科中国科技期刊主要刊均收入情况

期刊类型	期刊数/种	有效填报刊数/种	发行	广告	新媒体	版权	项目活动	其他	总计
中文期刊	4551	4191	37.92	22.67	5.54	0.92	14.37	71.91	153.34
英文期刊（含中英文期刊）	609	514	13.36	8.77	0.22	1.82	14.30	65.96	104.43
理学期刊	849	740	16.31	7.11	2.19	1.36	7.06	56.08	90.10
工学期刊	2187	2034	28.90	29.26	6.01	1.05	16.83	69.90	151.95
生命科学期刊	1716	1578	21.12	14.21	2.03	1.00	13.47	82.02	133.83
科普期刊	325	291	208.00	41.51	20.90	0.24	23.03	62.11	355.78
卓越期刊	281	249	72.32	24.65	4.35	3.25	37.55	113.12	255.25

注：数据来源于 2023 版年检数据。
期刊学科分类标准：根据期刊 CN 号，将期刊划分为理学（中图号 N～P）、工学（中图号 T～X）、生命科学（中图号 Q、R、S）三个学科组，另将科普期刊划分为单独一组。
表中数据经"四舍五入"处理，存在修约误差，下同。

技期刊具有意识形态和文化产业属性，社会效益的考量选取了发表论文情况、服务作者情况、品牌建设情况、国内外影响力、出版传播情况等数据，分别反映了办刊能力，内容质量，对科技教育和经济文化建设的贡献，对学术成果起到的评价、保存、传播等作用。

高被引论文总量、国家基金资助论文比、"中国科协优秀科技论文遴选计划"入选论文数一定程度代表了高质量期刊内容水平。总论文量、出版规模代表期刊总的内容生产加工能力。拥有国内高端作者的数量（国内高端作者定义为 H 指数大于等于 10 的作者）代表了期刊对科学家团体的服务能力。期刊的作者覆盖国际地区数、作者机构数等，以及论文对学科覆盖度代表了期刊服务的广度。品牌期刊指：①获得"中国出版政府奖"（含提名奖）期刊；②入选"中国科技期刊卓越行动计划"的期刊；③入选分领域高质量科技期刊分级目录 T1 等级的期刊；④在北京大学《中文核心期刊要目总览》、中国科学引文数据库来源期刊、中信所《中国科技论文统计源期刊》、《中国学术期刊国际引证年报》TOP 榜单、《中国学术期刊影响因子年报》Q1 区、科技期刊世界影响力指数（WJCI）来源期刊以及国际上 SCI、EI、Scopus、Medline 等评价数据库中，入选上述 2 个及以上评价系统或数据库的期刊。以上评价机构的认可基本可代表该期刊的口碑和学术界对该期刊的认可。国

内外影响力包括科技期刊在统计年的国内总被引频次、海外总被引频次、平均期发行量、网络传播量、微信公众号总订户数5组数据，代表了期刊传播能力及被学者认可的程度（表1-4）。

表1-4 2022年中国科技期刊社会效益情况及与2021年、2020年情况对比

指标	2022年	2021年	2020年	2022年同比增长率/%	2021年同比增长率/%
内容生产水平					
近五年高被引论文数总和/万篇	10.45	11.14	11.62	−6.21	−4.06
国家级基金资助论文数/万篇	18.48	18.34	17.54	0.78	4.57
入选第一届至第八届"中国科协优秀科技论文遴选计划"论文数/篇	816	635	538	28.50	18.03
总论文数/万篇	104.10	114.24	122.95	−8.87	−7.09
期刊出版总期数/期	49 561	49 711	48 936	−0.30	1.58
服务学者能力水平					
国内高端作者数/万人	10.79	7.64	7.07	41.21	8.09
期刊发文作者所属国家（区域）总数/个	119	132	123	−9.85	7.32
"品牌建设"期刊数量/种	1242	1059	1047	17.28	1.15
传播与影响力水平					
期刊国内总被引频次之和/万次	1047.88	1000.48	815.47	4.74	22.69
期刊海外总被引频次之和/万次	204.50	163.40	129.08	25.16	26.59
期刊平均期发行量的平均值/万册	0.35	0.35	0.37	0.00	−5.41
期刊网络传播量（第三方平台下载）/万次	67 894.30	58 723.70	48 802.77	15.62	20.33
期刊微信公众号总订户数之和/万位	5 269.58	4 834.30	4 271.61	9.00	13.17

注：数据来源于2023版年检数据、2022版年检数据、2021版年检数据、国家统计局《中国科技统计年鉴》、《中国统计年鉴》、中国知网资源总库。

2023版年检数据5160条，2022版年检数据5125条，2021版年检数据5041条。

"期刊网络传播量（第三方平台下载）"类目，2020年采集中国知网、中华医学期刊全文数据库下载数据，2022年、2021年采集中国知网、中华医学期刊全文数据库、万方数据库下载数据，本统计表选用中国知网、中华医学期刊全文数据库下载数据进行同比分析（2021年万方平台传播量12 170.12万次，2022年万方平台传播量37 932.84万次）。

"品牌建设"期刊数量包括获"中国出版政府奖"（含提名奖）期刊数、入选"中国科技期刊卓越行动计划"期刊数、入选分领域高质量科技期刊分级目录T1等级期刊数、入选国内外主要评价系统或数据库的期刊数。

"指标"列中的单位仅适用于"2022年""2021年""2020年"三列。

三、中国科技期刊产业区域数据情况

区域科技期刊产业发展指数指标体系见表1-5。

表 1-5　区域科技期刊产业发展指数指标体系

一级指标	二级指标			
	代号	指标名称	说明	单位
产业投入（A）	A_1	主管主办单位办刊经费支持	区域各期刊主办、主管单位办刊经费支持总和	万元
	A_2	国家、地方等专项基金项目经费支持	区域各期刊国家级、行业专业级、省（区、市）级等专项基金项目经费总和	万元
	A_3	期刊业务总支出	区域各期刊业务总支出费用总和	万元
	A_4	期刊从业人员总数	区域各期刊从业人员数的总和	位
	A_5	期刊从业人员高层次人才占比	区域期刊编辑部中具有副高级及以上职称的人数/A_4	%
	A_6	期刊编辑部在职人均办公面积	区域各期刊编辑部在职人均办公面积的平均值	m²
	A_7	区域期刊总数	区域出版的期刊总数	种
	A_8	期刊产业投入占区域 R&D 经费比例	A_3/区域 R&D 经费总额	%
	A_{10}	每百万人拥有科技期刊数	A_7/（区域总人数/100 万）	种/百万人
经济效益（B）	B_1	期刊发行收入	区域各期刊发行收入总和	万元
	B_2	期刊广告收入	区域各期刊广告收入总和	万元
	B_3	期刊新媒体收入	区域各期刊新媒体收入总和	万元
	B_4	期刊版权收入	区域各期刊版权收入总和	万元
	B_5	期刊项目活动收入	区域各期刊项目活动收入总和	万元
	B_6	期刊其他收入	区域各期刊其他收入总和	万元
	B_7	利润	区域各期刊利润总和	万元
	B_8	期刊人均产值	区域期刊总收入/A_4	万元/人
	B_9	期刊人均贡献比	B_8/区域人均生产总值（人均 GDP）	%
社会效益（C）	C_1	论文水平	区域各期刊近五年高被引论文数总和	篇
			区域各期刊国家级基金资助论文数/区域总论文数	%
			区域入选第一届至第八届"中国科协优秀科技论文遴选计划"论文数	篇
	C_2	高端作者数	区域国内高端作者数	位
	C_3	品牌建设情况	①获得"中国出版政府奖"（含提名奖）期刊数；②入选"中国科技期刊卓越行动计划"期刊数；③入选分领域高质量科技期刊分级目录 T1 等级的期刊数；④在北京大学《中文核心期刊要目总览》、中国科学引文数据库（CSCD）来源期刊、中信所《中国科技论文统计源期刊》、《中国学术期刊国际引证年报》TOP 榜单、《中国学术期刊影响因子年报》Q1 区，科技期刊世界影响力指数（WJCI）来源期刊以及国际上 WoS、EI、Scopus、Medline 等评价数据库中，入选上述 2 个及以上评价系统或数据库的期刊数。本项为上述 4 项数量总和	种

续表

一级指标	二级指标			
	代号	指标名称	说明	单位
社会效益（C）	C₄	影响力情况	区域各期刊国内总被引频次之和	次
			区域各期刊海外总被引频次之和	次
			区域各期刊平均期发行量的平均值	万册
			区域各期刊网络传播量（第三方平台总下载量）	次
			区域各期刊微信公众号总订户数之和	位
	C₅	覆盖国际地区数	区域期刊发文作者所属国家（区域）的总数	个
	C₆	区域期刊学科覆盖度	区域各期刊发文分布的学科种类数量/学科种类总数	
	C₈	作者机构数	区域各期刊发文作者中的国内作者（含合著）所属的国内一级机构数	个
			区域各期刊发文作者中的国际作者（含合著）所属的国际一级机构数	个
	C₉	出版总期数	区域各期刊出版总期数之和	期

注：A_9、A_{11}、C_7属于行业科技期刊产业发展指数指标，故此表中未列出。

依据2023版年检数据统计范围，西藏和新疆生产建设兵团填报总收入的期刊数量不足50%，新疆生产建设兵团填报业务总支出的期刊数量不足50%，数据缺失较多，无法真实反映其产业区域发展状况，故在本次科技期刊产业发展报告中暂不统计这两个区域的相关数据。

（一）中国科技期刊区域产业投入情况

基于2023版年检数据的5160种科技期刊，统计30个区域科技期刊产业投入情况。结果显示，科技期刊业务总支出超过3亿元的区域有4个，其中最多的区域为北京（32.15亿元），位居第二、第三位的是上海（4.07亿元）和江苏（3.03亿元），位居第四的是广东（3.01亿元）。科技期刊业务总支出在1亿~3亿元（不含3亿元）的有14个区域，1000万元至1亿元（不含1亿元）的有10个区域，100万~1000万元（不含1000万元）的有2个区域，见表1-6。

对各区域科技期刊主管主办单位办刊经费支持情况、国家及地方等"专项基金项目经费"资助情况进行统计，结果显示：2022年主管主办单位办刊经费支持总额位居前三的区域依次是北京（37 901.21万元）、上海（9811.98万元）和四川

表 1-6　2022 年中国各区域科技期刊产业投入情况

序号	区域	主管主办单位办刊经费支持/万元	国家、地方等专项基金项目经费支持/万元	期刊业务总支出/万元	期刊从业人员总数/位	期刊从业人员高层次人才占比/%	期刊在职人均办公面积/m²	期刊数量/种
1	北京	37 901.21	20 612.47	321 462.75	12 506	37.15	10.30	1689
2	上海	9 811.98	3 139.72	40 701.40	2 626	38.23	12.44	354
3	江苏	6 149.88	1 244.50	30 337.02	1 829	47.13	13.75	266
4	广东	3 809.62	2 033.68	30 119.32	1 581	35.48	12.55	192
5	四川	6 403.07	1 048.38	23 856.85	1 446	46.20	13.22	216
6	湖北	5 329.75	820.40	23 231.49	1 485	46.46	13.17	222
7	陕西	2 822.20	444.60	17 611.99	1 220	45.98	12.49	161
8	天津	1 864.52	374.50	15 617.83	961	49.74	13.07	141
9	山东	2 099.23	379.10	15 393.96	949	61.54	10.21	137
10	辽宁	3 429.06	517.40	14 723.94	1 143	53.28	13.44	181
11	河南	2 747.70	492.00	14 490.52	1 022	48.14	12.89	127
12	湖南	3 019.70	1 251.10	14 343.65	917	47.98	12.52	136
13	吉林	1 674.85	974.00	12 889.68	682	51.76	15.60	104
14	重庆	1 638.90	389.20	12 156.26	868	31.91	13.29	80
15	浙江	2 685.35	589.74	11 440.32	840	54.52	11.91	131
16	黑龙江	2 197.69	279.40	11 418.22	1 168	59.93	10.71	165
17	河北	2 082.15	55.00	10 809.98	878	46.36	10.00	109
18	安徽	1 691.48	98.00	10 066.07	852	53.76	14.41	105
19	广西	1 745.84	62.00	9 582.29	709	40.48	12.94	78
20	山西	1 087.98	34.00	6 298.93	825	39.39	12.97	90
21	云南	1 349.65	104.40	5 447.82	368	51.63	12.73	55
22	福建	1 816.30	16.00	5 179.61	465	52.69	12.34	76
23	甘肃	1 606.45	288.58	4 910.39	422	53.79	11.67	65
24	江西	2 106.64	22.00	4 883.59	519	46.05	13.23	73
25	新疆	756.56	274.40	4 552.66	309	48.87	10.58	59
26	内蒙古	867.00	91.03	2 512.52	338	57.99	9.74	51
27	贵州	915.75	140.00	2 378.07	251	47.41	15.03	38
28	海南	98.39	16.00	1 720.44	112	30.36	10.55	13
29	宁夏	258.46	5.00	668.62	58	51.72	11.03	11
30	青海	115.40	70.28	586.83	95	58.95	13.31	19
	合计	110 082.76	35 866.88	679 393.02	37 444	—	—	5 144

注：按 2022 年区域期刊业务总支出降序排列。

数据来源于 2023 版年检数据。

因西藏和新疆生产建设兵团相关数据缺失率大于 50%，不在本次统计范围内。

(6403.07万元)。以实际获得主管主办单位办刊经费支持的期刊数量来计算,刊均主管主办单位办刊经费支持超过50万元的区域依次为北京(70.19万元)、上海(59.11万元)、四川(54.73万元)和重庆(52.87万元)。国家及地方等"专项基金项目经费"排在第一的是北京,达20 612.47万元;排在第二的是上海,为3139.72万元;超过1000万元的还有广东、湖南、江苏和四川。以实际获得国家及地方"专项基金项目经费"支持的期刊数量来计算,刊均"专项基金项目经费"位居前四位的区域依次为广东(96.84万元)、吉林(88.55万元)、北京(82.78万元)和河南(82.00万元)。

对科技期刊从业人员总数及高层次人才占比情况统计结果显示:科技期刊从业人员总数最多的是北京,为12 506人,排在第二、第三位的是上海(2626人)和江苏(1829人)。从业人员总数1000人及以上的有10个区域,500~999人的有11个区域,100~499人的有7个区域,100人以下的有2个区域。科技期刊从业人员高层次人才占比最高的为山东(占61.54%),排在第二、第三位的是黑龙江(占59.93%)和青海(占58.95%)。12个区域高层次人才占比高于50%。

科技期刊在职人均办公面积最大的为吉林(15.60m^2),排在第二、第三位的是贵州(15.03m^2)和安徽(14.41m^2),内蒙古科技期刊在职人均办公面积不足10m^2。

(二)中国科技期刊区域经济效益情况

基于2023版年检数据,对30个区域科技期刊各项经营收入、总收入及利润情况进行统计,结果显示:经营总收入第一的区域为北京(33.55亿元),位居第二、第三位的是上海(4.12亿元)和广东(2.95亿元);经营总收入超过2亿元的还有江苏、湖北和四川。经营总收入在1亿~2亿元(不含2亿元)的有11个区域,1000万元至1亿元(不含1亿元)的有11个区域,100万~1000万元(不含1000万元)的有2个区域。经营利润第一的是北京(2.83亿元),位居第二、第三位的是吉林(0.43亿元)和河南(0.37亿元),见表1-7。

2022年发行收入最高的区域是北京(7.96亿元),第二是广东(1.07亿元),第三是江苏(0.93亿元);刊均发行收入方面,位居前五的区域依次为河南、广东、北京、河北和江苏。

表 1-7　2022 年中国各区域科技期刊经济效益情况　　（单位：万元）

序号	区域	发行收入	广告收入	新媒体收入	版权收入	项目活动收入	其他收入	总收入	利润
1	北京	79 574.30	56 089.34	17 827.28	2 249.10	43 869.43	135 884.71	335 494.16	28 331.65
2	上海	8 031.13	6 284.19	1 209.47	309.25	4 534.92	20 830.23	41 199.17	535.67
3	广东	10 675.25	2 411.37	1 927.02	142.16	2 705.41	11 684.00	29 545.21	311.12
4	江苏	9 341.92	4 370.18	846.86	236.42	1 766.36	12 907.17	29 468.91	1 905.85
5	湖北	5 114.73	2 798.89	245.71	291.69	1 637.53	13 822.82	23 911.36	1 121.29
6	四川	4 746.88	2 826.92	161.57	205.29	661.10	13 716.88	22 318.63	1 000.15
7	陕西	3 338.32	2 993.76	267.85	100.15	457.00	10 895.42	18 052.50	476.53
8	吉林	1 386.05	4 333.28	30.20	123.84	2 300.34	9 040.37	17 214.07	4 337.37
9	天津	3 911.94	3 006.01	95.73	61.01	1 644.40	8 343.64	17 062.72	1 444.82
10	河南	7 271.05	685.73	14.00	40.83	283.91	7 943.12	16 238.64	3 661.44
11	辽宁	2 935.23	2 479.95	30.00	145.43	474.26	8 839.63	14 904.50	752.39
12	湖南	3 138.22	1 560.59	106.78	141.87	809.19	8 839.46	14 596.11	376.27
13	山东	2 133.80	743.73	30.60	92.15	188.39	10 692.09	13 880.75	358.24
14	重庆	2 051.05	1 323.12	310.70	64.50	1 782.08	7 152.10	12 683.55	1 056.04
15	黑龙江	3 743.35	743.73	67.56	63.63	222.70	7 516.66	12 357.63	1 823.13
16	河北	4 111.18	864.91	0.00	42.16	1 089.84	5 492.40	11 600.50	1 104.27
17	安徽	2 916.00	883.80	113.10	77.72	1 340.95	5 695.33	11 026.91	1 756.12
18	浙江	2 646.51	1 530.27	0.92	113.27	299.68	5 310.54	9 901.19	−205.47
19	广西	2 709.22	621.31	11.53	21.83	158.25	6 076.18	9 598.32	1 368.93
20	山西	1 709.73	373.40	12.16	75.01	89.86	4 984.07	7 244.22	1 042.30
21	云南	1 243.37	252.03	0.00	14.19	176.56	3 726.85	5 412.99	−58.70
22	江西	663.95	776.05	7.56	35.64	52.10	3 232.67	4 767.97	228.75
23	福建	1 069.57	339.95	3.63	21.04	336.56	2 916.79	4 687.54	120.76
24	甘肃	216.43	294.73	6.75	49.50	127.69	2 863.66	3 558.75	−269.25
25	贵州	319.98	705.70	4.20	37.04	246.12	1 505.13	2 818.17	689.64
26	新疆	216.20	54.08	0.00	1.69	242.40	1 791.15	2 305.52	−205.79
27	内蒙古	370.04	1.89	0.00	9.05	49.00	1 367.07	1 797.04	−103.78
28	海南	107.65	20.35	0.00	17.26	21.67	1 589.20	1 756.12	289.95
29	宁夏	102.93	140.95	0.00	1.48	5.00	418.05	668.40	−0.22
30	青海	6.54	4.00	0.00	21.50	10.50	183.11	225.65	−209.44
	合计	165 802.50	99 514.20	23 331.16	4 805.68	67 583.20	335 260.45	696 297.19	53 040.00

注：按期刊总收入降序排序。
数据来源于 2023 版年检数据。
因西藏和新疆生产建设兵团相关数据缺失率大于 50%，不在本次统计范围内。
表中数据经"四舍五入"处理，存在修约误差，下同。

2022年广告收入最高的区域的是北京，达5.61亿元；其次是上海，广告收入0.63亿元；第三是江苏，广告收入0.44亿元。刊均广告收入方面，位居前五的区域依次为吉林、北京、天津、贵州和陕西。

2022年新媒体收入在500万元以上的区域有4个，分别是北京、广东、上海、江苏。刊均新媒体收入方面，位居前五的区域依次为北京、广东、重庆、上海和江苏。

2022年版权收入在100万元以上的区域有11个，分别是北京、上海、湖北、江苏、四川、辽宁、广东、湖南、吉林、浙江和陕西。以实际获得版权收入的期刊数量来计算，刊均版权收入位居前五的区域依次为北京、青海、湖北、海南和吉林。

2022年项目活动收入最高的是北京，收入达4.39亿元；其次是上海，收入为0.45亿元；第三是广东，收入为0.27亿元；项目活动收入在1000万元以上的共有10个区域。刊均项目活动收入前五的区域依次为北京、重庆、吉林、广东和安徽。

2022年其他收入最高的是北京，收入达13.59亿元；其次是上海，收入为2.08亿元；第三是湖北，收入为1.38亿元；其他收入在1亿元以上的共有8个区域。刊均其他收入前五的区域依次为海南、河南、重庆、北京和吉林。

（三）中国科技期刊区域社会效益情况

基于2023版年检数据、中国知网资源总库数据及公开资料，对30个区域科技期刊论文、作者、品牌建设、影响力等情况进行量化统计分析，见表1-8。结果显示：品牌期刊数前五的区域是北京、上海、江苏、四川和陕西；"期刊出版总期数"前五的区域是北京、上海、江苏、湖北、广东。

发表论文数前五的区域是北京、上海、湖北、广东、黑龙江；"高被引论文数"前五的区域为北京、湖北、江苏、辽宁、上海；发表受国家级基金资助论文数前五的区域为北京、上海、湖北、辽宁、江苏；获得科协优秀论文奖论文数前五的区域为北京、上海、江苏、湖北、辽宁（陕西、天津、吉林与辽宁并列）。

"高端作者数"前五的区域是北京、湖北、辽宁、江苏和上海；作者覆盖国际地区数前五的区域是北京、湖北、上海（与湖北并列）、四川、江苏、辽宁（与江苏并列）；作者覆盖国内机构数前五的区域是北京、湖北、上海、黑龙江、江苏，作者覆盖国际机构数前五的区域是北京、上海、辽宁、湖北、江苏。

第一章 中国科技期刊产业发展指数研究

表1-8 2022年中国各区域科技期刊社会效益情况

序号	区域	高被引论文量/篇	国家级基金资助论文量/篇	论文总量/篇	科协优秀论文量/篇	高端作者数/位	品牌建设期刊数/种	国内总被引频次/次	海外总被引频次/次	平均发行量均值/万册	网络传播量/次	微信公众号总订户数/位	国际地区数/个	区域期刊学科覆盖度	国内一级机构/个	国际一级机构/个	期刊出版总期数/期
1	北京	48 964	73 755	353 663	637	103 493	552	4 307 844	1 075 716	0.48	382 419 986	31 391 543	107	0.58	57 780	2 338	18 075
2	湖北	5 397	10 348	52 164	20	56 324	51	564 131	74 006	0.23	55 735 086	1 783 411	54	0.39	15 704	417	2 120
3	江苏	5 067	8 541	41 678	22	48 926	77	510 063	84 304	0.60	40 937 773	1 896 526	50	0.39	14 946	382	2 138
4	辽宁	4 723	8 575	33 404	11	50 783	47	458 418	95 727	0.27	36 333 297	1 094 197	50	0.35	11 180	455	1 603
5	上海	4 557	11 216	52 279	56	47 581	97	534 182	220 666	0.27	49 316 281	2 163 815	54	0.41	15 161	667	2 962
6	陕西	3 614	8 339	35 772	11	43 745	52	416 018	41 205	0.26	38 881 466	728 890	30	0.35	12 063	174	1 521
7	重庆	3 277	5 198	24 895	4	30 773	25	230 543	32 553	0.44	27 465 906	904 809	29	0.31	9 522	276	1 030
8	四川	3 216	6 696	35 827	5	41 781	55	350 220	75 752	0.19	37 072 386	1 175 240	52	0.38	11 870	353	1 912
9	吉林	2 909	3 841	26 429	11	30 058	23	231 712	48 654	0.09	25 955 955	781 400	23	0.28	10 248	80	1 131
10	广东	2 736	5 342	44 732	3	42 617	33	315 919	29 317	0.68	39 487 499	3 814 716	19	0.37	13 960	120	1 969
11	河北	2 576	2 506	32 050	4	29 309	11	203 329	11 035	0.29	34 716 824	649 223	18	0.33	11 589	62	1 288
12	湖南	2 303	4 593	25 533	1	35 787	19	253 005	43 971	0.30	25 506 061	703 335	35	0.32	9 903	218	1 206
13	黑龙江	1 978	4 828	43 172	8	38 774	20	320 851	26 571	0.25	38 063 564	166 891	47	0.36	14 975	252	1 577
14	天津	1 845	4 315	24 037	11	34 402	33	265 878	28 138	0.24	27 632 389	911 495	29	0.32	9 458	186	1 350
15	河南	1 755	3 989	25 362	2	29 819	19	213 713	17 540	0.21	25 800 341	321 770	19	0.33	9 893	127	1 255
16	山东	1 694	3 480	24 401	1	26 731	24	200 749	21 501	0.23	23 331 913	781 623	22	0.33	9 623	111	1 115
17	安徽	1 488	3 402	24 110	1	30 370	14	195 069	14 920	0.33	23 208 316	238 830	29	0.31	9 518	128	820
18	山西	1 400	1 632	31 961	0	19 665	7	128 768	9 512	0.14	25 356 877	231 851	21	0.33	11 203	104	984

续表

序号	区域	论文水平 高被引论文数量/篇	国家级基金资助论文量/篇	论文总量/篇	科协优秀论文量/篇	高端作者数位	品牌建设 期刊数/种	影响力情况 国内总被引频次次	海外总被引频次次	平均期发行量均值/万册	网络传播量/次	微信公众号总订户数/位	覆盖 国际地区数/个	区域期刊学科覆盖度	作者机构数 国内一级机构/个	国际一级机构/个	期刊出版总期数/期
19	浙江	1 114	2 906	16 560	0	22 695	30	161 025	35 867	0.25	19 939 470	1 842 100	42	0.29	6 742	285	1 024
20	甘肃	787	2 277	11 879	3	18 575	16	138 289	16 557	0.11	10 831 558	101 555	13	0.25	5 084	43	508
21	广西	587	1 813	13 642	0	13 527	8	83 719	4 702	0.34	11 155 125	300 380	10	0.27	6 293	36	729
22	贵州	529	757	6 077	1	10 474	4	56 982	5 349	0.12	6 122 574	27 430	17	0.17	3 277	58	297
23	内蒙古	396	803	9 297	0	8 770	3	60 487	3 835	0.14	10 260 419	41 970	10	0.20	4 130	15	494
24	福建	385	1 118	11 951	0	8 487	5	60 923	5 975	0.28	9 441 985	191 926	14	0.26	4 923	47	536
25	海南	382	695	3 678	0	7 915	2	33 082	2 283	0.26	4 140 099	75 913	8	0.09	2 449	9	161
26	江西	349	1 428	18 628	0	11 004	4	71 147	3 966	0.17	14 612 497	136 840	9	0.28	7 953	44	640
27	云南	233	1 278	8 933	4	9 182	6	54 088	7 654	0.34	8 416 415	179 050	25	0.22	4 064	96	557
28	新疆	230	686	4 186	0	5 648	4	38 394	6 011	0.15	3 254 514	15 080	18	0.13	1 907	69	293
29	宁夏	21	184	2 061	0	1 395	0	8 932	414	0.21	1 285 373	23 600	4	0.12	1 085	5	96
30	青海	10	146	1 201	0	740	1	7 645	1 053	0.10	775 025	9 110	1	0.07	669	1	95
合计		104 522	184 687	1 039 562	816	107 909	1 242	10 475 125	2 044 754	—	1 057 456 974	52 684 519	—	—	—	—	49 486

注：按高被引论文数降序排序。
数据来源于2023版年检数据。
因西藏和新疆生产建设兵团相关数据缺失率大于50%，不在本次统计范围内。
合计栏高端作者数为各地区高端作者去重后计算结果。

"国内总被引频次"前五的区域是北京、湖北、上海、江苏、辽宁;"海外总被引频次"前五的区域是北京、上海、辽宁、江苏、四川;"网络传播量"前五的区域是北京、湖北、上海、江苏、广东;"微信公众号总订户数"前五的区域是北京、广东、上海、江苏、浙江;"平均期发行量均值"前五的区域是广东、江苏、北京、重庆、广西。

四、中国科技期刊产业行业数据情况

期刊所处行业划分标准参照国家统计局针对国民经济的行业分类方式,共计18个行业,其中科技领域10个行业,分别是"科学研究和技术服务业""卫生和社会工作""制造业""信息传输、软件和信息技术服务业""农、林、牧、渔业""电力、热力、燃气及水生产和供应业""采矿业""水利、环境和公共设施管理业""交通运输、仓储和邮政业""建筑业"。依据期刊CN号的分类,将5160种科技期刊划分到以上10个行业。行业科技期刊产业发展指数指标体系见表1-9。

表1-9 行业科技期刊产业发展指数指标体系

一级指标	二级指标			
	代号	指标名称	说明	单位
产业投入（A）	A_1	主管主办单位办刊经费支持	行业各期刊主办、主管单位办刊经费支持总和	万元
	A_2	国家、地方等专项基金项目经费支持	行业各期刊国家级、行业专业级、省（区、市）级等专项基金项目经费支持总和	万元
	A_3	期刊业务总支出	行业各期刊业务总支出费用总和	万元
	A_4	期刊从业人员总数	行业各期刊从业人员数总和	位
	A_5	期刊从业人员高层次人才占比	行业期刊编辑部中具有副高级及以上职称的人数/A_4	%
	A_6	在职人均办公面积	行业各期刊编辑部在职人均办公面积的平均值	m²
	A_7	行业期刊总数	行业出版的期刊总数量	种
	A_9	期刊产业投入占行业R&D经费比例	A_3/行业研发机构R&D经费内部支出	%
	A_{11}	每百家科研机构拥有科技期刊数	A_7/（国内一级机构数/100）	种/百家机构
经济效益（B）	B_1	期刊发行收入	行业各期刊发行收入总和	万元
	B_2	期刊广告收入	行业各期刊广告收入总和	万元
	B_3	期刊新媒体收入	行业各期刊新媒体收入总和	万元
	B_4	期刊版权收入	行业各期刊版权收入总和	万元

续表

一级指标	代号	指标名称	说明	单位
经济效益（B）	B_5	期刊项目活动收入	行业各期刊项目活动收入总和	万元
	B_6	期刊其他收入	行业各期刊其他收入总和	万元
	B_7	利润	行业各期刊利润总和	万元
	B_8	期刊人均产值	行业期刊总收入/A_4	万元/人
社会效益（C）	C_1	论文水平	行业各期刊近五年高被引论文数总和	篇
			行业各期刊国家级基金资助论文数/行业总论文数	%
			行业入选第一届至第八届"中国科协优秀科技论文遴选计划"论文数	篇
	C_2	高端作者数	行业国内高端作者数	位
	C_3	品牌建设情况	①获得"中国出版政府奖"（含提名奖）期刊数；②入选"中国科技期刊卓越行动计划"期刊数；③入选分领域高质量科技期刊分级目录 T1 等级的期刊数；④在北京大学《中文核心期刊要目总览》、中国科学引文数据库（CSCD）来源期刊、中信所《中国科技论文统计源期刊》、《中国学术期刊国际引证年报》TOP 榜单、《中国学术期刊影响因子年报》Q1 区，科技期刊世界影响力指数（WJCI）来源期刊以及国际上 WoS、EI、Scopus、Medline 等评价数据库中，入选上述 2 个及以上评价系统或数据库的期刊数。本项为上述 4 项数量总和	种
	C_4	影响力情况	行业各期刊国内总被引频次之和	次
			行业各期刊海外总被引频次之和	次
			行业各期刊平均期发行量的平均值	万册
			行业各期刊网络传播量（第三方平台总下载量）	次
			行业各期刊微信公众号总订户数之和	位
	C_5	覆盖国际地区数	行业期刊发文作者所属国家（区域）的总数	个
	C_7	行业期刊学科覆盖度	行业期刊发文分布的本行业学科种类数量/本行业学科种类总数	
	C_8	作者机构数	行业各期刊发文作者中的国内作者（含合著）所属的国内一级机构数	个
			行业各期刊发文作者中的国际作者（含合著）所属的国际一级机构数	个
	C_9	出版总期数	行业各期刊出版总期数之和	期

注：A_8、A_{10}、C_6 属于区域科技期刊产业发展指数指标，故此表中未列出。

（一）中国科技期刊行业产业投入情况

基于 2023 版年检数据，统计 10 个行业科技期刊产业投入情况，结果显示，科技期刊业务总支出最多的行业为"卫生和社会工作"（16.73 亿元），位居第二、第三位的是"科学研究和技术服务业"（15.58 亿元）和"制造业"（10.45 亿元），见表 1-10。

表 1-10　2022 年中国各行业科技期刊产业投入情况

行业	主管主办单位办刊经费支持/万元	国家、地方等专项基金项目经费支持/万元	期刊业务总支出/万元	期刊从业人员总数/位	期刊从业人员高层次人才占比/%	期刊在职人均办公面积/m²	期刊数量/种
卫生和社会工作	14 613.17	5 237.86	167 287.20	9 102	40.09	11.27	1 163
科学研究和技术服务业	34 737.75	19 383.16	155 790.52	8 921	46.98	11.57	1 297
制造业	17 162.10	3 519.50	104 482.47	5 985	44.81	12.99	878
信息传输、软件和信息技术服务业	6 360.75	2 148.60	48 826.84	2 489	36.24	12.08	331
农、林、牧、渔业	7 577.44	2 350.56	46 904.99	3 796	46.97	10.79	537
建筑业	3 083.92	364.10	42 600.99	1 672	36.96	12.42	192
电力、热力、燃气及水生产和供应业	12 118.77	1 109.50	40 168.07	2 105	50.59	13.10	294
交通运输、仓储和邮政业	7 542.32	344.00	37 857.65	1 707	38.43	12.78	222
水利、环境和公共设施管理业	5 411.17	1 270.00	25 983.74	1 326	48.57	10.88	177
采矿业	1 612.49	287.50	9 944.95	440	50.68	13.35	69

注：按 2022 年行业"期刊业务总支出"降序排序。
数据来源于 2023 版年检数据。
本表数据因四舍五入，存在与表 1-1 中 2022 年总数略有差别的情况。

行业期刊数量最多的是"科学研究和技术服务业"（1297 种），其次为"卫生和社会工作"（1163 种）、"制造业"（878 种）。对各行业科技期刊主管主办单位办刊经费支持情况、国家及地方等"专项基金项目经费"资助情况进行统计，结果显示，2022 年主管主办单位办刊经费支持排在第一的是"科学研究和技术服务业"，合计经费达 3.47 亿元；排在第二的是"制造业"，合计经费达 1.72 亿元。2022 年国家及地方等"专项基金项目经费"排在第一的是"科学研究和技术服务业"，达 1.94 亿元；排在第二的是"卫生和社会工作"，为 0.52 亿元。

对科技期刊从业人员总数及高层次人才占比情况进行统计，结果显示，科技期刊从业人员总数排在第一的是"卫生和社会工作"行业，从业人员总数为 9102 人，第二是"科学研究和技术服务业"行业（8921 人），第三是"制造业"（5985 人）。

从业人员总数在 2000 人以下的有 4 个行业，在 2000～5000 人的有 3 个行业。从业人员高层次人才占比超过 50%的行业是"采矿业"和"电力、热力、燃气及水生产和供应业"，其余行业高层次人才占比均超过 35%。

期刊在职人均办公面积"采矿业"和"电力、热力、燃气及水生产和供应业"高于 13m^2，"制造业""交通运输、仓储和邮政业""建筑业""信息传输、软件和信息技术服务业"高于 12m^2，其余 4 个行业均高于 10m^2。

（二）中国科技期刊行业经济效益情况

基于 2023 版年检数据，对各行业科技期刊各项经营收入、总收入及利润情况进行统计。结果显示，科技期刊总收入最多的行业为"卫生和社会工作"（18.24 亿元），其次是"科学研究和技术服务业"（16.18 亿元）和"制造业"（10.46 亿元）。科技期刊利润方面，"卫生和社会工作"位居首位，利润为 1.91 亿元，第二为"科学研究和技术服务业"（1.73 亿元）、第三为"制造业"（0.54 亿元），见表 1-11。

表 1-11　2022 年各行业科技期刊经济效益情况　　　　（单位：万元）

行业	发行收入	广告收入	新媒体收入	版权收入	项目活动收入	其他收入	总收入	利润
卫生和社会工作	36 960.12	17 808.80	2 512.01	849.07	18 762.96	105 491.06	182 384.00	19 104.40
科学研究和技术服务业	58 070.75	14 144.40	3 019.55	1 414.59	9 570.77	75 596.78	161 816.85	17 250.66
制造业	18 971.31	24 130.43	7 627.85	903.85	8 869.95	44 116.43	104 619.81	5 421.14
信息传输、软件和信息技术服务业	8 929.65	6 781.24	1 239.41	455.46	10 570.65	18 627.17	46 603.57	414.91
建筑业	6 753.62	10 977.18	1 854.11	161.28	3 596.88	21 701.54	45 044.61	3 611.95
农、林、牧、渔业	10 202.03	6 013.20	2 598.14	459.41	3 829.53	21 695.16	44 797.46	2 729.33
交通运输、仓储和邮政业	6 100.49	10 111.86	3 530.32	156.43	3 553.68	14 569.89	38 022.67	1 352.56
电力、热力、燃气及水生产和供应业	9 241.52	5 539.83	54.10	225.74	4 418.91	16 902.14	36 382.24	308.58
水利、环境和公共设施管理业	9 339.37	2 681.38	51.57	104.52	3 253.28	11 385.66	26 815.77	2 389.73
采矿业	1 239.54	1 325.88	844.11	75.34	1 156.60	5 206.03	9 847.50	327.72

注：按总收入降序排序。
数据来源于 2023 版年检数据。
本表数据因四舍五入，存在与表 1-2 中 2022 年总额略有差别的情况。

2022年发行收入排在第一的行业是"科学研究和技术服务业"（5.81亿元），排在第二、第三的是"卫生和社会工作"（3.70亿元）、"制造业"（1.90亿元）。广告收入排在第一的行业是"制造业"（2.41亿元），位列第二、第三的是"卫生和社会工作"（1.78亿元）、"科学研究和技术服务业"（1.41亿元）。新媒体收入位居前三的行业依次为"制造业"（0.76亿元）、"交通运输、仓储和邮政业"（0.35亿元）和"科学研究和技术服务业"（0.30亿元）。版权收入位居前三的行业依次为"科学研究和技术服务业"（1414.59万元）、"制造业"（903.85万元）和"卫生和社会工作"（849.07万元）。项目活动收入排在第一的行业是"卫生和社会工作"（1.88亿元），其后是"信息传输、软件和信息技术服务业"（1.06亿元）、"科学研究和技术服务业"（0.96亿元）。其他收入位居前三的行业是"卫生和社会工作"（10.55亿元）、"科学研究和技术服务业"（7.56亿元）和"制造业"（4.41亿元）。

（三）中国科技期刊行业社会效益情况

基于2023版年检数据、中国知网资源总库数据及公开资料，对10个行业科技期刊论文、作者、品牌建设、影响力等情况进行量化统计分析，见表1-12。结果如下所示。

获得各种品牌期刊荣誉较多的行业是"科学研究和技术服务业""卫生和社会工作""制造业"；期刊出版总期数较多的行业是"卫生和社会工作""科学研究和技术服务业""制造业"。

论文水平各项指标数值较高的为"卫生和社会工作""科学研究和技术服务业""制造业"。

高端作者数较多、服务国内外作者机构数较多的行业均是"科学研究和技术服务业""卫生和社会工作""制造业"。

期刊影响力各项指标数值较高的行业有"卫生和社会工作""科学研究和技术服务业""制造业"；影响国际地区数量较多的行业有"科学研究和技术服务业""卫生和社会工作""制造业"；期刊覆盖学科较多的行业有"卫生和社会工作""建筑业""制造业"。

表 1-12 2022 年各行业科技期刊社会效益情况

行业	论文水平 高被引论文数/篇	论文水平 国家级基金资助论文数/篇	论文水平 论文总数/篇	论文水平 科协优秀论文数/篇	高端作者数/位	品牌建设 期刊数量/种	影响力情况 国内总被引/次	影响力情况 海外总被引/次	影响力情况 平均期发行量均值/万册	影响力情况 网络传播量/次	影响力情况 微信公众号总订户数/位	覆盖国际地区数/个	行业期刊学科覆盖度	作者机构数/个 国内一级机构	作者机构数/个 国际一级机构	期刊出版总期数/期
卫生和社会工作	30 247	38 493	312 206	167	44 485	270	2 720 156	343 510	0.40	338 389 898	13 945 585	76	1.00	22 493	1 165	13 021
科学研究和技术服务业	23 190	55 408	192 322	259	74 752	391	2 413 573	863 098	0.41	207 885 047	9 506 998	103	0.92	36 898	1 874	11 559
制造业	12 869	29 522	171 926	95	43 424	190	1 488 904	327 802	0.36	169 486 169	9 238 749	69	0.97	31 031	1 083	8 210
信息传输、软件和信息技术服务业	9 910	17 351	79 569	58	21 144	88	732 731	109 141	0.25	82 030 923	3 352 700	59	0.96	15 293	505	3 507
农、林、牧、渔业	9 147	13 955	107 950	84	35 992	101	1 116 302	137 787	0.24	103 689 198	3 998 647	57	0.93	24 354	577	4 981
电力、热力、燃气及水生产和供应业	6 630	8 824	44 875	66	16 659	79	646 340	98 676	0.36	41 545 539	2 500 587	47	0.92	10 076	368	2 439
建筑业	4 188	6 453	51 117	14	13 241	30	428 794	34 794	0.29	46 886 788	4 293 828	29	0.98	12 357	247	2 056
水利、环境和公共设施管理业	3 579	7 138	31 500	29	23 364	44	459 735	73 648	0.37	31 503 464	2 041 735	38	0.91	9 243	222	1 444
交通运输、仓储和邮政业	2 480	4 599	33 722	30	9 443	31	265 997	23 729	0.29	24 874 199	3 672 000	28	0.92	7 396	154	1 819
采矿业	2 285	3 086	15 852	14	8 305	18	206 286	32 828	0.20	11 980 184	144 940	16	0.95	4 321	58	525

注：按高被引论文数降序排序。
数据来源于 2023 版年检数据。
本表数据因四舍五入，存在与表 1-4 中 2022 年总额略有差别的情况。

第二节　中国科技期刊产业发展指数分析

一、中国科技期刊产业发展指数计算方法

《中国科技期刊产业发展报告（2021）》设计了科技期刊产业发展指数（journal industry index，JII），为了便于读者完整理解该指数的含义，本书将计算方法摘录如下。

科技期刊产业发展指数定义为科技期刊在产业投入、经济效益和社会效益三个维度下各评价指标的综合平均当量准值。其基本设计思想是：①对多个具有不同量纲的变量，根据标准分数计算法及其相关应用[3~5]，先对各变量进行标准化处理，去除量纲影响；②应用当量准值法[6]，对于消除量纲后的标准值做进一步的当量准值标准化处理；③将各统计指标转换成当量准值后进行综合汇总，以汇总所得值对研究对象进行排序评价。具体计算方法如下所述。

第一步：求标准化值，消除量纲。

$$x' = \frac{x - \bar{x}}{\sigma_x} \quad (1\text{-}1)$$

式中：

x 为产业评价各统计指标观测值；

x' 为指标的标准化数值；

σ_x 为观测值 x 的标准差；

$\bar{x}$ 为观测值 x 的平均值。

第二步：由于当 $x > \bar{x}$ 时，x' 为正值，当 $x < \bar{x}$ 时，x' 为负值。而产业化发展指标的标准化数值为负，不符合人们的阅读心理习惯，而且它也没有一个确定的取值范围，不便于比较也不易理解，故需要对其进一步改造变换。参照文献[6]的做法，在标准化数值的基础上进一步计算当量准值 x''，以此作为指标系统综合评价数值的计算因子。

计算当量准值 x''（将每一指标的取值通过必要的当量转换后都基本限定在 0～100 的范围内，即当量准值的最小值为 0，最大值为 100）。

$$x'' = 50 + 10 x' \qquad (1\text{-}2)$$

此处采取 50+的当量修正参数，是因为本项目目前所涉及的产业指标都属于正指标。所谓正指标，是指实际值越大，在考核评价中所起的正面效应也越大的正相关指标。由以上公式可知，平均水平为 50 分，1 个标准差为 10 分。也就是上浮一个标准差为 50+10=60 分；下浮一个标准差为 50-10=40 分；以此类推。

第三步：将系统内所有子指标的当量准值（x''）求出后，然后求本维度各子指标的平均值，得出该维度的综合得分值。

$$\overline{x''} = \frac{\sum_{i=1}^{m} x_i''}{m} \qquad (1\text{-}3)$$

式中：

x_i'' 为二级或三级指标的当量准值；

m 为该维度下二级指标的个数。

第四步：通过综合得分值，可以用来对总体或总体的某一方面进行综合性评价排序，以综合评价其水平高低。其计算公式为

$$JII = (\overline{x_A''} + \overline{x_B''} + \overline{x_C''}) / n \qquad (1\text{-}4)$$

式中：

A 指科技期刊产业投入类指标；

B 指科技期刊产业经济效益类指标；

C 指科技期刊产业社会效益类指标；

$\overline{x_A''}$ 为产业投入类指标各个分指标平均当量准值；

$\overline{x_B''}$ 为产业经济效益类指标各个分指标平均当量准值；

$\overline{x_C''}$ 为产业社会效益类指标各个分指标平均当量准值。

由于本次综合项只有 A、B、C 三大类指标，故此处 $n = 3$。

二、中国科技期刊产业发展指数区域计量分析

（一）各区域科技期刊产业发展指数分析

科技期刊产业发展指数由科技期刊产业投入指标、科技期刊经济效益指标、科

技期刊社会效益指标三个部分组成。根据2023版年检数据和其他相关资料计算各区域科技期刊产业发展指数，统计结果见表1-13。

表1-13 2022年各区域科技期刊产业发展指数指标当量准值

序号	区域	期刊数/种	产业投入当量准值	经济效益当量准值	社会效益当量准值	综合平均当量准值
1	北京	1689	86.17	93.71	92.07	90.65
2	上海	354	52.57	50.82	57.30	53.56
3	吉林	104	53.78	56.51	48.31	52.87
4	江苏	266	51.17	50.37	55.54	52.36
5	湖北	222	50.45	50.56	55.77	52.26
6	四川	216	50.55	50.69	53.79	51.68
7	辽宁	181	50.96	48.89	54.49	51.45
8	黑龙江	165	51.08	48.38	52.03	50.50
9	广东	192	47.84	51.69	51.90	50.48
10	陕西	161	49.11	49.22	52.46	50.26
11	天津	141	50.26	49.59	50.21	50.02
12	湖南	136	48.70	49.82	50.64	49.72
13	河南	127	48.70	50.90	48.98	49.53
14	安徽	105	49.95	48.54	49.17	49.22
15	重庆	80	46.55	48.69	50.44	48.56
16	山东	137	48.15	48.53	48.66	48.45
17	浙江	131	48.38	46.70	49.65	48.24
18	广西	78	48.48	49.40	45.82	47.90
19	河北	109	45.81	49.16	48.18	47.72
20	云南	55	48.16	48.75	45.89	47.60
21	甘肃	65	48.78	46.54	46.02	47.12
22	山西	90	47.30	46.23	47.03	46.85
23	贵州	38	48.78	47.74	44.00	46.84
24	江西	73	47.58	46.05	44.85	46.16
25	福建	76	47.60	45.48	44.90	45.99
26	新疆	59	47.92	45.01	43.47	45.47
27	海南	13	43.68	48.79	42.77	45.08
28	内蒙古	51	46.40	43.76	43.67	44.61
29	青海	19	49.33	42.79	40.70	44.28
30	宁夏	11	45.82	46.69	35.60	42.70

注：按照综合平均当量准值降序排序。
数据来源于2023版年检数据，国家统计局《中国科技统计年鉴》、《中国统计年鉴》，中国知网资源总库。因西藏和新疆生产建设兵团相关数据缺失率大于50%，不在本次统计范围内。

根据计算公式，区域平均当量准值为50，每增加10即表示高1个标准差，降低10即表示低1个标准差。数据显示，各区域2022年科技期刊产业发展指数综合平均当量准值在90及以上的有1个区域，为北京，高出了4个标准差。综合平均当量准值在50~60（不含60）区间的有10个区域，最高值为53.56，综合平均当量准值在40~50（不含50）区间的有19个区域，最低值为42.70。

11个区域的综合平均当量准值超过了中国各区域平均水平，排序与去年相比，排名前10的区域没有发生变化。其中上海上升1个名次，位列第二；吉林上升4个名次，位列第三。吉林名次上升较多，主要是因为2022年吉林的产业投入和经济效益同比有所增长。

北京市科技期刊的综合平均当量准值遥遥领先，为90.65，这与北京市作为中华人民共和国首都，是中国政治中心、文化中心、国际交往中心、科技创新中心的特殊地位密不可分。北京市的期刊数量多、质量高，不论投入还是经济效益和社会效益均遥遥领先于全国其他区域。

科技期刊产业投入当量准值位居前五的区域分别是北京（1689种，86.17）、吉林（104种，53.78）、上海（354种，52.57）、江苏（266种，51.17）和黑龙江（165种，51.08），科技期刊产业投入当量准值在50以上的共9个区域。

科技期刊经济效益当量准值位居前五的区域分别是北京（1689种，93.71）、吉林（104种，56.51）、广东（192种，51.69）、河南（127种，50.90）和上海（354种，50.82），科技期刊经济效益当量准值在50以上的共8个区域。

科技期刊社会效益当量准值位居前五的区域分别是北京（1689种，92.07）、上海（354种，57.30）、湖北（222种，55.77）、江苏（266种，55.54）和辽宁（181种，54.49），科技期刊社会效益当量准值在50以上的共12个区域。

（二）各区域科技期刊产业投入指标分析

科技期刊产业投入指标由9个二级指标组成。

由表1-14可以看出，科技期刊产业投入当量准值，除北京遥遥领先外，还有8个区域产业投入当量准值在50及以上，21个区域产业投入当量准值在40~50（不含50）。

科技期刊产业投入当量准值前三的区域为北京（86.17）、吉林（53.78）和上海（52.57）；与去年产业投入当量准值排序相比，吉林和黑龙江均上升了1个位次。

表1-14 2022年各区域科技期刊产业投入指标当量准值

序号	区域	主管主办单位办刊经费支持	国家、地方等专项基金项目经费支持	期刊业务总支出	期刊从业人员总数	期刊从业人员高层次人才占比	期刊编辑部在职人员均办公面积	期刊总数	期刊产业投入占区域R&D经费比例	每百万人拥有科技期刊数	产业投入当量准值
1	北京	101.25	102.94	103.09	102.06	36.35	35.53	101.98	89.60	102.74	86.17
2	吉林	47.01	49.40	48.27	47.38	55.02	72.00	47.69	68.10	49.18	53.78
3	上海	59.20	55.30	53.21	56.37	37.73	50.28	56.25	48.36	56.44	52.57
4	江苏	53.71	50.13	51.37	52.69	49.11	59.28	53.24	42.77	48.23	51.17
5	黑龙江	47.80	47.50	48.01	49.63	65.47	38.36	49.78	63.35	49.84	51.08
6	辽宁	49.64	48.15	48.59	49.51	56.97	57.13	50.33	49.25	49.10	50.96
7	四川	54.09	49.60	50.22	50.92	47.91	55.65	51.53	47.23	47.83	50.55
8	湖北	52.49	48.98	50.10	51.10	48.26	55.26	51.73	47.39	48.72	50.45
9	天津	47.30	47.76	48.75	48.67	52.44	54.59	48.96	50.35	53.53	50.26
10	安徽	47.04	47.01	47.76	48.17	57.57	63.80	47.72	43.25	47.19	49.95
11	青海	44.68	46.93	46.08	44.67	64.21	56.22	44.78	48.17	48.28	49.33
12	陕西	48.73	47.95	49.11	49.87	47.64	50.58	49.64	49.50	48.92	49.11
13	甘肃	46.91	47.53	46.85	46.18	57.62	44.95	46.35	54.78	47.85	48.78
14	贵州	45.88	47.12	46.40	45.39	49.46	68.09	45.43	44.57	46.65	48.78
15	河南	48.62	48.08	48.55	48.95	50.40	53.36	48.48	45.00	46.88	48.70
16	湖南	49.03	50.15	48.52	48.47	50.20	50.79	48.79	44.88	47.44	48.70
17	广西	47.12	46.91	47.68	47.51	40.61	53.72	46.80	58.96	47.07	48.48
18	浙江	48.53	48.35	48.01	48.11	58.56	46.58	48.61	41.31	47.39	48.38
19	云南	46.53	47.03	46.94	45.93	54.86	52.23	46.01	47.10	46.79	48.16
20	山东	47.65	47.77	48.71	48.62	67.52	34.91	48.82	42.39	46.92	48.15
21	新疆	45.64	47.49	46.79	45.66	51.33	37.48	46.15	63.12	47.61	47.92
22	广东	50.21	52.28	51.33	51.54	34.22	51.01	50.70	42.23	47.04	47.84
23	福建	47.23	46.78	46.90	46.38	56.21	49.58	46.73	41.33	47.26	47.60
24	江西	47.66	46.80	46.84	46.63	47.73	55.66	46.63	43.14	47.11	47.58
25	山西	46.13	46.83	47.10	48.04	39.22	53.88	47.21	49.45	47.83	47.30
26	重庆	46.96	47.80	48.14	48.24	29.65	56.09	46.87	47.44	47.76	46.55
27	内蒙古	45.80	46.99	46.42	45.79	62.98	31.67	45.87	44.58	47.49	46.40
28	宁夏	44.89	46.75	46.10	44.50	54.98	40.57	44.78	43.04	47.04	45.82
29	河北	47.62	46.89	47.90	48.29	48.12	33.49	47.86	45.11	47.01	45.81
30	海南	44.65	46.78	46.28	44.75	27.67	37.27	44.57	54.24	46.86	43.68

注：按照产业投入当量准值降序排序。
数据来源于2023版年检数据、国家统计局《中国科技统计年鉴》《中国统计年鉴》、中国知网资源总库。
因西藏和新疆生产建设兵团相关数据缺失率大于50%，不在本次统计范围内。

期刊总数项的当量准值位居前五的区域是北京（101.98）、上海（56.25）、江苏（53.24）、湖北（51.73）和四川（51.53）。

从主管主办单位办刊经费支持力度来看，除北京的当量准值为 101.25 外，支持力度位居前五的区域还有上海（59.20）、四川（54.09）、江苏（53.71）和湖北（52.49）。

从国家、地方等专项基金项目经费支持力度来看，当量准值位居前五的区域是北京（102.94）、上海（55.30）、广东（52.28）、湖南（50.15）和江苏（50.13）。

从期刊业务总支出指标来看，当量准值位居前五的区域是北京（103.09）、上海（53.21）、江苏（51.37）、广东（51.33）和四川（50.22）。

期刊从业人员总数项的当量准值位居前五的区域是北京（102.06）、上海（56.37）、江苏（52.69）、广东（51.54）和湖北（51.10）。

期刊从业人员高层次人才占比项的当量准值位居前五的区域是山东（67.52）、黑龙江（65.47）、青海（64.21）、内蒙古（62.98）和浙江（58.56）。

期刊编辑部在职人均办公面积项的当量准值位居前五的区域是吉林（72.00）、贵州（68.09）、安徽（63.80）、江苏（59.28）和辽宁（57.13）。

期刊产业投入占区域 R&D 经费比例项的当量准值位居前五的区域是北京（89.60）、吉林（68.10）、黑龙江（63.35）、新疆（63.12）和广西（58.96）。

每百万人拥有科技期刊数项的当量准值位居前五的区域是北京（102.74）、上海（56.44）和天津（53.53）、黑龙江（49.84）和吉林（49.18）。

（三）各区域科技期刊经济效益指标分析

科技期刊经济效益指标由 9 个二级指标组成。

由表 1-15 可以看出，1 个区域经济效益当量准值为 90 及以上，7 个区域经济效益当量准值处于 50～60（不含 60），22 个区域经济效益当量准值处于 40～50（不含 50）。

北京市科技期刊经济效益当量准值最高，为 93.71，其次为吉林 56.51，第三是广东 51.69。与 2021 年相比，广东上升 4 个位次，进入了前三名。

表 1-15 2022 年各区域科技期刊经济效益指标当量准值

序号	区域	期刊发行收入	期刊广告收入	期刊新媒体收入	期刊版权收入	期刊项目活动收入	期刊其他收入	利润	期刊人均产值	期刊人均贡献比	经济效益当量准值
1	北京	102.81	103.21	103.40	102.72	103.40	102.78	102.67	76.83	45.62	93.71
2	吉林	47.05	51.02	47.66	49.08	50.06	49.10	55.09	73.61	85.90	56.51
3	广东	53.67	49.09	53.60	49.54	50.58	50.22	47.11	60.34	51.08	51.69
4	河南	51.24	47.35	47.61	46.99	47.47	48.63	53.75	54.67	60.42	50.90
5	上海	51.79	52.99	51.35	53.76	52.93	54.09	47.56	54.26	38.68	50.82
6	四川	49.44	49.51	48.07	51.14	47.96	51.08	48.48	53.75	56.82	50.69
7	湖北	49.71	49.48	48.33	53.32	49.21	51.12	48.72	55.10	50.04	50.56
8	江苏	52.72	51.06	50.22	51.92	49.38	50.73	50.27	55.12	41.86	50.37
9	湖南	48.30	48.23	47.90	49.54	48.15	49.01	47.24	54.72	55.30	49.82
10	天津	48.85	49.69	47.86	47.50	49.22	48.80	49.36	58.45	46.59	49.59
11	广西	47.99	47.28	47.60	46.51	47.31	47.84	49.21	49.90	60.95	49.40
12	陕西	48.44	49.67	48.40	48.48	47.70	49.88	47.44	52.45	50.49	49.22
13	河北	48.99	47.53	47.56	47.02	48.51	47.59	48.68	49.24	57.29	49.16
14	辽宁	48.15	49.16	47.66	49.63	47.72	49.01	47.99	48.89	51.81	48.89
15	海南	46.14	46.68	47.56	46.39	47.14	45.94	47.07	54.24	57.91	48.79
16	云南	46.95	46.91	47.56	46.32	47.34	46.85	46.38	52.28	58.19	48.75
17	重庆	47.52	47.99	48.54	47.58	49.40	48.30	48.59	52.08	48.24	48.69
18	安徽	48.14	47.55	47.92	47.92	48.83	47.68	49.98	48.70	50.16	48.54
19	山东	47.58	47.41	47.66	48.28	47.35	49.80	47.20	52.11	49.38	48.53
20	黑龙江	48.73	47.41	47.78	47.56	47.40	48.45	50.11	43.91	54.04	48.38
21	贵州	46.29	47.37	47.58	46.89	47.43	45.91	47.86	45.22	55.14	47.74
22	浙江	47.95	48.20	47.57	48.82	47.49	47.52	46.09	46.36	40.33	46.70
23	宁夏	46.13	46.80	47.56	45.99	47.12	45.45	46.49	45.82	48.80	46.69
24	甘肃	46.21	46.95	47.59	47.21	47.27	46.48	45.96	39.56	51.65	46.54
25	山西	47.28	47.03	47.60	47.85	47.22	46.72	48.56	40.27	42.83	46.23
26	江西	46.53	47.44	47.59	46.86	47.18	46.64	46.95	41.09	44.19	46.05
27	福建	46.82	47.00	47.58	46.49	47.54	46.50	46.73	42.90	37.72	45.48
28	新疆	46.21	46.71	47.56	46.00	47.42	46.03	46.09	37.59	41.49	45.01
29	内蒙古	46.32	46.66	47.56	46.19	47.17	45.85	46.29	33.25	34.58	43.76
30	青海	46.06	46.66	47.56	46.50	47.12	45.35	46.08	27.29	32.52	42.79

注：按照经济效益当量准值降序排序。
数据来源于 2023 版年检数据、国家统计局《中国科技统计年鉴》《中国统计年鉴》、中国知网资源总库。
因西藏和新疆生产建设兵团相关数据缺失率大于 50%，不在本次统计范围内。

从二级指标来看，期刊发行收入项的当量准值位居前五的区域是北京（102.81）、广东（53.67）、江苏（52.72）、上海（51.79）和河南（51.24）。

期刊广告收入项的当量准值位居前五的区域是北京（103.21）、上海（52.99）、江苏（51.06）、吉林（51.02）和天津（49.69）。

期刊新媒体收入项的当量准值位居前五的区域是北京（103.40）、广东（53.60）、上海（51.35）、江苏（50.22）和重庆（48.54）。

期刊版权收入项的当量准值位居前五的区域是北京（102.72）、上海（53.76）、湖北（53.32）、江苏（51.92）和四川（51.14）。

期刊项目活动收入项的当量准值位居前五的区域是北京（103.40）、上海（52.93）、广东（50.58）、吉林（50.06）和重庆（49.40）。

期刊其他收入项的当量准值位居前五的区域是北京（102.78）、上海（54.09）、湖北（51.12）、四川（51.08）和江苏（50.73）。

利润项的当量准值位居前五的是北京（102.67）、吉林（55.09）、河南（53.75）、江苏（50.27）和黑龙江（50.11）。

期刊人均产值项的当量准值位居前五的是北京（76.83）、吉林（73.61）、广东（60.34）、天津（58.45）和江苏（55.12）。

期刊人均贡献比项的当量准值位居前五的是吉林（85.90）、广西（60.95）、河南（60.42）、云南（58.19）和海南（57.91）。

（四）各区域科技期刊社会效益指标分析

科技期刊社会效益指标由 8 个二级指标组成。

由表 1-16 可以看出，北京科技期刊社会效益当量准值以 92.07 位居榜首，上海以 57.30 位列第二，湖北以 55.77 位列第三。11 个区域处于 50~60（不含 60），18 个区域处于 40~50（不含 50）。与 2021 年的社会效益当量准值排序相比，北京、上海、湖北、江苏和辽宁依然位于前五。

从二级指标来看，出版总期数当量准值位居前五的区域是北京（102.57）、上海（54.20）、江苏（51.56）、湖北（51.51）和广东（51.02）。

表 1-16　2022 年各区域科技期刊社会效益指标当量准值

序号	区域	论文水平	高端作者数	品牌期刊	影响力	覆盖国际地区数	学科覆盖度	作者机构数	出版总期数	社会效益当量准值
1	北京	89.15	85.72	102.19	92.92	86.98	77.89	99.16	102.57	92.07
2	上海	55.29	59.04	56.42	52.42	61.97	61.46	57.60	54.20	57.30
3	湖北	53.45	63.21	51.70	50.31	61.97	59.08	54.90	51.51	55.77
4	江苏	53.84	59.68	52.99	53.14	60.08	58.93	54.10	51.56	55.54
5	辽宁	56.79	60.56	50.34	49.80	60.08	55.46	53.05	49.85	54.49
6	四川	51.44	56.27	51.12	49.06	61.03	58.35	52.19	50.84	53.79
7	陕西	54.79	57.21	50.99	50.59	50.64	55.73	50.16	49.59	52.46
8	黑龙江	46.12	54.83	48.21	49.89	58.67	56.20	52.57	49.77	52.03
9	广东	46.73	56.67	49.05	58.06	45.45	57.75	50.48	51.02	51.90
10	湖南	50.51	53.41	48.47	49.04	53.00	52.51	49.58	48.58	50.64
11	重庆	52.88	51.02	48.14	51.85	50.17	51.35	50.08	48.02	50.44
12	天津	50.62	52.75	49.31	48.21	50.17	52.62	48.98	49.04	50.21
13	浙江	49.69	47.16	49.18	48.05	56.31	50.02	48.77	48.00	49.65
14	安徽	47.63	50.82	47.56	49.50	50.17	52.01	48.32	47.35	49.17
15	河南	48.81	50.56	47.89	48.55	45.45	53.35	48.50	48.74	48.98
16	山东	47.84	49.09	47.82	48.09	46.87	53.11	48.17	48.29	48.66
17	吉林	48.74	50.67	48.02	46.65	47.34	48.58	48.12	48.34	48.31
18	河北	44.01	50.32	47.11	48.47	44.98	53.16	48.58	48.84	48.18
19	山西	41.66	45.71	46.53	46.02	46.40	53.19	48.89	47.87	47.03
20	甘肃	50.76	45.19	46.98	45.44	42.62	45.79	45.05	46.35	46.02
21	云南	47.36	40.71	46.33	49.40	48.29	43.39	45.16	46.50	45.89
22	广西	46.73	42.79	46.27	49.12	41.21	47.82	45.58	47.05	45.82
23	福建	44.09	40.38	46.33	46.83	43.10	47.02	45.02	46.44	44.90
24	江西	42.96	41.58	46.01	45.84	40.74	48.39	46.52	46.77	44.85
25	贵州	46.21	41.33	46.14	45.13	44.51	38.68	44.31	45.67	44.00
26	内蒙古	43.57	40.52	45.82	46.55	41.21	41.14	44.23	46.30	43.67
27	新疆	48.62	39.03	46.01	45.30	44.98	34.38	43.75	45.66	43.47
28	海南	50.32	40.11	45.82	46.33	40.26	30.76	43.31	45.24	42.77
29	宁夏	43.62	37.00	45.56	45.00	38.38	33.18	42.57	45.03	41.29
30	青海	45.78	36.68	45.69	44.45	36.96	28.69	42.31	45.02	40.70

注：按照社会效益当量准值降序排序。
数据来源于 2023 版年检数据、国家统计局《中国科技统计年鉴》《中国统计年鉴》、中国知网资源总库。
因西藏和新疆生产建设兵团相关数据缺失率大于 50%，不在本次统计范围内。

论文水平指标由高被引论文总量、国家级基金资助论文占比、"中国科协优秀科技论文遴选计划"入选论文数量3组数据构成，论文水平当量准值位居前五的区域有北京（89.15）、辽宁（56.79）、上海（55.29）、陕西（54.79）和江苏（53.84）。

高端作者数指标当量准值位居前五的区域是北京（85.72）、湖北（63.21）、辽宁（60.56）、江苏（59.68）和上海（59.04）。

品牌期刊指标当量准值位居前五的区域是北京（102.19）、上海（56.42）、江苏（52.99）、湖北（51.70）和四川（51.12）。

影响力指标由国内总被引频次、海外总被引频次、平均期发行量、网络传播量和微信公众号总订户数5组数据构成，影响力指标当量准值位居前五的区域有北京（92.92）、广东（58.06）、江苏（53.14）、上海（52.42）和重庆（51.85）。

覆盖国际地区数指标当量准值位居前五的区域有北京（86.98）、上海（61.97）、湖北（61.97）、四川（61.03）、江苏（60.08）和辽宁（60.08）。

学科覆盖度指标当量准值位居前五的区域有北京（77.89）、上海（61.46）、湖北（59.08）、江苏（58.93）和四川（58.35）。

作者机构数指标由期刊发文作者所属的国内机构和国际机构数2组数据组成，作者机构数当量准值位居前五的区域有北京（99.16）、上海（57.60）、湖北（54.90）、江苏（54.10）和辽宁（53.05）。

三、中国科技期刊产业发展指数行业计量分析

（一）各行业科技期刊产业发展指数分析

各行业科技期刊产业发展指数由科技期刊产业投入指标、科技期刊经济效益指标、科技期刊社会效益指标三个部分组成。2022年各行业科技期刊产业发展指数见表1-17。需要说明的是，某行业综合平均当量准值或单个指标当量准值在50以上，则表明该行业整体或在该项指标方面的表现优于我国平均水平。

各行业产业指数综合平均当量准值在50及以上的有3个行业，当量准值在40～49的有7个行业。"科学研究和技术服务业"期刊的产业发展指数最高，综合平

均当量准值为 62.90，其次为"卫生和社会工作"，综合平均当量准值为 60.56，两个行业的期刊数量均在 1000 种以上。"制造业"期刊的产业发展指数排在第三，该类期刊的综合平均当量准值为 55.97。与 2021 年数据相比，排名前三位的行业依然是"科学研究和技术服务业""卫生和社会工作""制造业"。

表 1-17　2022 年各行业科技期刊产业发展指数当量准值

序号	行业	期刊数/种	产业投入当量准值	经济效益当量准值	社会效益当量准值	综合平均当量准值
1	科学研究和技术服务业	1297	62.04	61.27	65.40	62.90
2	卫生和社会工作	1163	56.83	62.88	61.96	60.56
3	制造业	878	54.04	57.53	56.35	55.97
4	信息传输、软件和信息技术服务业	331	46.19	47.28	49.15	47.54
5	电力、热力、燃气及水生产和供应业	294	53.74	43.58	45.05	47.45
6	农、林、牧、渔业	537	46.68	44.63	49.31	46.88
7	建筑业	192	44.03	49.08	44.99	46.04
8	交通运输、仓储和邮政业	222	46.28	47.59	41.91	45.26
9	水利、环境和公共设施管理业	177	44.08	43.54	43.92	43.85
10	采矿业	69	46.10	42.62	41.96	43.56

注：按照综合平均当量准值降序排序。
数据来源于 2023 版年检数据，国家统计局《中国科技统计年鉴》、《中国统计年鉴》，中国知网资源总库。

科技期刊产业投入当量准值位居前三的行业是"科学研究和技术服务业"（1297 种，62.04）、"卫生和社会工作"（1163 种，56.83）和"制造业"（878 种，54.04）；产业投入在中国行业平均值以上的行业共 4 个（当量准值在 50 以上）。

科技期刊经济效益当量准值位居前三的行业是"卫生和社会工作"（1163 种，62.88）、"科学研究和技术服务业"（1297 种，61.27）和"制造业"（878 种，57.53）；经济效益当量准值在 50 以上的共 3 个行业。

科技期刊社会效益当量准值位居前三的行业是"科学研究和技术服务业"（1297 种，65.40）、"卫生和社会工作"（1163 种，61.96）和"制造业"（878 种，56.35）；社会效益当量准值在 50 以上的共 3 个行业。

（二）各行业科技期刊产业投入指标分析

科技期刊产业投入指标，由 9 个二级指标组成，见表 1-18。

表1-18 2022年各行业科技期刊产业投入指标当量准值

序号	行业	主管主办单位办刊经费支持	国家、地方等专项基金项目经费支持	期刊业务总支出	期刊从业人员总数	期刊从业人员高层次人才占比	期刊编辑部在职人均办公面积	行业期刊总数	期刊产业投入占行业R&D经费比例	每百家科研机构拥有科技期刊数	产业投入当量准值
1	科学研究和技术服务业	75.83	78.85	66.84	67.22	55.53	43.89	68.67	43.45	58.04	62.04
2	卫生和社会工作	53.91	52.99	69.05	67.83	42.59	40.51	65.47	45.03	74.12	56.83
3	制造业	56.69	49.85	57.00	57.44	51.46	59.65	58.65	44.19	51.38	54.04
4	电力、热力、燃气及水生产和供应业	51.19	45.44	44.66	44.50	62.32	60.89	44.69	77.70	52.24	53.74
5	农、林、牧、渔业	46.25	47.71	45.96	50.14	55.52	35.23	50.50	43.49	45.32	46.68
6	交通运输、仓储和邮政业	46.21	44.04	44.22	43.18	39.48	57.28	42.97	46.12	53.06	46.28
7	信息传输、软件和信息技术服务业	44.92	47.34	46.32	45.78	35.36	49.47	45.58	55.96	44.92	46.19
8	采矿业	39.75	43.94	38.87	38.95	62.49	63.64	39.31	48.47	39.41	46.10
9	水利、环境和公共设施管理业	43.89	45.74	41.94	41.91	58.52	36.13	41.90	44.17	42.50	44.08
10	建筑业	41.35	44.08	45.13	43.06	36.72	53.29	42.25	51.39	38.99	44.03

注：按照产业投入当量准值降序排序。
数据来源于2023版年检数据、国家统计局《中国科技统计年鉴》《中国统计年鉴》、中国知网资源总库。

各行业科技期刊产业投入当量准值在60及以上的有1个行业，产业投入当量准值在50~60（不含60）的有3个行业，产业投入当量准值在50以下的有6个行业。

科技期刊产业投入当量准值最高的是"科学研究和技术服务业"，这是由于该行业期刊的国家、地方等专项基金项目经费和主管主办单位办刊经费较高，行业期刊总数和期刊从业人员总数较多。"卫生和社会工作"紧随其后，排在第二位，这与该行业期刊业务总支出高、期刊从业人员总数高、每百家科研机构拥有科技期刊数多等密不可分。与2021年相比，"信息传输、软件和信息技术服务业"期刊2022年排名第7位，上升了2个名次。

从二级指标来看，行业期刊总数项的当量准值位居前三的行业是"科学研究和技术服务业"（68.67）、"卫生和社会工作"（65.47）和"制造业"（58.65）。

主管主办单位办刊经费支持项的当量准值位居前三的行业是"科学研究和技术服务业"（75.83）、"制造业"（56.69）和"卫生和社会工作"（53.91）。

国家、地方等专项基金项目项经费支持的当量准值位居前三的行业是"科学研究和技术服务业"（78.85）、"卫生和社会工作"（52.99）和"制造业"（49.85）。

期刊业务总支出项的当量准值位居前三的行业是"卫生和社会工作"（69.05）、"科学研究和技术服务业"（66.84）和"制造业"（57.00）。

期刊从业人员总数项的当量准值位居前三的行业是"卫生和社会工作"（67.83）、"科学研究和技术服务业"（67.22）和"制造业"（57.44）。

期刊从业人员高层次人才占比项的当量准值位居前三的行业是"采矿业"（62.49）、"电力、热力、燃气及水生产和供应业"（62.32）和"水利、环境和公共设施管理业"（58.52）。

期刊编辑部在职人均办公面积项的当量准值位居前三的行业是"采矿业"（63.64）、"电力、热力、燃气及水生产和供应业"（60.89）和"制造业"（59.65）。

期刊产业投入占行业 R&D 经费比例项的当量准值位居前三的行业是"电力、热力、燃气及水生产和供应业"（77.70）、"信息传输、软件和信息技术服务业"（55.96）和"建筑业"（51.39）。

每百家科研机构拥有科技期刊数项的当量准值位居前三的行业是"卫生和社会工作"（74.12）、"科学研究和技术服务业"（58.04）和"交通运输、仓储和邮政业"（53.06）。

（三）各行业科技期刊经济效益指标分析

科技期刊经济效益指标由 8 个二级指标组成。由表 1-19 可以看出，经济效益当量准值在 60 及以上的有 2 个行业，在 50~60（不含 60）的有 1 个行业，50 以下的有 7 个行业。

"卫生和社会工作"期刊的经济效益当量准值位列第一，为 62.88，该行业期刊的项目活动收入、其他收入和利润等相对较高。"科学研究和技术服务业"和"制造业"两个行业的期刊经济效益当量准值位列第二位和第三位，分别为 61.27 和 57.53。与 2021 年相比，排名前三的行业没有变化，依然是"卫生和社会工作""科学研究和技术服务业""制造业"。

表 1-19　2022 年各行业科技期刊经济效益指标当量准值

序号	行业	期刊发行收入	期刊广告收入	期刊新媒体收入	期刊版权收入	期刊项目活动收入	期刊其他收入	利润	期刊人均产值	经济效益当量准值
1	科学研究和技术服务业	74.84	56.22	53.27	72.23	55.64	63.66	68.02	46.32	61.27
2	卫生和社会工作	62.20	61.67	50.85	58.77	74.06	73.36	70.81	51.35	62.88
3	制造业	51.43	71.05	75.22	60.07	54.23	53.44	50.20	44.58	57.53
4	信息传输、软件和信息技术服务业	45.42	45.29	44.79	49.40	57.64	45.16	42.65	47.87	47.28
5	电力、热力、燃气及水生产和供应业	45.61	43.45	39.15	43.94	45.31	44.60	42.49	44.06	43.58
6	农、林、牧、渔业	46.18	44.15	51.26	49.50	44.13	46.14	46.14	29.56	44.63
7	建筑业	44.12	51.52	47.72	42.40	43.66	46.16	47.47	69.61	49.08
8	交通运输、仓储和邮政业	43.73	50.24	55.70	42.29	43.58	43.85	44.07	57.26	47.59
9	水利、环境和公共设施管理业	45.66	39.21	39.13	41.05	42.98	42.81	45.63	51.84	43.54
10	采矿业	40.81	37.19	42.91	40.36	38.77	40.81	42.52	57.55	42.62

注：按照经济效益当量准值降序排序。
数据来源于 2023 版年检数据、国家统计局《中国科技统计年鉴》《中国统计年鉴》、中国知网资源总库。

从二级指标来看，科技期刊利润项的当量准值位居前三的行业是"卫生和社会工作"（70.81）、"科学研究和技术服务业"（68.02）和"制造业"（50.20）。

科技期刊发行收入项的当量准值位居前三的行业是"科学研究和技术服务业"（74.84）、"卫生和社会工作"（62.20）和"制造业"（51.43）。

科技期刊广告收入项的当量准值位居前三的行业是"制造业"（71.05）、"卫生和社会工作"（61.67）和"科学研究和技术服务业"（56.22）。

科技期刊新媒体收入项的当量准值位居前三的行业是"制造业"（75.22）、"交通运输、仓储和邮政业"（55.70）和"科学研究和技术服务业"（53.27）。

科技期刊版权收入项的当量准值位居前三的行业是"科学研究和技术服务业"（72.23）和"制造业"（60.07）、"卫生和社会工作"（58.77）。

科技期刊项目活动收入项的当量准值位居前三的行业是"卫生和社会工作"（74.06）、"信息传输、软件和信息技术服务业"（57.64）和"科学研究和技术服务业"（55.64）。

科技期刊其他收入项的当量准值较高的行业是"卫生和社会工作"（73.36）、"科学研究和技术服务业"（63.66）和"制造业"（53.44）。

科技期刊人均产值项的当量准值位居前三的行业是"建筑业"（69.61）、"采矿业"（57.55）和"交通运输、仓储和邮政业"（57.26）。

（四）各行业科技期刊社会效益指标分析

科技期刊社会效益指标由 8 个二级指标组成。由表 1-20 可以看出，科技期刊社会效益当量准值在 60 及以上的有 2 个行业，在 50～60（不含 60）的有 1 个行业，50 以下的有 7 个行业。

表 1-20　2022 年各行业科技期刊社会效益指标当量准值

序号	行业	论文水平	高端作者数	品牌期刊	影响力	覆盖国际地区数	行业期刊学科覆盖度	作者机构数	出版总期数	社会效益当量准值
1	科学研究和技术服务业	69.73	73.14	71.97	61.02	70.47	40.28	70.90	65.66	65.40
2	卫生和社会工作	57.52	57.81	63.81	62.21	59.59	68.22	57.43	69.12	61.96
3	制造业	50.90	57.27	55.85	53.36	56.77	58.09	60.82	57.71	56.35
4	农、林、牧、渔业	46.26	53.50	48.19	47.31	51.93	44.29	52.96	50.06	49.31
5	信息传输、软件和信息技术服务业	51.13	45.98	46.53	45.89	52.74	56.44	47.90	46.56	49.15
6	电力、热力、燃气及水生产和供应业	48.87	43.71	45.68	45.91	47.91	40.17	44.12	44.03	45.05
7	建筑业	41.04	41.97	41.83	45.94	40.65	61.28	44.12	43.12	44.99
8	水利、环境和公共设施管理业	48.00	47.10	42.78	47.66	44.28	37.49	42.38	41.67	43.92
9	采矿业	44.77	39.47	41.08	45.99	35.42	50.98	38.49	39.49	41.96
10	交通运输、仓储和邮政业	41.78	40.05	42.28	44.72	40.25	42.76	40.86	42.56	41.91

注：按照社会效益当量准值降序排序。
数据来源于 2023 版年检数据、国家统计局《中国科技统计年鉴》《中国统计年鉴》、中国知网资源总库。

从各行业科技期刊的社会效益当量准值来看，"科学研究和技术服务业"居于首位，这主要是由于该行业的品牌期刊数量、高端作者数、作者机构数和覆盖国际地区数均处于较高水平。"卫生和社会工作"位于第二位，该行业期刊影响力相对较大，学科覆盖度广泛、出版规模大。"制造业"排在第三位，该行业期刊作者机构数较多、出版规模较大。与 2021 年相比，排名前五的行业没有发生变化，"电力、热力、燃气及水生产和供应业"社会效益当量准值上升 1 个名次。

从二级指标来看，出版总期数项的当量准值位居前三的行业是"卫生和社会工作"（69.12）、"科学研究和技术服务业"（65.66）和"制造业"（57.71）。

论文水平指标由高被引论文总量、国家级基金资助论文占比和"中国科协优秀科技论文遴选计划"入选论文数量 3 组数据构成，论文水平项的当量准值位居前三的行业是"科学研究和技术服务业"（69.73）、"卫生和社会工作"（57.52）和"信息传输、软件和信息技术服务业"（51.13）。

高端作者数指标当量准值位居前三的行业是"科学研究和技术服务业"（73.14）、"卫生和社会工作"（57.81）和"制造业"（57.27）。

品牌期刊指标当量准值位居前三的行业是"科学研究和技术服务业"（71.97）、"卫生和社会工作"（63.81）和"制造业"（55.85）。

影响力指标当量准值位居前三的行业是"卫生和社会工作"（62.21）、"科学研究和技术服务业"（61.02）和"制造业"（53.36）。

作者覆盖国际地区数指标当量准值位居前三的行业是"科学研究和技术服务业"（70.47）、"卫生和社会工作"（59.59）和"制造业"（56.77）。

作者机构数指标当量准值位居前三的行业是"科学研究和技术服务业"（70.90）、"制造业"（60.82）和"卫生和社会工作"（57.43）。

行业学科覆盖度指标当量准值位居前三的是"卫生和社会工作"（68.22）、"建筑业"（61.28）和"制造业"（58.09）。

第三节　中国科技期刊产业景气指数分析

一、中国科技期刊产业景气指数指标体系

《中国科技期刊产业发展报告（2022）》设计了科技期刊产业景气指数，从生产能力、投入水平、盈利能力、人才水平、影响力水平 5 个维度考虑指标体系。具体指标见表 1-21。

表 1-21 科技期刊产业景气指数指标体系

一级指标	代号	二级指标 指标名称	说明
生产能力（A）	A_1	投稿量/篇	科技期刊出版单位在指定时间范围内收到各类文献的总量
	A_2	载文量/篇	科技期刊出版单位在指定时间范围内刊载各类文献的总数
	A_3	出版时效/天	科技期刊论文从投稿到网络首发或见刊出版的平均时间
	A_4	出版总期数/期	科技期刊在一年内出版的期刊总期数
投入水平（B）	B_1	主管主办单位办刊经费支持/万元	期刊主办主管单位办刊经费总和
	B_2	国家、地方等专项基金项目经费支持/万元	国家、地方等扶持期刊的专项基金项目经费总和
	B_3	期刊经营总支出/万元	科技期刊出版单位在全部的经营过程中所发生的一切支出，包含纸张印刷费用、人员工资、稿酬、员工培训经费、新媒体投入、社会公益捐赠及其他支出等
盈利能力（C）	C_1	平均期发行量/册	期刊平均每期的发行份数
	C_2	期刊经营总收入/万元	期刊运营过程取得的各项收入之和，包含发行、广告、新媒体、版权、项目活动收入及其他收入
	C_3	利润总额/万元	C_2-B_3
	C_4	经营利润率/%	$C_3/C_2\times100\%$
人才水平（D）	D_1	专业编辑队伍规模/位	期刊从业人员数量
	D_2	高学历人员占比/%	期刊从业人员中具有硕士及以上学历的人数/$D_1\times100\%$
影响力水平（E）	E_1	即年指标	期刊在统计年发表的论文在统计年当年的被引总次数与该刊在统计年发表的可被引文献总数之比
	E_2	国内即年被引量/次	期刊在统计年发表的论文在统计年被国内期刊引用的总频次
	E_3	国际即年被引量/次	期刊在统计年发表的论文在统计年被国际期刊引用的总频次
	E_4	即年下载量/次	期刊在统计年发表的全部文献在统计年在学术数据库网络平台上的总下载量
	E_5	新媒体传播量/位	期刊微信公众号总订户数

（一）生产能力指标（A类指标）

生产能力指标反映科技期刊对科研论文的内容进行生产加工的能力。科技期刊作为学术交流的媒介，同时发挥了学术把关人的作用，科技期刊对创新知识的传播、保存、交流，主要以论文为载体。科技期刊的主要生产活动就是处理稿件，其处理稿件的数量、效率、能力代表了科技期刊的生产能力。本书在生产维度选取了4个指标。在计算中国科技期刊、卓越期刊、中文科技期刊、英文科技期刊、各学科科技期刊、各区域科技期刊的产业景气指数时，使用了 $A_1\sim A_4$ 共4个指标；在计算科普类科技期刊的指数时，使用了 A_1、A_2、A_4 共 3 个指标。

A_1. 投稿量

投稿量是指科技期刊出版单位在指定时间范围内收到各类文献的总量。投稿量是期刊出版的"原料"，一定程度上反映了存量；期刊的来稿量越丰富，可选择余地越大，同时要求生产能力越强。

A_2. 载文量

载文量是指科技期刊出版单位在指定时间范围内刊载各类文献的总数，反映期刊的生产结果。期刊是一种信息产品，载文量衡量了期刊的信息含量，载文量越多，表示该刊信息载量越大。

A_3. 出版时效

出版时效是指科技期刊论文从投稿到网络首发或见刊出版的平均时间。出版时效，体现期刊的生产效率，作者和读者都期望期刊在确保出版质量的前提下，不断缩短审稿和加工时间，以达到快速传播创新成果的目标。

网络首发即网络版发布，在《中国学术期刊（网络版）》出版传播平台上创办与纸质期刊内容一致的网络版，以单篇或整期出版形式，在印刷出版之前刊发论文的录用定稿、排版定稿、整期汇编定稿版本。实行网络首发可以极大地缩短论文与读者见面的时间。

A_4. 出版总期数

出版总期数是指科技期刊在一年内出版的期刊总期数。出版总期数，反映期刊的总体生产能力，科技期刊作为定期出版物，遵循按一定周期出版的规范，出版周期越短，代表了生产能力越强，反映在指标上就是一年出版总期数越多。

（二）投入水平指标（B类指标）

投入水平指标反映科技期刊的资金投入力度。产业投入是产业形成和发展的主要支撑。当一个产业投入增多时，说明该产业对资金具有吸引力，或需求大于现有产业规模，处于发展的上升阶段；反之说明资金抽离，处于发展的下降阶段或已处于不景气状态。

一般来说，期刊的经费主要来自三个方面，一是期刊自己的营收，第二是主管主办单位的投入，第三是各类基金资助。据统计，中国超过半数（52.27%）科技期刊获得过专项基金资助，主要来自上级主管单位或国家、所在出版地管理部门设立的专项基金项目；另外，期刊各项经营活动的收入，只有变成支出，也就是投入到期刊日常运营，才是对办刊真正的投入，本书选取期刊经营总支出的经费来源包含了上述三项收入。指标包含以下 3 个。

B_1. 主管主办单位办刊经费支持

主管主办单位办刊经费支持是指科技期刊出版单位在办刊过程中获得的来自其上级主办或主管单位提供的办刊经费支持总额，反映主办或主管单位对期刊的扶持力度。

B_2. 国家、地方等专项基金项目经费支持

国家、地方等专项基金项目经费支持是指科技期刊出版单位在办刊过程中获得的，来自国家或所在出版地管理部门等设立的，针对科技期刊发展的专项基金项目的资助总额，反映国家或地方政府对刊物发展的资金投入力度。

B_3. 期刊经营总支出

期刊经营总支出是指科技期刊出版单位在全部的经营过程中所发生的一切支出，包括纸张印刷费用、人员工资、稿酬、员工培训经费、新媒体投入、社会公益捐赠及其他支出。反映科技期刊出版单位在经营活动中的资金投入情况。

（三）盈利能力指标（C 类指标）

盈利能力指标反映科技期刊出版单位在经营活动中获取利润的能力。科技期刊是具有文化属性的特殊商品，其价值体现在创造社会效益和经济效益两部分。经济效益的重要性：一方面体现在该科技期刊是否具备可持续发展能力；另一方面反映了科技期刊是否赢得其读者的认可，并取得市场相应回报。本书选取了 4 个指标。

C_1. 平均期发行量

平均期发行量主要是指印刷期刊的发行数量，虽然当前期刊传播方式已逐渐转向网络以电子版形式传播，但仍有科研机构图书馆、个人收藏、偏远网络不发达地区存在对印刷版期刊的需求，因此期刊发行量仍然是一项重要的反映期刊市场规模的指标。平均期发行量是某期刊的年度总发行量与总期数的比值，用来考量科技期刊的纸本市场规模。

C_2. 期刊经营总收入

期刊经营总收入是指科技期刊出版单位在日常经营业务过程中所形成的经济利益的总流入，包括发行、广告、新媒体、版权、项目活动收入及其他收入。反映科技期刊出版单位的经营能力。其中发行收入是由发行量乘以销售单价得来的，是最常用于衡量科技期刊经营情况的指标。

C_3. 利润总额

利润总额是期刊年度总收入减去年度总支出的盈余部分，反映科技期刊出版单位的年度经营业绩，是最直观体现科技期刊经济效益的指标。

C_4. 经营利润率

经营利润率是期刊利润额除以期刊经营总收入的比率，用以衡量期刊出版单位的盈利能力。

（四）人才水平指标（D类指标）

人才水平指标反映当前科技期刊产业对人才的吸引力。人才是驱动产业发展的核心要素，是期刊活跃发展的根本保障。科技期刊产业是以知识生产为主要活动的产业，是轻资产的产业，其主要资产是人才。要培育世界一流的科技期刊，必须要能吸引并维持一定规模的高水平的办刊人才队伍。本书选取了2个指标。

D_1. 专业编辑队伍规模

专业编辑队伍规模包括采编工作人员、新媒体工作人员、广告工作人员、发行工作人员、行政服务工作人员及其他工作人员的总数量，反映期刊从业人员的规模情况。

D$_2$. 高学历人员占比

高学历人员占比是指科技期刊专业编辑队伍中具有硕士及以上学历人数的比例。科技期刊的专业属性要求一部分从业人员必须接受过高学历教育，具备与本学科高端学者进行交流的能力，这也是科技期刊保障较高的学术水平的重要条件，高学历专业人才是否愿意加入科技期刊也体现了科技期刊产业对人才的吸引力。

（五）影响力水平指标（E类指标）

科技期刊是科技创新成果的重要载体，也是科技创新的重要支撑力量，因此科技期刊的影响力大小关乎科技期刊的品牌效应，反映科技期刊的社会效益。影响力用来衡量期刊对科研活动的学术贡献，涵盖传播力、学术影响力和社会影响力。本书选取了5个指标，均采用"即年"类指标，以抵消创办时间较长的期刊在被引、下载中所占的优势，更能准确反映期刊当年的影响力情况。

在计算中国科技期刊、卓越期刊、中文科技期刊、英文科技期刊、各学科科技期刊的景气指数时，使用了$E_1 \sim E_5$共5个指标；在计算科普类科技期刊的指数时，使用了E_4、E_5共2个指标。

E$_1$. 即年指标

即年指标是指某期刊在统计年发表的可被引文献在统计年被《中国学术期刊影响因子年报》复合统计源（国内期刊论文、会议论文及博硕士学位论文）引用的总次数与该刊在统计年发表的可被引文献总数之比。即年指标一般反映了期刊对当前热点话题和前沿研究的把握和响应能力。由于每个统计年发表文献和被引均不重复，因此具有跨年度的纵向可比性。

E$_2$. 国内即年被引量

国内即年被引量是指某期刊在统计年发表的全部可被引文献在统计年被《中国

学术期刊影响因子年报》复合统计源（国内期刊论文、会议论文及博硕士学位论文）引用的总次数。一般而言，单位时间里期刊出版的文章数量越多，期刊被引用的论文也就越多，即年被引量则越大，学术影响力也就越大。

E_3. 国际即年被引量

国际即年被引量是指某期刊在统计年发表的全部可被引文献在统计年被《中国学术期刊国际引证年报》国际来源期刊引用的总次数。一般来说国际即年被引量越大，证明期刊当年在国际的学术影响力越高。

E_4. 即年下载量

即年下载量是指某期刊在统计年发表的全部文献在统计年在学术数据库网络平台上下载的总篇次，反映期刊当年在科技工作者及教育、科研机构中被使用的情况。本书使用的即年下载量数据来自中国知网中心网站。

E_5. 新媒体传播量

新媒体传播量是指关注期刊微信公众号的用户量，反映期刊在新媒体平台的影响力。

以上数据来源，A_1、A_4、$B_1 \sim B_3$、$C_1 \sim C_4$、D_1、D_2、E_5 来自 2023 版年检数据；A_2、A_3、$E_1 \sim E_4$ 来自《中国学术期刊影响因子年报》《中国学术期刊国际引证年报》，由中国知网提供。

二、中国科技期刊产业景气指数计算方法

景气指数的计算方法：对期刊整体的生产能力、投入水平、盈利能力、人才水平、影响力水平五大维度下的各项二级指标进行同比赋值，最后再进行加权计算。指数的取值介于0%至100%之间。50%为"荣枯线"，指数高于50%，说明发展境况得到改善的期刊占多数，表明该产业发展较上年有所扩张；指数低于50%，说明发展境况得到改善的期刊占少数，表明产业发展较上年有所衰退。期刊必须同时具备2年数据的数据项才能参与计算。具体计算方法如下所述。

（一）计算景气指数二级指标数值

景气指数二级指标数值（以下简称"二级指数"）采用扩散指数计算方法。

1. 二级指标数值同比并赋值

结合期刊本身属性的特点，指标数值随月份或季度变化不大，故此次同比周期采用年度测算。将各期刊本年的二级指标数值与去年进行对比。本年数值高于去年时，取值1；与去年持平时，取值0.5；低于去年时，取值0。

期刊从收稿到出版需经过登记、审稿、返修、重新交稿、编辑加工、排版、校对等流程，因此从收稿到公开发表存在一定的时滞，该周期称为"出版时滞"。期刊的刊均出版时效是指论文从投稿到网络首发或见刊出版的平均时间，出版时效越短，表明期刊审稿、编辑加工、校对论文的效率越高。因此在18个二级指标中，出版时效的赋值与其他指标相反，即当本年出版时效低于去年时，取值1；与去年持平时，取值0.5；高于去年时，取值0。

2. 二级指数计算

计算公式如式（1-6）所示：

$$二级指数 = \frac{各期刊的二级指标取值之和}{期刊总数} \times 100\% \quad (1-6)$$

二级指数的计算方式，可以反映出该指标下有多少本期刊在本年的表现优于去年。

3. 二级指数计算举例

科技期刊产业景气指数二级指标计算举例见表1-22。

根据公式（1-6），那么，投稿量指标=（1+0.5+0+1+0.5+1）×100%/6=66.67%
出版时效指标=（0+0.5+1+0+0.5+1）×100%/6=50.00%

（二）计算景气指数

一级指数计算公式如式（1-7）所示：

$$F_j = \sum_{i=1}^{n_j} z_i \div n_j \qquad (1\text{-}7)$$

式中，F_j 为第 j 个一级指数值；z_i 为该一级指标下第 i 个二级指数值；n_j 为该一级指标下二级指标的个数。

对各一级指数进行加权计算，得到景气指数。各一级指标的权重依据其对期刊的影响程度确定。景气指数计算公式如式（1-8）所示：

$$景气指数 = X_1A + X_2B + X_3C + X_4D + X_5E \qquad (1\text{-}8)$$

式中，A、B、C、D、E 为一级指标；

X_i 为权重。

表 1-22　科技期刊产业景气指数二级指标计算举例

单项指标	期刊	2021 年	2020 年	2021 年与 2020 年相比	取值
投稿量	期刊 A	900 篇	850 篇	增加	1
	期刊 B	600 篇	600 篇	持平	0.5
	期刊 C	550 篇	580 篇	低于	0
	期刊 D	500 篇	460 篇	增加	1
	期刊 E	470 篇	470 篇	持平	0.5
	期刊 F	400 篇	370 篇	增加	1
出版时效	期刊 A	181.05 天	140.63 天	增加	0
	期刊 B	221.10 天	221.10 天	持平	0.5
	期刊 C	169.13 天	199.60 天	低于	1
	期刊 D	245.23 天	243.13 天	增加	0
	期刊 E	185.63 天	185.63 天	持平	0.5
	期刊 F	109.06 天	113.39 天	低于	1

三、中国科技期刊产业景气指数计量分析

同时参与 2022 年和 2023 年全国期刊核验的科技期刊共计 5105 种，其景气指数、一级指数、二级指数见表 1-23。

表 1-23　2022 年中国科技期刊产业景气指数

指标	指数值/%
生产能力	41.94
投稿量	45.89
载文量	31.01
出版时效	39.86
出版总期数	51.00
投入水平	52.16
主管主办单位办刊经费支持	51.43
国家、地方等专项基金项目经费支持	50.39
期刊经营总支出	54.65
盈利能力	48.10
平均期发行量	40.49
期刊经营总收入	52.71
利润总额	49.89
经营利润率	49.30
人才水平	53.46
专业编辑队伍规模	51.23
高学历人员占比	55.69
影响力水平	61.34
即年指标	43.81
国内即年被引量	43.19
国际即年被引量	63.21
即年下载量	80.16
新媒体传播量	76.33
中国科技期刊产业景气指数	51.40

注：数据来源于 2023 版年检数据，国家统计局《中国科技统计年鉴》、《中国统计年鉴》，中国知网资源总库。

整体来看，2022 年中国科技期刊的产业景气指数为 51.40%，表明整个产业发展处于稳定发展期。

一级指标中，投入水平（52.16%）、人才水平（53.46%）、影响力水平（61.34%）

的指数值均大于 50%，表明有半数以上的科技期刊表现优于上一年度。其中影响力水平指数最大，证明有多数期刊的影响力水平在 2022 年获得了较大提升。但生产能力（41.94%）、盈利能力（48.10%）指数值均小于 50%，说明较 2021 年略有萎缩。

二级指标中，指数值大于 50% 的指标共有 10 个，其中数值最高的指标为即年下载量（80.16%），证明 2022 年 80% 以上的期刊在知网的下载量等于或高于 2021 年。其次是新媒体传播量（76.33%），证明在移动互联时代，通过新媒体扩大期刊传播范围的做法正处于强劲的增长状态，越来越多的科技期刊出版单位开始注重在新媒体渠道的宣传推广，并取得了显著成效。但传统的期刊办刊和发行指标却呈现出明显的萎缩，载文量景气指数只有 31.01%，出版时效景气指数只有 39.86%，平均期发行量景气指数只有 40.49%，反映出 2022 年有 60% 左右的科技期刊在发表论文量、发行数量、出版效率方面有所降低。

四、中国卓越期刊产业景气指数计量分析

我们将优秀科技期刊代表——卓越期刊抽提出来计算了各项指标的景气指数，以观察其发展表现，参与此次计算的卓越期刊共计 262 种。其景气指数、一级指数、二级指数见表 1-24。

整体来看，2022 年卓越期刊的景气指数为 55.66%，表明卓越期刊整体发展处于扩张期。其中，5 个一级指标的指数值均大于 50%，分别为生产能力（52.27%）、投入水平（54.29%）、盈利能力（50.11%）、人才水平（53.86%）和影响力水平（67.79%），反映出 2022 年，在这 5 个方面有半数以上的卓越期刊表现优于上一年度，实现了全面发展。

二级指标中，指数值大于 50% 的指标共有 14 个，其中数值最高的指标为新媒体传播量（87.78%），其次是即年下载量（82.07%）、国际即年被引量（74.18%），体现了 2022 年卓越期刊在新媒体平台的影响力、在数据库网络平台的使用量、在国际的学术影响力都有了较大提升。指数值最小的 3 个指标分别为：平均期发行量（39.04%）、即年指标（45.11%）、投稿量（45.83%）。

表 1-24 2022 年卓越期刊产业景气指数

指标	指数值/%
生产能力	52.27
投稿量	45.83
载文量	58.67
出版时效	51.13
出版总期数	53.46
投入水平	54.29
主管主办单位办刊经费支持	51.35
国家、地方等专项基金项目经费支持	52.31
期刊经营总支出	59.23
盈利能力	50.11
平均期发行量	39.04
期刊经营总收入	58.85
利润总额	52.12
经营利润率	50.44
人才水平	53.86
专业编辑队伍规模	54.62
高学历人员占比	53.10
影响力水平	67.79
即年指标	45.11
国内即年被引量	49.80
国际即年被引量	74.18
即年下载量	82.07
新媒体传播量	87.78
景气指数	55.66

注：数据来源于 2023 版年检数据，国家统计局《中国科技统计年鉴》、《中国统计年鉴》，中国知网资源总库。

五、中国不同语种科技期刊产业景气指数计量分析

此次参与计算的中文科技期刊共计 4531 种，英文科技期刊共计 573 种，其景气指数、一级指数、二级指数见表 1-25。

整体来看，2022 年中文科技期刊的景气指数为 51.09%，英文科技期刊的景气指数为 53.61%，表明中文科技期刊和英文科技期刊均处于发展期。但相比之下，英文科技期刊的发展势头更为强劲。

表 1-25　2022 年不同语种科技期刊产业景气指数各级指数

指标	指数值/% 中文刊	指数值/% 英文刊
生产能力	41.12	47.95
投稿量	45.87	46.07
载文量	28.84	48.21
出版时效	39.05	44.31
出版总期数	50.72	53.19
投入水平	52.14	52.28
主管主办单位办刊经费支持	51.37	51.95
国家、地方等专项基金项目经费支持	50.38	50.44
期刊经营总支出	54.68	54.43
盈利能力	47.86	50.01
平均期发行量	40.45	40.78
期刊经营总收入	52.30	55.94
利润总额	49.74	51.06
经营利润率	48.96	52.27
人才水平	53.54	52.86
专业编辑队伍规模	51.02	52.93
高学历人员占比	56.05	52.79
影响力水平	60.79	64.93
即年指标	43.30	48.20
国内即年被引量	42.24	50.86
国际即年被引量	62.40	67.54
即年下载量	80.69	74.47
新媒体传播量	75.32	83.59
景气指数	51.09	53.61

注：数据来源于 2023 版年检数据，国家统计局《中国科技统计年鉴》、《中国统计年鉴》，中国知网资源总库。

一级指标中，中文科技期刊大于 50%的指标为投入水平（52.14%）、人才水平（53.54%）和影响力水平（60.79%），小于50%的指标为生产能力（41.12%）、盈利能力（47.86%），表明2022年中文科技期刊在生产能力方面的发展较为乏力，且盈利能力有所下降。英文科技期刊的情况与中文科技期刊趋势基本相同，但程度表现不同。大于 50%的指标为投入水平（52.28%）、盈利能力（50.01%）、人才水平（52.86%）和影响力水平（64.93%），小于50%的指标为生产能力（47.95%）。

二级指标中，中文科技期刊大于50%的指标有10个，其中指数值最高的3个指标是即年下载量（80.69%）、新媒体传播量（75.32%）和国际即年被引量（62.40%）。指数值最低的 3 个指标是载文量（28.84%）、出版时效（39.05%）和平均期发行量（40.45%），大部分中文科技期刊载文量在萎缩，应引起重视。

英文科技期刊大于50%的二级指标有 13 个，其中指数值最高的指标分别是新媒体传播量（83.59%）、即年下载量（74.47%）和国际即年被引量（67.54%）。指数值最低的 3 个指标分别为平均期发行量（40.78%）、出版时效（44.31%）和投稿量（46.07%）。

六、中国不同学科科技期刊产业景气指数计量分析

学科分类标准：根据期刊 CN 号，将科技期刊划分为理学（中图号 N～P）、工学（中图号 T～X）、生命科学（中图号 Q、R、S）三个学科组，另将科普类期刊划分为单独一组。

此次参与计算的理学期刊共计 842 种，工学期刊共计 2169 种，生命科学期刊共计 1694 种，科普类科技期刊共计 320 种，其景气指数、一级指数、二级指数见表1-26。

整体来看，2022 年理学、工学、生命科学期刊的景气指数分别为 51.75%、51.47%、51.26%，均大于 50%，表明这 3 个学科的期刊发展均处于稳定发展期，且发展势头相当。

一级指标中，理学期刊大于 50%的指标为投入水平（52.45%）、盈利能力（50.29%）、人才水平（53.73%）、影响力水平（60.59%），小于 50%的指标为

生产能力（41.68%）；

工学期刊大于 50%的指标为投入水平（52.35%）、人才水平（53.54%）和影响力水平（60.80%），小于 50%的指标为生产能力（42.78%）、盈利能力（47.87%）；

生命科学期刊大于 50%的指标为投入水平（52.03%）、人才水平（53.18%）和影响力水平（62.70%），小于 50%的指标为生产能力（41.20%）、盈利能力（47.19%）。

表1-26 2022年不同学科科技期刊产业景气指数各级指数

指标	指数值/%			
	理学	工学	生命科学	科普
生产能力	41.68	42.78	41.20	43.71
投稿量	43.08	49.96	42.02	46.91
载文量	35.43	32.01	27.70	34.70
出版时效	37.55	37.62	44.32	—
出版总期数	50.66	51.54	50.77	49.53
投入水平	52.45	52.35	52.03	49.47
主管主办单位办刊经费支持	50.12	51.30	51.96	51.90
国家、地方等专项基金项目经费支持	50.30	50.40	50.33	50.95
期刊经营总支出	56.92	55.34	53.80	45.57
盈利能力	50.29	47.87	47.19	47.05
平均期发行量	43.56	40.75	38.64	38.29
期刊经营总收入	55.79	52.49	52.40	45.57
利润总额	50.89	49.49	49.02	53.80
经营利润率	50.91	48.74	48.72	50.53
人才水平	53.73	53.54	53.18	53.11
专业编辑队伍规模	51.37	51.65	50.71	50.16
高学历人员占比	56.08	55.42	55.64	56.07
影响力水平	60.59	60.80	62.70	72.47
即年指标	43.49	40.83	47.41	—
国内即年被引量	43.07	41.89	44.18	—
国际即年被引量	64.81	63.33	62.35	—
即年下载量	77.88	81.46	79.79	77.81
新媒体传播量	73.67	76.47	79.75	67.13
景气指数	51.75	51.47	51.26	53.16

注：数据来源于2023版年检数据，国家统计局《中国科技统计年鉴》、《中国统计年鉴》，中国知网资源总库。

以上数据反映出理学期刊的生产能力较 2021 年有所下降，盈利能力与 2021 年基本保持平衡；工学期刊与生命科学期刊的生产能力和盈利能力均较 2021 年有所下降。

二级指标中，理学期刊大于 50%的指标有 12 个，其中指数值排在前三位的分别是即年下载量（77.88%）、新媒体传播量（73.67%）、国际即年被引量（64.81%）；工学期刊大于 50%的指标有 10 个，其中指数值排在前三位的分别是即年下载量（81.46%）、新媒体传播量（76.47%）和国际即年被引量（63.33%）。生命科学期刊大于 50%的指标有 10 个，其中指数值排在前三位的分别是即年下载量（79.79%）、新媒体传播量（79.75%）、国际即年被引量（62.35%）。理学、工学、生命科学期刊指数值最低的指标均是载文量（35.43%、32.01%、27.70%）。

对于科普类期刊而言，引证指标不作为主要考察方面，且科普类期刊的出版时效数据缺失率较高，因此此次计算科普类期刊产业景气指数时未将出版时效、即年指标、国内和国际即年被引量纳入进来。科普类期刊的景气指数为 53.16%，表明当前科普类科技期刊正处在发展扩张期。

科普类期刊的一级指标中，大于 50%的指标为人才水平（53.11%）和影响力水平（72.47%），小于 50%的指标为生产能力（43.71%）、投入水平（49.47%）、盈利能力（47.05%）。二级指标中，大于 50%的指标有 8 个，其中指数值最大的三个指标分别是即年下载量（77.81%）、新媒体传播量（67.13%）和高学历人员占比（56.07%）。指数值最小的四个指标分别是载文量（34.70%）、平均期发行量（38.29%）、期刊经营总收入（45.57%）、期刊经营总支出（45.57%）。

七、中国不同区域科技期刊产业景气指数计量分析

各区域科技期刊产业景气指数，如表 1-27 所示。景气指数在 50%以上的区域共有 24 个，表明这 24 个区域的科技期刊产业处于扩张期。其中景气指数位居前五的区域是浙江（54.49%）、云南（53.20%）、北京（52.55%）、海南（52.45%）和贵州（52.28%）。

从一级指标看，30 个区域的生产能力指标均在 50%以下，表明 2022 年 30 个

区域中，半数以上的科技期刊生产能力较 2021 年有所下降。

表 1-27　2022 年不同区域科技期刊产业景气指数

序号	区域	期刊数/种	指数值/%					
			生产能力	投入水平	盈利能力	人才水平	影响力水平	景气指数
1	浙江	131	45.11	53.36	50.27	61.05	62.67	54.49
2	云南	55	43.83	54.94	51.38	54.17	61.71	53.20
3	北京	1689	45.83	51.67	47.41	53.29	64.54	52.55
4	海南	13	39.25	51.28	42.07	53.85	75.79	52.45
5	贵州	38	33.14	60.53	53.95	54.61	59.20	52.28
6	山西	90	41.39	51.85	56.40	51.74	59.79	52.24
7	重庆	80	45.67	54.01	48.74	50.63	61.89	52.19
8	新疆	59	43.79	53.57	48.11	54.46	60.81	52.15
9	湖北	222	42.83	54.24	47.08	51.36	65.13	52.13
10	安徽	105	33.25	54.97	53.06	59.13	58.88	51.86
11	广东	192	44.43	51.92	47.82	53.27	61.85	51.86
12	甘肃	65	40.17	52.82	44.77	59.23	60.91	51.58
13	福建	76	42.76	54.17	52.01	48.68	60.16	51.56
14	四川	216	39.13	52.57	46.82	53.77	65.17	51.49
15	湖南	136	41.00	54.07	48.98	54.63	58.25	51.39
16	河北	109	39.85	53.12	47.77	55.61	60.28	51.32
17	江西	73	36.73	55.02	50.50	56.51	57.54	51.26
18	江苏	266	39.08	53.79	52.16	50.95	59.07	51.01
19	陕西	161	37.68	52.69	49.53	52.95	61.35	50.84
20	广西	78	36.51	54.91	52.15	54.57	55.81	50.79
21	山东	137	39.63	51.49	45.96	56.72	59.91	50.74
22	河南	127	36.11	51.84	50.18	52.81	62.58	50.71
23	黑龙江	165	39.63	50.20	49.60	52.76	61.14	50.67
24	宁夏	11	32.05	53.03	48.86	54.55	61.66	50.03
25	青海	19	43.42	57.89	51.84	42.11	54.62	49.98
26	吉林	104	37.33	51.78	48.66	53.88	53.57	49.04
27	天津	141	39.34	50.00	45.95	53.57	56.35	49.04
28	上海	354	45.66	48.91	43.85	52.06	54.51	49.00
29	辽宁	181	36.50	50.29	44.69	52.86	57.56	48.38
30	内蒙古	51	38.66	50.33	44.88	52.00	53.11	47.80

注：按照景气指数降序排序。
数据来源于 2023 版年检数据，国家统计局《中国科技统计年鉴》、《中国统计年鉴》，中国知网资源总库。
因西藏和新疆生产建设兵团相关数据缺失率大于 50%，不在本次统计范围内。

投入水平指标在50%以上的区域有29个，表明这29个区域中，有半数以上的科技期刊出版单位的投入水平较2021年有所提升。投入水平指数位居前五的区域是贵州（60.53%）、青海（57.89%）、江西（55.02%）、安徽（54.97%）和云南（54.94%）。

盈利能力指标在50%以上的区域有11个，表明这11个区域中，有半数以上的科技期刊出版单位盈利能力较2021年有所提升。盈利能力指数位居前五的区域是山西（56.40%）、贵州（53.95%）、安徽（53.06%）、江苏（52.16%）和广西（52.15%）。

人才水平指标在50%以上的区域有28个，表明这28个区域中，有半数以上的科技期刊出版单位人才水平较2021年有所提升。人才水平指数位居前五的区域是浙江（61.05%）、甘肃（59.23%）、安徽（59.13%）、山东（56.72%）和江西（56.51%）。

影响力水平指数高于50%的区域有30个，表明各区域科技期刊的影响力在2022年均有所提升，其中某些区域实现了较大提升。影响力水平指数位居前五的区域是海南（75.79%）、四川（65.17%）、湖北（65.13%）、北京（64.54%）和浙江（62.67%）。

从以上数据可以看出，期刊产业景气指数不同于第二节所介绍的"产业发展指数"，它能更准确反映某区域期刊当年发展的变化情况。在某些科技期刊数量较少的区域，随着政府及各界对期刊越来越重视，其发展速度反而要快于期刊数量较多的发达区域，如云南、贵州、海南；在某些科技期刊数量较多的区域，景气指数也能揭示各区域增长水平的不同。例如，2022年，湖北、安徽、广东的期刊发展相比四川、湖南、河北等区域要更景气。

参考文献

[1] 中国科学技术协会. 中国科技期刊产业发展报告（2021）[M]. 北京: 科学出版社, 2022.
[2] 朱瑞庭. 改进的扩散指数法: 我国宏观经济监测法探讨[J]. 杭州大学学报(哲学社会科学版), 1990(3): 18-25.
[3] 陶西平. 教育评价辞典[M]. 北京: 北京师范大学出版社, 1998.
[4] 贾俊平, 何晓群, 金勇进, 等. 统计学[M]. 北京: 中国人民大学出版社, 2012.
[5] 伍军红, 肖宏, 任美亚, 等. PCSI: 一种单篇论文被引频次标准化方法[J]. 图书情报工作, 2020, 64(23): 22-30.
[6] 任庆华, 蔡跃洲. 知识产权会商制度实施的政策效果评价: 基于当量准值法和双重差分法的实证分析[J]. 中南财经政法大学学报, 2016(1): 38-44.

第二章 保障期刊平台健康发展的政策环境分析[①]

我国科技期刊平台在法律法规政策的规范与引导下发展，涉及科技进步、期刊管理、平台建设、数据利用、科技伦理、科研诚信及知识产权等多个领域。

第一节调研分析了科技期刊平台建设相关的政策和法律法规。科学数据利用政策与平台建设政策对科技期刊平台影响深远，设定标准、强化监管、倡导自律，有助于推动行业规范化、标准化，确保科技期刊平台健康、稳定、可持续发展。一方面奠定坚实基础，提供合法经营的边界，以及相关资金、技术及人才管理规范，提升平台技术水平和服务质量；另一方面明确产业链各环节相互关系及权责，推动平台间合作资源共享，实现行业协同发展。

1）《科学技术进步法》自1993年通过以来，经过多次修订，旨在积极推动科技知识传播、成果推广与学术交流。它为科技期刊平台提供了明确的法律指导，鼓励科技期刊在推动科技进步和经济社会发展中发挥更大的作用。同时，它也强调了对创新活动的激励和加强科研诚信建设，为科技期刊产业的健康发展注入了新的活力。

2）《出版管理条例》是对科技期刊出版活动的规范。该条例保障了科技期刊的出版自由与产业繁荣，要求科技期刊在出版活动中取得相应的许可，并遵循中国特色社会主义出版事业的发展方向。这为科技期刊及各类服务平台提供了明确的出版管理框架，以确保出版活动的合法性

[①] 第二章执笔：顾立平、钱九红、马雯、韩燕丽、万益嘉、孙平、张洪波、杜微、郝悦。

和规范性。

3)《中华人民共和国著作权法》在保护知识产权方面发挥了重要的作用。该法要求期刊及各类服务平台尊重作品权益，避免侵权行为的发生。这保护了原创作者及期刊的权益，使科技期刊平台获得稳定的内容资源。

4)《互联网信息服务管理办法》促进了信息服务的健康发展。该办法约束了科技期刊平台的信息服务行为，确保其提供的信息真实、合法。这为科技期刊平台提供了明确的信息服务规范，提升了其信息服务的质量和水平。

5) 在数据利用方面，相关政策鼓励开放共享科学数据资源，制定管理办法、建立共享平台，助力科研成果转化应用，丰富了科技期刊平台的内容资源，提升了其竞争力与影响力。

第二节阐述了科技期刊平台建设过程中涉及的作者、读者、期刊、平台、图书馆等多方权益关系。科技期刊平台经济有一个复杂的产业链，作者、期刊和集成商等关键角色共同推动科研成果的传播与应用。面对数据产品时代的挑战，法律法规框架下，原创作者权益应得到充分保护，同时考虑市场需求平衡各方权益也尤为关键。

1) 法律基础是保障权益的前提。政府应完善相关法规体系，明确各参与者在科技期刊平台经济中的权益义务，并严格执行处罚措施以维护法规权威。

2) 构建公平合理的利益分配机制是关键。科技期刊平台应通过签订版权协议、设定稿酬标准和奖励机制等方式，确保作者、期刊和集成商共享价值。

3) 加强科技期刊平台建设与管理不可忽视。提高内容审核标准，强化版权保护，优化作者服务，提升论文质量和作者体验。

4) 行业自律和社会监督相辅相成。建立完善的行业自律规范，社会各界加强对科技期刊平台的监督，共同促进其健康发展。

在数据产品时代，科技期刊产业链分工越来越细化，新增了数据提供商、技术服务商、广告商等多元角色，使得权益关系更为复杂。这使得平台在运营和管理中更加需要技术创新，以应对知识产权、隐私保护、数据安全等问题的市场挑战。科技期刊及平台在制定政策和处理权益时，必须紧密结合法律法规、政策环境和市场需求，同时加强国际合作交流，优化作者服务体系。

在开放科学环境下，科技期刊以及科技期刊产业平台需要注意到阅读权和重用权的不同、复现科研成果与再制科研成果的不同，以及商用和商业化的区别。这些区别是科技期刊融入并且推动开放科学发展的关键。

第三节探讨了科技期刊平台建设中的相关科研诚信和出版伦理问题。科研诚信与出版伦理是学术界的核心问题之一。面对数据造假、"论文工厂"等威胁，需强化相关制度和机制，并借力科技期刊社团及平台。为此，提出七大策略：

1）构建和完善科研诚信与出版伦理规范体系：制定全面的准则覆盖研究全过程，强调学术道德和诚实公正的科研态度，明确禁止学术不端行为。

2）加强教育普及与实践引导：在科研机构和高校中深入推广诚信伦理教育，将其纳入评价标准，鼓励科研人员遵循并践行。

3）提高科研诚信与出版伦理评价权重：在项目评审、论文发表及奖励环节加强考量，将诚信与伦理作为核心评价指标。

4）推动国际合作与准则共建：深化国际交流合作，共同完善全球科研诚信与出版伦理规范，并积极参与国际学术出版伦理会议与联合组织的工作。

5）应用技术手段加强诚信伦理监督：运用人工智能、大数据等技术，开发智能检测系统，监测 GenAI 生成论文内容以及抄袭剽窃等学术不端行为。

6）强化科技共同体的监控机制：科技期刊社团和平台在维护科研诚信与出版伦理方面扮演更重要的角色，如通过制定和执行诚信原则、对成员期刊进行有效监管、构建真实审稿人数据库、严肃处理不端行为、组织教育培训活动、提供专业咨询服务等多维度推动诚信伦理建设。

7）鼓励社会公众参与建设：通过科普活动等形式提高公众科学素养和道德意识，广泛接受公众监督和舆论监督，并改进和完善制度、机制。

第四节提出了科技期刊平台发展当前面临的相关法律难点问题并探索解决思路。在信息技术高速发展的背景下，我国科技期刊平台逐步发展壮大，然而产业相关各类人员在认识和解读法律法规时有明显差异；而且过去一段时间适用的合同合约与许可授权，可能不适用于新的数据产品及权益关系。本节分析一些代表性的争议案例，思考期刊平台发展当前面临的相关法律困境或者盲点。

1）平衡知识产权保护与知识合理利用关系非常复杂，涉及法律、经济、社会及文化等多个层面。建议：完善法律法规，明确权责边界，鼓励知识合法传播；加大执法力度，保障市场公平竞争环境；推动知识共享平台建设，同时确保创造者权益；培育知识产权文化以促进建设尊重创新的社会氛围；通过合作机制促进知识产权转化应用，并关注弱势群体利益。

2）信息网络传播权纠纷凸显我国著作权法在应对数字化挑战时的不足。需从五方面着手改进：明确权利界定和侵权判定标准；完善法定许可与合理使用制度；强化技术保护措施及对违规行为的处罚；提高侵权赔偿标准并加大执法力度；加强国际合作交流，借鉴先进经验共同推进全球版权保护体系发展。

3）优化利益分配机制对行业协同发展至关重要，直接影响各主体积极性与协同深度。其重要性体现在：提升行业凝聚力，激发创新活力，促进资源优化配置，降低合作成本。实现途径包括：制定公平透明原则，强化监管自律，完善法规保障，探索多元分配模式，建立有效沟通协作平台，从而推动行业的持续健康发展。

总之，我国科技期刊产业在法律法规政策的规范与引导下，正朝着健康、稳定、可持续的方向发展。未来，我们期待科技期刊产业能够在科技创新和社会发展中发挥更大的作用，为推动我国科技进步和经济社会发展做出更大的贡献。

第一节　科技期刊平台建设相关法律法规和政策

当前，与我国科技期刊平台发展相关的法律法规政策众多，主要具有两条脉络：一是科技期刊行业所需要遵循的法律法规政策，二是在数字出版、数字平台、平台经济的范畴下科技期刊平台发展所涉及的法律法规政策。

本节系统性调研了科技期刊、平台建设、新媒体与社交媒体、科学数据、科研诚信、著作权等相关的政策法规。

一、科技发展相关的法律法规和政策

为了全面促进科学技术进步，发挥科技第一生产力、创新第一动力、人才第一资源的作用，促进科技成果向现实生产力转化，推动科技创新支撑和引领经济社会发展，全面建设社会主义现代化国家，根据宪法，制定《中华人民共和国科学技术进步法》[1]。该法于 1993 年 7 月 2 日全国人民代表大会常务委员会第二次会议通过，2007 年 12 月 29 日第一次修订，2021 年 12 月 24 日第二次修订。

该法明确了国家发展科学技术的目标、方针和战略，并强化了激励自主创新的措施。主要内容包括：基础研究、应用研究与成果转化、企业科技创新等。科技期刊及平台可参与此过程，同时保护知识产权。

第一章总则第十三条提到国家制定和实施知识产权战略，建立和完善知识产权制度，营造尊重知识产权的社会环境，保护知识产权，激励自主创新。企业事业单位、社会组织和科学技术人员应当增强知识产权意识，增强自主创新能力，提高创造、运用、保护、管理和服务知识产权的能力，提高知识产权质量[1]。

第二章基础研究第三十一条提到国家鼓励企业、科学技术研究开发机构、高等学校和其他组织建立优势互补、分工明确、成果共享、风险共担的合作机制，按照市场机制联合组建研究开发平台、技术创新联盟、创新联合体等，协同推进研究开发与科技成果转化，提高科技成果转移转化成效[1]。

二、科技期刊平台相关法律法规和政策

为了加强对出版活动的管理，发展和繁荣出版事业，保障公民依法行使出版自由的权利，促进社会主义精神文明和物质文明建设，根据宪法，制定《出版管理条例》[2]。2001年12月25日由中华人民共和国国务院公布，2011年3月19日第一次修订，2013年7月18日第二次修订，2014年7月29日第三次修订，2016年2月6日第四次修订；2020年11月29日第五次修订。在中华人民共和国境内从事出版活动，适用该条例。

《出版管理条例》是保障公民出版自由权利、规范出版活动的重要法规。科技期刊平台需要取得《出版物经营许可证》；假冒出版单位名称或者伪造、假冒报纸、期刊名称出版出版物的，由出版行政主管部门、工商行政管理部门依照法定职权予以取缔；依照刑法关于非法经营罪的规定，依法追究刑事责任；尚不够刑事处罚的，依法承担民事责任。

《网络出版服务管理规定》[3]于2016年3月10日起施行，规范网络出版服务秩序。科技期刊平台应取得《网络出版服务许可证》并接受国家新闻出版广电总局和工业和信息化部的监督。

《关于深化改革 培育世界一流科技期刊的意见》[4]要求搭建新型传播平台，提升科技期刊国际传播力影响力，实现科技期刊数字化转型。

《出版业"十四五"时期发展规划》[5]明确了出版业"十四五"时期发展的重点任务，包括壮大数字出版产业、加强出版公共服务体系建设等。科技期刊出版平台和企业应遵守该规划，规范出版秩序。

《关于推动学术期刊繁荣发展的意见》[6]指出学术期刊的重要作用，提出加快融合发展、推动数字化转型等任务和要求，对科技期刊平台具有重要意义。

三、互联网平台相关法律法规和政策

为规范互联网信息服务活动，我国制定了《互联网信息服务管理办法》[7]。该办法规定了互联网信息服务的管理原则和内容，包括信息网络传播权的保护、服务提供者的责任等。科技期刊平台需特别注意互联网信息服务的分类和许可制度。

为保护著作权人、表演者、录音录像制作者（以下统称权利人）的信息网络传播权，鼓励有益于社会主义精神文明、物质文明建设的作品的创作和传播，我国制定《信息网络传播权保护条例》[8]，规定了未经权利人许可不得进行的行为、可以不经权利人许可的行为，以及如何通过信息网络向公众提供作品等。

根据《计算机软件保护条例》[9]，平台研发和建设相关人员要注意软件著作权的保护，保护计算机软件著作权人的权益，防止侵权。科技期刊平台以及集成服务平台，是在网络空间提供内容服务，因此，除了《互联网信息服务管理办法》之外，还需注意以下相关办法。

《即时通信工具公众信息服务发展管理暂行规定》[10]是针对即时通信工具公众信息服务的管理，要求服务提供者取得相关资质、落实安全管理责任，并遵循"后台实名、前台自愿"原则。

为了保障网络安全，《中华人民共和国网络安全法》[11]规定了网络安全的各个方面，包括网络运行安全、信息安全等。科技期刊平台需特别注意网络产品和服务的标准符合性、用户信息的保密等要求。

《具有舆论属性或社会动员能力的互联网信息服务安全评估规定》[12]要求具有舆论属性或社会动员能力的互联网信息服务进行安全评估，并规定了评估的内容和程序。

为了营造良好网络生态，《网络信息内容生态治理规定》[13]对网络信息内容生产者、服务平台等提出了要求，目标是建立健全网络综合治理体系。

《互联网用户公众账号信息服务管理规定》[14]规范了互联网用户公众账号信息服务，强调公众账号信息服务平台和生产运营者的责任。

《中华人民共和国个人信息保护法》[15]保护个人信息权益，规范个人信息处理活动。从事平台建设需仔细研究该法，确保个人信息不被泄露和滥用，防止采集过度。

为促进生成式人工智能技术健康发展，《生成式人工智能服务管理暂行办法》[16]提出了多项规制，强调产品提供者的责任、个人信息的保护等。

《计算机信息网络国际联网安全保护管理办法》[17]加强对计算机信息网络国际联网的安全保护。从事国际联网业务的单位和个人需注意安全保护职责和公安机关的监管要求。

四、科学数据相关法律法规和政策

为规范国家科技资源共享服务平台的管理，推进科技资源开放共享，提高利用效率，根据《中华人民共和国科学技术进步法》[1]等法规，制定并印发《国家科技资源共享服务平台管理办法》[18]。主要任务包括科技资源的收集、保存、共享、服务及国际合作。

作为支撑论文论点或者结论观点的科学数据，在我国也早有管理办法和法律法规。近年来，数据作为生产要素按贡献参与分配的国家政策，更是凸显包括科学数据在内的各种数据资源作为资本组成一部分的政策。重要内容如下。

为加强科学数据管理，保障数据安全，提高开放共享水平，支撑国家创新、经济发展和国家安全，根据相关法律制定《科学数据管理办法》[19]，明确管理原则、职责、数据采集汇交与保存、共享利用、保密与安全等内容。

随着数据增长对经济社会产生重大影响，数据安全成为重大问题。《中华人民共和国数据安全法》[20]在2021年颁布，明确数据活动的适用范围、数据安全制度、保护义务、政务数据安全与开放及工作职责。

数据作为新型生产要素已融入各环节，改变生产生活方式。为构建数据基础制度，发挥数据要素潜能，增强经济发展新动能，2022年中共中央、国务院提出《关于构建数据基础制度更好发挥数据要素作用的意见》[21]，建立数据产权制度，推进数据分类分级确权授权使用和市场化流通交易。

为发挥数据要素的放大、叠加、倍增作用，构建数字经济，推动高质量发展，

2023 年国家数据局等 17 部门联合印发《"数据要素×"三年行动计划（2024—2026年）》[22]，主要内容包括激活数据要素潜能、重点行动、强化保障等。

五、科研伦理和科研诚信相关法律法规和政策

我国历来高度重视科研伦理和科研诚信，在前述《科学技术进步法》的两次修订中，增加了多处科研诚信相关的条文。近年来，随着信息技术的发展、作者人数的增加以及论文总量的大幅增长，我国颁布了一系列旨在维护科研伦理和科研诚信的法律法规和政策。

为进一步加强科研诚信建设、营造诚实守信的良好科研环境，中共中央办公厅、国务院办公厅印发《关于进一步加强科研诚信建设的若干意见》[23]（2018），提出完善科研诚信管理工作机制和责任体系，加强科研活动全流程诚信管理，进一步推进科研诚信制度化建设，切实加强科研诚信的教育和宣传，严肃查处严重违背科研诚信要求的行为，加快推进科研诚信信息化建设。从平台的角度提出建立完善科研诚信信息系统、规范科研诚信信息管理、加强科研诚信信息共享应用。

在中共中央办公厅、国务院办公厅《关于进一步弘扬科学家精神加强作风和学风建设的意见》[24]（2019）中，明确要求严守科研伦理规范，守住学术道德底线，按照对科研成果的创造性贡献大小据实署名和排序，反对无实质学术贡献者"挂名"。对已发布的研究成果中确实存在错误和失误的，责任方要以适当方式予以公开和承认。

国家新闻出版署《学术出版规范 期刊学术不端行为界定》[25]（2019）界定了学术期刊论文作者、审稿专家、编辑者可能涉及的学术不端行为。从技术和平台角度可以帮助明确相关政策，宣传、甄别、防范、记录学术不端问题。

为助力科研诚信建设，中国科协组织编写出版了《科技期刊出版伦理规范》[26]（2019），为科技期刊应对学术不端问题提供准则，并促进规范办刊行为、提高审稿质量。该规范从作者、审稿专家、期刊编辑等角度总结了伦理道德规范，并提供可操作的准则与规范性指导。中国科学技术信息研究所与施普林格•自然（Springer Nature）集团联合发布了《学术出版第三方服务的边界蓝皮书（2020 年版）》[27]

（2020），明晰了学术出版第三方服务的边界，归纳了典型的学术出版第三方服务可接受和不可接受的行为，为期刊平台建设提供参考，以避免出现违反科研诚信的问题。

全国信息安全标准化技术委员会秘书处发布了《网络安全标准实践指南——人工智能伦理安全风险防范指引》[28]（2021），提供网络安全相关标准及知识的宣传，并为开展人工智能活动的组织或个人提供实践指引。

国家新一代人工智能治理专业委员会发布了《新一代人工智能伦理规范》[29]（2021），为从事人工智能活动的个人和组织提供伦理指引，包括基本伦理要求和特定活动的具体伦理要求。

中国科学技术信息研究所与爱思唯尔（Elsevier）、施普林格·自然、约翰·威立国际出版公司（Wiley）共同完成的《学术出版中AIGC使用边界指南》[30]（2023），针对生成式人工智能在学术出版中的使用提供了指导，以避免被滥用和产生科研诚信和出版伦理等问题。

为进一步完善科技伦理体系，提升科技伦理治理能力，有效防控科技伦理风险，中共中央办公厅、国务院办公厅印发《关于加强科技伦理治理的意见》[31]（2022），明确了科技伦理原则，要求健全科技伦理治理体制，强化科技伦理审查和监管，深入开展科技伦理教育和宣传。要求制定生命科学、医学、人工智能等重点领域的科技伦理规范、指南等，完善科技伦理相关标准，明确科技伦理要求，引导科技机构和科技人员合规开展科技活动。

国家卫生健康委、教育部、科技部和国家中医药局《涉及人的生命科学和医学研究伦理审查办法》[32]（2023）针对涉及人的生物医学研究伦理审查工作做了规范。科技期刊出版涉及人的生物医学研究需要提交相关伦理审查意见。

科技部等十部门印发的《科技伦理审查办法（试行）》[33]（2023）规范了科技活动的科技伦理审查工作，要求开展涉及人、实验动物及可能带来伦理风险的科技活动应进行科技伦理审查。科技部将建设国家科技伦理管理信息登记平台以加强监管。

科技部科技监督与诚信建设司《负责任研究行为规范指引（2023）》[34]从研究

选题与实施、数据管理、成果署名、同行评议、伦理审查、监督管理等十一个方面，对科研人员和科研机构、高等学校、医疗卫生机构、企业等（以下统称"科研单位"），提出了开展负责任研究应普遍遵循的科学道德准则和学术研究规范。

国家自然科学基金委员会《科研诚信规范手册》[35]（2023）相关内容包括了科研人员、评审专家等的诚信规范，其中与科研人员有关的包括数据与图片、涉及人类参与者的研究、成果撰写与引文注释、署名与发表、学术评议、处理利益冲突等方面规范和应当承担的责任。

为促进脑机接口、人-非人动物嵌合体等领域的规范研究，2024年国家科技伦理委员会人工智能伦理分委员会研究编制了《脑机接口研究伦理指引》，生命科学伦理分委员会研究编制了《人-非人动物嵌合体研究伦理指引》，供相关科研机构和科研人员参考使用[36]。

六、版权和知识产权相关法律法规和政策

为保护文学、艺术和科学作品作者的著作权，以及与著作权有关的权益，鼓励有益于社会主义精神文明、物质文明建设的作品的创作和传播，促进社会主义文化和科学事业的发展与繁荣，根据宪法制定《中华人民共和国著作权法》[37]。该法经过多次修正，规定了著作权的保护范围、权利内容、许可使用和转让等事项。

为保护信息网络传播权，根据《中华人民共和国著作权法》制定《信息网络传播权保护条例》[38]。该条例规定了信息网络传播权的保护、合理使用、法定许可等内容，为科技期刊产业发展与权利人利益、公众利益的平衡提供了法律保障。

为保护计算机软件著作权人的权益，根据《中华人民共和国著作权法》制定《计算机软件保护条例》[39]。该条例规定了软件著作权的保护范围、许可使用和转让等事项。

为保护文字作品著作权人的著作权，规范使用文字作品的行为，根据《中华人民共和国著作权法》及相关行政法规，2014年9月23日国家版权局、国家发展和改革委员会令第11号公布《使用文字作品支付报酬办法》[40]。该办法规定了使用文字作品支付报酬的方式和标准原则。在数字或者网络环境下使用文字作品，除合

同另有约定外，使用者可以参照本办法规定的付酬标准和付酬方式付酬。

七、小结

我国政府和相关机构已经认识到了数字出版的重要性，陆续颁布了一系列政策来推动这一行业的发展。这些政策不仅提供了指导和支持，还为数字出版行业设定了明确的规范和标准。为了确保期刊平台的健康发展，我国的期刊平台建设还必须严格遵守数字化建设和学术出版的法律法规。例如，《网络安全法》和《个人信息保护法》等法律为数字化环境中的信息安全和个人隐私提供了坚实的保障。

除了法律法规，国内外的科研管理和期刊出版相关政策和规范也对我国科技期刊平台提供借鉴和发展经验，并对它们产生了深远的影响。科学数据管理政策、科研诚信政策、科技伦理政策、开放科学政策和学术期刊的开放获取政策、社交媒体的管理等都是科技期刊出版中必须重视的建设规则。这些政策不仅确保了科研活动的严谨性和真实性，还促进了科研成果的广泛传播和应用。

第二节　作者、读者、期刊、平台、图书馆等多方权益解析

科技期刊是一种连续出版物，科技期刊平台是把连续出版物进行不断加工的各种平台及其服务，科技期刊平台产业是一项不断进行数据加值工作的新兴行业。从作者撰写论文到期刊发表的过程中，编辑、审稿人、主编、出版社等专业人士为此文献进行加值；从期刊论文再到科技期刊平台的过程中，工程师、经理人、集成平台等工作人员负责数据加工和加值。

在文献资源时代，科技期刊平台负责提供高质量内容，进行内容品质管理（编辑审核与同行评审）、内容署名管理（确立作者的人身权及其财产权）、内容长期保存（刊载在纸本和电子版）、内容传播管理（发布在期刊官网、各种出版媒体和集成平台上）等。这些措施旨在保护作者的原创性、促进读者更好地利用科研成果，

并协助科学共同体发展，进行文献的有效管理。

在数据产品时代，科技期刊产业面临新的挑战，包括多个论文版本和数据版本的出现。科技期刊集成平台在数据加值过程中扮演关键角色，整合各种数据产品，为用户提供全面的科研支持。然而，数据产品的参与者众多，著作权法是保护原创作者权益的重要法律。在国家层面，还有许多相关政策旨在促进当前以及下一代科技期刊产业的发展。平台经济的作用巨大，因此也需要妥善处理作者、期刊与平台的权益平衡关系。

本节系统性梳理了科技期刊平台经济的产业链；据此，承接上一节法律政策环境的内容，辨析了产业链上的各种生产者和加工者的数据权益。此处，不同的论文版本被看作各种数据产品，以聚焦到期刊平台和集成平台的关键权益问题。

一、作者、期刊、集成商等的知识产权关系

作为科技期刊产业，作者在原创工作上做出了贡献，期刊又在作者的原创工作上进行三审三校等加值工作，集成商又在期刊工作基础上进行数据加工和加值工作。因此，科技期刊平台经济是一条不断有人参与并且增加其价值的产业链。

期刊产业链上的参与者众多，在不同阶段进行了各种智力劳动或者前期投入等，因此具有众多权益关系。承接第一节内容，基于《中华人民共和国著作权法》（2020）绘制权益关系，如表2-1所示。

二、科技期刊平台经济的产业链

按规模划分，科技期刊平台经济类型大致有三种形态：以单本期刊运营为主的小规模出版服务平台，以几个期刊组成集群构成有学科特色或统一组织管理的中型规模出版服务平台，以聚合多个期刊并得到新型技术支撑而形成的规模大型、同时具备出版传播和知识服务功能的出版服务平台。

这三种平台各自面临着不同的权益关系变化。

单本期刊作为出版平台面临的情况是：原本基于复制权和传播权的使用限定和

表 2-1 著作权法制度下科技期刊相关的多方权益

权利	定义*	本质	期刊、集成者、加工者	其他议题
发表权	决定作品是否公之于众的权利	人身权： 1.不可变更（根据《中华人民共和国著作权法》第二十二条，作者的署名权、修改权、保护作品完整权的保护期不受限制） 2.不可授权； 3.不可转让	作者向刊物书面同意。	1.职务作品认定； 2.孤儿作品处理； 3.科研诚信（署名不当问题）； 4.学术伦理（贡献者权利分配） 5.跨机构合作成果知识产权归属
署名权	表明作者身份，在作品上署名的权利		作者向刊物承诺与保证。	
修改权	修改或者授权他人修改作品的权利		作者同意刊物修改版式；作者与刊物双方协商同意在不改变主要内容的情况下，进行词语图表的微调。	
保护作品完整权	保护作品不受歪曲、篡改的权利		刊物向作者承诺与保障双方最终确认的稿件内容	
复制权	以印刷、复印、拓印、录音、录像、翻录、翻拍、数字化等方式将作品制作一份或者多份的权利	财产权： 1.著作权人可以许可他人行使； 2.著作权人可以全部或者部分转让； 3.依照约定或者著作权法有关规定获得报酬[《中华人民共和国著作权法》第二十六条许可使用合同：（一）许可使用的权利种类；（二）许可使用的权利是专有使用权或者非专有使用权；（三）许可使用的地域范围、期间；（四）付酬标准和办法；（五）违约责任；（六）双方认为需要约定的其他内容。 《中华人民共和国著作权法》第二十七条权利转让合同：（一）作品的名称；（二）转让的权利种类、地域范围；（三）转让价金；（四）交付转让价金的日期和方式；（五）违约责任；（六）双方认为需要约定的其他内容。]	1.作者向刊物书面同意； 2.集成商和加工者如有确认大规模使用，根据《中华人民共和国著作权法》第十六条，则应追加支付给作者一部分报酬。 3.图书馆根据《中华人民共和国著作权法》第二十四条有条件地无偿使用	开放获取（开放科学的核心部分）
发行权	以出售或者赠与方式向公众提供作品的原件或者复制件的权利			
出租权	有偿许可他人临时使用视听作品、计算机软件的原件或者复制件的权利，计算机软件不是出租的主要标的的除外		暂不涉及	开源运动（开放科学的组成部分）
展览权	公开陈列美术作品、摄影作品的原件或者复制件的权利			大科学家的手稿和复印件的陈列
表演权	公开表演作品，以及用各种手段公开播送作品的表演的权利		暂不涉及	
放映权	通过放映机、幻灯机等技术设备公开再现美术、摄影、视听作品等的权利			
广播权	以有线或者无线方式公开传播或者转播作品，以及通过扩音器或者其他传送符号、声音、图像的类似工具向公众传播广播的作品的权利，但不包括信息网络传播权			1.《马拉喀什条约》 2.文化遗产（开放科学组成部分）
信息网络传播权	以有线或者无线方式向公众提供，使公众可以在其选定的时间和地点获得作品的权利		同上（复制权、发行权）	开放获取（机构知识库的部分）
摄制权	以摄制视听作品的方法将作品固定在载体上的权利		1.作者向刊物书面同意； 2.刊物根据《中华人民共和国著作权法》第十三条； 3.刊物向集成商和/或加工者书面同意。 4.加工者根据《中华人民共和国著作权法》第十五、十六条权衡权利； 5.集成商根据《中华人民共和国著作权法》第十三条权衡权利； 6.根据《中华人民共和国著作权法》第十六条支付作者报酬	短视频
改编权	改变作品，创作出具有独创性的新作品的权利			大语言模型训练
翻译权	将作品从一种语言文字转换成另一种语言文字的权利			人工智能生成物
汇编权	将作品或者作品的片段通过选择或者编排，汇集成新作品的权利			元数据编排
其他	应当由著作权人享有的其他权利		支持论文论点的佐证材料的有限度公开和重复利用	科学数据

注：*定义根据《中华人民共和国著作权法》（2020年修正）

盈利模式，在纸本期刊转换为数字版本（电子版本）后，因内容易于复制和在互联网时代易于传播，使得盈利变得困难。期刊集群服务平台，需处理复杂的法律和经营问题，包括权益确认和转让。大型出版服务平台则还需处理数据产权、内容重复使用和开发权等问题。这些问题在科技期刊平台经济产业链中相互影响，从而影响了全局的发展态势。如图 2-1 所示。

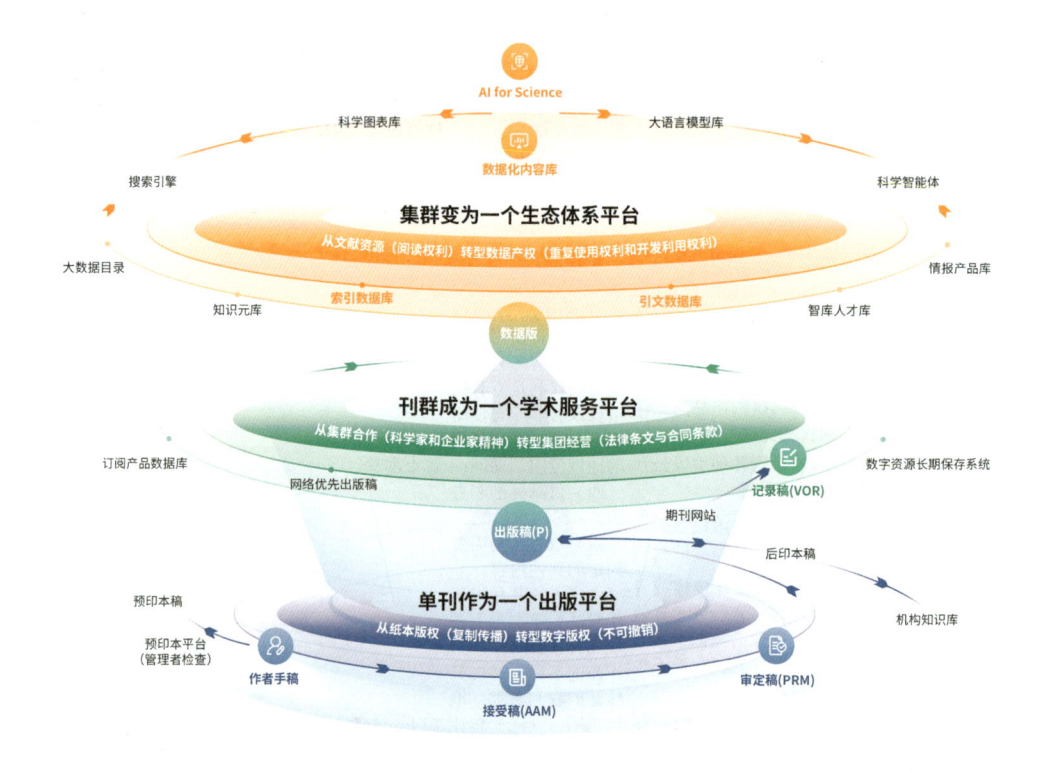

图 2-1 科技期刊平台经济产业链

（1）小规模出版平台的权益重点

主要涉及：作者手稿、接受稿、审定稿、出版稿。

作者可以将手稿投稿至预印本平台，经管理者审核后，以最快速度在平台上发布，以争取时效性。作者可以在后续开放同行评议的过程中，不断迭代修改版本，也可再通过受邀或者主动告知的方式，将论文提交至期刊进入审稿环节。

接受稿意味着已经投稿到期刊，尚未经过全部的审稿修订流程，此时稿件可以存储在预印本平台或者机构知识库但是不能开放，需要等待期刊正式录用之后，撤下这个稿件，换上合适的版本，经过一段时间才能公布。该版本的作用相当于给定一个"已经待审"的证据，在作者对期刊审稿专家或者小领域内的同行不够信任时采用。

审定稿意味着稿件已经被期刊录用，但是尚未进行正式排版。此时，刊物不具备版式设计的权利，但已经组织审稿专家给予了反馈意见，并且作者已经根据这些意见进行了修订。尽管刊物尚未刊出该稿件且未拥有版式权，但期刊已经投入了一定的智力劳动，且主要的智力劳动还是出自作者。这是绝大多数负责任的机构知识库所接收的绿色开放获取的稿件版本。

出版稿，是指刊物进行了正式排版，论文在刊出之后的版本。大部分开放获取采用此版本，如由出版商提供的开放获取平台，或通过协商和购买出版商推送服务的机构知识库的存储和开放平台。

由此可见，在科学伦理上，上述各版本应区别于"一稿多投"与"重复投稿"的情况。一位负责任的科学家，总是援引出版稿（查证证据是基本的学术素养，即：谁，是否真正公开思想并且得到了审核），而其他版本和平台则没有这个功能。科技期刊作为最终确证依据的地位，得到巩固强化，而不是削弱消减。

这个阶段应主要关注纸本版权向电子版权的过渡。

纸本版权，主要涉及复制权和传播权，通过流通获得收益。然而，在数字版本中，一旦授权就难以撤销，因为电子版本的复制和传播十分容易，只需要点击两次便可完成。因此，电子版权更为强调后续的重用权，以及通过电子数据库的访问权利。例如最大并发数（同时可以有多少终端用户在线上使用）、EP 数（教职员工和学生数量，乘以一个基数，算作总的使用人数）、域名范围（无法限定在图书馆建筑内，所以采取校园网络 IP 范围，代替馆舍、校舍）。开放获取强调的知识共享许可协议，是不可撤回的协议。

（2）中型规模学术服务平台的权益重点

主要涉及：记录稿、网络优先出版稿、订阅产品数据库。

记录稿是一种为了数字资源长期保存，系统所产生的便于存储的版本。主要目的是把出版稿进行 JS 对象简谱（JavaScript Object Notation，JSON）化，压缩档案格式，缩小存储空间，便于网络存储。这又称为暗存储，意味着不知道它存在，也不会用到它。这个版本的由来是为了数据安全。在不可抗力的情况下，例如地震、台风、水灾火灾等，平台可以继续执行合同条款约定的订阅权利，可以理解为一种防灾异地备份（不直接使用）。远端通过互联网进行电子数据库的访问失效时，才能根据当前签署授权使用的刊物（含时间、刊期）进行解压缩和临时使用。通常，由集成平台或者刊群统一进行格式化和再次使用。

网络优先出版稿，是集成商平台为某些优良稿件在尚未决定刊期和付印前，优先通过平台进行网络传播的稿件版本。有时，集成商会代为进行校稿和初步排版，以及在法律框架下，进行内容审查等。这一做法可能会解决刊物因为稿量较多来不及处理而造成的出版时效过长问题。

订阅产品数据库，则是集成商的主要产品，其价格会按照集团采购、区域采购、单馆采购（以图书馆作为主要代表）而有所不同。此外，对应不同读者需求，有分学科门类的选刊选库内容供应方式。最后，在此基础之上还提供其他加值服务，例如引文（引用、被引、他引、自引等）、关联（论文、专利、会议集、报刊）、文献计量（合作的机构、作者、领域、关键词和主题词，增长趋势、耦合、排名推荐等）等。

此一阶段主要关注期刊从集群合作转向集团经营。

集群即刊群，是来自单刊的集合。刊物是科学家办刊精神的体现，其目的是提供一个平台，用以记载科学成果发现，互相告知最新的研究成果，并进行研讨交流。这些交流后的文字记载，通常认为相较于录音录像或者课件形式会更为严谨，且论文撰写过程中也是再次确认事实和突出重点的过程。松散的期刊集群会逐步向期刊集团经营转变。期刊集团经营因为涉及上下游供应、政治经济环境、竞争厂商等，所以需要划定边界、细分市场，精耕细作培养读者群、作者群和审稿专家群。与单纯凭借热情工作不同，期刊集团企业是在国家法律之下，根据管理规则，通过签署一项一项合同所组织起来的有机整体；有时还需跨界经营，例如扮演互联网服务商、金融投资机构、公共部门和安全部门等；有时刊群或者子公司也会通过合并、转让、撤销、出让等方式产生组织方式的变化。就科技期刊产业链而言，作者与刊物、刊物与集团所签署合同涉及的论文权利，有别于其他企业管理，这一特殊情况是科技期刊产业链的发展重点动力和保障。

（3）大型规模生态体系平台的权益重点

主要涉及：数据版权益，具体而言可拆解为：元数据、引文数据、图表（含唯一标识符与论文在系统里的 ID 主键关联）、全文 PDF 版本、全文 XML 版本、语料库（拆解为 token 的文本词汇的向量化数据）以及其他基于 .csv 和 .txt 的长摘要（有时采取 Markdown 格式进行存储）等。

索引数据库：提高数据检索速度，快速定位到所需数据。科技文献在数据库厂商进行标引、加工、入库，通过在数据库中的特定列或字段进行索引，可以显著加速查询性能。

引文数据库：记录学术文献之间的引用关系，用于学术研究和评价。引文数据库主要作用是协助科研人员追踪学术思想的发展脉络，并评估学术成果的影响力。具体是从学术出版物中的引文信息，向前、向后或向共引等方向追踪相关的期刊论文、会议论文、书籍等。

知识元库：根据期刊论文的形式，标引作者、题名、期刊、卷期号、页码、唯一标识符等作为知识元，或从论文中抽取图片、表格、概念、方法、数据等作为知识元，以此为单位存储和管理，便于跨库进行检索和推送信息、提供知识服务。

大数据目录：提供一个集中管理和访问大数据资源的平台，帮助用户快速发现和获取大数据资源，提高数据的可用性和可发现性。数据源自各种大数据集，包括社交媒体数据、传感器数据、公开数据集以及出版的论文等。特别是文献关联数据集，被视为开放科学的关键内容之一。

搜索引擎：帮助用户快速、方便地找到所需的信息资源。科技期刊的文献作为一种特殊集合，已成为校准知识问答和专业问题的标准数据集。

科学图表库：以直观、易理解的方式展示科学数据和趋势。这些图表通常是从文献中摘取的统计图表或者实验照片，适合用于辅助科学研究、数据分析、教学演示等。

智库人才库：主要作用在于管理和利用人才信息，优化人力资源管理。从期刊加工的数据集，可以找到关键领域的作者、专家或潜在人才以及研发机构等。

情报产品库：支持情报分析、决策支持等应用场景。数据来源侧重期刊文献、专利文献，以及其他如市场分析报告、行业研究报告等。

科学智能体：利用人工智能技术辅助科学研究和技术创新，可以提供智能化的数据分析和决策支持功能。

大语言模型库：抽取集成数据库中的专业领域形成垂直大语言模型，提供更为准确的分类模式，以及初步回答专业问题，同时能够支持上述各种系统的检索和推荐等。

此一阶段主要关注从文献资源转向数据产权。

一方面，国家高度重视数据产权。这既涉及电商运营数据、用户文档、商业秘密等，也逐步扩展到公私部门的教育大数据，以及工业数据，例如标准规范、设备参数、经营数据等可估值的数据。科技出版行业与科技行业交叉，因此不能只考虑作为一家企业的运营，也不能只考虑作为出版物的权利，而是要对能够增值的数据做整体考虑。另一方面，随着数据科学与生成式人工智能的广泛应用，包括语料库等在内的数据产品发展前景广阔。所以，大型生态体系平台，应该运用数据思维来看文献领域的发展，而不只是站在文献角度来看大数据资源。根据市场发展规律以及产业组成要素，这必然涉及新的权益问题。只有打通这些关节才能释放产业的潜能。

三、科技期刊平台经济的各种生产者和加工者

在《中国科技期刊发展蓝皮书（2021）》以及《中国科技期刊产业发展报告（2022）》上，已有科技期刊论文的六个版本：预印本（pre-print）、后印本（post-print）、被接受的作者手稿（accepted author manuscript，AAM）、最终审定稿（final-peer reviewed manuscript，FRM）、最终出版论文（final-published article，FPA）、作为最终存储记录的版本（version of record，VoR）等。除此以外，如果考虑全部稿件的不同版本，尚有作者手稿（authors' draft）、网络优先出版稿（primer-print）和数据版本（version of data，VoD）等，一共九个版本。这些论文的不同版本揭示了版本递进的关系，并涉及不同平台和参与者。

作者受到大学或者研究机构、科研项目资助机构、所属科研团队的支持，将研

究成果凝练形成了作者手稿。从手稿到出版稿的过程中，作者本人、编辑以及同行学者共同参与，经过多轮审校后，最终实现正式的学术出版。

从出版稿变成记录稿，再到经过数据加工成为数据版的过程中，涉及很多人的深度参与。平台运营方遵守既定流程，利用各种平台技术和工具处理数据，并通过合同约定规范各方的权利等，从而将科技期刊的论文从传统刊物中解放出来，发布到各种数字媒体上，以实现最大化的传播和利用。

期刊文献经过深度数据加工，进行了价值增值，文献资源成为一种数据资源，支持了各种新型服务。初始阶段，文献被简单拆解为元数据（metadata）、全文（full-text）和参考文献信息（reference citation information），形成了索引数据库、全文数据库和引文数据库等，衍生形成有别于单品种、整期阅览期刊的"另一种"订阅产品。升级阶段，全文数据还可以被深度加工，成为数据化内容库，支持各种新的数据产品开发，例如 CAS REGISTRYSM（化学物质数据库）、大语言模型库及衍生 AI 辅助系统等。

在科技期刊平台经济产业链上有许多参与者发挥重要作用，如表 2-2 所示。

作者的任务是：①遵循科学共同体的学术伦理开展科学研究；②按照科研诚信原则发表论文以显示科研成果。所以，根据著作权法，作者的人身权为终身拥有。此外，作者的财产权可以通过合同进行授权或转让。作者所得到的利益包括：①学术圈的认可与社会地位；②获取一定程度的经济报酬。

编辑的任务是：①对论文进行审校：检查有无违反法律法规，是否存在意识形态或涉密问题，对学术价值进行初步判定，为论文寻找审稿人并联系审稿人对论文进行进一步的学术价值评估。编辑还需要将审稿人意见反馈给作者，以便作者对论文进行修改完善，直至达到录用标准等。②对论文表现形式进行把关：为论文的语言、图表、章节段落等进行润色或者提出修改建议，联系排版人员为论文版式排版、审校和编辑论文，直至达到出版形式和质量要求。编辑在一篇论文出版过程中起到了关键作用并付出了辛苦的劳动，因此编辑在正式出版稿的论文上署名为责任编辑以示负责；然而，由于编辑的工作属于职务作品范畴，尽管包含了智力劳动，但是对于内容本身不拥有其他权利。编辑所得到的利益包括：①获取一定的劳动报酬；

②积累专业领域的知识以及了解最新进展。

表 2-2　产业链上的各种生产者和加工者

角色	任务	权利	利益
作者	遵循学术伦理、科研诚信做科学研究、撰写论文	人身权，终身拥有；财产权，可以授权或转让	学术圈的认可与社会地位。获取一定程度的经济报酬
编辑	对论文进行审校；对论文表现形式进行把关	在正式出版稿的论文上，署名责任编辑，以示负责	期刊经营成功可获得良好的学术声誉、为主办单位带来更多优质学术资源，有影响力、经营好的期刊还可以获得可观的经济效益。 期刊从业人员可获得良好的学术声誉，得到尊敬。同时，获取一定程度的劳动报酬。 有时，管理团队还可获得奖励分红等
主编团队	把握刊物发展方向、内容符合刊物定位； 组织编辑召开专题会议、编委会会议	战略决策，内容把关，人、财、物的组织管理	
审稿人	审查论文是否属于科学研究的范畴。 判断该项研究是否具有创新性和科学性。 维护科学共同体的共同规范	提出审稿意见的权力。 告知编辑该论文是否可以录用刊登	作为科学共同体成员，审稿人虽不能直接获取利益，甚至还需利益回避。但可通过审稿积累专业领域的知识、了解最新研究进展。有时，刊物出于礼貌会支付一些审稿酬劳
平台工程师	文献数字化加工、文献数据化加值，开发各类满足用户需求的功能产品，不断提升平台服务能力	决定平台产品形态和提供的服务内容	平台获得经济效益和利润，或享有软件著作权或专利权。 员工获取劳动报酬；管理层和股东可获得分红
平台经理人	协助权利人，进行财产权的授权和转让。 为开发新型产品进行权利确认	处理和协调与上游资源方的合作。产品的宣传推广与发行，实现企业利润	
图书馆	代表机构为所属教职员工采购文献使用权 提醒读者合法合规合理地使用文献	图书馆员代表机构行使文献资源保障责任和权力。代表读者，向期刊和平台争取突破著作权过度限制，以更低价格获得更多更优质内容资源	机构获得优质资源，为读者提供文献的阅读权。 研究人员使用文献和知识服务后取得更多研究成果。教育机构中的师生获得知识和研究情报。 为此，机构为图书馆员支付相应的劳动报酬
读者	在订阅模式下，付费（或机构付费个人免费）获取文献和知识服务。 在开放获取环境下，免费获取文献资源，并进行公共监督和交流评论	享有获得期刊或平台承诺的资源和知识服务的权利	

主编团队（含主编、副主编，或社长、副社长，以及编辑部主任等高层管理人员），通常负责期刊运营和决策，主要任务是：①战略决策：把握刊物发展方向、明确刊物定位；在法律法规之下制定各项政策；与出版集团或集成商的合作决策等。②内容把关：确立选题；重点稿件组稿、约稿和审校；出版前终审等。③人、财、物的组织管理：编委会组建、人员培训与管理；召开各类研讨会和活动；内外部资源协调等。主编团队所得到的利益包括：①学术圈的认可与社会地位；②刊物运营所取得的经济效益和社会效益。

审稿人的任务是：①审查论文是否属于科学研究的范畴；②判断该项研究是否

具有创新性和科学性；③维护科学共同体的共同规范，包括但不限于科研诚信、学术伦理、出版伦理等。审稿人在此过程中，具有很高权限和权利，例如①提出审稿意见：如果作者没有提出足够证据支持论文论点，或者表述不够清楚，可要求作者提供补充说明；②告知编辑该论文是否可以录用刊登。不过，审稿人作为科学共同体的成员，通常不能获取利益，所评审的内容如果与自己的工作有关，有时还需利益回避。在这种情况下，期刊出版社出于礼貌，有时会支付一些审稿酬劳。

平台工程师团队（包括平台开发及网络运维的技术人员，数据加工及分析人员，产品经理及产品运维人员，客服人员等保障期刊平台能够正常更新数据、提供优质服务的人员）的主要工作任务是：①进行文献数字化加工、文献数据化加值；②开发各类满足用户需求的功能产品，不断提升平台服务能力。虽然他们在论文内容上没有任何权利，但对平台享有一定权利，如获取报酬；在一些工程项目中，项目负责人或者主要执行人享有软件著作权或专利权。

平台经理人的任务是：①处理和协调与上游资源方的合作。包括协助权利人（包括自然人的作者，以及期刊社或期刊法人等）进行作者作品财产权的授权或者转让。②负责产品的宣传推广与发行，实现企业利润。他们所得到的作者财产权并不属于个人，而是属于企业，由企业代为行使和进行有关二次或多次转让/授权的业务。经理人因此获得企业给付的报酬或从企业利润中得到分红。

读者群体（包含以读者角色出现在科技期刊平台产业中的学生、工程师、研究者等各类文献使用人，以及为他们提供资源采购服务和管理的图书馆等）在产业链中，可以视为中间消费者和终端消费者，属于用户群体。其中，图书馆的任务是：①代表机构为所属教职员工采购文献使用权；②提醒读者合法合规合理地使用文献。图书馆在科技期刊平台产业链中扮演着价值实现的重要角色，是完成平台经济价值最终转换的关键环节。图书馆代表的是读者利益，努力消除著作权的过度限制，为读者争取以更低的价格获得更多更优质的内容资源和知识服务。图书馆馆员行使了机构赋予的文献资源保障责任和权利，从机构获取相应的劳动报酬。

读者可以通过传统的订阅模式，自己付费或通过机构付费个人免费获取期刊文献及得到知识服务，还可以免费获得开放的期刊文献资源，并对开放获取文献进行公共监督和交流评论。读者享有获得期刊或平台承诺的资源和知识服务的权利。读者有时就是科学家或者科研人员，当他们撰写论文时，身份就从读者转换为作者。

作者是科技期刊论文的主要生产者，是初始的原料供应方（作者手稿）。科学家、研究者等读者及其代理机构（图书馆），是科学共同体成员，是论文需求方及消费者。对二者起到重要连接作用的是期刊（含编辑、主编团队、审稿人团队）及期刊平台（含平台工程师团队、经理人团队等），三者共同作用，维持期刊产业的发展和权利平衡。其中，科技期刊平台产业发展的主要推力是期刊及期刊平台。

四、科技期刊平台经济的期刊平台和集成平台

如前所述，科技期刊平台经济的最小标的物是论文，而它在科技期刊平台产业链上，具有九种版本。除作者手稿外的后八种版本都不同程度包含了各种生产者和加工者的智力劳动，以及期刊平台和集成平台的技术应用及经营管理的投资投入。各种参与者在九种版本上的智力劳动和贡献，整理如表2-3所示。

结合图2-1和表2-3来看，在科技期刊平台产业中，最为关键的期刊平台和集成平台，主要涉及简化了的8种参与者，包括统称的编辑、社长、工程师和经理人，他们在期刊平台经济上，具有各自贡献，包括：论文版式的加工、论文加值（综合判断是否可以刊登，以及遇到学术争议和科研诚信质疑时是否撤销）、论文格式转换的加工、数字平台的前期研发和后续运维、衡量论文的学术价值和经济价值所进行的权利授权或转让的论文加值等工作。

在集成平台经济上，他们所付出的智力劳动，则至少包括：再次或者提前审核论文内容所形成的数据加工、衡量是否授权或者转让的判断所形成的数据加值、论文作为数据进行拆解和重组的加工、数字平台的前期研发和后续运维、衡量论文的学术价值和经济价值所进行的权利授权或转让的论文加值工作。

由此可知，科技期刊平台经济，需要具有各种人才岗位及其专业经验，科技期刊平台经济，需要考虑作者、读者、图书馆员等，也要考虑编辑、社长、经理人、工程师等，尤其后者更是主要推动力。权利平衡与利益分配的公平合理，是促成多方合作的关键。

表 2-3　各种论文版本的各种智力劳动投入情况

版本角色	作者手稿	刊物接受作者草稿	论文最终审定稿	期刊正式出版稿	最终记录版本	预印本	后印本	网络优先预出版稿	数据版本
作者	原创	按照审稿人意见修改（自行考虑自存储）		与编辑沟通校订		（作者自行考虑）			视情况有小额报酬
编辑		加值：组织同行评审加工：检查审核内容（数字平台的投资）		加工：论文版式 加值：综合判断是否刊登，和/或是否撤销		加值：衡量预印本论文是否作为手稿和/或参考文献		加工：检查审核内容 加值：衡量是否授权。 加值：衡量是否转让。	
主编、社长									
工程师		（数字平台的研发、建设以及运维）		加工：转换格式		（数字平台的建设、投入、运维、推广）	加工：转换格式	加工：转换格式	加值加工：转换版本
经理人		（数字平台的推广）		加值：衡量学术和经济价值取得授权转让			加值：衡量学术和经济价值，选择授权转让的合理价格和使用权限		
审稿人		最早接触并作审核		检视审稿意见用途				检视审稿意见用途	
图书馆员		机构知识库（IR）：存储限本单位教职员工		订阅之后提供读者	数字资源长期保存	运营或者托管平台	机构知识库（IR）	订阅之后提供读者	
科学家、读者		从各家机构知识库，获得公共共享的论文		自己买或图书馆买			从 IR 获得论文	自己买或图书馆买	

注：表格中绿色框表示期刊工作者的智力劳动投入；红色框表示平台工作者的智力劳动投入；蓝色框表示期刊平台经济；黑色框表示集成平台经济

五、开放科学环境中的资助者、作者、出版商、平台的权益关系

1. 开源运动兴起

早在 20 世纪 90 年代，随着个人计算机的普及和互联网的逐步扩展，开源运动应运而生。起初，由于计算机硬件和软件捆绑销售逐渐导致了知识鸿沟的形成，并加剧了这一差距。国外开源运动一度被视为侵犯知识产权的盗版行为，并且曾经遭受到严厉打击。然而，这一运动却吸引了一批具有学养知识和信息技术的人才，包括大学青年和教师，他们逐渐发起了自由软件、开源软件、知识共享等多种形式的运动，并制定了相应的标准和规范，例如，引用和事前咨询等良好风气，这与源自学术氛围浓烈的校园风气近似。

盗版与开放的最大区别在于，开放是基于已有的知识产权，知识产权所有人愿意让其他人免费、不受限制地利用其所开发的资源。开放与自由的最大区别在于，获得开放资源仍要继续开放而不能使之闭源。

对于尚未经历过完全竞争市场，却能感受到个人计算机（含后续手持设备）和

互联网等科技进步果实的绝大多数发展中国家而言，难以辨别持有（hold）不等于拥有（have）的法理。展现在众多论述中常常含混不清甚至被有意模糊的概念有：盗版（piracy，抢过来便是，不断强化技术力量）、反版权（copyleft，把一切有版权的事务的核心关键给予透明化和公开化）、自由（free，有时间和场合以及低配版本的免费）、共享（sharing，在互相信任的团体内实施交换规则并且为了吸引更多会员而有部分释出）和开放（open，具有知识产权的人要求后续传播过程均不可再设限制）等。

西方发达国家的商业集团战略是：先培养其行为习惯，形成市场规模，只要掌握核心关键（技术、版权、管理），后续再收取利益。广大发展中国家在改变科技条件时则笃信：信息基础设施是一切，信息可得（take form information）便可得（getting form rights）。

2. 信息技术强权引发盗版反制以及更多问题

1996 年海底电缆断开引发的科技信息断供危机，1998 年美国在线（AOL）购并时代华纳（Time Waner）、雅虎（Yahoo）市值涨落与谷歌（Google）兴起等事件，显示内容没落与第一代平台经济（掌握通道，决定排名，实施推荐的绝对权力）的快速变化。互联网技术和自由市场扩张也在短期催生了盗版产业。一方面，版权保护在一定程度上受到了技术发展的挑战，但纯粹依靠信息技术难以可持续，必须获得内容。这可以通过多种方式实现，包括但不限于付费购买版权内容（AOL）、利用平台流量排名机制获取收益（Google），以及用户生成内容（Facebook）。另一方面，信息资源高度集中，知识鸿沟不断拉大，信息需求持续增长，使得盗版行为更加突出。这种现象不仅破坏了市场的公平竞争，也影响了内容创作者的权益。盗版行为的盛行反映了技术强权在某种程度上的胜利，这种风气反映在不同市场层面：白色市场（指正规市场）在版权问题上持有一种模糊的态度，灰色市场（指存在一定程度违规行为的市场）则提供低廉的仿制品，而黑色市场（指非法市场）则通过盗版行为获取利益。

此类现象蔓延到科技领域，特别是面向科学家的信息服务领域。具体而言，首先发生在文献领域中某些海量增长、声誉不佳、与个人利益（职级、待遇等）挂钩的科技期刊上。虽然纯粹的科学家尊重知识产权，反对盗版以及完全自由市场的垄断，但经济市场的混乱和破坏需要重新制定秩序。考虑到科技发展离不开稳定的科技信息交流、交换、交易，为了人类社会的长远发展，于是有了开放科学的前提：开放获取。

3. 世界开放获取运动兴起

2003 年，开放获取运动兴起，由世界各地的科学家签署的三大协议所确立。这些科学家们不仅在学术上享有较高的声望，甚至其中不乏担任研究机构或者科学资助机构的行政领导。鉴于世界各国的科技水平、管理制度、文化习惯的差异，所以在倡议里，各国可根据学术交流原则和商业活动底线，在各国科学家们的推动下，由各国学术社团、科技期刊、图书馆员等互相联络，合作推进，努力实现。倡议旨在团结全球科研人员，为全球知识信息的流通创造更为便捷的渠道，加速知识信息的传播，避免学术资源被商业公司垄断和控制，减少世界各国财政能力不均所导致的学术话语权过度集中的趋势，并旨在预防未来可能出现的规模更大、技巧更高、次数更多的学术不端行为。

开放获取的实施主要通过两个步骤：一是机构知识库，即绿色开放获取，无论出版商是否同意，科研机构都可以将最终审定稿存储在机构知识库，并在一定期限内面向公众开放共享；二是金色开放获取，即遴选部分刊物在出版时即实行立即开放获取。这些措施旨在培养自由交流习惯，形成开放科学的环境。机构知识库旨在培养机构内的教职员工开放创新的良好习惯，而不仅仅是建一个免费的数据库。越加开放越受保护（因为人人都能见证是谁最先发明或者做出最多贡献），越加开放越会创新。

4. 开放获取面临的挑战和争议

出版集团、出版商和期刊编辑在学术期刊的传播、鉴别、筛选和组织审稿等方面发挥了重要作用。因此，在推动开放获取的同时，必须考虑到尊重各方既有制度，维护公平自由的学术信息市场。为此，开放获取政策里的绿色开放获取确定了滞留期（资助机构认为是6个月到12个月，出版社认为是12个月到36个月，对于研究机构和大学而言是12个月），金色开放获取则是立即开放。

然而，开放获取也面临诸多挑战和争议。出版商认为这破坏了他们的利益，因此消极抵制；科研人员则可能因不了解背景、缺乏经费等原因而对其持不同态度；科研资助机构和科研院所的领导更替也可能影响开放获取政策的连续性。此外，开放获取还可能被扭曲为新的出版市场盈利制度。

科学家们为了应对期刊出版集团的话语权垄断，提出了由全球科研资助机构和科研教育机构联合制定共通政策的方案。这些机构根据各自国家的政治体系和管理规定，制定各自的开放获取政策。在这一过程中，图书馆员、作家协会、出版商等各方都参与了深入讨论。然而，自2003年至2023年的二十年间，科技期刊市场是更加趋向寡头垄断，青年科学家更加关注期刊影响因子这类量化指标，图书馆订购经费以及支持开放获取的资助经费似乎也愈发紧张。但在开放的环境中保持公开自由的讨论，同时致力于平衡各方利益诉求，是推动开放科学的健康发展必须坚持的原则。

5. 开放获取的主要模式

根据我国《科学技术进步法》第九十五条所载"国家加强学术期刊建设，完善科研论文和科学技术信息交流机制，推动开放科学的发展，促进科学技术交流和传播"。联合国教科文组织《开放科学建议书》中定义开放科学为一个包容性架构体系，旨在促进科学知识的公开使用、获取和共享。开放科学的实践包括了十四个领域，包括：科技论文开放获取、科学数据开放共享以及开放源码软件硬件等。它提倡在学术出版社中采取开放获取模式，包括绿色开放获取（机构知识库存储论文最终审定版和完全开放获取期刊的出版）以及金色开放获取（刊物在出版时立即实现所有论文的开放获取）等。

机构知识库（institutional repository，IR）仅能存储和传播那些作者（author）署名所属机构（affiliation）经过同行评审的最终论文审定稿；不过，机构和机构之间可以结成联盟，在系统互操作下，实现元数据集成和全文检索下载功能。国家与国家可以结成区域联盟，如 Red ALyC（Latin American and Caribbean Open Access Network，拉丁美洲和加勒比海开放获取网络），区域联盟和国家联盟可以组成国际联盟，如国际开放知识库联盟（COAR）等。这种联盟使得个别国家、个别地区、个别机构，只要维护好自己的 IR 就能获取其他 IR 成果，以最小维护成本的代价取得全球信息资源流动与合作的最大效益。

绿色开放获取对于发展中国家和多数出版语言弱势国家而言，具有一定优势。一国能够投入科技资源的公共财政经费有限，需要拨出一部分用于购买国际刊物，一部分用于支持本国刊物。2003 年发布的开放获取《柏林宣言》（BOAI）提出的绿色开放获取就是一种全球性架构，以平衡与抑制各国刊物购入经费不断增长的趋势，从而留下本土期刊的成长空间。无论 2008 年、2010 年和 2020 年的《柏林宣言》如何调整，也没有修改绿色开放获取的初衷。维持该国机构绿色开放获取的成本，远远低于参加世界各国联合购买全球金色开放获取的成本，平均下来也低于其他青铜和钻石方案，有利于该国预留更多经费支持本土科技期刊的发展成长。待本土期刊成长至一定水平之后，金色开放获取就具有了足以支持大力发展的规模。此时，左手是绿色开放获取的最终审定稿和全球联通网络，右手是可控范围内一定数量的科技期刊，再考虑金色开放获取的资助工作，就有了平衡发展的权力，进而能够保护本国科研人员的权利。此为最适合中国体制的合理方案，从国家层面进行作者、期刊、集成商、图书馆（代表公众）的权益平衡，对外实施"创新，协调，绿色，开放，共享"发展国策；既维持发展中国家的权益，又接轨较发达国家的发展方式，从全局视野而非某个机构或者某个信息化项目的视角考虑。

世界各国的科技期刊产业，在面对开放获取东风以及开放科学浪潮时，选择扶持机构知识库使之成为挡住公共资金被吃掉和被挤压的第一堵墙。日本、巴西、南非、印度、加拿大、西班牙、葡萄牙、奥地利、马来西亚、新加坡、印度尼西亚……皆是如此。因为个别机构、个别校际联盟，与占据八成以上的国际出版联盟进行订阅谈判乃至所谓的"开放获取转换协议"谈判时，处于三重劣势地位：第一，科技文献不可不看，否则无法开展科研，而科技文献的财产权的八成以上掌握在几个跨国集团手中，在经济学上属于卖方市场。第二，科技期刊的寡头垄断市场，在全世界的每个国家都在发生，而所有国家的反垄断法律法规对此普遍没有执行效力（以学术领域的角度，商业制度不应插手；以商业处罚手段，则文献领域的数据供应链面临撤出市场后的全面断供）。第三，即便出现所谓的"采购谈判联盟"的情况，唯有允许谈判破裂的前提下，才会避免公共资金的持续挤压、持续扩大与恒久发生，反之亦然。

6. 开放科学运动背景下培育本土期刊产业发展

对于发展中国家、出版语言弱势民族，乃至地区性的学术刊物而言，当公共财政的科技资源总量有限时，首先必须划出绝大部分用于购买能够支持科技研发和产业应用所需的必要资源，其次才有余力支持尚在哺育中的刊物，以及未发未见的稿件，这些刊物有些着重本地问题而不追求主流，有些为了培养本地科学家而有不同征集稿件的策略；即便该国大力支持具有高潜力刊物，如果没有开放科学战略（即在追求高端科学成果的同时，保持边缘学者、原住民和社会公众的参与）以及机构知识库的托底策略（必要时选择延迟六至十二个月能够免费获取全文），则很难真正培育本土的科技期刊产业发展。

7. 开放性和开放程度谱段划分

开放性（openness）或者开放程度（open levels）是指从完全封闭到完全开放的谱段。联合国教科文组织的《开放科学展望一：全球现状和趋势》（*Open science outlook 1: status and trends around the world*）[41]，如图 2-2 所示。

开放获取期刊社 PLoS 曾于 2012 年发布的 *How open it is* 解释论文全文的开放谱段，在科学数据领域，适用于数据集的"公平"原则（FAIR principle）和数据知识库的"信任"原则（TRUST principle），说明了从让人们看到是什么和有什么，还要进一步让人们知道它们（科技资源）怎么产生的。

8. 与开放性相关的三项权益

但就科技期刊产业而言，区分各种"权益"（right and benefit）应当是在完全建构了产业体系之后，进一步细分市场（market segmentation）之际，才有设计出

第二章　保障期刊平台健康发展的政策环境分析

开放科学

开放公平的全球科学体系	科学知识开放获取	开放科学基础设施	社会行为者的开放参与	与其他知识体系的开放对话
开放科学文化在有利的政策环境中，加上持续的资源供应，会增加造福科学和社会的合作	所有学术产出都通过完全开放获取的渠道发布或保存在开放知识库中，具有免费、即时的读者权利	社群主导的可持续物理/数字开放基础设施，向所有人开放，无论其所在地、语言或能力	能够通过多种方式参与。外部行为者有助于科学知识的设计、创造和应用	在基于权利的框架下，多样化的知识基础激发创新和公平决策
开放科学文化通过努力调整开放科学的激励机制来培养，在人力资源、培训、教育、数字素养和开放科学运力建设方面进行投资	数据、软件和其他产出遵循FAIR原则且公开共享，并与出版物产出相关联	平台允许所有用户使用。数字架构开始促进不同语言的使用和访问需求	社会参与能力已纳入项目设计和机构规划	伦理和开放对话能力已纳入项目和机构级的规划和执行
开放科学的创新方法在科学过程的不同阶段得以促进	在不超过6个月的时滞期后，所有学术产出都能在期刊或开放知识库中免费阅读	开放基础设施可供拥有访问权限或具有特定伙伴关系的人使用	社会行为者与科学过程有几个明确的接触点	对话被纳入政策，为对话创造时间、机会和激励机制
发起国际多方利益相关者合作，以缩小数字技术和知识差距	学术产出在没有明确许可或版权的情况下共享	基础设施共享遵循机会主义	利益相关者参与遵循机会主义	在一次性活动中对话，且专业知识参差不齐
人们对开放科学及其益处没有共同理解	学术产出不出版或在版权限制下出版	数字鸿沟和订阅费用阻碍科学基础设施的使用	科学存在边界。科学传播是单向、向外的	其他主题或社群是外部研究对象或接受者

传统封闭式科学

图 2-2　转向开放科学
原图自 UNSECO 的开放科学展望—[41]，参考自 SPARC 和 PLoS（2014）[42]，CC-BY

来的现实需求。不过，当前已有三项明显的权益，几乎在每个商业合同或者许可协议的条款之中均会涉及，它也反映出，当前我们讨论的"开放性"的实际操作方式的不同，如下所示。

（1）阅读（reading）：能够被人们所看到

这里的阅读不仅仅是指元数据上能够知道有篇文献，还包括文献全文能够被不受限制的阅读。此处"不受限制"包含两种情况：第一，可被下载并在任何一种阅读设备或软件上阅读；第二，仅能在某种阅读设备或软件上阅读。阅读权利不代表拥有权利，因此阅读权利无法充当重用和商用的授权或者转让。此外，阅读和下载是不一样的使用者行为，阅读权利有时不包括复制权利和传播权利。再者，阅读权利的指称对象，是指一篇论文的条目（有时又有区别，例如完整的元数据与简编的元数据，其用法和意义不同）、一篇论文的书目（有时包括完整参考文献，有时则不包括），还是一篇论文，在细节描述上也有所不同。

（2）重用（reuse）：再次利用

这有两层含义，一是复现（replication），二是再制（reproduction）。

复现是指重复实验结果，即：它能被人们所实际操作，例如，人们把数据放入软件产生论文所展示的统计结果。这个术语在很多情况下存在模糊性。在提到"没有开放获取，就没有科研诚信"时，意思是指，如果科研成果不能够被重复出来，则难以令人信服；此时开放科学重新塑造了学术交流体制以及科研诚信的判断标准。

再制（reproduction）指利用里面的信息，重新制作出新的产品。即机器阅读能够产生更为高效快速的提取、汇编乃至信息重组，或者文本被人类在电子阅读器上复制粘贴作为个人学习笔记等；换言之，能够产生新的生成物。在未经作者同意下，不得删改或者抽取其中的信息挪作他用，这是著作权法保障的人身权利。以图表库为例，其中的内容需标引文献出处，集成商需取得相关刊物或者合作刊群的授权，而刊物需要取得作者同意授权；然而，若信息的删改或挪用不易被作者或他人知晓，例如将论文内容用于构建语料库，是否会形成"版权让位于技术发展"的潜在局面，值得深思。

（3）商用（commercial）：用于商业用途

一般而言，对于文献全文的复制和传播，仅限于个人为了阅读和重用的便利性（即个人学习、研究和教育用途），而不包括以此谋取商业利益（例如出售全文本以及为他人提供复制传播服务并收费）。另一方面，这种小规模团体内的共享是否影响正常市场活动，也是判断是否具有商业用途的方式。第三种情况，则是上述重用过程的重制方面，所产生的生成物的商业化（commercialization）的授权许可。

根据我国 2010 年颁布的《中华人民共和国著作权法》，个人在学习、研究和教育领域内，能够享有不经著作权人同意而使用受保护作品的权利。然而，如果某些服务提供者以"个人学习、研究和教育用途"的名义，通过变换方式收取费用或采取间接获利手段（如构建网络社群、投放广告赞助、销售收费课程乃至进行论文买卖等），则会构成盗版行为并滋生灰色与黑色市场。此类服务因其低成本、监管难度大及受众广泛等特点，对科技期刊的健康发展构成了潜在威胁。尽管2020年我国著作权法对此类权利的使用范围进行了限缩，但现实中需要"图书馆著作权限制与例外"的场景却日益增多。例如，具备科研能力和信息素养的数据馆员，在多个科研网络社群中扮演重要角色，能够快速提供文献资源，甚至利用生成式人工智能（GenAI）技术读取关键信息。然而，现行法律对于这些角色的权利限制并不明确，导致实践中存在诸多模糊地带。在此背景下产生了一系列问题：图书馆是否应成为此类服务的唯一提供者？其他机构或个人是否也应享有相应权利？在扩展项目经费来源的过程中，是否可以将这些服务转化为商业用途？这些问题均涉及权益平衡与公正性考量。因此，在法律中明确相关权利与义务显得尤为重要。同时，在规划科技期刊产业链的发展过程中，秉持受指导而不滥用的原则，确保各方权益得到充分保障，才能推动学术生态的健康发展。

六、小结

科技期刊平台产业作为平台经济的重要组成部分，涉及单本期刊、期刊集群和生态体系平台三种主要形态。在数字化转型的大背景下，论文从手稿到数字化利用可以有九个版本，每个版本的变化都凝聚了科技期刊产业链上不同人群的劳动，各个版本的论文在其流转过程中被不断加值，因而产生了各类人群的权益应如何合理分配的挑战。

期刊和集成平台在知识生产与知识消费之间搭建了关键的桥梁，在成果鉴定、知识记录与保存、传播与利用中占据核心地位。只有充分尊重期刊编辑、主编团队、平台工程师和平台经理人等付出的智力劳动和贡献，才能确保期刊内容的高质量和持续创新。在平台经济的环境下，如何平衡各方权利和利益分配成为一个关键问题。只有建立起公平合理的合作机制，才能确保这一生态系统的持续健康发展。

第三节　科技期刊平台相关科研诚信和出版伦理问题

科技期刊数字化和网络化发展，为作者提供网络化的投稿服务平台；为编辑和审稿人、作者提供高效、互动的办公平台；为读者提供易查、易用的数字出版服务平台，并推动期刊国际化和所发表论文的全球传播[43]。同时，这也给科研诚信和出版伦理建设带来新的机遇和挑战。

一、科研诚信和出版伦理相关概念和问题

科研诚信和出版伦理问题都有很丰富的内涵。近年来，相关问题不仅是学术界的热点问题，也由于曝光的科研不端行为案件和大量撤稿等引起了社会的广泛关注。以下将侧重介绍与科技期刊相关的出版伦理问题。

（一）科研诚信和出版伦理的基本概念

科研诚信主要指科研人员在研究策划、项目申报、研究实施、结果报告和科研合作、研究指导、同行评审等环节弘扬科学精神，遵守相关法律法规，恪守科学道德准则和遵循科学共同体公认的行为规范。

出版伦理（也称出版道德、出版伦理道德、编辑伦理、出版诚信等）主要涉及作者、主编、编辑、编委会成员、审稿人和出版商等在投稿发表和编辑出版环节应当遵循的道德原则和规范。

科研诚信和出版伦理是科学活动中相互关联、密不可分的两个方面，且两者牵涉的主体和涵盖的内容都有交叉。例如，科研人员可能同时兼任期刊主编、编辑或审稿人；主编或编辑也会以作者身份发表研究文章。而图像处理、文献引用、论文署名和数据共享等方面问题同时涉及科研诚信和出版伦理范畴，需要研究人员、作者和期刊编辑等共同遵守相关政策和规范。显而易见的是，坚持和维护出版伦理能够起到促进科研诚信的作用，反之亦然。

（二）出版伦理涉及的主要问题

科技期刊、编辑和科研期刊社团等不同主体所关注的出版伦理问题会有所不同。出版道德委员会（COPE）概括的出版伦理十个主题相对比较全面且有代表性，即不端行为举报；署名和贡献；（作者）投诉和申诉；利益冲突/竞争的利益；数据和可复现性；伦理监督；知识产权；期刊管理；同行审稿过程；出版后的讨论和更正。

出版与传播技术发展和期刊经营模式的发展，如大数据技术、人工智能（AI）、多媒体融合、开放获取出版、开放同行评审、开放数据、预印本平台，以及期刊平台建设等，都会对出版伦理问题产生很大影响。例如，期刊的数字化传播和期刊平台建设扩大了读者范围，提高了原始数据的可得性，使已发表论文更容易接受审视与验证，其中的错误或造假行为也更有可能被发现。而数字技术和 AI 的发展，也使剽窃、数据或图像造假行为以及"论文工厂"炮制和推销其论文变得更加容易。在期刊经营模式方面，掠夺性期刊和某些出版商对特刊发表的论文把关不严，已带来许多严重后果，例如 2023 年全球撤稿数量超过了 10 000 篇[44]，达到前所未有的水平。

（三）科研诚信和出版伦理方面的问题和挑战

科研诚信方面的许多问题，除了涉及科研项目申报、评审和科技奖励等，大多可以在论文发表环节，特别是期刊的撤稿启事中反映出来。以下"撤稿观察"（Retraction Watch）网站归纳的部分撤稿原因[45]，可以大致反映出科研诚信和出版伦理相关的主要问题。

1）科研不端行为，例如伪造或操纵数据或图像；剽窃或与他人文章重复；冒用他人署名；文章重复发表；重复使用自己的文字、数据、图像而不加说明。

2）涉及第三方机构问题，例如由"论文工厂"代写代投；虚假同行评议。

3）研究和发表中的错误，例如作者的研究方法、数据、图像、文字、分析和结论等方面存在错误或受到质疑；材料、试剂被污染；研究结果无法重复；引用了被撤销的文章；利益冲突管理不当。

4）违反相关规定或期刊政策，例如相关研究未经过机构伦理委员会审批；违反伦理规定；未得到授权或同意发表论文；研究拆分发表；不能提供原始数据；违反期刊政策（如对期刊编辑部的通讯不回复，需更正的内容过多）。

5）出现争议或诉讼，例如其他共同作者要求撤稿；存在论文所有权或署名争议；知识产权争端。

6）其他原因，例如在编辑出版环节未安排审稿；排版错误；作者利用算法随机生成的论文；不具备资质者充任客座编辑等。

二、维护科研诚信和出版伦理的制度和机制

在全球学术出版领域，科研诚信和出版伦理相关的规范、指南和流程相对比较健全，而且不断更新完善以适应期刊数字化、智能化变化和新出现的问题。这主要得益于政府部门、大学和科研机构、企业界、科研人员以及期刊编辑、学术期刊社团的共同努力与合作，其中各种形式的期刊网络和平台也发挥了重要作用。

（一）科技期刊社团组织等制定的规范指南

全球范围内的许多科技期刊、期刊编辑和医学出版者的社团组织，如国际医学期刊编辑委员会（ICMJE）、出版道德委员会（COPE）、科学编辑理事会（CSE）、欧洲科学编辑协会（EASE）、世界医学编辑学会（WAME）、国际医学出版专业者协会（ISMPP）等，都发布有科研诚信和出版伦理相关规范指南、白皮书或实用手册，为作者、期刊编辑和审稿人等提供实用指导和最佳实践指南。例如，COPE自1997年成立以来陆续推出大量规范指南，如《学术出版中的透明性原则与最佳实践》《给编辑的关于文字重复使用的指南》《给同行审稿人的道德指南》《撤稿指南》《科研机构与期刊关于科研诚信案件的合作》《如何处理署名权纠纷：给新入行科研人员的指南》，并推出应当如何处理疑似不端行为和关于署名、数据、保密和操控同行评议等方面问题的系列"流程图"（flowchart）。2023年2月，COPE针对AI工具是否可被列为作者问题推出《立场声明》，指出AI工具不能满足对署名权的要求；作者应当对其手稿中的内容负全部责任[46]。ICMJE的《学术研究实施与报告和医学期刊编辑与发表的推荐规范》（以下简称《推荐规范》）一直根据

需要更新，以帮助使用者应对新出现的问题。例如，2023年5月，在美国人工智能研究机构OpenAI开发的ChatGPT推出仅半年后，ICMJE便对《推荐规范》作出有针对性的更新，增加了作者和审稿人使用AI辅助技术相关的内容，强调透明性、可靠性、责任担当和保密方面要求，包括相关主体应当披露使用AI技术的情况；作者须确保所有引用的材料都有适当出处，其论文中由AI生成的文本和图像不存在剽窃问题[47]。

我国相关学会和科技期刊社团组织也发布了许多规范、标准、声明和倡议，例如《中国科协所属全国学会科技期刊关于加强科技期刊科学道德规范营造良好学术氛围的联合声明》（2012年），中华医学会《医学期刊从业者倡议书》（2016年），中国科学技术期刊编辑学会《关于促进学术出版科研诚信及伦理规范的声明》（2019年），以及中国科学技术协会组织编写出版的《科技期刊出版伦理规范》（2019年）。2022年2月，211家中国科协全国学会联名发布《中国科协全国学会学术出版道德公约》，倡议广大论文作者、审稿人和编辑出版人员遵守科研活动规范，确保研究成果真实可信；恪守出版伦理道德，确保论文撰写诚信规范；严守论文评审要求，确保出版过程客观公正；坚守学术道德底线，确保论文发表真实可靠[48]。

（二）科技期刊界维护出版伦理的机制

科技期刊维护学术出版伦理的机制，包括制定和遵循符合诚信原则的编辑出版政策和流程，通过"作者投稿须知""审稿须知"等对作者、审稿人进行提醒和约束，以及参与研究制定出版伦理规范，发表相关声明、倡议和蓝皮书等。在这些活动过程中，不同形式的期刊网络或平台，如科技期刊社团组织、出版商网络平台、期刊出版平台和PubPeer等论文发表后同行评审的网站，都发挥出积极作用。例如，国外科技期刊社团通常有内部监测和约束机制，当发现问题时对成员期刊进行提醒或提出应对要求。COPE便曾于2014年12月发表*COPE position statement on inappropriate manipulation of peer review processes*，对第三方机构大范围操纵投稿和审稿过程，包括兜售论文署名权、伪造审稿人等表示关切，建议成员期刊对审稿意见来自虚假联系方式"审稿人"的文章进行撤稿；出版商清理各自审稿人数据库，找出伪造的审稿人账户，并联系推荐使用这些审稿人的论文作者及其所在机构[49]。

从 2015 年 3 月起,作为对该声明的响应,BioMed Central 出版社、施普林格·自然出版集团和爱思唯尔出版集团旗下的期刊先后撤销来自我国作者的 110 多篇文章。2017 年 4 月,《肿瘤生物学》(*Tumor Biology*)杂志又一次性撤销 107 篇主要是我国作者的文章。

国外一些大型出版商在其内部建立有专门的科研诚信团队,集中处理科研诚信和出版伦理相关问题。例如,施普林格·自然的科研诚信专家小组是一个 12 人的团队,负责开发制定相关原则和政策,协助编辑人员处理不端行为和其他复杂问题。其职能还包括为各部门的编辑提供支撑;提供关于最佳出版实践方面的培训;对产品和系统开发提供咨询,以及主动发现和应对新形式的科研不端行为[50]。一些出版商还提供出版伦理相关的网络培训课程,例如爱思唯尔的"研究者学院"(Researcher Academy)[51],施普林格·自然的"科研诚信:研究者入门课程"(*Research Integrity: An Introduction for Researchers*)[52],COPE 面向编辑和出版商的电子学习课程模块[53],通过网站平台发挥教育和提醒作用。

(三)科学共同体中不同主体的监督与配合

出版伦理建设需要政府部门、科研机构、科技期刊和科技工作者等不同主体的协调配合,包括必要的指导和监督。例如,美国卫生与公众服务部科研诚信办公室(ORI)发布了《处理科学不端行为举报:给编辑的指导文件》(*Managing Allegations of Scientific Misconduct: A Guidance Document for Editors*)和《同行评议伦理:审稿人指南》(*Ethics of Peer Review: A Guide for Manuscript Reviewers*)[54]。ORI 对被证实的科研不端行为案件,会通知刊登该论文的期刊,要求其在必要时进行撤稿[55]。2023 年 4 月,英国下议院科学、创新与技术委员会发布《关于可复现性与科研诚信》研究报告,其中针对研究传播中出现的可复现性挑战对期刊和出版商提出一些要求,包括期刊应强制要求作者在研究成果发表的同时将研究数据存放在开放获取的存储库中;出版商应当确保自己旗下的期刊中有足够多的供作者发表阴性结果和证实性研究结果的期刊;期刊如果发现有必要发表更正启事或进行撤稿,不应当超过两个月;出版商应承诺及时采用技术手段维护已发表记录的质量[56]。

近十几年来，我国有关管理部门发布了许多涉及学术期刊或论文发表的文件和规范，例如，原新闻出版总署《关于进一步加强学术著作出版规范的通知》（2012年）；原国家新闻出版广电总局《关于规范学术期刊出版秩序促进学术期刊健康发展的通知》（2014年），中国科协、教育部等五部门《关于准确把握科技期刊在学术评价中作用的若干意见》（2015年），中国科协、教育部、科技部等七部门《发表学术论文"五不准"》（2015年），以及国家新闻出版署发布的行业标准《学术出版规范——期刊学术不端行为界定》（2019年）。2021年10月，中宣部出版局发布《关于开展期刊滥发论文问题专项检查的通知》，提出重点检查内容质量水平、出版资质情况、"三审三校"制度落实情况、经营合作情况，并要求依法严肃处理和纠正出租出卖期刊刊号版面、与"论文中介"合作等严重违规行为。2022年8月，科技部、中宣部等22部门联合发布《科研失信行为调查处理规则》，明确期刊或出版单位有责任调查或配合调查论文相关的涉嫌科研失信行为。2023年6月，国家新闻出版署发布《关于进一步规范期刊经营合作活动的通知》，提出期刊出版单位不得将组稿、征稿工作委托给经营合作方。严禁期刊出版单位与"论文代发"机构合作，不得接收经营合作方以"论文润色""论文排版设计""推荐文章"等名义组织的稿件等。

我国的科研机构等也关注或研究制定出版伦理规范。中国科学院科研道德委员会自2018年以来，每年发布关于科研诚信的"提醒"，有些便涉及出版伦理问题，如《关于在学术论文署名中常见问题或错误的诚信提醒》[57]（2018年），《关于科研活动原始记录中常见问题或错误的诚信提醒》[58]（2020年），《关于学术评议中常见问题的诚信提醒》[59]（2023年）。由部分论文发表咨询和翻译润色服务企业成立的"中国英文科技论文编辑联盟"在2016年10月发布《论文服务提供商道德规范最佳实践指南》（中英文版），为相关企业提供指导与建议，同时方便科研机构、作者和期刊编辑在遴选论文服务机构时参考[60]。

科技期刊的数字化和网络化，使科学共同体中不同主体能够更好地监督期刊出版的过程和结果，其中"撤稿观察"网站、PubPeer平台，以及来自许多国家致力于发现文章中造假或错误的"科学侦探"（science sleuths）都发挥了重要作用。

据介绍，《科学》杂志会定期跟踪PubPeer和相关网站发表的对旗下所有期刊的关切[61]；但也有某些期刊主编科研诚信意识淡漠，忽视被读者或学术打假人揭示出的涉嫌不端行为，拒绝对不可靠论文进行审核或采取更正、撤稿等措施。国内部分研究团队和许多社交媒体，如"撤稿快讯""撤稿资讯""撤稿速递""PubPeer"和"科研与诚信"等微信公众号，都主动跟踪统计我国作者论文被撤稿情况，包括与美国科学诚信中心（Center for Scientific Integrity）旗下的撤稿观察数据库签署合作协议，及时获取和分析最新撤稿信息，为管理部门和科研机构提供服务。

三、科技期刊界出版伦理建设实践

近年来，国际学术界更加关注研究质量和可复现性、开放科学、营造良好科研环境和科研文化等问题，如提高研究的透明性，避免研究中的浪费，加强统计学审稿，鼓励发表阴性研究结果，采用注册报告（Registered Reports）发表模式，防止作者无意中引用已被撤稿的文章等。这些方面的工作通常都有科技期刊和编辑的参与，而科技期刊社团、期刊出版和传播平台也发挥了宣传和推动作用。

（一）重视科研诚信相关研究和信息传播

科技期刊在促进科研诚信相关研究与宣传方面具有天然优势。以《科学》和《自然》杂志为例，《科学》自20世纪30年代起便经常刊登科学文化和科研诚信相关文章和报道[62]，其中科学自由与责任、同行评议、利益冲突、作者署名、如何看待研究中的错误、生物医学研究中的伦理与权利、科研不端行为案件处理等话题至今仍是人们关注的重要内容；有些报道更成为人们研究科研诚信发展历程和一些著名案件的重要史料。近年来，《自然》杂志及其网站刊登了大量科研诚信研究文章和关于实践动态的报道，涉及研究的可复现性、科研环境、科研诚信相关技术的发展、人工智能辅助技术对学术研究和发表的影响，使人们关注科研诚信问题，及时了解相关实践和进展。此外，科研诚信和伦理研究领域的一些学术期刊，如《科学与工程伦理》（Science and Engineering Ethics）[63]，《科研中的责任担当：政策与质量保证》（*Accountability in Research: Policies and Quality Assurance*）[64]，《科研诚信与同行评议》（*Research Integrity and Peer Review*）[65]，也发表大量研究文章。

国内外一些科技期刊社团注意积累应对科研诚信问题的经验，特别是 COPE 定期举办的论坛所讨论的大量实际案例影响较大。许多年来，COPE 一直结合期刊编辑在实践中涉及科研诚信与伦理的各种案例，组织专家讨论，为期刊编辑提出实用建议，并介绍建议被采纳后的结果。截至 2023 年 12 月底，在 COPE 网站已汇集各类案例 770 多个[66]。

2022 年，COPE 和国际科学、技术与医学出版商协会（International Association of Scientific, Technical and Medical Publishers，简称"STM 协会"）联合推出《论文工厂：COPE 和 STM 的研究报告》，其中对"论文工厂"作出定义，揭示其运作方式，分析科研人员购买"论文工厂"服务的原因，结合调查研究结果阐释了问题的严重程度，并提出所有利益相关者共同解决这一问题的建议[67]。

中国科协学会服务中心 2021 年设立的学清刊坛"科技期刊产业发展智库"项目的子课题"科技期刊科研诚信系统建设"，为期刊处理科研诚信和出版伦理问题提供针对性的指导和建议进行了有益探索。项目组向科技期刊编辑部征集治理学术不端行为的成功案例以及在工作中遇到的难以判定的出版伦理问题，然后邀请专家审阅和讨论后提供反馈意见和建议，并提供科技期刊伦理规范和出版伦理案件处理方面的实践指南[68]。

（二）防范和遏制违反出版伦理的行为

科技期刊界为了保证所发表文章的可靠性和科学记录的准确性，需要应对研究实施与报告、编辑与发表过程中科研诚信与出版伦理方面的许多问题和挑战，包括伪造、篡改和不当署名等作者的科研不端和失范行为；在投稿、编辑和审稿环节出现的"论文工厂"代写、代投，虚假同行评议，编辑或审稿人强迫引用等问题，以及部分期刊过分追逐经济利益，缺乏适当的学术把关等问题，尤以缺乏质量控制的"掠夺性期刊"为甚。

近年来，科技期刊出版和传播平台对于发现论文数据和图片造假或操控、"论文工厂"等问题发挥了积极作用。例如，通过跨平台文献推荐和管理软件，可以更容易发现"论文工厂"炮制造假论文的线索，如不同论文在标题、摘要、方法、文本和图像等方面存在相同或相似之处；这些问题线索依靠单本期刊或普通审稿人往往很难发现。一些期刊的主编或编辑在积极应对出版伦理问题的同时，主动通过发表文章、在研讨会交流等方式分享相关经验，供其他期刊参考借鉴。例如，施普林格·自然出版集团科研诚信负责人曾介绍，2020年，该公司旗下期刊共受理约1300件一般案件和约40件大案，所谓"大案"包括虚假同行评议、冒用他人身份、团伙造假、图片或数据操控、"论文工厂"、剽窃、一稿多投、盗用他人论文、兜售署名权、引用操控、违反伦理规定、编辑的不端行为、威胁提起法律诉讼等，涉及1500多篇论文[69]。2021年2月，《Naunyn-Schmiedebergs药理学档案》杂志主编发表社论，透露该刊受到来自"论文工厂"造假论文的大规模攻击，并从中分析总结出这类造假论文的20个重要特征，同时介绍了期刊所采取的应对威胁和维护科研诚信的措施[70]。

STM协会于2022年4月推出诚信中心平台——STM Integrity Hub，旨在通过不同出版商间的合作，利用适当机制和手段对论文投稿进行筛查和预警，分享维护科研诚信和出版伦理相关经验，促进形成适用于合作的政策和法律框架，并提供必要的基础设施和工具。该平台的架构和运行设计能够帮助不同出版商和期刊检测出单个出版商或期刊难以发现的一稿多投、"论文工厂"造假论文等问题，同时能够完全控制其内容，使各自的隐私和保密政策得到尊重[71]。它对于缺乏相关资源和经验的中小出版商和学会期刊等开展出版伦理建设尤为重要。2023年3月，COPE与学术元数据基础设施提供商CrossRef、开放获取期刊目录（DOAJ）和开放获取学术出版商协会（OASPA）正式推出其联合开发的"出版商学习和团体交流"（Publishers Learning and Community Exchange, PLACE）平台，旨在帮助缺乏资源和经验的出版商获取相关信息，增进对出版流程和标准的了解，共享经验和最佳实践，以及找到所面临问题的解决方案。PLACE的宣传语"通过合作能让事情做得最好"（Things are best achieved by working together）[72]很好地反映出平台与合作的重要性。

我国许多期刊和编辑也在探索应对学术出版中的各类问题，例如对于代写、代投论文，尝试利用采编系统从登录密码、邮箱名格式、手机号码、登录者 IP 地址等发现有关线索和特点，多人使用同一密码登录采编系统，作者邮箱采用"姓名+tg@163.com"等固定格式[73]。目前，我国还很少曝光"论文工厂"、虚假同行评议等问题，由于期刊编辑部认定困难，因此期刊也很少因这些方面原因撤稿。但应当注意的是，这有可能是由于国内期刊还重视不够，导致问题论文没有被发现，甚至被有意无意地忽视。

（三）协作开展促进科研诚信的专项行动

科研诚信和出版伦理问题涉及面广，且有些问题非常复杂，并无简单的解决方案。长期以来，国外科学共同体，包括科技期刊和编辑人员为应对相关问题发起许多专项行动，并建立专门的协作网络或网站平台。

1. EQUATOR 网络（EQUATOR Network）

EQUATOR 是"提高健康研究质量与透明性"（Enhancing the QUAlity and Transparency Of health Research）的缩写。EQUATOR 网络旨在倡导研究过程的透明、准确的报告，并提供健全的报告指南，以改进所发表健康研究文献的可靠性和价值。该网络的工作始于《随机对照试验报告指南》（CONSORT），最初的参与者包括报告指南开发组、期刊编辑、同行审稿人、医学写作者和资助机构的代表，于 2008 年 6 月正式推出。目前已经形成涵盖随机试验、观察研究、系统综述、研究方案、诊断/预察研究、案例报告、临床实践指南、质性研究、动物临床前研究、质量改进研究、经济评价等 11 种研究类型的报告指南。自 2014 年起，EQUATOR 网络先后建立了英国、法国、加拿大、大洋洲和中国中心[74]。

2. 规范预印本引用方式

预印本发表模式的出现，加速了研究文章的发表过程，并扩大了其传播范围。但另一方面，预印本文章的质量参差不齐，有些研究结果存在严重错误，特别是在新冠疫情期间，个别发表在预印本服务器的低质量文章对同行和媒体都产生严重误导。针对这种情况，《柳叶刀》等期刊在肯定预印本文章积极作用的同时，注重对预印本文章进行筛选，防止不加提示地传播[75]。同时，在 ICMJE《推荐规范》和由美国医学写作者协会（AMWA）、欧洲医学写作者协会（EMWA）和 ISMPP 联合发布的《关于医学论文、预印本和同行评议的联合立场声明》[76]中，都强调对预印本进行规范引用，包括不应当在任何医学出版物中将预印本作为参考文献使用，除非是以个人通讯方式引用；明确区分预印本和经过审稿的文章，避免使读者误以为该文章经过了完全审核。

3. REWARD 项目

《柳叶刀》杂志发起的"减少研究浪费和奖励勤勉"（REduce research WAste And Reward Diligence）行动，旨在最大限度地发挥研究活动的潜力，使之在促进知识进步的同时促进完善科研规范。在《REWARD 声明》中列出充分发挥研究价值的 5 个重点：一是设定正确的研究优先领域；二是研究的设计、实施和分析稳健可靠；三是针对风险进行适度的监测和管理；四是提供关于研究方法和研究结果的所有信息；五是对研究的报告须完整而可用[77]。许多出版商和国际组织、政府管理部门、大学和科研机构、企业都公开表示认同这一声明。

4. 贡献者角色分类法（CRediT）

许多出版商和科研人员已采用"科研管理信息标准促进联盟"（CASRAI）2014 年推出的"贡献者角色分类法"（Contributor Roles Taxonomy，CRediT）。利用 CRediT 所列出的对研究出版物贡献的 14 类活动，可以衡量研究人员是否具备署名资格，其具体贡献如何，从而有利于促进跨界科研合作、减少署名争端，同时科研单位和资助机构还可以将其用于对科研人员的评估和评价[78]。

5. 英国可复现性网络（UKRN）

2019 年 3 月正式建立的"英国可复现性网络"（UK Reproducibility Network，UKRN），其发起方包括学者、资助机构、出版商和一些研究领域的组织，是英国应对研究可复现性方面挑战的专门组织。由于此前已有很多研究人员关注这方面问题，很快由志愿者成立了覆盖大量机构的网络。UKRN 还得到政府部门和科研资助机构的支持。2021 年，UKRN 得到英格兰研究组织（RE）450 万英镑的资助，用于此后五年的工作[79]。

6. 注册报告（Registered Reports）发表模式

目前有超过 300 家期刊采用"注册报告"（Registered Reports）发表模式，即作者先将研究方案提交期刊进行评审，通过后再开始研究。对按研究方案开展的有意义、方法得当的研究，无论其最终结果如何都将得到发表，从而有利于提高研究的透明性和严谨性。有学者针对注册报告发表模式的局限性，如等待研究方案评审结果可能造成研究的拖延、取得研究结果后只能提交同一家期刊发表等，发起建立了跨领域、免费而透明的注册报告和研究文章评审与推荐平台——Peer Community In Registered Reports（PCI RR），研究人员可通过 PCI RR 平台提前预约评审，由平台对研究方案和完成的论文进行推荐，将论文上载到相关预印本服务器，以及将预印本评审结果和推荐意见在 PCI RR 平台发布[80]。

上述措施尽管通过学术会议、研讨会、网络平台等得到宣传推广，但有些措施在实践中还没有被普遍采纳。COPE 原主席伊丽莎白·韦杰（Elizabeth Wager）博士在 2017 年第五届世界科研诚信大会的报告中指出，期刊在改进研究的报告方面已有许多好的措施，包括低成本的解决方案，如推动临床试验注册，采用"研究结果报告指南"，实行注册报告发表制度等，但推广普及的过程太慢，为此需要了解仍存在的障碍。

（四）利用技术手段预防遏制违规行为

对于遏制学术造假、审稿人的强迫引用和违反科研伦理审查规定等科研失信和违规行为，技术手段可以发挥重要作用，包括期刊在线投稿与编辑系统或平台采用的 CrossCheck 等论文相似度检测软件，以及其他防范出版伦理问题和常见错误的软件或工具。

1. 图像造假检测软件

国内外一些大学和企业的研究团队陆续开发出多种利用 AI 进行论文图像检测

分析的软件，其中有些已在部分期刊或不同场景下应用。爱思唯尔出版集团曾与德国柏林洪堡大学合作设立了一个100万欧元的论文挖掘研究项目，包括建立一个从撤稿中收集造假图像的数据库Image Integrity Database（IIDB），供开发图像造假识别软件时作为图像样本[81]。

2. 针对审稿人强制引用的计算机算法

根据《自然》杂志报道，美国俄克拉何马州医学研究基金会的两位学者发表了一篇预印本文章，分析了2万名作者的论文被引模式，发现其中大约80位科学家的被引论文可能存在"长期、反复的"参考文献目录操控问题。虽然围绕他们的研究结果仍存在争论，但有文献计量学者已肯定其研究方法在技术上的合理性[82]。当然，要确认是否确实存在问题，还需要相关期刊编辑部展开调查。

3. 利用大数据用户画像辅助识别造假者

随着大数据等信息技术的发展，有学者提出，针对论文造假、可疑的作者投稿行为、虚假同行审稿人等情况，可利用大数据技术构建相关作者或审稿人的"用户画像"，例如发现是否存在短时间内大量投稿、所有投稿之间学科跨度太大、审稿意见过于简单且评价过好、审稿人与作者隶属同一机构等问题，辅助编辑判断是否存在问题[83]。

4. 避免作者无意中引用被撤稿的论文

多家出版商联合推出Crossmark计划，使读者可以通过点击文章旁的Crossmark图标链接了解该文章的当前状态，包括更正、撤稿或更新的记录。参与该计划的期刊需在其政策中承诺对发表的内容及时进行维护，并上传文章的相关变动和更新元数据[84]。2023年7月，约翰·威立与撤稿观察数据库宣布，将威立智能投稿系统ReX Submission中用于排版、关联参考文献列表的软件程序Edifix与撤稿观察数据库进行嵌合，当用户提交论文的参考文献列表中包含已被撤稿文章时，系统会提醒用户对相关引文采取适当措施[85]。2023年9月，致力于使研究文章更容易被发现、引用、链接、评估和复用的非营利性会员组织CrossRef购买了撤稿观察数据库，并使其完全开放和供免费使用，同时每年为数据库的运行维护提供部分费用。这将使论文撤稿信息更容易被查询和整合到期刊采编系统和相关数据库中[86]。

5. "计算科研诚信大会"

2021年3月23～25日，"计算科研诚信大会"（Computational Research Integrity Conference）以线上方式召开，会议邀请全球十余位在文本剽窃、图像造假检测技术开发、统计分析方法验证和学术打假方面的著名专家作报告。参加会议的包括美国ORI和国家科学基金会（NSF）官员，美国和欧洲部分著名大学的研究人员，以及多家出版商和期刊的专业人员，共同探讨通过计算技术手段的应用，更快和更准确地发现和检验科研不端行为证据，并配合开展调查处理工作[87]。

6. 自动生成伦理声明

2023年8月，英国物理学会出版社（IOPP）与专注于改善出版伦理实践的机构TaskAdept合作，推出免费的伦理声明在线生成工具EthicsGen，促进形成伦理和数据声明的标准格式，以满足科学研究和发表活动中科研伦理的要求。作者可以利用该工具生成符合所选期刊要求、完整准确的伦理声明。这在节省作者时间的同时，还使审稿人更容易阅读和评估其内容，加快审稿速度[88]。

利用人工智能技术和期刊平台等提供实用的方法、工具和标准，可以在促进科研诚信和检测涉嫌不端行为方面发挥积极作用，但其在适用性、准确性和伦理可接受性等方面也会存在一定局限性。例如，有国外学者利用统计检验算法"statcheck"对心理学研究论文中的数据进行验证，发现超过5万篇论文疑似存在统计错误，并将其在PubPeer平台公布。这一做法便因其检测的精度不够高和可能造成"污名化"等问题而引起较大争议[89]。

四、科技期刊界自律自治与行业可持续发展

科技期刊界在科研诚信方面仍面临一定的困扰，例如有的出版商或期刊在编辑出版环节存在漏洞，导致部分专刊的文章质量出现严重问题；期刊目前还难以有效应对"论文工厂"、虚假同行评议问题，以及由于学术出版经营理念方面的分歧，

导致某些科技期刊的所有者、编委会和编辑之间出现争执。这些问题和挑战需要所有期刊共同应对，其中科技期刊网络和平台应当并且可以发挥出重要作用。

（一）承担社会责任

科技期刊和编辑等负有保证发表论文的可信性、学术质量和符合伦理要求的义务，同时还负有促进成果应用与转化、培养科研人才、帮助公众提升科学素养等方面的责任。要确保相关主体履行这样的责任，需要建立适当的自我约束、激励和监督机制，而期刊网络和平台在这些方面可以发挥出一定作用。在STM协会2023年4月公布的国际科技出版趋势2027（STM Trends 2027）中，"社会责任"被列为出版商面临挑战和潜在回报的六个关键领域之一，具体涉及来自少数族裔群体的参与、包容性以及对联合国可持续发展目标中全球性问题的认识，例如期刊编辑委员会组成的多样性，对职业生涯早期工作者的支持等[90]。2020年2月，《图书情报工作》杂志社制订发布"出版伦理声明"，规范作者、同行评议专家、期刊编辑等在编辑出版全流程中的行为，并主动表示接受学术界和全社会的监督[91]。

国内外许多科技期刊社团组织和出版商在履行社会责任方面进行了实践和探索。例如，ICMJE一直促进研究数据共享，在ICMJE成员期刊的代表撰写并于2017年同时发表在10多个期刊上的一篇文章中，表示负责任地分享由干预性临床试验中产生的数据是一种道德义务，因为临床试验参与者承担了风险。因此，在临床试验注册时须包括数据共享计划；给成员期刊的投稿如果是报告临床试验结果，须包括一份符合要求的"数据共享声明"，并呼吁科研资助方、伦理委员会、期刊、临床研究人员、数据分析师、研究参与者等对数据共享问题有更深入的理解和开展更多的合作[92]。

在实践方面，《中华医学杂志》社有限责任公司（以下简称"中华医学会杂志社"）建设了《中国临床案例成果数据库》（CMCR），旨在使其成为集病例提交、同行评议、编辑策划、存储发布、临床评价和辅助诊疗于一体的平台，为各级医务工作者提供安全稳定、权威高效的病例预印本存储服务[93]。在促进科学传播方面，美国地球物理联合会（AGU）主办的期刊要求作者对拟发表的论文提供"通俗语言摘要"（plain language summary，PLS）[94]。有些出版商鼓励作者把研究成果和精彩论文通过社交媒体平台带给更广泛的读者，并探索运用 AI 技术识别受众所在人群及其喜好[95]。

（二）自律与合规

在科技期刊的编辑和审稿方面仍存在一些"阴暗面"，如编辑或审稿人对作者的文献引用进行操控，编辑或审稿活动受利益冲突影响，以及在审核或录用稿件时存在偏见或歧视。这些问题对学术出版界的影响可能十分深远。例如，有研究表明，大多数受到期刊编辑胁迫引用该刊文章的作者顺从了这样的要求，其文章有更多机会得到发表，而且以后还会继续给该刊投稿，并自动配合这样的引用操控[96]。

近年来，某些出版商设立许多特刊或专刊（special issue），邀请客座编辑负责征集稿件和组织审稿，但由于期刊缺乏对组稿和审稿过程的监督，导致大量低质量、不相关或来自"论文工厂"的论文得以在这些专刊上发表。当期刊编辑部发现这些发表的论文存在问题后，又进行大量撤稿，严重影响相关期刊和出版商声誉，并在科学界和社会造成很大负面影响。有些出版商曾对此采取矫正行动，例如 2021 年被约翰•威立并购的开放获取出版商 Hindawi，因被发现其专刊中存在大量问题论文而从 2022 年 10 月中旬到 2023 年 1 月中旬暂停了专刊出版。约翰•威立发言人表示，公司将加强对专刊的控制，增加专业人员对文章的审核，在编辑过程中使用基于 AI 的工具，并已增加对客座编辑和专刊的检查[97]。2023 年 12 月，约翰•威立宣布将停止使用 Hindawi 品牌；据统计，2023 年 Hindawi 旗下期刊此前撤销的论文已超过 8000 篇[98]。

某些出版商或期刊采取的经营策略，包括利用开放获取模式大幅度增加每年发表文章的数量，降低对评审的要求，显著提高文章处理费（article-processing，APC）等，表现出营利导向的趋向。而有些期刊的主编、编委会成员和编辑认识到这些措施可能带来的不良后果，以辞职、停工等方式表示抗议，有的编辑团队甚至集体辞职，并成立以非盈利形式运营的新的期刊。出版商对于类似的矛盾与争端，应当采取适当处理方式，并避免过度干预编辑团队的管理流程、编辑自主权等。

科技期刊和学术数据库服务商在其业务流程中，有时存在自身利益与社会责任之间的冲突。例如，当发现本刊已发表的文章中存在问题时，是为了避免期刊名誉受损而保持缄默，还是根据需要进行更正或撤稿？当发现作者的不端行为后，是为了避免陷入法律诉讼而在撤稿启事中采用模棱两可的措辞，还是为了科学事业和公众利益据实公布原因？科技期刊和数据库服务商面对这些以及其他问题，应当采取负责任、透明、符合出版伦理和管理规定的行为，做到有所担当。例如，2023年9月，知网、万方、维普、超星、龙源等单位便签署了我国首个《学术文献网络出版服务行业公平竞争自律公约》，其中明确成员单位应严格遵守公平竞争、出版、版权、网络安全等相关法律法规，以公平合理的价格销售学术文献网络出版服务，有序参与市场竞争，不得实施垄断和不正当竞争行为，坚决反对与学术文献出版单位、高校、作者等相关方开展任何形式的独家合作[99]。

（三）关注学术出版行业可持续发展

科技期刊出版行业的发展受到许多因素的影响，如科学共同体的共识、资助机构的政策等。例如，2018年9月，法国、英国、荷兰等11个欧洲国家的研究资助者宣布实施"S计划"，共同要求受其资助发表的科研文章从2020年起一旦被发表立即实现开放获取[100]。2021年3月，欧盟委员会正式推出欧洲开放研究（ORE）出版平台，为所有接受"地平线2020"、"地平线欧洲"计划和欧洲原子能共同体资助的机构及其研究人员提供一个高质量的同行评审论文发表平台，使他们免费发表论文，并完全符合欧盟委员会关于开放获取的政策[101]。

开放科学的发展和全球学术出版领域的变化，对科技期刊的运行和发展会产生重要影响，包括同行评议质量、出版费用、对用户付费的要求、出版物长期保存等。科技期刊和出版商需要关注学术出版行业的可持续发展问题，综合考虑科学共同体需求和自身发展的需要，积极应对相关问题和挑战。

五、关于我国出版伦理建设的展望和建议

全球学术出版领域维护出版伦理方面的努力丰富多样，并取得显著成效。目前，

国内期刊与国际学术出版行业在出版伦理方面的工作还存在某些差距和脱节现象。例如，国外科技期刊社团之间存在良好互动，包括联合开展研究和发表共同声明，而国内科技期刊社团组织之间还缺乏沟通协作；国外广泛采用的规范和指引，如研究结果报告指南、贡献者角色分类法（CRediT）等，在国内并没有得到普遍应用。随着世界一流科技期刊建设和期刊平台建设实践的深入，我国学术出版界应努力在科研诚信和出版伦理建设方面取得更显著的进展。

（一）利用科技期刊平台采取更多联合行动

我国有不同层面和范围的出版道德相关准则和倡议，国内一些科技期刊社团，如中国科学技术期刊编辑学会、中国高校科技期刊研究会和中国期刊协会医药卫生期刊分会都设有出版伦理与道德工作委员会、学术诚信与版权工作委员会、医学期刊编辑与出版伦理专业委员会等分支机构，但尚缺乏全面、得到普遍认可的规范指南，在教育培训和解决困扰学术出版界的问题方面还缺少协同配合。另外，相对于COPE等国外期刊社团，国内期刊社团在促使其成员遵从相关规范、对违规成员采取惩戒措施方面还缺乏必要的约束力。

我国应借鉴国外学术出版界不同主体之间密切互动、相互促进的经验，加强不同科技期刊社团之间的交流合作，并利用出版和传播平台建立资源共享与协作机制，包括鼓励各社团出版伦理专业（工作）委员会之间密切配合，共同研究制定学术出版相关标准和规范，合作开发必要的监测和检测工具，为有需要的期刊和编辑提供咨询，促进在科研诚信和出版伦理建设方面形成合力。例如，可利用中国科协等部门资助项目的成果，包括"学清刊坛——科技期刊科研诚信系统建设"征集的案例、疑难问题解答等，通过采编系统或专门网站为作者、期刊编辑和审稿人提供指导和咨询服务。同时，可鼓励国内科技期刊利用STM诚信中心平台、PLACE平台的服务，并以适当方式参与其建设，或在国内建立能够提供类似服务的平台或机制。

（二）推动出版伦理相关研究与实践相互促进

我国期刊编辑工作者和其他学者开展了许多有关科技期刊促进科研诚信和出

版伦理建设的研究，包括提出对期刊诚信体系建设的思考，介绍国外制度和实践，剖析学术出版领域失信行为案例，分析问题产生的原因，分享应对各类不端和违规行为的经验等。但这些研究成果通常仅限于发表论文和在学术会议等场合交流，在成果的推广应用方面仍存在瓶颈，对科技期刊界的影响非常有限。对于实践中存在的论文代写代投、研究的可复现性等复杂问题和挑战，由于资源、条件等方面限制，尚缺乏比较系统和全面的研究和应对。

研究和实践活动一般能够相互促进。例如，英国以前并没有应对研究可重复性的牵头或协调机构，但自 UKRN 建立后，很快形成有效的合作网络，广泛开展教育和研讨活动，并得到政府部门的支持。我国有关部门应当重视并进一步加强对研究质量、撤稿机制、"论文工厂"等国内目前比较突出问题的研究，包括资助适当的研究团队或项目，鼓励期刊和编辑人员参与国际学术出版界的研究和实践，并结合我国科技期刊出版特点，充分利用期刊平台等交流和协作机制，在规范、流程、机制和工具方面进行创新和完善，促进我国科技期刊的健康和可持续发展。

（三）不同主体共同促进出版伦理建设

对于科研诚信和出版伦理问题，需要政府部门和科学共同体中各方主体共同应对。一些国家的立法机构和政府部门在这方面发挥出积极作用。例如，2022 年 7 月，美国众议院科学、空间和技术委员会调查与监督分委员会举行"论文工厂与科研不端行为：面对科学出版的挑战"听证会[102]，调动各方面力量应对该问题。

我国科技期刊和期刊社团组织，应当争取政府部门、科研机构和公众等的理解和支持，并主动联合开展针对性研究和提出解决方案或建议，以更好地发挥科技期刊界在国内科研诚信建设中的作用。2023 年 4 月，中国伦理学会批准建立新的分支机构"出版伦理专业委员会"，旨在通过作者、审稿者、主编、编辑委员会成员、编辑人员等各方合作，共同界定出版伦理的规范标准，探索应对违反出版伦理行为的方法和对策，促进营造风清气正的学术出版生态。

有关部门也应当重视对科技期刊的指导和帮助，为科技期刊的运行和经营提供良好的环境，同时要求期刊主办单位认真履行监督管理责任，确保相关主体采取负责任的行为，把握自身利益与社会公众利益之间的关系。

六、小结

一方面，全球科技期刊界与科学共同体中其他主体相互配合，较好地维护了学术出版领域的正常秩序。但另一方面，科技期刊还面临"论文工厂"、虚假同行评议和新形式学术造假行为等方面的问题和挑战，并需要更好地适应数字化、网络化和智能化给学术出版活动所带来的变化和机遇。科技期刊界应与政府部门、科研机构和科研人员等利益相关方密切合作，促进科研诚信和出版伦理建设，包括制定标准规范、针对重点问题采取专项行动、开发利用技术手段和共享成果经验等。

实践证明，各利益相关方整合力量、共同协作应对出版伦理问题，包括充分发挥科技期刊社团组织、出版和传播平台等网络和平台的作用，会比由科技期刊、编辑和审稿人分别应对更有效率和成效，在这方面 STM 协会的 STM 诚信中心平台和 PLACE 平台都已很好地体现出其价值。

我国科技期刊界还应当学习和借鉴国外同行的实践经验，并充分利用各方面资源和条件，包括开展国际合作，将维护科研诚信和出版伦理的机制融入编辑出版的各个环节和期刊平台，不断完善相关制度规范和工作流程，组织开展各类有针对性的培训，有效应对学术出版领域的复杂问题和新出现的问题。

第四节 科技期刊平台相关法律难点问题及解决思路探索

随着信息技术和网络传播的快速发展，期刊平台已成为我国当前学术文献和文化知识传播的重要渠道，然而，这也对平台的合规建设与产业规范健康发展提出了挑战。近年来，针对期刊平台在版权的合规获取、管理、运用、付酬等方面法律纠纷案件的不断涌现，本节希望通过对比分析和总结法律纠纷案件以及著作权法等相关法律法规的变化，从法律、政策、行业等多个角度提出解决思路和建议，以期更好地保障广大作者和出版单位的版权权利，推动出版行业高质量发展，促进期刊平台版权合规管理和健康规范发展。

一、我国著作权法等相关法律法规变化情况

法律本身具有滞后性，期刊平台发展过程中出现的信息网络权纠纷案件以及判决情况表明了我国著作权法等相关法律法规是一个变化发展的过程，下面将按时间线对我国著作权法等相关法律法规变化情况做一分析[①]：

1）《中华人民共和国著作权法》（以下简称"著作权法"）1990 年颁布，于 1990 年 9 月 7 日第 7 届全国人民代表大会常务委员会第 15 次会议通过，自 1991 年 6 月 1 日起施行。

其第十条规定："著作权包括下列人身权和财产权：发表权、署名权、修改权、保护作品完整权、使用权和获得报酬权。"

《著作权法》（1990）中并未涉及数字版权、网络信息传播等相关内容。而我国期刊平台多起步于 1995 年前后，从这一时期开始，大量传统期刊通过期刊数据库平台逐步实现了网络版与印刷版同步发行，实现了制作、传播的数字化，且期刊出版单位对使用作者文献进行数字化传播并没有明确的操作办法或约定。在这一阶段，期刊平台是否涉及通过复制、发行、编辑等方式使用著作权人作品，是否涉及著作权人的使用权和获得报酬权，在当前司法实践对历史文献侵权认定中，尚不明确。

2）《最高人民法院关于审理涉及计算机网络著作权纠纷案件适用法律若干问题的解释》（以下简称《解释》）于 2000 年 11 月 22 日最高人民法院审判委员会第 1144 次会议通过，自 2000 年 12 月 21 日起施行。

其第二条规定："受著作权法保护的作品，包括著作权法第三条规定的各类作品的数字化形式。著作权法第十条对著作权各项权利的规定均适用于数字化作品的著作权。将作品通过网络向公众传播，属于著作权法规定的使用作品的方式，著作权人享有以该种方式使用或者许可他人使用作品，并由此获得报酬的权利。"该条规定首次对信息网络环境下的著作权保护进行了解释。

其第三条规定："已在报刊上刊登或者网络上传播的作品，除著作权人声明或

---

① 近年来的纠纷案件多与信息网络传播权有关，故对信息网络传播权以外的其他著作权变化内容不做分析。

者上载该作品的网络服务提供者受著作权人的委托声明不得转载、摘编的以外,网站予以转载、摘编并按有关规定支付报酬、注明出处的,不构成侵权。"依据该解释,网络转载的法定许可无须得到著作权人的同意。

在这一法律背景下,网络信息技术在出版领域得到更为广泛应用,资源数字出版范围进一步扩大,例如中国知网、万方数据等期刊平台在期刊出版单位的授权下回溯了大量的过刊文献,推动了历史文献资源的数字化存储与传播,但随着信息网络传播权的确立及网络转载法定许可的取消,这部分文献的授权合规性也成为当前期刊平台所面临的法律焦点问题之一。

3)《中华人民共和国著作权法》(以下简称《著作权法》)(2001年修正),根据2001年10月27日第九届全国人民代表大会常务委员会第二十四次会议《关于修改〈中华人民共和国著作权法〉的决定》修正。

此为《著作权法》第一次修改。新增了信息网络传播权这一重要权限,首次对信息网络传播权进行了概念界定。其第十条"著作权包括下列人身权和财产权"中增加了"(十二)信息网络传播权,即以有线或者无线方式向公众提供作品,使公众可以在其个人选定的时间和地点获得作品的权利"。此次修改明确了信息网络传播权的概念,但没有明确具体的认定标准。

4)《信息网络传播权保护条例》,于2006年5月10日国务院第135次常务会议通过,自2006年7月1日起施行。

其第二条规定:"权利人享有的信息网络传播权受著作权法和本条例保护。除法律、行政法规另有规定的外,任何组织或者个人将他人的作品、表演、录音录像制品通过信息网络向公众提供,应当取得权利人许可,并支付报酬。"其第六至第九条规定了无需取得著作权人许可并支付报酬的情况,不包含网络转载的情况。该条例的施行,表明期刊平台网络转载或摘编他人作品应取得权利人许可。

5)《最高人民法院关于审理涉及计算机网络著作权纠纷案件适用法律若干问题的解释》(法释〔2006〕11号)根据2006年11月20日最高人民法院审判委员会第1406次会议《关于修改〈最高人民法院关于审理涉及计算机网络著作权纠纷

案件适用法律若干问题的解释〉的决定（二）》第二次修正。①

其对2000年（正式施行）、2004年（第一次修正）《解释》的内容进行了修改，删除了原《解释》中第三条"已在报刊上刊登或者网络上传播的作品，除著作权人声明或者上载该作品的网络服务提供者受著作权人的委托声明不得转载、摘编的以外，网站予以转载、摘编并按有关规定支付报酬、注明出处的，不构成侵权"。

该《解释》同样表明网络转载不再适用于法定许可。在这一变化下，期刊平台在2006年12月之前大量转载的作品失去了相关法律许可，变成了需要承担法律责任的侵权行为。

6)《中华人民共和国著作权法》（2020年修正），据2020年11月11日第十三届全国人民代表大会常务委员会第二十三次会议《关于修改〈中华人民共和国著作权法〉的决定》第三次修正。②

其第五十四条规定："对故意侵犯著作权或者与著作权有关的权利，情节严重的，可以在按照上述方法确定数额的一倍以上五倍以下给予赔偿。权利人的实际损失、侵权人的违法所得、权利使用费难以计算的，由人民法院根据侵权行为的情节，判决给予五百元以上五百万元以下的赔偿。"这次修正将法定赔偿数额的上限提高到500万元，并规定了法定赔偿额的下限（500元）；同时针对故意侵权、情节严重的情况，法院可以判决给予权利人实际损失、侵权人的违法所得、权利人权利使用费的1~5倍的赔偿。在近年期刊平台侵权案件中，部分法院认定期刊平台侵权情节严重，就采取了惩罚性赔偿判罚。但期刊平台转载使用文字作品，是否应认定为故意侵权，法律上没有明确规定与解释。

我国期刊平台主要通过与出版社、期刊出版单位、高校等单位签订合作协议来

---

① 《最高人民法院关于审理涉及计算机网络著作权纠纷案件适用法律若干问题的解释》（2000年11月22日最高人民法院审判委员会第1144次会议通过，根据2003年12月23日最高人民法院审判委员会第1302次会议《关于修改〈最高人民法院关于审理涉及计算机网络著作权纠纷案件适用法律若干问题的解释〉的决定》第一次修正，根据2006年11月20日最高人民法院审判委员会第1406次会议《关于修改〈最高人民法院关于审理涉及计算机网络著作权纠纷案件适用法律若干问题的解释〉的决定（二）》第二次修正。)

② 《中华人民共和国著作权法》（2010年修正）为著作权法的第二次修正，其中不涉及信息网络传播权的内容变化，故文中不做分析。

取得文献的转授权，并向期刊出版单位支付合作费用，其中包含了作者文献的著作权使用费。这种授权机制下平台并不直接面向作者取得授权。

著作权相关法律法规虽有发展变化，但长期以来期刊出版单位主要通过在刊物上刊印版权声明、投稿须知、稿约等方式获取作者授权，即作者投稿即视为同意授权给期刊使用，并同意期刊许可给第三方进行数字出版。部分期刊出版单位向作者支付稿酬，部分不向作者支付稿酬，部分向作者收取一定的审稿费等。

这种通过声明等取得作者授权的方式虽然已在行业实践中得到广泛推行，然而并不能得到法律的支持，且期刊出版单位的声明、稿约等内容也不尽相同，部分并未提及信息网络传播或平台数据库传播等内容。部分期刊出版单位虽与作者签订授权协议但内容并不规范，对授权的权利种类、使用时间及范围、付酬标准和办法等没有明确约定。

法律的发展变化存在一定的滞后性，这点通过梳理《著作权法》及相关法律法规变化情况可以得到证实。法律的发展变化与数字出版行业发展实际的不平衡之处，使得期刊平台在海量文献资源使用上面临着版权困境。建议从立法层面考虑期刊平台在数字传播的价值，平衡作者、刊物、平台三者间的利益关系，出台更符合数字出版产业发展的法律法规。

二、期刊平台发展过程中的法律纠纷案件分析

在数字经济高速发展背景下，我国期刊平台发展过程中出现的现有法律法规规范与平台发展之间的冲突在近两年尤为突出。下面结合相关判决案例分析当前期刊平台面临的法律难点问题，这需要相关立法、司法方面予以重视。

通过对表 2-4 的案例进行分析，可以看到当前期刊平台面临的法律难点主要集中在以下几个方面。

1. 关于期刊平台使用文献是否为汇编作品的认定

在多起案例中，期刊平台主张涉案文章发表在相关期刊，属于该期刊的具体内容，而该期刊作为汇编作品具有独立和完整的著作权，平台已就期刊收录和信息网

络传播取得期刊方授权，且平台是将涉案作品刊载期刊中版式、内容一并上传，实际是对期刊汇编作品的使用。

表 2-4 期刊平台相关法律纠纷判决案例

序号	争议焦点	案例号	审判法院	法院判定依据
1	原创作品和汇编作品	案例：（2021）京 0491 民初 26164 号	案例：北京某法院	案例：原告主张按照版面字数计算共 15 456 字。法院判决被告赔偿原告经济损失 2 400 元（核算约为 155 元/千字，属于原创作品每千字 80~300 元的稿酬标准范围）
2	网络转载法定许可	案例 1：（2021）京 0491 民初 26164 号	案例 1：北京某法院	案例 1：不支持期刊平台法定许可的主张
		案例 2：（2022）津 0319 民初 9672 号	案例 2：天津某法院	案例 2：涉案侵权行为不属于期刊与期刊之间的转载或摘编行为，且关于网络转载法定许可证制度已于 2006 年不再适用
3	期刊版权声明	案例 1：（2018）京 0105 民初 83288 号	案例 1：北京某法院	案例 1：期刊杂志社授权期刊平台使用的为带有版式设计的期刊文献，而非有权对期刊杂志社中所收录的作品可以不加限制的进行网络传播，构成对涉案作品信息网络传播权侵犯
		案例 2：（2022）津 0319 民初 9672 号	案例 2：天津某法院	案例 2：期刊平台辩称其属于合法使用涉案文章，作者在投稿时对稿件被期刊平台收录的情况知情，但其仅提交了与杂志社之前的合作协议，未提交其已取得作者本人的授权材料，亦未提交杂志社就涉案文章已经取得作者本人的版权授权或作者本人已经在投稿时同意将涉案文章收录到学术期刊数据库的相应证据
		案例 3：（2021）鲁 0102 民初 11025 号	案例 3：山东省某法院	案例 3：学术期刊公司已与相应的期刊出版方签订了许可使用协议，许可使用协议上明确载明了转让的权利包括信息网络传播权及出版方应在期刊上发布的声明内容。该约定能够与出版方在期刊上作出的声明一一对应。期刊声明包含了信息网络传播权的转让和稿酬的支付等内容，应具体、应对作者产生约束力。如作者不同意该项声明，可及时向杂志社方主张权利，亦能维护作者的相应权利。故应视为作者同意期刊的声明内容，期刊获得作品的信息网络传播权后授予被告使用，被告的使用符合法律规定，不构成侵权
4	平台多端口使用	案例：（2021）京 0491 民初 26164 号	案例：北京某法院	案例：网络受众上网的媒介渠道随着技术和终端设备的发展呈现多样性，不同的端口下载渠道会面临不同的使用用户，法律并未限制或规定当事人以几个端口起诉侵权行为
5	平台侵权赔偿	案例 1：（2018）京 0105 民初 83288 号	案例 1：北京某法院	案例 1：根据涉案作品曾出版的事实及传播的字数，判定赔偿原告经济损失 24 000 元
		案例 2：（2022）津 0319 民初 9672 号	案例 2：天津某法院	案例 2：结合同一文章用于三个端口的情形，现仅就网页 PC 端侵权行为进行评判。原告主张侵权字数为 1 000 字，被告统计字数为 447 字。判决赔偿原告经济损失及合理开支共计 2 000 元

对此，案件相关法院虽未在判决书中明确对该主张的认定，但在判赔金额中，参照《使用文字作品支付报酬办法》第五条 "原创作品每千字 80~300 元" 的标准计算进行判决。

2. 关于期刊平台使用文献是否适用于网络转载法定许可的认定

期刊平台认为其拥有国家相关部门批准文件及期刊出版许可证，其转载已在其他报刊刊登且著作权人未声明不得转载、摘编的涉案文章，符合期刊转载法定许可的法律规定，不构成对著作权人信息网络传播权的侵害。

对此北京某法院、天津某法院均参照《著作权法》第三十三条第二款"作品刊登后，除著作权人声明不得转载、摘编的以外，其他报刊可以转载"，认为期刊平台将作品收录并在网络上提供付费浏览和下载的行为，不属于期刊之间的转载或摘编行为，且报刊转载法定许可制度并不适用于网络环境下。

由此可见，法院对于期刊平台的使用汇编作品以及法定转载许可主张并不认可。

3. 关于期刊版权声明的认定

法院生效判决对于版权声明效力的认定存在明显差异，既有认可版权声明效力的生效判决，也有多起判决否认期刊通过版权声明的方式获取作者授权的效力，继而在相关案件中认定期刊数字平台从期刊所获取的授权无效。

如北京某法院、天津某法院参照《著作权法》第二十六条"使用他人作品应当同著作权人订立许可使用合同，本法规定可以不经许可的除外"，认为，期刊平台未能证明作者对期刊出版发行单位进行过信息网络传播权授权，故认定期刊平台侵犯了作者的信息网络传播权。

而山东省某法院则认为，期刊平台与期刊出版方签订的许可使用协议中约定的内容能够与出版方的版权声明对应，且期刊版权声明内容明确具体，能够对作者产生约束力。应视为作者同意版权声明内容，故期刊平台不构成侵权。

期刊出版单位通过版权声明方式获得授权的方式虽为当前行业惯例。但司法实践中对期刊版权声明认定的不同结果，说明了版权声明的方式缺乏明确的法律依据，仍存在司法争议。

4. 关于期刊平台多端口使用文献的认定

随着技术的发展、媒介渠道和阅读终端的发展，同一作品可通过 PC 端、手机端（安卓、iOS、鸿蒙等）、PAD 端等进行浏览下载，期刊平台通过多种阅读形式向用户提供资源时，大多采用同一账号授权下的多终端共享机制，并未产生重复获利。

对于多端口是否重复侵权，北京某法院认为不同的端口下载渠道会面临不同的使用用户，恰恰为可能持有不同种设备的用户提供了下载和浏览的便利，吸附了不同种渠道设备的用户，法律并未限制或规定当事人以几个端口起诉侵权行为。

目前司法实践中对于多端口索赔的判决，多是按照不同的独立侵权行为判定，并判定承担多倍赔偿。这一问题也是平台面临的法律难点。

5. 关于期刊平台侵权赔偿的认定

对于文字作品侵权的赔偿标准，不同地区的法院对同类型作品的判赔标准也互不相同。

在一涉及作品侵权的案例中，北京某法院参照了《使用文字作品支付报酬办法》第五条，判定赔偿原告经济损失 24 000 元。不论法院是参考被告一指出的涉案作品版面字数 9 万字，还是参考被告二承认的使用涉案作品 8 万余字，均达到了每千字 260~300 元的稿酬计算标准，接近原创作品每千字 80~300 元稿酬标准上限。

而另一文化文艺作品侵权赔偿案例中，天津某法院基于原告实际损失及期刊平台的违法所得无法确定具体数额，判处赔偿原告经济损失及合理开支共计 2000 元。按案例中原告主张的侵权字数 1000 字核算，判决达每千字 2000 元，超过《使用文字作品支付报酬办法》中规定的每千字 80~300 元，也超过《著作权法》第五十四条规定的"对故意侵犯著作权或者与著作权有关的权利，情节严重的，可以在按照上述方法确定数额的一倍以上五倍以下给予赔偿"金额的五倍。由此可见期刊平台还面临着惩罚性高额判赔的法律困境，惩罚性判赔会带来更多的诉讼争议，不利于潜在纠纷的诉前解决。

法院应充分考虑期刊平台对文章传播的贡献。期刊平台作品多以学术文献为主，期刊平台以传播知识、服务我国科教事业、促进科技进步及经济建设为宗旨，经营上大多采用免费或低价策略，功能上满足我国的高校、科研机构方便快捷获取学术文献的需求，在科技期刊产业链上占据重要一环。学术文献的出版传播是由作者、期刊出版单位、平台方等共同完成的过程。目前期刊平台面临的法律难题和困境，应当得到相关管理部门进一步研究考虑。

三、解决思路：做好"知识产权保护"和"知识合理利用"之间的平衡

近年来众多涉及期刊平台的信息网络传播权侵权案件表明，如何界定期刊平台授权责任的边界以及制定合乎产业发展与版权人权益利益平衡的稿酬标准已经迫在眉睫。平衡好"知识产权保护"和"知识合理利用"之间的关系，是关乎期刊平台发展的关键问题。一方面，期刊平台务必在法律框架内合规取得作者授权，有效保护作者权益；另一方面，还要服务作者，让作者的成果得到广泛传播。对此，课题组调研了中国知识产权法学研究会、中国科学院大学知识产权学院、中国版权协会、中国期刊协会、中国高校科技期刊研究会、中国法学期刊研究会等相关专家，提出既促进知识传播和期刊平台发展，又保护作者权益的解决思路。

1. 逐步完善数字出版版权保护法律法规和相关标准

党的十八大以来，国家出台了很多加强版权保护、平台经济和数字经济的政策，著作权法律法规逐渐健全，为国家经济社会发展提供了重要的制度保障。

有专家提出，现有的法律法规虽然在一定程度上实现了成果网络传播与版权保护的目标，但对于发展势头迅猛的数字出版领域，还存在版权概念界定不明确的情况。还有专家认为，我国现行的著作权保护法律体系中，未形成明确的信息网络传播权的保护办法，难以满足数字出版版权保护的需求，无法完全匹配数字出版发展的新形式。此外，鉴于海量作品一一授权的困境以及海量作品使用的必要性的矛盾，有专家建议将报刊法定许可的适用范围延伸至信息网络传播领域；在集体管理领域中可参考国外延伸集体管理的经验，解决期刊平台在合法授权使用中"心有余而力不足"的尴尬现实。

2. 研究制定数字出版领域的稿酬标准和支付办法

近年来，一些法院的判决，采用了惩罚性判赔，远远超过国家版权局现行的《使

用文字作品支付报酬办法》规定标准，这不仅不利于期刊平台解决侵权问题，反倒抬高了解决问题的成本。

有专家认为，《使用文字作品支付报酬办法》中规定的文字作品在纸质转载中的支付标准，并不适用于期刊平台，可以鼓励其制定自己的行业标准或者企业标准，考虑发行收入、文献价值、下载量、作者知名度、期刊的影响力等提出自己的稿酬标准。还有专家建议期刊平台创新利益分享机制，在保证企业利润的基础上，根据下载量付费，自动结算稿酬给作者。

此外，鉴于期刊平台的特殊性，从学术传承的需求角度出发，专家建议有关主管部门和行业组织站在行业发展的高度，尽快研究制定网络出版物稿酬标准，明确网络传播背景下的使用支付规则，确保支付标准公开透明。

3. 合理优化期刊平台与作者、期刊杂志社三方的关系和利益分配机制，规范版权授权链条

如何妥善解决好现有以及未来知识资源网络传播权授权问题，需要合理优化和平衡作者、期刊编辑部、期刊平台三方关系，建立公平合理的授权模式和利益分配机制，实现知识资源的有效传播和利用。

有专家表示，要研究制定著作权使用和利益合理分配的政策机制，发挥期刊平台的社会责任，培育著作权人、期刊杂志社和期刊平台三方作用有机衔接、利益分配合理、公开公平竞争的学术生态体系。

还有专家认为，期刊平台要慎重把握两个链条，一是授权链条，即最大限度保护作者知识产权；二是利益链条，降低知识获取门槛，最大限度知识共享。这两个链条中，对作者权益保护过度，那知识获取的门槛就会提高，如果漠视作者权益，那平台就容易滥用权利。

4. 发挥行业学协会等社会组织的优势，促进行业协同发展

发挥中国文字著作权协会以及期刊行业协会等社会组织的协同作用，加强行业自律建设和诚信建设，完善版权保护机制，鼓励合法有序竞争。

有专家提出，针对期刊平台的存量文献，建议期刊平台成立中国学术期刊发展基金，由中国期刊协会管理，集中使用，发挥社会效益；针对增量文献，可以借助文著协类的机构解决转载授权问题，加强集体管理组织的建设。

有专家认为，可以参考音乐作品付费使用及稿酬支付方式，将精细化地、稿酬动态地向作者支付。委托著作权集体管理组织转付，尽管程序较为复杂，但这是能够化解争议比较妥当的解决方式。

2023年2月17日，由中国文字著作权协会联合中国新闻出版研究院等期刊平台行业上下游三十余家机构发布了"知识资源平台版权合规建设与健康规范发展"倡议书，发起成立"知识资源平台版权合规建设与健康规范发展共同体"，共同推动行业立法及行业标准的建立，推进行业的合规建设和规范发展。

5. 加强对期刊平台的顶层设计与规划引导，推动平台行业版权合规建设

建设好期刊平台，既是数字经济环境下的产业发展需求，也是国家提升文化软实力的重要抓手。

有专家指出，应当规范、引导期刊平台健康发展，肯定期刊平台对我国科技创新、学术发展、人文交流的价值贡献，针对版权保护不足问题，结合行业现状给期刊平台的合规建设一个过渡期，鼓励平台利用新技术推动版权流转规范化、便利化，推动行业版权合规建设。

还有专家认为，我国应当加强学术信息资源集成服务行业发展的顶层设计，积极参与国家公益性和非盈利性平台建设，在合规建设的前提下，还应进一步推动公益性服务和商业性服务的融合，有效地促进行业健康、有序、稳定地发展。

6. 提升期刊平台服务质效，以作者为中心开展服务

期刊平台发展的目的不应仅仅是自身利益最大化，而是在保障合理利润的前提下，不断加大科技创新力度，为用户提供更好的学术传播交流途径，繁荣学术研究，激励科研人员创新，承担起相应的社会责任。

有专家指出，研究领域的信息服务对作者来说至关重要，期刊平台定期推送最新的研究领域热点文章或热门话题，能大大增强作者与期刊平台的互动关系，增强作者使用黏性。

四、小结

综上，法律存在滞后性，需要及时修订完善，做好"知识产权保护"和"知识合理利用"之间的平衡。尤其是近年来期刊平台行业不断出现的纠纷案件，如历史文献授权链条不完整、期刊版权声明等行业授权惯例存在授权瑕疵、学术文献数字化传播稿酬标准不明确等一系列涉及合法合规经营的问题，正在困扰乃至可能阻碍当前期刊平台的发展，这对我国版权法律制度、稿酬标准、平台服务提出了挑战。第一，需依托各方面主体如作者、期刊社、行业协会、集体管理组织的努力，出台化解争议、合规授权的妥善解决方案。第二，与行业组织、集体管理组织共同制定符合版权人利益与产业发展利益平衡的付酬标准，让现有司法实践有据可依。第三，提升期刊平台的服务质效，利用网络技术以及大数据，更好地保障广大作者和出版单位的版权权利。第四，需加强相关制度建设，加强国家对于平台发展的相关规划引导，健全相关适用法律法规，从法律层面引入延伸集体管理、信息网络传播法定许可制度，从而解决期刊平台发展的后顾之忧，促进整个期刊平台行业的良性发展，繁荣学术研究。

参考文献

[1] 中华人民共和国科学技术进步法[EB/OL]. (2021-12-25) [2023-12-20]. https://www.gov.cn/xinwen/2021-12/25/content_5664471.htm.

[2] 出版管理条例[EB/OL]. (2020-11-29) [2023-12-20]. https://www.samr.gov.cn/zw/zfxxgk/fdzdgknr/bgt/art/2023/art_6b84d5a9fd03498a805d304f3de57c3f.html.

[3] 网络出版服务管理规定[EB/OL]. (2016-02-04) [2023-12-20]. https://www.gov.cn/zhengce/2022-11/09/content_5724634.htm.

[4] 中国科协 中宣部 教育部 科技部 关于深化改革 培育世界一流科技期刊的意见[EB/OL]. (2019-08-16) [2023-12-20]. https://www.cast.org.cn/xw/TTXW/art/2019/art_b5da1323b57c4d16b779172ad533cd88.html.

[5] 新闻出版署. 新闻出版署印发《出版业"十四五"时期发展规划》[EB/OL]. [2023-12-20]. https://www.nppa.gov.cn/xxfb/tzgs/202112/t20211230_666304.html.

[6] 中共中央宣传部 教育部 科技部印发《关于推动学术期刊繁荣发展的意见》的通知[EB/OL].

[2023-12-20]. https://kyc.bbmc.edu.cn/__local/1/1E/78/C8D134948D03A163FF99EC6C84A_E8036 1DB_2F833.pdf.

[7] 互联网信息服务管理办法[EB/OL]. [2023-12-20]. https://www.gov.cn/gongbao/content/2000/content_60531.htm.

[8] 信息网络传播权保护条例[EB/OL]. [2023-12-20]. https://flk.npc.gov.cn/detail2.html?ZmY4MDgwODE2ZjNjYmIzYzAxNmY0MTM5OTJiMjFkYjk.

[9] 计算机软件保护条例[EB/OL]. [2023-12-20]. https://flk.npc.gov.cn/detail2.html?ZmY4MDgwODE2ZjNjYmIzYzAxNmY0MDRiZTRhZjAyYWQ.

[10] 即时通信工具公众信息服务发展管理暂行规定[EB/OL]. [2023-12-20]. https://www.gov.cn/xinwen/2014-08/07/content_2731606.htm.

[11] 中华人民共和国网络安全法[EB/OL]. [2023-12-20]. http://www.cac.gov.cn/2016-11/07/c_1119867116_2.htm.

[12] 具有舆论属性或社会动员能力的互联网信息服务安全评估规定[EB/OL]. [2023-12-20]. https://www.gov.cn/zhengce/zhengceku/2018-11/30/content_5457763.htm.

[13] 网络信息内容生态治理规定[EB/OL]. [2023-12-20]. http://www.cac.gov.cn/2019-12/20/c_1578375159509309.htm.

[14] 互联网用户公众账号信息服务管理规定[EB/OL]. [2023-12-20]. https://www.gov.cn/zhengce/zhengceku/2022-06/28/content_5698179.htm.

[15] 中华人民共和国个人信息保护法[EB/OL]. [2023-12-20]. https://www.gov.cn/xinwen/2021-08/20/content_5632486.htm.

[16] 生成式人工智能服务管理暂行办法[EB/OL]. [2023-12-20]. https://www.cac.gov.cn/2023-07/13/c_1690898327029107.htm.

[17] 计算机信息网络国际联网安全保护管理办法[EB/OL]. [2023-12-20]. https://www.gov.cn/gongbao/content/2011/content_1860856.htm.

[18] 国家科技资源共享服务平台管理办法[EB/OL]. [2023-12-20]. https://www.most.gov.cn/xxgk/xinxifenlei/fdzdgknr/fgzc/gfxwj/gfxwj2018/201802/t20180224_138207.html.

[19] 国务院办公厅关于印发科学数据管理办法的通知[EB/OL]. [2023-12-20]. https://www.most.gov.cn/xxgk/xinxifenlei/fdzdgknr/fgzc/gfxwj/gfxwj2018/201804/t20180404_139023.html.

[20] 中华人民共和国数据安全法[EB/OL]. [2023-12-20]. http://www.npc.gov.cn/npc/c2/c30834/202106/t20210610_311888.html.

[21] 中共中央 国务院关于构建数据基础制度更好发挥数据要素作用的意见[EB/OL]. [2023-12-20]. http://www.mofcom.gov.cn/article/zcfb/zcwg/202305/20230503410016.shtml.

[22] "数据要素×"三年行动计划（2024—2026 年）[EB/OL]. [2023-12-20]. https://www.cac.gov.cn/2024-01/05/c_1706119078060945.htm.

[23] 关于进一步加强科研诚信建设的若干意见[EB/OL]. [2023-12-20]. https://www.gov.cn/zhengce/202203/content_3635308.htm.

[24] 关于进一步弘扬科学家精神加强作风和学风建设的意见[EB/OL]. [2023-12-20]. https://www.gov.cn/zhengce/2019-06/11/content_5399239.htm.

[25] 学术出版规范 期刊学术不端行为界定[EB/OL]. [2023-12-20]. https://www.nppa.gov.cn/xxgk/fdzdgknr/hybz/202210/P020221004608867356436.pdf.

[26] 中国科协发布《科技期刊出版伦理规范》[EB/OL]. [2023-12-20]. http://cessp.org.cn/a290.html.

[27] 蓝皮书｜学术出版第三方服务的边界[EB/OL]. [2023-12-20]. https://stm.castscs.org.cn/zlxz/36884.jhtml.

[28] 网络安全标准实践指南——人工智能伦理安全风险防范指引[EB/OL]. [2023-12-20]. https://www.tc260.org.cn/file/zn10.pdf.

[29] 《新一代人工智能伦理规范》发布[EB/OL]. [2023-12-20]. https://www.safea.gov.cn/kjbgz/202109/t20210926_177063.html.

[30] 学术出版｜《学术出版中AIGC使用边界指南》发布[EB/OL]. [2023-12-20]. https://www.jcad.cn/fileJSJFZSJYTXXXB/attachments/pdf/24262d0f-b373-46b3-9abc-bad3aca70427.pdf.

[31] 中共中央办公厅 国务院办公厅印发《关于加强科技伦理治理的意见》[EB/OL]. [2023-12-20]. http://news.youth.cn/sz/202203/t20220320_13544363.htm.

[32] 涉及人的生命科学和医学研究伦理审查办法[EB/OL]. [2023-12-20]. http://www.nhc.gov.cn/wjw/c100022/202201/985ed1b0b9374dbbaf8f324139fe1efd/files/b55709aae99943c7a7a17cd23cb824fd.pdf.

[33] 关于印发《科技伦理审查办法（试行）》的通知[EB/OL]. [2023-12-20]. https://www.most.gov.cn/xxgk/xinxifenlei/fdzdgknr/fgzc/gfxwj/gfxwj2023/202310/t20231008_188309.html.

[34] 负责任研究行为规范指引（2023）[EB/OL]. [2023-12-20]. https://www.most.gov.cn/kjbgz/202312/W020231221582942330036.pdf.

[35] 科研诚信规范手册[EB/OL]. [2023-12-20]. https://www.nsfc.gov.cn/Portals/0/fj/fj20231221_01.pdf.

[36] 《脑机接口研究伦理指引》和《人-非人动物嵌合体研究伦理指引》发布[EB/OL]. [2024-03-01]. https://www.most.cn/kjbgz/202402/t20240202_189582.html.

[37] 中华人民共和国著作权法[EB/OL]. [2023-12-20]. https://www.gov.cn/guoqing/2021-10/29/content_5647633.htm.

[38] 信息网络传播权保护条例[EB/OL]. [2023-12-20]. https://www.gov.cn/zwgk/2006-05/29/content_294000.htm.

[39] 计算机软件保护条例[EB/OL]. [2023-12-20]. https://www.gov.cn/zhengce/2013-02/08/content_2602615.htm.

[40] 国家版权局. 使用文字作品支付报酬办法[EB/OL]. (2014-09-23) [2023-12-20]. https://www.ncac.gov.cn/chinacopyright/contents/12232/355657.shtml.

[41] UNESCO. Open science outlook 1: status and trends around the world[EB/OL]. (2023) [2024-06-05]. https://unesdoc.unesco.org/ark:/48223/pf0000387324.

[42] SPARC, PLOS, Open Access Scholarly Publishing Association (OASPA). How Open Is It? Open Access Spectrum[EB/OL]. (2014) [2024-06-05]. https://plos.org/files/HowOpenIsIt_English.pdf.

[43] 池玮. 利用现代网络技术促进科技期刊数字化发展: 以《化学反应工程与工艺》为例[J]. 传播与版权, 2021(9): 58-60.

[44] Noorden R V. More Than 10 000 Research Papers Were Retracted in 2023 — A New Record[J]. Nature, 2023(624): 479-481.

[45] Retraction Watch Database User Guide Appendix B: Reasons[EB/OL]. [2024-05-09]. https://retractionwatch.com/retraction-watch-database-user-guide/retraction-watch-database-user-guide-appendix-b-reasons/.

[46] Committee on Publication Ethics. COPE position statement[EB/OL]. (2023-02-13) [2023-08-16]. https://publicationethics.org/cope-position-statements/ai-author.

[47] International Committee of Medical Journal Editors. Recommendations for the Conduct, Reporting, Editing, and Publication of Scholarly Work in Medical Journals[EB/OL]. (2023-05-15) [2023-05-26]. https://icmje.org/icmje-recommendations.pdf.

[48] 中国科协科学技术创新部. 211 家中国科协全国学会联合发布学术出版道德公约[EB/OL]. (2022-02-16) [2022-02-16]. http://www.cast.org.cn/xs/TZGG/art/2022/art_fb9ea3d7c0d04917b4b1ed62e81674cb.html.

[49] Committee on Publication Ethics. COPE position statement on inappropriate manipulation of peer review processes [EB/OL]. (2014-12-19) [2015-10-10]. https://publicationethics.org/cope-position-statements/inappropriate-manipulation-peer-review-processes.

[50] Springer Nature. Research Integrity at Springer Nature [EB/OL]. [2024-05-09]. https://www.springernature.com/gp/researchers/the-source/blog/research-integrity.

[51] Researcher cademy[EB/OL]. [2024-05-09]. https://researcheracademy.elsevier.com/publication-process/ethics.

[52] Research Integrity: An Introduction for Researchers[EB/OL]. [2024-05-09]. https://www.springernature.com/gp/authors/campaigns/research-integrity-course.

[53] COPE[EB/OL]. [2024-05-09]. https://publicationethics.org/resources/e-learning.

[54] 解贺嘉, 初景利. 国外科技期刊出版伦理研究述评[J]. 中国科技期刊研究, 2022(2): 139-149.

[55] Office of Research Integrity. ORI Handbook for Institutional Research Integrity Officers[EB/OL]. [2023-11-04]. https://ori.hhs.gov/sites/default/files/rio_handbook.pdf.

[56] House of Commons Science, Innovation and Technology Committee. House of Commons Science,

Innovation and Technology Committee. Reproducibility and Research Integrity[R]. (2023-04-26) [2023-08-06]. https://committees.parliament.uk/publications/39343/documents/ 194466/default/.

[57] 中国科学院科研道德委员会. 关于在学术论文署名中常见问题或错误的诚信提醒[EB/OL]. (2018-04-24) [2024-05-09]. https://www.cas.cn/jh/201804/t20180424_4643181.shtml.

[58] 监督与审计局. 中国科学院科研道德委员会办公室关于印发《关于科研活动原始记录中常见问题或错误的诚信提醒》的通知[EB/OL]. (2020-05-19) [2024-05-09]. https://www.cas.cn/glzdyzc/jdsj/kycxjs/202308/t20230808_4960230.shtml.

[59] 中国科学院. 关于学术评议中常见问题的诚信提醒[EB/OL]. (2023-06-27) [2024-05-09]. http://kycx.ustc.edu.cn/2023/0705/c34302a607804/page.htm.

[60] 中国英文科技论文编辑联盟. 论文服务提供商道德规范最佳实践指南[EB/OL]. (2017-08-10) [2017-08-10]. http://www.ircip.cn/web/1044770-1044770.html?id=26645&newsid=813407.

[61] Thorp H. Generative approach to research integrity[J]. Science, 2023(381): 587.

[62] 孙平整理. Schrock教授捐赠部分文献的目录[EB/OL]. (2022-11-24) [2022-11-24]. http://www.ircip.cn/web/1000295-1000301.html?id=26645&newsid=4239171.

[63] Science and Engineering Ethic[EB/OL]. [2024-05-09]. https://link.springer.com/journal/11948.

[64] Accountability in Research: Policies and Quality Assurance[EB/OL]. [2024-05-09]. https://www.tandfonline.com/journals/gacr20.

[65] Research Integrity and Peer Review[EB/OL]. [2024-05-09]. https://researchintegrityjournal.biomedcentral.com/.

[66] Publication ethics cases at the COPE Forum [EB/OL]. [2024-05-09]. https://publicationethics.org/copeforum.

[67] COPE & STM. Paper Mills: Research report from COPE & STM[EB/OL]. (2022-06) [2024-05-19]. https://publicationethics.org/sites/default/files/paper-mills-cope-stm-research-report.pdf.

[68] "科技期刊产业发展智库"项目组. 关于征集科技期刊学术诚信典型案例的通知[EB/OL]. (2021-11-09) [2022-03-22]. https://stm.castscs.org.cn/ktyw/38332.jhtml.

[69] 孙平. 英国诚信办（UKRIO）"出版商视角下的良好研究实践"网络研讨会综述[EB/OL]. (2021-01-17) [2021-01-17]. http://www.ircip.cn/bbx/1044770-1044770.html?id=26645&newsid=2823873.

[70] Seifert R. How Naunyn-Schmiedeberg's Archives of Pharmacology deals with fraudulent papers from paper mills[J]. Naunyn-Schmiedeberg's Archives of Pharmacology, 2021(394): 431–436.

[71] STM. Introducing the STM Integrity Hub. [EB/OL]. (2022-04-21) [2022-10-15]. https://www.stm-assoc.org/stm-integrity-hub/.

[72] A PLACE for publishers[EB/OL]. [2024-05-09]. https://publicationethics.org/news/place-publishers.

[73] 余菁, 邬加佳, 徐杰. 由采编系统登录密码辨别代写代投学术不端行为[J]. 科技与出版, 2018(9): 157-160.

[74] Enhancing the QUAlity and Transparency Of health Research. History[EB/OL]. (2021-06-15) [2021-11-12]. https://www.equator-network.org/about-us/history/.

[75] 孙平. 第七届世界科研诚信大会综述及相关启示[EB/OL]. (2022-12-21) [2022-12-21]. http://www.ircip.cn/web/1044770-1044770.html?id=26645&newsid=4279979.

[76] American Medical Writers Association, European edical Writers Association &International Society for Medical Publication Professionals. AMWA-EMWA-ISMPP joint position statement on medical publications, preprints, and peer review[J]. Current Medical Research and Opinion, 2021, 37(5): 861-866.

[77] The Lancet. The REWARD Statement[EB/OL]. (2014-01-08) [2018-08-06]. https://www.thelancet.com/campaigns/efficiency/statement.

[78] CASRAI. CRediT: A Comprehensive Taxonomy for Authorship Attribution[EB/OL]. [2019-09-09]. https://casrai.org/credit/.

[79] UK Reproducibility Network Steering Committee. From grassroots to global: A blueprint for building a reproducibility network[J]. PLoS Biol, 2021, 19(11): e3001461.

[80] 孙平. 英国诚信办（UKRIO）"非传统出版方式"网络研讨会概述[EB/OL]. (2021-12-18) [2021-12-18]. http://www.ircip.cn/web/1044770-1044770.html?id=26645&newsid=3589141.

[81] Humboldt-Elsevier Advanced Data and Text Centre. Welcome to the Image Integrity Database (IIDB)[EB/OL]. [2020-09-23]. https://rs.cms.hu-berlin.de/iidb/pages/home.php.

[82] Noorden R V. Signs of 'citation hacking' flagged in scientific papers[J]. Nature, 2020(584): 508.

[83] 曾玲, 张辉洁, 冉明会, 等. 人工智能时代科技期刊应对学术不端问题的研究进展[J]. 中国科技期刊研究, 2020(3): 270-275.

[84] CrossRef. Crossmark [EB/OL]. (2020-04-08) [2023-08-08]. https://www.crossref.org/services/crossmark/.

[85] Wiley. Wiley's Edifix Integrates with the Retraction Watch Database to Improve Research Integrity[EB/OL]. (2023-07-13) [2023-08-06]. https://newsroom.wiley.com/press-releases/press-release-details/2023/Wileys-Edifix-Integrates-with-the-Retraction-Watch-Database-to-Improve-Research-Integrity/default.aspx.

[86] Computational Research Integrity Conference[EB/OL]. (2021-03-23) [2024-05-09]. https://cri-conf.org/#speaker_details/sd_DanielAcuna.html.

[87] Oransky I. The Retraction Watch Database becomes completely open–and RW becomes far more sustainable[EB/OL]. (2023-09-12) [2023-09-13]. https://retractionwatch.com/2023/09/12/the-retraction-watch-database-becomes-completely-open-and-rw-becomes-far-more-sustainable/#more-127849.

[88] Holst F. IOP Publishing introduces free ethics statement checker to support authors and speed up the submission process[EB/OL]. (2023-08-14) [2023-08-20]. https://ioppublishing.org/news/iop-publishing-introduces-free-ethics-statement-checker-to-support-authors-and-speed-up-the-submiss

ion-process/.

[89] Chawla D S. Here's why more than 50,000 psychology studies are about to have PubPeer entries[EB/OL]. (2016-09-02) [2019-03-04]. https://retractionwatch.com/2016/09/02/heres-why-more-than-50000-psychology-studies-are-about-to-have-pubpeer-entries/.

[90] 中国科学院自然科学期刊编辑研究会编译. STM 国际科技出版趋势 2027: 升级[EB/OL]. (2023-05-29) [2023-08-10]. https://www.stmjsociety.com/CN/news/news545.shtml.

[91] 《图书情报工作》杂志社发布出版伦理声明[J]. 图书情报工作, 2021, 65(2): 44-44.

[92] Taichman D B, Sahni P, Pinborg A, et al. Data Sharing Statements for Clinical Trials: A Requirement of the International Committee of Medical Journal Editors[J]. Annals of Internal Medicine, 2017(1): 63-65.

[93] 刘冰. 科技期刊的社会责任[EB/OL]. (2019-10-28) [2023-08-11]. http://tech.chinadaily.com.cn/a/201910/28/WS5db6aa1fa31099ab995e84c0.html?from=singlemessage.

[94] The American Geophysical Union. Creating a Plain Language Summary[EB/OL]. [2019-07-03]. https://www.agu.org/-/media/Files/Share-and-Advocate-for-Science/AGU_Toolkit_Creating-a-plain-language-summary.pdf?la=en&hash=BCBA4E57234FAD9B97EF7C51F333D06149C3CCB3.

[95] 冯丽妃. 想扩大学术影响力？不妨试试社交媒体[EB/OL]. (2023-04-05) [2023-08-11]. https://news.sciencenet.cn/htmlnews/2023/4/497869.shtm.

[96] Fong E A, Patnayakuni R, Wilhite A W. Accommodating coercion: Authors, editors, and citations[J]. Research Policy, 2023, 52(5): 104754.

[97] Kincaid E. Wiley paused Hindawi special issues amid quality problems, lost $9 million in revenue[EB/OL]. (2023-03-09) [2023-08-11]. https://retractionwatch.com/2023/03/09/wiley-paused-hindawi-special-issues-amid-quality-problems-lost-9-million-in-revenue/.

[98] Kincaid E. Hindawi reveals process for retracting more than 8,000 paper mill articles [EB/OL]. (2023-12-19) [2023-12-20]. https://retractionwatch.com/2023/12/19/hindawi-reveals-process-for-retracting-more-than-8000-paper-mill-articles/#more-128430.

[99] 国家市场监督管理总局. 我国首个《学术文献网络出版服务行业公平竞争自律公约》签署[EB/OL]. (2023-09-27) [2023-09-28]. https://www.samr.gov.cn/xw/zj/art/2023/art_51f5edd6bfc3427bb81a6d066ca5c80c.html.

[100] 中国科协学会服务中心. 国外科技期刊典型案例研究[M]. 北京: 科学出版社, 2019.

[101] Open Research Europe. Publishing with Open Research Europe[EB/OL]. [2023-08-10]. https://open-research-europe.ec.europa.eu/publishing-with-open-research-europe.

[102] Subcommittee on Investigations and Oversight, Committee on Science, Space and Technology, US Congress. Paper Mills and Research Misconduct: Facing the Challenges of Scientific Publishing[EB/OL]. (2022-07-20) [2022-07-23]. https://science.house.gov/2022/7/paper-mills-and-research-misconduct-facing-the-challenges-of-scientific-publishing.

第三章　平台经济视域下期刊平台发展要素分析[①]

本章对于各类期刊平台的生存、发展状态进行深入调研，归纳总结影响期刊平台发展的内容及数据、技术、人才、资本等关键要素，从产业链视角，阐述它们相互依存和影响的关系。

科技期刊平台在推动科学研究和学术交流方面发挥着重要作用。本书研究的科技期刊平台，可以定义为以集聚学术资源，促进学术成果传播与交流为目的，基于实体网站，提供与期刊出版工作密切相关的各类功能，满足学者、编者、读者信息交换需求，在特定规则下实现价值增值或转移的交易场所，可涵盖编辑出版、经营发行、传播推广、知识服务等单一或多种功能。从服务科技期刊产业链的角度可分为：服务知识生产——投审稿平台、生产（排版）平台、学术不端检测平台等；服务知识传播——出版发布平台、出版托管平台、预印本平台等；服务知识利用和增值——内容收录平台（全文数据库、集群期刊网站、机构知识库）、索引和发现平台（题录和引文索引数据库、文献资源发现平台）、衍生增值产品（科研评价平台、专业信息库）以及社交媒体平台（学术社交平台、大众社交媒体平台、推广平台、新闻平台）等；当然也包括了集成多种功能的综合型平台等。本章基于对国内外以上各类科技期刊平台的调研，阐述国内外科技期刊平台功能特点和发展情况，进而揭示国内外科技期刊平台的内容建设模式及其在知识服务与传播中发挥的作用。

---

① 第三章执笔：肖宏、马峥、管清潆、雷雪、何朝辉、田莹、黄延红、刘培一、侯修洲、伍军红、赵军娜。

科技期刊平台的构建是一项整合多种新兴信息技术的复杂任务。各科技期刊平台供应商根据需求开发服务学术出版全过程的各项功能应用，使数据信息得到恰当应用，以确保高质量的学术出版和更广泛的学术传播。构建科技期刊平台的技术涵盖：多媒体加工技术、排版及 XML 技术、大数据及数据库管理技术、数字版权保护技术、自动化流程与工具和人工智能技术等。根据本研究对国内外科技期刊平台最新技术应用的调研，并结合当前 AI 大模型所代表的强人工智能技术对学术出版产生的巨大冲击，我们认为科技期刊平台未来几年的技术发展将面临以下挑战和机遇：AI 大模型将重塑学术研究和期刊出版，确保学术诚信控制人工智能滥用迫在眉睫，大数据技术驱动期刊发展已形成新趋势，区块链将在确保期刊数据的信任与透明方面发挥作用，利用知识图谱技术构建学术知识网络将逐渐普及，虚拟现实与增强现实在某些领域将引领科学展示新潮，社交媒体将推动科学传播形成新格局。

本章将科技期刊平台企业的各类人才按照其在期刊平台工作流中所处的节点进行梳理，分为数据人员、产品人员、开发人员、运营人员和管理人员。每个岗位的专业化精细化分工和高效协作，保障了科技期刊平台的顺利开发和运维，并产生良好的社会效益和经济效益。通过对国内产业化程度较高的几家知名科技期刊平台如中国知网、卓众出版、中科期刊 SciEngine 平台、中华医学杂志社等单位的人才队伍情况进行调研，发现我国科技期刊平台人才队伍建设面临以下挑战：对人才技能要求高、竞争激烈；存在人才短缺和流失、人才培养和发展不足等问题。可采取的应对措施是：创新人才激励机制，加强学术交流与合作，加大技术支持与创新；主动参与国际化与全球竞争，建设专业化团队，引进与培养高级人才、发展管理与领导力。

资本是科技期刊平台建设中不可或缺的重要条件，本研究对国内外具有代表性的科技期刊出版平台的资金投入、并购产品、盈利模式和权益分配机制等方面开展调研，并就吸引资本进入期刊平台的政策环境、社会环境进行分析。发现：国际科技期刊平台主要资金来源依靠业务营收；大型出版集团在国际化和数字化的道路上，及时洞察利益相关者的需求变化并对公司战略做出调整，引领着整个科技出版的发展；国际科技期刊平台也通过并购加快数字化进程。国内科技期刊平台主要资金来源为项目经费和自筹资金两种；我国现在已有一些较有影响力的期刊集群平台，都在公有资本的范畴。建议进一步盘活国有资产，联手扩大出版集团阵营，加快培育出版传媒骨干企业和战略投资者；未来可以考虑在科技期刊平台资源集聚建设中充分利用民间资本的力量，非公资本参与科技期刊出版平台的建设和国际化运营，有助于我国科技期刊产业链发展。

第一节　科技期刊平台定义及分类

一、平台

平台即为互联网平台，是指通过网络信息技术，使相互依赖的双边或者多边主体在特定载体提供的规则下交互，以此共同创造价值的商业组织形态[1]。平台本身不一定生产产品，而是促成供需双方或多方供求之间的交易或交流，再收取恰当的费用或赚取差价，从而获取收益；或者是在政府或事业单位等第三方支持下，实现供需双方或多方非盈利性或公益性的交流。

二、平台经济

平台经济是以互联网平台为主要载体，以数据为关键生产要素，以新一代信息技术为核心驱动力、以网络信息基础设施为重要支撑的新型经济形态[2]，包括但不限于平台本身的运作机制、平台参与者之间的关系以及平台经济的商业模式等，是基于数字平台的各种经济关系的总称。

三、科技期刊平台

（一）科技期刊平台的定义

本书研究的科技期刊平台，可以定义为以集聚学术资源，促进学术成果传播与交流为目的，基于实体网站，提供与期刊出版工作密切相关的各类功能，满足学者、编者、读者信息交换需求，在特定规则下实现价值增值或转移的交易场所，可涵盖编辑出版、经营发行、传播推广、知识服务等单一或多种功能。例如，服务科技期刊产业链上游——知识生产环节的平台有：投审稿平台、生产（排版）平台、学术不端检测平台等；服务科技期刊产业链中游——知识传播环节的平台有：出版发布平台、出版托管平台、预印本平台等；服务科技期刊产业链下游——知识利用和增值环节的平台有：内容收录平台（全文数据库、集群期刊网站、机构知识库）、索引和发现平台（题录和引文索引数据库、文献资源发现平台）、衍生增值产品（科研评价平台、专业信息库）以及社交媒体平台（学术社交平台、大众社交媒体平台、推广平台、新闻平台）等；当然也包括了集成多种功能的综合型平台等。

（二）科技期刊平台的分类

科技期刊本身就是一个连接作者与读者的学术交流平台，编辑团队围绕办刊宗旨，组织学术共同体参与，通过选题策划、组稿审稿、编辑加工，将学者的研究成果转化成可公开发表的论文，再通过出版发行、传播推广，使该论文被广大同行阅读并关注，实现学术成果的交流。科技期刊承担着的记录、传承、交流和发展人类文化知识的重要功能和作用。在互联网时代，以上大部分工作都已上网，办公业务系统与数据库结合，形成具有各类功能的期刊平台，期刊记录、传承、交流和发展知识的功能大多需要通过网络平台来实现。本书按照期刊出版产业链各环节，对科技期刊平台进行梳理，并分类归纳为以下几类（图3-1）。

1. 采编评议平台

采编评议平台主要面向编辑、审稿人和作者，包括投审稿平台、审稿专家库及推荐平台、稿件生产（排版）在线工具、学术不端检测平台以及协同采编审等各环

第三章 平台经济视域下期刊平台发展要素分析

节流程管理的系统，旨在支持学术出版组织处理论文投稿、审稿和发表过程中所涉及的各个环节。

科技期刊产业链与科技期刊平台

创新内容创作 → 内容生产/发布 → 内容传播/增值服务 → 创新内容应用

采编评议平台

- **投审稿平台**：科学出版社 SciCloud、知网腾云、玛格泰克、方正鸿云、三才、仁和、勤云……；Scholarone、Editorial Manager……
- **审稿专家库及推荐平台**：Publons、AMiner……
- **稿件生产（排版）在线工具**：知网（格式精灵）、方正电子（方正XML生产平台）、仁和汇智（XML一体化融合出版平台）、知识产权出版社（"中知编校"智能图书编校系统）；Adobe InDesign、QuarkXpress……
- **学术不端检测平台**：知网学术不端检测系统、万方论文检测系统、维普论文检测系统、PaperPass检测系统……；CrossCheck、Turnitin、Glatt、SPLaT、PERK……
- **唯一标识码服务平台**：ORCID、DOI……
- **管理平台**：Enterprise Resource Planning（ERP）……

发布传播平台

- **出版发布平台**：MedNexus（中华医学会杂志社英文医学期刊出版平台）、Researching（中国激光杂志社英文出版平台）……；SpringerLink、ScienceDirect、Wiley Online Library、Taylor & Francis Online、Cambridge Core、IEEE Xplore……
- **预印本平台**：arXiv、BioRxiv、MedRxiv……；ChinaXiv……
- **出版托管平台**：Atypon、Silverchair……

索引增值平台

- **内容收录平台**
  - 全文数据库：知网《中国学术期刊（网络版）》、万方《中国学术期刊数据库》、维普《中文期刊服务平台》、国家科研论文与科技信息高端交流平台……；EBSCO、ProQuest、JST、RSCI、KCI、SA……
  - 集群期刊网站：中国农业期刊集成服务平台、中国煤炭行业知识服务平台、中国物理学会期刊网、中国光学期刊网、中国地理资源期刊网、材料期刊网、中华医学期刊网……
  - 机构知识库：Stanford Digital Repository、escholarship、武汉大学机构知识库……；DSpace、Eprints、Inventio、PaperWork……
- **索引和发现平台**
  - 题录和引文索引数据库：CSCD、CSSCI、知网引文库……；WoS、Scopus、EI compendex、PubMed、CA、Engineering Village、OAlib……
  - 文献资源发现平台：超星发现系统、中国学术搜索、智立方发现系统、学知搜索、百度学术搜索、国家图书馆的"文津"搜索系统……；Google scholar、AquaBrowser、BiblioCore、EDS、Encore、Enterprise、Primo、Summon、WorldCat Local……
- **衍生增值产品**
  - 科研评价平台：知网学术精要、万方灵析……；SciVal、Incite、ESI……
  - 专业信息库：SciFinder、ClinicalKey、UpToDate……
  - 数据仓储库：Harvard Dataverse、Figshare、Dryad、Zenodo、地球系统科学数据（ESSD）、Uniprot、GenBank、Mendeley Data……；ScienceDB、国家科学数据中心……

社交媒体平台

- **学术社交平台**：知网研学平台、科研之友（scholarMate）……；ResearchGate、Academia、Zotero、Mendeley、LabRoots、Sciforum、Encyclopedia、SPIE、MDPI、IET、AIMS Press、Preprints……
- **大众社交媒体平台**：微信公众号/视频号、微博……；Twitter、Facebook、LinkedIn……
- **推广平台**：AMiner、Researcher、TrendMD……
- **新闻平台**：EurekAlert!……

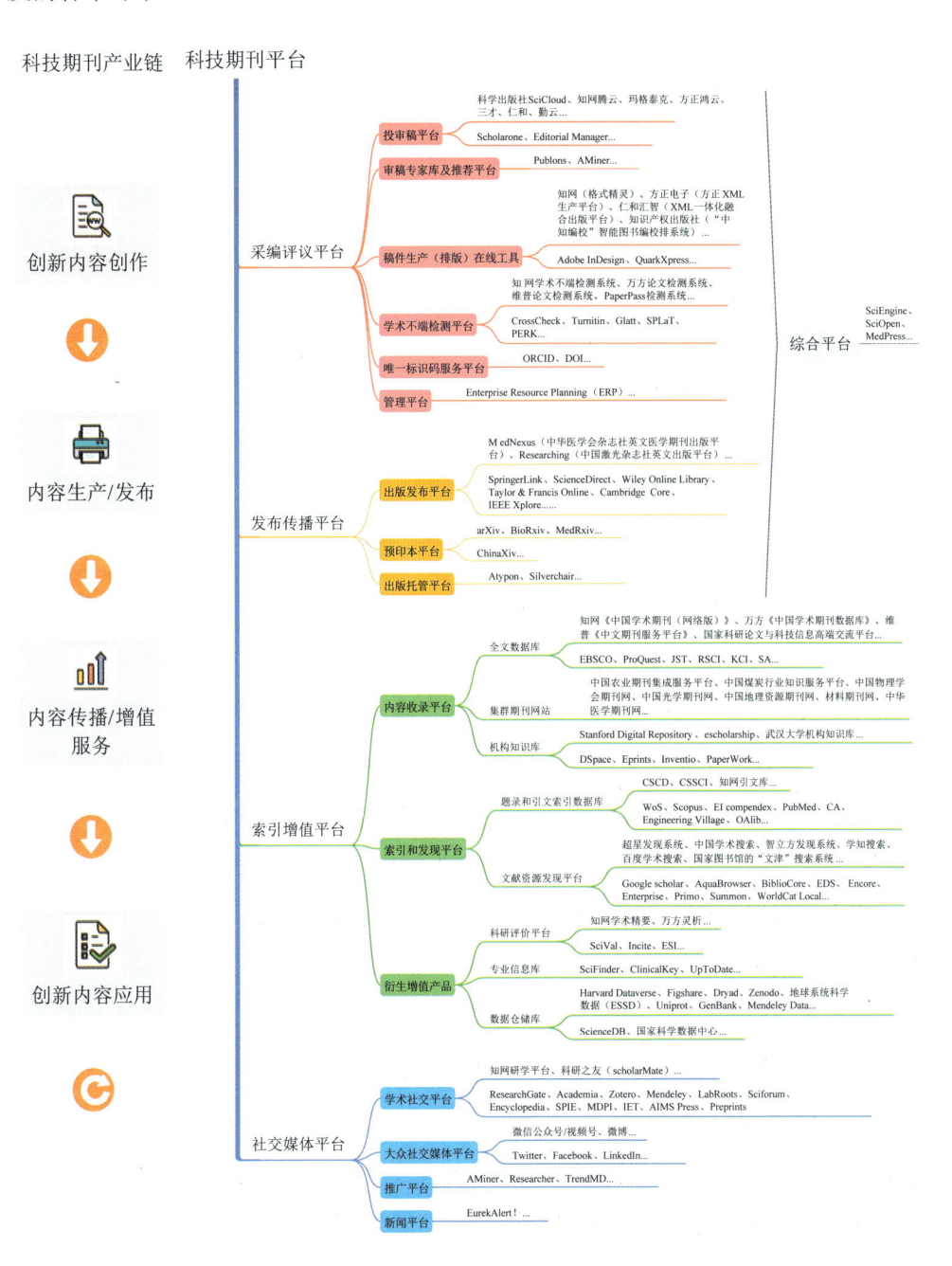

综合平台
SciEngine、SciOpen、MedPress……

图 3-1　科技期刊平台分类

投审稿平台：此类系统通过提供一个统一的平台管理稿件处理各流程，使作者、编辑和审稿人能够轻松地进行投稿、审稿和发表论文，而无需在不同的计算机系统之间进行转换。作者可以提交和修改手稿文件和数据。编辑可以进行审稿、送审和终审。审稿人可以接受审稿或拒审、提交评审意见，如 Scholarone、EM（Editorial Manager）、科学出版社 SciCloud、知网腾云、玛格泰克、三才、仁和、勤云等。

审稿专家库及推荐平台：此类平台是一个沟通审稿人与出版商和期刊的桥梁，建立审稿专家数据库，并基于专家已发表文献和审稿偏好，关联待审论文主题和学科语义，更精准快速地帮助编辑匹配到适合的审稿专家。记录和存档专家评审过的文章和所撰写的评审报告，为审稿人提供相应的认证服务。该功能通常可以是独立的系统，也可以是嵌入投审稿平台的一个应用。以独立系统形式存在的审稿人认证平台如 Publons 等。

稿件生产（排版）在线工具：排版是把写好的论文按要求的格式进行版式、格式处理的过程，例如设定版心、字体、字号、自动生成目录等，是一种期刊保持一致性和规范性的必要举措。为了适应当今多种终端的显示需要，期刊除了排版成印刷版以打印发行以外，还往往需要排版成 XML 格式。编校过程不仅需要对排版格式进行处理，还需要对参考文献、文字书写正确性及表述规范性进行校验。稿件生产（排版）在线工具开发商为适应这些需求，利用传统线下排版技术成果，集成或开发了在线自动排版、自动校对、多终端输出工具，极大地减轻了人工工作量。我国有代表性的稿件生产和排版在线工具包括知网格式精灵、方正电子的方正 XML 生产平台、仁和汇智的 XML 一体化融合出版平台、知识产权出版社的"中知编校"智能图书编校排系统等。

学术不端检测平台：学术不端主要是指抄袭剽窃、弄虚作假、篡改他人学术成果、买卖论文等。借助大数据技术，开展论文相似度检测，可有效预警学术不端行为。学术不端检测已成为现代期刊编辑不可或缺的工具。学术不端检测平台随着造假行为升级以及信息技术发展不断升级，除了文字相似度检测外，一稿多投检测、机构代投稿检测、图像对比识别检测以及 AI 论文的检测也逐步进入实用化阶段。代表性学术内容进行自动查重检测工具如：知网学术不端检测系统、万方论文检测系统、维普论文检测系统、CrossCheck、PaperPass 检测系统等。

唯一标识码服务平台：ORCID 的全称是 Open Researcher and Contributor ID（开放研究者与贡献者身份识别码，http://www.orcid.org），它旨在确保研究人员发表的论文与他们的名字有唯一的关联。研究人员可以通过 ORCID 官网轻松且免费地注册自己的 ORCID。全球科研人员注册的 ORCID 号数量已达 500 多万，超过 9000 多种期刊在投审稿阶段收集作者的 ORCID 号，并添加到论文的元数据中。更有 800 多家大学、科研基金、政府机构、出版社等加入 ORCID 机构会员，通过 ORCID 机构会员应用程序接口（applicationg programming interface，API）连接科研管理系统、基金管理系统、机构知识库、投审稿系统、数据平台等，实现相关数据的自动推送与无缝链接。DOI 全称是 digital object identifier，是指数字对象唯一标识符，广泛用于期刊论文的唯一性标识。DOI 码由前缀和后缀两部分组成，之间用 "/" 分开，并且前缀以 "." 再分为两部分。前缀由国际数字对象识别号基金会确定，后缀部分由资源发布者自行指定，用于区分某一单独的数字资料，具有唯一性。美国出版商协会（Association of America Publishers，AAP）1998 年创立非营利性组织 IDF，IDF 制定了 DOI 标准和相应的解析系统 Handle System，主要是针对互联网环境下如何对知识产权进行有效的保护和管理。目前 Elsevier、英国布莱克维尔出版控股有限公司（Blackwell Publishing）、Wiley、Springer 等大型出版商大多使用 DOI 对数字资源进行标识，形成了比较完整的命名、申请、注册、变更等管理机制。DOI 的解析系统发展也比较成熟，在此基础上，CrossRef Search 实现了检索结果到生产商全文之间持久、有效的链接。2007 年初，中国科学技术信息研究所和万方数据联合向 IDF（国际 DOI 基金会）申请取得了 DOI 的中文注册权，并在此基础上成立了中文 DOI 注册中心，成为中文信息服务领域的第一个国际 DOI 基金会（IDF）组织下的中文代理。同方知网于 2013 年加入了国际 DOI 基金会，被该基金会授权为中国 DOI 注册代理机构，据此设立了 "国际 DOI 中国注册与服务中心"。

管理平台：对于拥有多种期刊的期刊出版社、学会等组织，需要对多本期刊的投审稿及发布环节进行统一协调管理，其内部人员分工更细致，流程更复杂。为了确保资源在采、编、发、人、财、物等各方面能够得到合理配置与利用，提高办刊效率，中大型期刊出版单位纷纷开发信息系统——ERP（Enterprise Resource Planning，企业资源计划），用于管理期刊出版流程。代表性机构如：美国化学学会（ACS）期刊部、四川大学华西医院期刊社等。

2. 发布传播平台

发布传播平台主要指论文的原创出版发布平台。发布传播平台由期刊编辑部将编辑加工好的论文上传至系统向广大读者发布，或直接由作者将稿件上传至系统向读者发布。发布传播平台包括订阅型、开放获取型（OA）、混合型出版发布平台，还包括预印本平台。这些平台有的由出版商自主开发，有的委托出版托管平台商定制开发。

出版发布平台：发布期刊出版的论文，这些论文通常经过了期刊组织的同行评议。此类平台往往集成多种期刊的学术资源，基于可靠的网络基础、便捷的管理系统、在超大型数据库存储文献、提供高效而准确的检索功能，帮助读者快速找到所需文献，供下载或在线阅览。出版发布平台往往提供订阅模式、OA模式或混合模式。出版发布平台往往与采编平台对接，为期刊提供采编发一站式服务。代表性出版发布平台有：ScienceDirect、SpringerLink、Wiley Online Library、Taylor & Francis Online、剑桥大学出版社学术在线平台Cambridge Core、IEEE Xplore等；国内通常的做法是采编与发布平台进行一体化设计，代表性出版发布平台有：清华大学出版社SciOpen平台、中华医学会杂志社MedNexus平台、中国科技出版传媒股份有限公司的SciEngine平台、中国激光杂志社Researching英文出版平台等。

预印本平台：发布作者上传的论文，这些论文通常还未经过同行评议。这些研究成果包括科研论文、科技报告等文章，还未在正式出版物上发表，而出于和同行交流目的自愿先在学术会议上或通过互联网发布。预印本平台可实现学术成果的开放交流、开放评论、开放获取、开放存缴、开放利用。代表性的预印本平台如：arXiv、BioRxiv、MedRxiv、ChinaXiv等。

出版托管平台：期刊在出版发布环节面临诸多挑战，如跨学科领域的读者群、平台涉及信息技术开发的专业性强、需整合对接多种外部资源、业务复杂但大同小异等，由此诞生了专业为期刊出版提供技术服务的供应商。代表性的托管平台如 Atypon、Silverchair。中华医学会和 Atypon 合作研发的医学期刊国际化数字出版平台 MedNexus 支持数字化生产、全媒体发布、国际化传播与期刊运营数据分析等，实现了基于云端的可定制的科技期刊全流程数字化生产、发布与传播。Silverchair 使学术和专业出版商能够整合其期刊、书籍、会议、教育、新闻、多媒体等，帮助客户建立内容托管网站、在线产品和数字图书馆。2022 年 5 月 24 日，美国物理联合会出版社（AIP）宣布与 Silverchair 建立新的合作伙伴关系，由其托管 AIP 出版社的 Scitation 平台。

3. 索引增值平台

索引增值平台与出版发布平台的最主要区别有两点：第一是索引增值平台的开发和运营者不是主要内容的出版商，其发布内容需要取得出版商授权；第二是此类平台大部分内容属于二次传播而不是一次出版。当然由于一些中小出版机构很难建立自己的独立运营的网络出版发布平台，其首次网络传播会依托此类平台来完成。索引增值平台的特征和价值在于"聚合"和"数据挖掘"，因此可以提供更加有用的知识服务以及衍生增值产品。索引增值平台主要面向科研机构和读者，将期刊内容进行有效的传播。主要包括：内容收录平台（全文数据库、集群期刊网站、机构知识库等）、索引和发现平台（题录和引文索引数据库、文献资源发现平台等）、衍生增值产品（科研评价平台、专业信息库、数据仓储库等）。

全文数据库：即收录有原始文献题录摘要及全文的数据库。出版商与此类数据库合作，需提供可下载的内容全文，而不是一个下载全文的链接。购买此类数据库的科研机构和读者，通常不用再向出版商二次付费。全文数据库厂商，通常需要对出版商提供的内容数据进行深度加工，以提供强大、便捷、准确、丰富的检索服务，并提供一键下载全文或支持在线阅览。代表性的全文数据库如：中国知网"中国学术期刊（网络版）"（Chinese Academic Journal Network Publishing Database，CAJD）、万方"中国学术期刊数据库"（China Online Journals，COJ）、维普"中文期刊服务平台"（China Science and Technology Journal Database，CSTJ）等。国际上获取期刊全文除了通过出版社自建的出版发布平台外，另一类平台由整合商建设，数据库的全文覆盖率通常是实时变动的，且部分全文更新存在滞后，取决于出版商向整合商的授权情况，例如 EBSCO 的 Academic Search Premier（ASP）、ProQuest（平台提供的六十多个文献数据库）、JST、RSCI、KCI、SA 等。

集群期刊网站：某个专业领域的科技期刊自愿结成群组，建立并运维数据库或信息交流服务平台，以期实现该领域期刊资源汇聚，方便本专业领域学者查找论文；同时对集群期刊加以导航、展示和宣传，以提升该专业领域科技期刊的整体影响力；根据集群期刊融合深度的不同，有的集群期刊网站挖掘数据深度信息，创新专业领域科技期刊的知识服务模式，通过各种形式的活动促进该领域科研交流和科研成果传播。目前在国内具有代表性的集群期刊平台如：中国农业期刊集成服务平台（131 种期刊）、中国煤炭行业知识服务平台（71 种期刊）、中国物理学会期刊网（42 种期刊）、中国光学期刊网（82 种期刊）、中国地理资源期刊网（22 种期刊）、材料期刊网（90 种期刊）、中华医学期刊网（206 种期刊）等。

机构知识库：由一个机构建立，以网络为依托，以收集、整理、保存、检索、提供利用为目的，以本机构成员在工作过程中所产生的公开成果（或本机构资助的研究项目成果）为内容收录范围的知识库。除了高校建立的机构知识库以外，国家自然科学基金委员会建立的"国家自然科学基金基础研究知识库"也可归属于此类。

题录和引文索引数据库：以单篇文献为记录单元，对其收录的一次文献（期刊论文、会议论文、技术报告等）的外部特征（题名、作者、来源、引文等）、内容特征（关键词、内容摘要等）进行著录和标引，通过它可以了解文献出版和原始文献的内容梗概。引文数据库是对学术文献的参考文献加以整理入库，并与题录库相链接，通过引证关系将研究工作相互联系起来，对被引频次加以统计，附加单篇文献评价信息。此类数据库并不直接提供全文数据下载和在线浏览，但多数可提供可靠的官方下载 URL 链接。代表性检索数据库包括 Web of Science、Scopus、EI compendex、PubMed、CA、CSCD、中国知网的"中国引文库"等。DOAJ（Directory of OAJ）是由瑞典的隆德大学图书馆（Lund University Libraries）为开放存取期刊做的一个目录系统。DOAJ 及各种开放获取期刊平台大多都可归入此类平台。

文献资源发现平台：文献资源发现平台是在元数据的基础之上发展，不断地与爬虫采集技术、预处理技术、存储挖掘技术、可视化展示技术等大数据技术相结合的产物，是一种新的信息资源整合系统，可以理解为图书馆的 Google[3]。此类系统不仅可以整合图书馆各种类型的文献资源，包括商家电子资源、自建数据库、馆藏纸本资源，以及网络开放获取资源，实现统一检索，还可以满足用户筛选、排序、多渠道获取全文，以及评论与交流的需求，是一个集资源与服务于一体的搜索平台。国际比较有代表性的有：AquaBrowser、BiblioCore、EDS、Encore、Enterprise、Primo、Summon、WorldCat Local。国内的发现系统主要有超星发现系统、中国学术搜索、智立方发现系统、学知搜索、百度学术搜索、国家图书馆的"文津"搜索系统等。

科研评价平台：依托大型文献题录和引文索引数据库，以文献计量分析方法为指导，具备一定学术评价功能的数据库系统。通常可用于对前沿领域分析、机构/学者科研能力分析、成果评价分析、国内外核心期刊定量分析等，如 SciVal、Incites/ESI、知网《学术精要库》等。

专业信息库：基于专业论文的全文，进行内容层面的深度挖掘，二次加工整理成为专业研究服务的索引数据库，如 SciFinder、ClinicalKey、UpToDate 等。SciFinder 是美国化学文摘社（CAS）开发的智能研究平台，涵盖了全球化学及相关学科的文献、物质和反应信息。在物质检索中，可通过物质标识符（如物质名称、CAS 登记号等）或文献标识符来检索，还可使用结构绘制面板通过化学结构查找物质。ClinicalKey 全医学平台整合了 Elsevier 原有的七个以上数据库（MD Consult 等）及第三方资源，内容涵盖 Medline、全文期刊、电子图书、循证医学、床旁治疗、操作视频、影像图片、药物专论、诊疗指南、临床试验等 13 个版块，并根据爱思唯尔合并医学分类法（Elsevier Merged Medical Taxonomy，EMMeT）对海量的医学内容进行了深度标引。UpToDate 是威科基于专业文献开发的一套临床决策支持工具。

数据仓储库：在开放科学背景下，合乎规范、完备的数据出版政策日益成为科技期刊出版传播流程的重要组成部分，科学的数据出版体系也逐渐成为科技期刊学术质量与影响力的重要评价指标，它有助于提升科学研究的透明度，保证科学研究可复现、可验证，有利于维护科研诚信，推进科技创新。国际数据仓储的典型代表是 Figshare、Dryad、Zenodo、地球系统科学数据（ESSD）、Uniprot、GenBank、Mendeley Data 等。国内数据仓储的典型代表是 ScienceDB 和国家科学数据中心等。

4. 社交媒体平台

互联网和数字技术的加速发展，改变了人们的阅读交流习惯以及获取信息的方式。各类大众社交媒体与学术社交媒体平台，一方面为学者提供更为开放的学术交流渠道，另一方面也可为期刊推广宣传、扩大学术传播半径、吸引更多读者关注提供便利。期刊相关的学术社交媒体平台主要包括学术社交平台、媒体平台、推广平台、新闻平台等。

学术社交平台：是指通过互联网等信息技术手段，向学术界成员提供学术研究、成果展示、思想交流与合作的虚拟平台。学术社交网站既具备大众社交网络方便、快捷等优点，同时又以学术交流与研究为导向，吸引了大量科研人员的使用，已逐渐成为众多学者获取学术信息的重要途径之一。学术社交网站不仅可以帮助研究人员发现相同领域的学者并为他们提供在线服务，还可以为研究人员提供大量学术信息及资源获取渠道。代表性的如：ResearchGate、Academia、Zotero、Mendeley、LabRoots、Sciforum、Encyclopedia、SPIE、MDPI、IET、AIMS Press、Preprints 等。Kudos 是一个面向全球科研人员免费开放的科研影响力提升服务平台，由英国皇家化学学会、泰勒·弗朗西斯（Taylor & Francis）和美国物理研究所三家机构共同发起创建，于 2014 年 8 月正式推出。该平台由作者认领已发表作品，添加视频、图表、数据集等补充材料，将该网页内容生成链接，一键分享至 Twitter、Facebook 等社交媒体，或者通过邮件分享给同行，也可将内容生成 PDF 上传至 ResearchGate、Academia 等科研社交平台；可查看并跟踪作品的影响力数据。国内的代表性学术社交网站有：知网研学平台、科研之友（ScholarMate）等。

大众社交媒体平台：借助各类主流大众社交媒体，期刊或学者通过发布文章、转发分享、留言评论等也可以进行科研互动。交流的内容可包括论文、述评、各类短新闻、视频、音频及多媒体动画等。通过丰富多彩的内容分享与传播，实现了对期刊宣传、吸引新读者及公众关注的目标，如 Twitter、Facebook、LinkedIn、微信公众号/视频号、微博等。

推广平台：是指帮助企业、个人或组织推广品牌、产品和服务的在线平台。期刊可借助推广平台让广大科研工作者及时了解发表的学术文献及信息，进而扩大期刊的品牌影响力，如 AMiner、TrendMD、Researcher 的推送服务等。

新闻平台：提供给大学、医疗中心、期刊、政府机构、企业和其他从事科研的机构的用于向媒体发布信息的平台，如 EurekAlert！等。

5. 综合平台

综合了上述各平台两个以上功能的平台。如清华大学出版社 SciOpen 平台、中国科技出版传媒股份有限公司的 SciEngine 平台、中华医学会一体化科技期刊学术出版平台（MedPress）等。

第二节 科技期刊平台建设类型及数据要素分析

科技期刊平台为研究人员提供了发布研究成果、与同行进行交流和获取最新科技信息的渠道，在推动科学研究和学术交流方面发挥着重要作用。本节调研全球各类代表性科技期刊平台功能特点和发展情况，着重阐述其收集数据以及数据流管理、数据开发利用的情况，进而揭示平台的数据要素及其在知识服务与传播中发挥的作用。

一、典型平台调研

（一）投审稿平台

1. Editorial Manager

1）平台核心资源。Editorial Manager 是目前国际上使用最广泛的网络投稿与审稿系统之一，是一个用于学术出版和编辑的工作系统，它提供了一系列的功能和工具，帮助编辑、作者和审稿人更好地协作和管理出版流程。该平台涵盖了学术出版流程的各个环节，包括稿件提交、审稿、编辑、出版等。它支持多种类型的出版物，如期刊、会议论文集等，并适用于各个学科领域。众多学术出版机构、大学出版社和商业出版商用户使用该平台，其服务对象已经覆盖200多家学会、大学出版社和商业出版商的5000多种学术期刊。

2）平台特色和优势。协作性：Editorial Manager 平台提供了一个集中的协作环境，使编辑、作者和审稿人能够实时交流和互动，确保出版流程的顺畅进行。自动化流程：平台将许多出版流程中的任务进行自动化处理，如自动分配审稿人、发送通知、跟踪稿件状态等，从而提高了编辑效率。可定制性：Editorial Manager 平台允许用户根据自己的需求进行定制，包括自定义工作流程、设置权限、调整界面等。

3）平台数据要素构成。稿件信息：包括作者信息、稿件标题、摘要、关键词、稿件状态等。审稿信息：包括审稿人信息、审稿意见、审稿进度等。出版信息：包括出版日期、卷号、期号、页码等。

4）平台数据要素作用。决策支持：通过数据分析和可视化，Editorial Manager 平台可以帮助编辑和出版机构更好地了解出版流程的状态和效率，从而做出更明智的决策。质量监控：数据内容可用于监控稿件质量和审稿质量，确保出版物的学术水平和质量。优化流程：通过分析数据，编辑可以识别出版流程中的瓶颈和问题，进而优化流程，提高出版效率。

5）平台数据流的运行状况。Editorial Manager 平台提供了一个集中的在线环境，使得编辑、作者和审稿人能够在一个统一的系统中进行高效协作。作者可以通过该系统提交稿件，编辑能够管理稿件流程，分配审稿任务，并与审稿人进行实时沟通。审稿人则可以在线审阅稿件，提供审稿意见。该系统具备自动化流程管理功能，能够自动跟踪稿件状态，发送通知，减少人工操作，提高出版效率。

2. 玛格泰克 JournalX 2.0

1）平台核心资源。玛格泰克成立于1999年，多年积累的大量用户使用数据和反馈数据是平台持续发展的核心资源。平台总结大量期刊运营的发展经验，持续研究国内外一流期刊的案例，并在此基础上不断优化服务水平与功能设计，继而为用户提供更加实用的软件工具。全国近2000个编辑部先后设计和部署了玛格泰克平台系列产品。

2）平台特色和优势。JournalX 2.0 为同行评议学术期刊和其他运行模式的期刊提供了一套符合工业标准的在线稿件处理平台。平台包括系统管理、作者远程投稿

/查稿系统、专家审稿系统、编委批稿系统、主编办公系统和编辑办公系统等功能模块。它采用业界标准的技术规范 J2EE，在系统安全性、稳定性、灵活性、系统响应速度等方面均处于国内领先水平。系统还提供了基于 UTF-8 编码的相应英文界面。因此，它不仅能满足国内中文期刊的稿件处理和网络出版的需要，也满足了英文期刊面向国际的稿件处理和网刊发布需要。

3）平台数据要素构成。稿件信息：包括作者信息、稿件标题、摘要、关键词、稿件状态等。审稿信息：包括审稿人信息、审稿意见、审稿进度等。出版信息：包括出版日期、卷号、期号、页码等。同时平台系统支持各种用户定制功能，如稿件字段、作者注册选项、各种页面显示和提示的内容、单据模板、审稿表格、E-mail 格式和内容、过滤器、显示图标等均可以定制。

4）平台数据要素作用。平台衔接网刊发布系统；利用微信服务号和公众号平台，为作者、审稿人、读者提供跨终端的智能融媒体服务；构建期刊集群知识服务平台，实现机构期刊和行业期刊集群化发展。

5）平台数据流的运行状况。JournalX 2.0 不仅支持单个刊物的稿件处理流程，还支持多刊协同和数据整合的跨刊业务流程处理。在海量文献数据库 MagSCI 的支撑下，以及与 CrossRef 和 Pubmed 的接口支持下，JournalX 2.0 在文献查找与连接方面提供了优良的功能服务，为编辑部核对文献提供极大的便利。通过与北大方正的排版系统飞翔建立接口，实现稿件审理流程与生产流程的无缝整合，对编辑部缩短刊出周期、减少工作量、提高数据质量具有重大意义。在文献结构化技术的支持下，JournalX 2.0 在稿件全文元数据提取、全文结构化处理等方面达到国际领先水平。

（二）生产平台

Atypon

1）平台核心资源。Atypon 成立于 1996 年，是一家为全球期刊发展服务的软件系统公司。2016 年 10 月，Wiley 以一亿两千万美元并购 Atypon。鉴于 Atypon 平台上本身就有很多 Wiley 的竞争公司，为了不让大客户流失，Wiley 主动建立防火墙模式。Wiley 2018 年决定将 Wiley Online Library 迁移至新 Atypon 旗下出版平台 Literatum。Literatum 拥有丰富的学术出版资源，涵盖了多个学科领域。根据官网最新介绍，Literatum 为全球 700 家出版网站提供服务，涵盖了 16 000 种期刊中的 3370 万篇文章以及 50 万本书籍和论文集。该平台每年的用户会话记录超过 46 亿次。

2）平台特色和优势。技术领先：Atypon 采用先进的技术平台，确保学术内容的快速发布、高效管理和广泛传播。个性化服务：根据出版机构的需求，Atypon 提供定制化的出版解决方案，满足不同的学术出版需求。用户友好：平台界面简洁直观，用户可以方便地浏览、搜索和获取所需的学术资源。

3）平台数据要素构成。Atypon 的数据主要包括学术文献的元数据（如标题、作者、摘要、关键词等）、引文数据、使用情况数据（如下载量、被引次数等）以及用户行为数据等。这些数据为学术评价、研究趋势分析以及出版策略制定提供了重要的依据。

4）平台数据要素作用。学术评价：通过引文数据和使用情况数据评估学术文献的影响力和质量，为学者和机构的学术评价提供依据。研究趋势分析：基于大量的学术数据分析学科领域的研究热点、发展趋势和未来方向，为研究者提供有价值的参考。出版策略制定：通过对用户行为数据的分析了解用户的需求和偏好，为出版机构制定更加精准的出版策略提供支持。

5）平台数据流的运行状况。Atypon 的数据运行依赖于其强大的数据处理和分析能力。系统实时收集、整理和分析学术数据，确保数据的准确性和时效性。同时，Atypon 还通过与其他学术数据库和平台的合作，实现数据的共享和互通，进一步丰富了其数据资源和应用场景。此外，Atypon 将访问控制、搜索、营销、电子商务及社交平台等进行衔接。Atypon 注重搜索引擎优化技术，同 Google 等搜索引擎机构的良好合作使得出版内容能更加及时、便捷地被全球发现和引用。Atypon 实现了用户认证后无须再登录即可通过多种设备，多渠道获取内容。

（三）出版发布型数据库

1. SpringerLink

1）平台核心资源。1996 年 6 月，SpringerLink 在线出版服务项目开始运行，是全球第一个电子期刊全文数据库；1998 年 2 月，启动"在线优先出版（Online First）"功能；SpringerLink 提供多种语言、跨产品出版服务，集成了施普林格•自然出版集团出版的所有在线资源，收纳资源种类包括期刊、电子图书、会议论文、参考书、通信协议和视频资源[4,5]，覆盖几乎所有的自然科学和社会科学领域。SpringerLink 提供了海量数据资源，上溯至 19 世纪中叶出版的期刊、图书，以及历次收购或合作的出版社的资源。施普林格•自然出版集团与全球研究界密切合作，从新兴和成熟研究领域的最佳作者那里吸引高质量的内容。

2）平台特色和优势。SpringerLink 提供以下数据服务：①SpringerCitations。引用数据来源于 CrossRef 的参考文献链接服务。SpringerLink 对文献的引用次数和引用信息进行统计，可迅速对期刊论文和书籍段落的被引情况进行对比分析，进而发现被引率高的文献资料，揭示学科的研究热点与前沿。②Springer Realtime。SpringerLink 统计平台上所有数据的下载量，分析文献利用状况，从而发现当前最受关注的学术问题。并呈现最近 7 天、30 天和 90 天的下载量曲线。③"Springer 作者学院"是一个关于科技写作与论文发表的指南性网站。④SpringerLink 平台上引入"Altmetric Score"（社交媒体影响计量指标），该指标追踪学术文章和数据在各个社交媒体（如 Blog、Twitter、Facebook、Google+等）被讨论的次数，并根据权重计算分数。

3）平台数据要素构成。主要包括：①期刊基础数据。包括期刊名称、ISSN 号、主办单位、创刊时间、出版周期等。②文章元数据。检索结果页面，首先看到所查文献的类型：图书、丛书、期刊、工具书等不同类型。对于期刊文献，还可看到文章标题、作者、摘要、关键词、基金项目、语种、所属学科和专业、所属刊物、出版时间、全文数据、数字对象唯一标识符（DOI）、相关内容和补充材料等。检索结果支持按照时间顺序和相关度进行排序，并可限定文献的开放获取状态和出版时间。最后可将搜索结果保存成 CSV 格式的表格。SpringerLink 提供全文数据 PDF 下载，部分文献也可直接在线浏览其 HTML 格式的全文。③参考文献和引用数据。SpringerLink 对参考文献提供了 CrossRef 链接，点击链接即可跳转至相应文献所在数据库的页面。被引数据包括文章的被引频次、引用来源、引用类型等。

4）平台数据流的运行状况。SpringerLink 实现了一次创建多次使用。平台上大量资源的快速更新主要依托施普林格•自然出版集团的内部生产服务。SpringerLink 平台上超过 1500 种期刊使用该生产服务，文章可以在 21 天内实现从被接收至在线优先出版。SpringerLink 应用基于 XML 技术的工作流程加工图书和期刊，覆盖稿件接收及编辑加工各环节，对外包商的要求也如此。

2. ScienceDirect

1）平台核心资源。ScienceDirect 数据库是爱思唯尔公司推出的基于 Web 的同行评审全文文献平台。ScienceDirect 的核心资源是书籍、期刊论文。截至 2024 年 4 月，根据官网显示，ScienceDirect 出版 2900 种同行评审期刊，已发表 2100 万篇文献，其中 800 种开放获取期刊和 330 万篇开放获取文章[6]。

2）平台特色和优势。主要包括：①检索和定题服务：该数据库提供快速检索、基本检索和高级检索三种检索方法。在检索历史的基础上，ScienceDirect 形成"定题服务"，以天、周或月为周期向用户报送检索结果的更新动态，帮助用户掌握某一领域的研究动态，用户可随时访问定题服务页面修改服务内容或取消服务。②阅读推荐：将阅读记录与其他人读过的文章和 Scopus 引文数据相结合，以推荐其他相关信息。③Scopus AI：Scopus AI 由生成式人工智能和 LLM 技术提供支持，和 Scopus 数据库中的海量经同行评议的高质量内容和数据相结合，助力处于职业早期和经验丰富的科研人员完成研究主题摘要的观点提炼、开展进一步探索、自然语言查询、对搜索结果进行可视化呈现等。

3）平台数据要素构成。ScienceDirect 致力于帮助科研人员和机构存储、共享、发掘和有效地重复使用数据；提供精密的数据分析，将来自结构化和非结构化内容源的大量数据集融会贯通，帮助客户做出关键决策并实现战略目标。大数据平台拥有超过 12 亿个数据点，包括数百万作者、机构、出版记录、专利、药物、资助和政策文件。基于数据分析，提供了融合科研和医疗领域专业知识的解决方案、值得信赖的优质内容以及采用人工智能和机器学习技术的数据集。

4）平台数据要素作用。除了常规支持期刊检索、论文检索的数据外，ScienceDirect 还提供了强大的数据要素：①共享和使用研究数据。实施了"数据引用原则联合声明",倡导负责任的数据共享。这有助于确保研究数据成为学术记录不可或缺的一部分,便于妥善保存并易于获取,从而提高科学研究的影响力、有效性、再现性、效率和透明度。②支持文本和数据挖掘(TDM)。爱思唯尔期刊和书籍均可通过全文文章编程接口批量下载 Elsevier 内容并用于非商业研究文本挖掘。③ScienceDirect 主题(Topics)。主题的摘录由专家撰写,并取自基础和参考材料,参考材料包括百科全书、期刊评论文章、专著、丛书和手册等。主题页面由自动信息提取技术(包括自然语言处理和人工智能技术)生成,帮助用户了解各研究领域及该研究领域中的新主题。

5)平台数据流的运行状况。2022 年,爱思唯尔收到了近 270 万篇文章手稿,在同行评审后发表了超过 60 万篇新研究文章,全球科学界在其期刊平台上访问了超过 18 亿篇文章。2023 年,爱思唯尔出版了超过 19 万篇开放获取文章,并推出了 88 种新期刊,其中大部分是金色开放获取期刊,使爱思唯尔产品组合增加到超过 800 种金色开放获取期刊。爱思唯尔是世界上最大的开放获取出版商之一,其 2900 种期刊几乎全部支持开放获取。

(四)预印本平台

arXiv

1)平台核心资源。arXiv 由 Paul Ginsparg 于 1991 年创建,现在由康奈尔理工学院维护和运营,由康奈尔大学、西蒙斯基金会、成员机构和捐赠者资助[7]。arXiv.org 现在拥有八个主题领域的超过 200 万篇学术文章,覆盖物理、数学、计算机科学、定量生物学、定量金融、统计学、电气工程和系统科学以及经济学等领域,由志愿者管理。作者提交文章不收取任何费用。所提交给 arXiv 的材料要经过审核,但不进行同行审查。

2)平台特色和优势。arXiv 提供数据检索和开放获取服务。arXiv 的数据检索途径包括学科主题、题名、关键词、日期、作者、评论、参考文献、文章号、arXiv 标识符、DOI、ORCID、arXiv 作者 ID。此外,arXiv 还提供 export.arxiv.org 网站用于编程访问,并使用 Amazon S3 技术以批量下载完整的数据库。

3）平台数据要素构成。arXiv 的数据要素主要是文章的元数据，包括文章标题、作者、摘要、论文的提交历史等。

4）平台数据要素作用。预印本元数据中所属学科、文章标题、摘要等有助于帮助读者快速了解论文内容，其中"提交历史"方便科研人员了解预印本的版本更迭变化，更有效地掌握文章内容。

5）平台数据流的运行状况。主要反映在以下四个环节：①数据收集。arXiv 的数据来源为用户提交。提交方式为 E-mail、FTP 等，用户可自行或委托第三方机构提交数据。所上传的数据以 PDF、JPEG、PNG、GIF 格式上传至相应学科的数据库中。用户在工作日 14：00 前提交的文档，最快当天 20：00 便可公开数据。②数据审查。arXiv 建立了人机结合的数据审查机制。arXiv 创建自动机器学习框架，对提交材料进行自动筛选和整理，以辅助人工审核，提升工作流程效率，降低人工成本。arXiv 与 Paper with Code 合作，基于提交的摘要开发领域识别分类器，运用机器学习的方法对稿件进行自动分类，构成人工审核与机器学习结合的数据审核模式。③数据加工与统计。arXiv 从"资源上传"和"资源使用"两个维度统计收录的数据。arXiv 有每月提交总量统计，资源使用情况统计则包括日使用统计、月下载统计、每年会员机构使用量排名。arXiv 还增加对用户的统计，如用户年下载量机构排名、地区排名等，以便更有针对性地提供数据服务。④数据公开与共享。arXiv 对数据进行审查后，会在其网站发布。因为 arXiv 是公开的在线存档，方便发布和共享学术论文，大多数期刊都认可在 arXiv 发表的文档不属于出版范畴，所以通常并不会影响作者后续向期刊投稿。

（五）全文数据库

1. PubMed Central

1）平台核心资源。PubMed Central（PMC）是美国国立卫生研究院（National Institutes of Health, NIH）国家医学图书馆（the United States National Library of Medicine, NLM）的生物医学和生命科学期刊文献的免费全文档案。自 2000 年以来，PMC 对公众在线可用，由 NLM 的国家生物技术信息中心（NCBI）开发和维护。

目前，PMC 拥有来自 4200 种期刊的文章。此外，PMC 还包含通过 NIH 手稿提交系统（NIHMS）存放的作者手稿，以及通过 NIH 预印本试点平台收集的预印本[8]。PMC 包含超过 800 万份全文文章记录，涵盖了从 18 世纪末至今的生物医学和生命科学研究论文。2023 年工作日访问量平均达到 380 万次/天。

2）平台特色和优势。PMC 以可扩展标记语言（XML）格式存储内容，所有 PMC 内容都转换并存储为 NISO Z39.96-2015 JATS XML 格式，以便档案和机器可读，这种标准格式是最有效和最广泛使用的期刊文章存档格式。每篇文章的全文都有一个单独的 XML 数据文件，文章中所有图像文件都要求是原始高分辨率数字图片，除了 XML 版本之外，还可以有一个 PDF 版以及文章附带的补充材料文件，如电子表格或视频文件等。由于 PMC 能在中央存储库中以通用格式存储和交叉引用来自不同来源的数据，因此 PMC 用户可以快速搜索整个全文文章集合并找到相关材料。PMC 存档的结构还支持文献与其他资源的整合。PMC 允许出于文本挖掘和其他目的对文件进行批量检索。

3）平台数据要素构成。主要包括：①PMC 收录期刊及质量要求：PMC 对收录期刊要求达到出版物的科学质量标准和编辑质量，已由文献选择和技术审查委员会（LSTRC）审查并被 Medline 完全索引的期刊通常不需要 PMC 的进一步科学审查。PMC 还要求期刊公布出版时间并按规定时间按期出版。通过期刊列表可浏览期刊基本信息以及 NLM 与出版商和学术团体签订协议情况、按期刊浏览或下载论文。②PMC OA Subset：包含数百万个全文开放存取文章的文件，这些文件在知识共享许可条款下或在出版商许可下可用。③作者手稿数据集：由数十万已被接受的手稿（AAMs）的全文文件组成，这些文件根据合作资助者政策向 PMC 提供。④18～20 世纪发表的文章的 OCR 文本全文文件作为 NLM 数字化项目的一部分添加到 PMC 中。⑤LitArch Open Access Subset 包含 NLM 文献档案馆中数千本书籍和文件的全文。

4）平台数据要素作用。主要包括：①检索与评价：PMC 平台利用文章标题、摘要、关键词等文章元数据为作者提供文章的简要概述，有助于读者快速了解文章内容；被引情况反映了文章被其他研究者的认可程度，是评估文章质量的重要指标之一，文章的引用来源与被引情况还可帮助读者寻找相关主题的其他文章。②公益性：PMC 只能在参考文献中包含指向参考源的外部链接，该链接标签由链接提供商提供，由于 PMC 是联邦机构国家医学图书馆的一项公益性服务，因此它使用联邦计算机和网络设施，不能用于私人商业广告和商业性竞争，所以禁止从 PMC 链接有商业利益的广告。

5）平台数据流的运行状况。PMC 平台的内容通过与出版商、学会、研究资助者和国际组织的合作获得。PMC 作为期刊档案馆、资助者资料库和开放科学中心，PMC 依据成员参与协议、资助者政策、公-私合作伙伴关系和倡议书收集和分发内容，并非 PMC 的所有文章都可以用于文本挖掘和再次利用。以手稿数据管理流程为例，其流程主要包括：①数据收集。作者在 NIH 稿件提交或欧洲 PMC Plus 系统中提交同行评审手稿的副本，其中提交的手稿必须包括同行评审中的所有更改以及所有参考的图表和补充材料。②数据存储和格式化。PMC 中的手稿以 XML 和 txt 格式存储和提供，方便未来将手稿数据用于文本挖掘。③稿件处理。PMC 的稿件提交流程优先确保手稿的完整性、准确性、保存性和时效性，存储可由作者、研究者、出版商或其他第三方发起，提交者需确认将此版本的论文存入 PMC 并通过 PMC 向公众提供，交存的版本需包括同行评审过程产生的所有修改。④质量保证和审查。确认提交后，PMC 将对手稿进行质量审查，确保内容的完整性和准确性，并转换文件为 XML 格式。转换后，PMC 将对手稿进行最终审查，以确保公开发布的内容的准确性。⑤终审与发布。终审完成后，作者通过 NIHMS 提交的稿件就会加载到 PMC 平台。平台将公开包括出版日期在内的所有数据与记录。⑥持续检测与更新。NLM 持续监测 PMC 中包括手稿和已发表文章在内的所有文献的状态，以获取相关更新及时撤稿或监测学术不端行为。

2. 中国知网

1）平台核心资源。中国知网（China National Knowledge Infrastructure，CNKI）收录的资源种类包括期刊论文、学位论文、会议论文、报纸、年鉴、专利、标准、科技成果、图书、学术辑刊、法律法规、政府文件、企业标准、科技报告等。其中学术期刊库实现中、外文期刊整合检索。截至2023年9月，平台包括中文学术期刊8450余种，含网络首发期刊2840余种，最早回溯至1915年，共计6250万余篇全文文献；外文学术期刊包括来自80多个国家及地区900余家出版社的期刊75 000余种，最早回溯至19世纪，共计8760万余篇外文题录，可链接全文。CNKI基于丰富的数字资源进行产业化运营，面向全社会提供丰富的知识和信息资源，成为有效传播知识和高效共享知识的数字化学习平台。其基于对海量数据的深度挖掘，形成学术期刊大数据分析平台、机构知识管理系统、知网节技术等产品，成功将数据转化为符合用户需求的产品。同方知网与华为共同研发中华知识大模型（简称"华知大模型"），这是我国知识服务和科研行业的大模型，目标是打造可融入行业生产系统的可信增强大模型。在训练阶段，华知大模型注入了知网海量高质量专业知识数据，从而在专业知识问答方面获得显著的性能提升。

2）平台特色和优势。CNKI的特色和优势在于以下几方面：①数据分析服务。CNKI学术期刊大数据分析平台基于元数据深度标引、自然语言处理等技术，对期刊数据进行智能匹配，对期刊、机构、关键词等元数据进行统计，并形成多维度统计分析图、空间数据分析图、主题分析图谱、网络关系图等多类可视化分析成果，生成HTML/PDF格式报告[9]。②知识管理服务。CNKI的机构知识管理系统（Organization Knowledge Manage System, OKMS）提供知识管理、大数据分析、协同研究、项目管理等多元服务。③文献管理系统。"知网节"技术是CNKI的核心检索技术，可基于文献相似性、引证关系构建"知识网络"。

3）平台数据要素构成。主要包括：①期刊大全：提供包括期刊名称、ISSN号、主办单位、创刊时间、出版周期、期刊按年卷期排列的目录信息等，提供了知网自主期刊评价数据复合影响因子、期刊影响力指数CI分区、科技期刊世界影响力指数（WJCI）等信息。②文章元数据。包括文章标题、作者、摘要、关键词、机标关键词、基金项目、文章目录、领域分类号、全文检索数据和全文下载等，全文阅览支持自主知识产权的CAJ格式下载、PDF格式下载、html在线阅览。③引用数据和下载数据。统计发布了文章的被引频次、在知网中心网站的下载频次。

4）平台数据要素作用。知网平台对合作的海量数据进行标引和XML加工，除了提供及时、高质量的文献查询、下载等服务，还开发了系列增值产品和服务。例如：①腾云数字出版系统，通过数字化手段实现了在线约稿、投稿、组稿、协同创作、协同编辑等出版工作流程，提供了排版格式精灵、AIGC 检测、智能审校、参考文献核校、审稿人智能推荐、全媒体资源管理等增值服务。②学术评价支撑平台，包括中国引文库、学术精要库、期刊评价库等。③学术不端文献检测系统，广泛用于稿件初审和学位论文查重。

3. 万方数据

1）平台核心资源。万方数据库收录期刊论文、学位论文、会议论文、科技报告、标准、专利、科技成果、法律法规等种类的资源。其中，中国学术期刊数据库收录始于 1998 年，收录北京大学、中国科学技术信息研究所、中国科学院文献情报中心、南京大学、中国社会科学院历年收录的核心期刊，数据来源为与期刊签订合作协议。

2）平台特色和优势。万方数据以其全文收录、广泛的学科覆盖、学术成果评价等特色，为我国科研人员提供了丰富的学术信息资源和综合性的知识服务。具有以下特点：①以多维的角度进行数据分析。采用文献计量法对 H 指数、文献量、被引量、学者数、机构数等指标进行多维统计分析，提供全面准确的各类指标数据。②以可视化的方式呈现分析结果。运用图形学、信息可视化技术，将研究兴趣、发文趋势、学科分布等分析结果，更加直观、清晰地进行展示，反映各类指标的发展趋势。③提供智能化文献推荐服务。平台根据场景、偏好、近期热门文献等因素综合分析，为读者提供智能化、智慧化的文献推荐服务。④全方位整合信息。平台对关键词、学者、机构、学科、期刊等多种信息进行深度整合，可帮助读者迅速找到所需全部信息。

3）平台数据要素构成。主要包括：①期刊基础数据。包括期刊名称、期刊简介、ISSN 号、主办单位、创刊时间、出版周期等。②文章元数据。包括文章标题、作者、摘要、关键词、基金项目等。③引用数据。包括文章的被引频次、引用来源、引用类型等。④期刊评价数据。这主要包括期刊的影响因子、5 年影响因子等。

4）平台数据要素作用。万方数据平台通过文献资源进行智能化决策，并推出多维度学术大数据分析系统"灵析"。灵析运用分布式大数据云计算，对海量学术资源进行多维度个性化对比分析，为研究人员发现选题方向、寻找科研合作伙伴、推荐发文期刊，为高校学科建设和政府科研决策，提供数据支撑，实现全场景科研决策赋能。

5）平台数据流的运行状况。万方的数据管理流程主要有：①数据存储。与期刊达成合作，将论文文献资源存储在平台数据库中。此外，还存储有专利、标准、科技报告等其他资源等。②数据加工。万方平台通过对文献资源进行处理分析，提供万方选题、关键词知识脉络、主题分析等多场景科研赋能服务。③数据可视化分析。以可视化的方式呈现研究兴趣、发文趋势、学科分布等数据分析结果。④科研成果开放与共享。万方提供学术圈、学者知识脉络、科技成果共享管理系统等服务，鼓励论文作者进行学术交流。

（六）集群期刊网站

中国光学期刊网

1）平台核心资源。中国光学期刊网是一个专注于光学领域的学术资源平台，依托中国科学院科技期刊改革项目，整合了国内众多知名的光电期刊资源，其数据库涵盖了包括《中国激光》《光学学报》等在内的权威光学期刊以及部分高端期刊从创刊至今的全部数据。此外，该网站还收录了国内国际光电领域学术会议论文集，并提供了国外大型数据库的文献摘要信息及全文链接，确保研究者能够第一时间掌握国内外前沿研究成果和光电行业最新信息。

2）平台特色和优势。主要包括：①专业性强。中国光学期刊网专注于光学领域，为研究者提供了大量高质量、专业的学术资源。②资源丰富。网站整合了国内外众多权威的光电期刊和学术会议论文。③更新及时。网站内容更新迅速，确保研究者能够及时了解最新的研究成果和行业动态。④技术先进。网站数据运行依赖于强大的数据管理系统和先进的技术平台，通过自动化和智能化的数据处理和分析技术，确保数据的准确性和时效性。

3）平台数据功能及作用。中国光学期刊网主要收录光学领域的学术论文数据，不仅包含了文章的标题、作者、摘要、关键词、全文、引用信息、下载量等数据，提供了便捷的数据检索和下载功能，还通过数据分析帮助研究机构和学术期刊了解学术趋势，制定出版和研究策略。该平台促进了光学领域的学术交流与合作，推动了学科的发展。

（七）题录和引文索引数据库

1. WoS

1）平台核心资源。Web of Science（WoS）核心合集包括：科学引文索引 SCI、社会科学引文索引 SSCI 和艺术与人文科学引文索引 A&HCI、新兴源引文索引 ESCI、图书引文索引 BKCI、国际会议录引文索引 CPCI 等引文数据库，以 ISI Web of Science 为检索平台。WoS 检索系统以 WoS 核心合集为核心，整合了学术期刊、发明专利、会议录文献、化学反应和化合物、学术专著、研究基金、免费网络资源、学术分析与评价工具、学术社区及其他信息机构出版的重要学术信息资源等，提供了自然科学、工程技术、生物医学、社会科学、艺术与人文等多个领域的学术信息。总体而言，WoS 以其引文索引、跨学科覆盖、全球学术网络和强大的分析工具等特色，为全球研究人员提供了重要的学术支持和科研资源。截至 2024 年 4 月，WoS 收录了 19 亿条参考文献、8590 万篇追溯到 1900 年的文献记录、2.1 万种同行评议期刊、30 万个会议论文集、13.4 万本图书、2000 万条基金资助记录、1720 万篇文献带有开放获取的全文链接[10]。

2）平台特色和优势。主要包括：①WoS 与多个专业数据库链接，以扩展自身的检索能力和范围，并基于知识整合提供引文关系图。其知识整合服务的核心是引文索引。②WoS 提供了强大的引文分析功能，如共被引分析、耦合分析、引文路径分析等，全面深入了解文献的学术价值与影响力。WoS 对每个检索结果提供 4 个链接：Times Cited 提供该文献及系列被引文献的被引次数、Related Records 根据文献间的共引度提供相关文献的检索、Citing Reference 提供该文献的施引文献、Cited Reference 提供该文献的被引文献。③平台 InCites 的引文主题分析，基于引用的分类算法，将相关文献汇聚到一起，形成离散的相关文献集群，并动态更新。这种分类方法有助于发现新兴学科、跨学科的研究热点和趋势，推动学科交叉与融合。④WoS 平台除核心合集外，还开发了 InCites、JCR、ESI 等产品，被广泛用于学术评价。在评估学者、期刊和机构的学术水平和国际影响力方面享有盛誉，为学术评价提供了客观依据，许多高校和研究机构将其作为评价研究成果和研究人员的重要依据。WoS 基于引文数据及分析结果，每年发布各类评价报告，包括：每年 6 月发布的 JCR 期刊评价报告，提供期刊影响因子、总被引频次等指标；ESI 数据库每双月更新高被引论文与热点论文名单；每年遴选"全球高被引科学家"、发布《研究前沿》报告、《研究前沿热度指数》报告、《中国国际科研合作现状报告》等。

3）平台数据要素构成。主要包括：①WoS 核心集期刊以及合作的索引数据均经过严格筛选，其中 WoS 核心集的初始筛选指标基于 24 个"质量标准"，包括出版信息、同行评议政策、学术内容质量和相关性等等；还会根据 4 个"影响标准"对期刊继续进行评估，以期刊、作者、编辑委员会的引证情况为主要指标。如果某个期刊不再满足 WoS 核心库的收录标准则会被剔除。②WoS 的数据要素主要包括期刊信息、文献信息、作者信息、引文信息等，支持其强大的检索和数据分析功能。期刊信息包括期刊名称、主办单位、ISSN 号等。文献信息包括标题、作者、摘要、关键词、学科分类、基金项目、语言、出版日期、DOI 等。作者信息包括作者的姓名、所属机构等。引文信息则展示了文献之间的引用关系，支持包括查询文献被引频次、引用来源分析、引用类型分析等功能。

2. 中国科学引文数据库

1）平台核心资源。中国科学引文数据库（Chinese Science Citation Database，CSCD）创建于 1989 年，收录数学、物理、化学、天文学、地学、生物学、农林科学、医药卫生、工程技术、环境科学、管理科学等领域出版的中英文科技核心期刊和优秀期刊千余种，目前已积累从 1989 年到现在的论文记录 640.66 万条，引文记录 1.07 亿条[11]。该数据库由中国科学院文献情报中心运维，是中国科学文献服务系统的组成部分之一。

2）平台特色和优势。CSCD 除传统的检索功能外，还提供引文索引。引文索引可挖掘海量数据并发现文献间的关联，不仅能详细展示某篇文献的被引情况，还从早期重要文献或学者入手，检索到同一领域近期发表的文献，能为交叉学科和新学科的发展研究提供参考。

3）平台数据要素构成。主要包括：①中国科学引文数据库来源期刊每两年遴选一次，每次遴选依据遴选原则和遴选流程，采用定量统计、专家评审相结合的方法进行遴选。2023~2024年度来源期刊1341种，其中中国出版的英文期刊317种，中文期刊1024种。来源期刊分为核心库和扩展库两部分，其中核心库996种，扩展库345种。②对来源期刊的内容进行揭示，通过论文题名、作者、机构、基金、参考文献等信息，构建了中国科学引文数据库检索平台①。利用文献及引文之间的关系，呈现科学研究的脉络，为科研工作者提供检索及发现信息的途径和方法。

4）平台数据要素作用。CSCD运用科学计量学和网络计量学的方法分析CSCD和SCI数据库的年度数据，客观分析我国各地区、高等院校、科研院所、科学研究者的科技论文产出力与影响力，全面揭示我国自然科学领域论文产出状况和高影响力机构的区域分布状况，为科研管理部门等用户提供量化的决策参考依据。

3. 国家科技图书文献中心

1）平台核心资源。国家科技图书文献中心（NSTL）是科技部等六部门成立的一个基于网络环境的科技文献信息资源服务体系，由中国科学技术信息研究所等九个文献信息机构组成，按照"统一采购、规范加工、联合上网、资源共享"的机制，采集、收藏和开发理、工、农、医各学科领域的科技文献资源，面向全国提供公益的、普惠的科技文献信息服务[12]，已形成集中外文学术期刊、会议录、学位论文、科技报告、图书、专利、标准和计量规程等于一体，印本和网络资源互补的保障格局。外文印本文献年度发订品种约2.4万种，其中外文期刊约1.5万种，外文会议录等文献约9000种；面向全国开通网络版外文现刊400余种，回溯期刊3589种，OA学术期刊14000余种。

2）平台特色和优势。主要包括：①收录资源全。作为国家级科技文献信息资

---

① http://sciencechina.ac.cn

源保障基地，NSTL 组织 9 个成员馆完成了国内外重要科技文献的订购、保存、开发利用工作。除了印本以外，还引进专业性强的国外专业学协会现刊数据库 30 余个、购买了国外大型学术出版社、知名大学、学协会的回溯期刊数据库，对国外开放获取资源进行统一揭示和集成管理。②服务体系。以题录、引文库为网络索引，在线下载论文和（或）申请原文传递、代查代借、参考咨询服务、获取全文和服务。NSTL 有全国开通、部分单位联合开通、中心成员单位开通三级数字资源保障体系；以网络服务系统为核心，依托地方和行业科技信息机构建立 44 个服务站。③知识组织功能。面向外文科技文献信息，NSTL 建成了具有自主知识产权的外文科技知识组织体系，开展超级科技词表内容建设，填补了我国外文大型集成词表的空白。此后，还研究了知识组织体系自动构建技术、知识组织体系关联数据发布、知识产权保护机制等。基于科技文献内容深度挖掘及智能分析关键技术，开发科技文献自动分类、智能聚类、可视化分析、科研动态监测、关键技术识别、研究评估评价等智能化知识服务和智能化情报分析软件工具。

3）平台数据要素构成。主要包括：①数字文献资源长期保存。截至 2023 年底，国家数字科技文献资源长期保存体系（NDPP）已实现包括施普林格·自然、爱思唯尔、约翰·威立、泰勒·弗朗西斯等国际主要综合学术出版社和重要专业学协会出版社的全文期刊、图书、学位论文和工具型数据库等 80 个数据库长期保存，保存全文约 1.46 亿篇。②基础数据包括期刊基础数据、文章元数据、引文数据、馆藏单位等，方便后续获取全文。

4）平台数据的运行。主要包括：①中心按照统一标准、分布加工、集中建库、联合上网的原则组织开展馆藏文献编目和文摘数据库、引文数据库建设。中心对采集的英文、德文、法文以及日俄文期刊、会议录、科技报告、文集汇编等文献进行文摘数据加工，建设了馆藏文献文摘数据库，累计各类文献文摘数据 2.25 亿条。中心依托馆藏的国外科技文献，自主建设了国际科学引文数据库（Database of International Science Citation，DISC），收录了理、工、农、医各学科领域的 3000 多种核心西文期刊，已累计引文数据 3.78 亿条。②2023 年 12 月 14 日，国家科技图书文献中心召开"NSTL 新流程新系统发布会"。经过几年的数字化业务流程再造、文献资源发现系统建设和改版等工作，重新设计了数字化业务布局和流程，建设了新一代的数字资源管理、加工和集成系统，研发了基于资源发现的网络服务系统，实现了从印本文献到数字资源、开放获取资源、第三方合作资源的集成管理，从数据加工向数据集成、数据增值计算、语义标注、知识标引的数据管理转变，以及馆藏文献、回溯期刊、OA资源、第三方数据的一站式检索和浏览。

（八）文献资源发现平台

1. Google Scholar

1）平台核心资源。Google Scholar 是一个面向公众开放的免费学术搜索引擎，是拥有海量学术文献资源库的学术资源搜索平台，提供学术资料的报告、摘要及引用内容等信息。用户需在提供内容的出版商网站下载所需资料原文。

2）平台特色和优势。主要包括：①Google Scholar 支持多语种的搜索语言，用户可以轻松地在一个地方就对全球范围内的学术文献进行检索。②谷歌学术检索页面即提供一框式的基本检索，又提供高级检索功能。高级检索允许用户设定作者、出版物、出版时间等条件，从而缩小搜索范围，获得更精确的检索结果。用户可浏览相关作品、引文、作者和出版物等信息。③谷歌学术的目标是像研究人员一样对文件进行排名，根据文件的全文、出版地点、作者以及在其他学术文献中被引频次和被引用的时间进行综合排序。平台提供被引次数为参考指标，展现某领域最重要的学术文献；用户可查看谁引用了该文献，从而持续追踪该领域的研究动态。④Google Scholar 的衍生工具 Google Scholar Metrics，统计了出版物的 H 指数、H 核心和 H 中位数等指标，简单、迅速地评估学术出版物的可用性和影响力，帮助用户选择发表最新研究成果的期刊。

3）平台数据要素作用。Google Scholar 可以通过分析某一领域或课题的历年研究论文数量、引用情况等数据，了解该领域的研究动态和发展趋势。谷歌学术还提供了个性化设置，用户可以根据自己的需求设置关注的领域、作者或期刊，以便及时获取相关学术动态。

4）平台数据流的运行状况。谷歌学术能够检索的资源主要来源于学术出版商、专业学协会、在线知识库、大学和其他网站的文章、论文、书籍、摘要和法院文书等。

2. AMiner

1）平台核心资源。AMiner 平台的核心资源主要包括海量的学术数据、先进的挖掘技术和专业的分析团队。学术数据涵盖了全球范围内的学术论文、专利、学者信息、科研机构信息等，论文成果总量达到 2.8 亿条。平台拥有先进的数据挖掘技术，能够高效地处理和分析这些数据，提取出有价值的信息。此外，专业的分析团队也是平台的重要资源，他们具备深厚的学术背景和丰富的实践经验，能够为用户提供高质量的分析结果和建议。

2）平台特色和优势。Aminer 平台的特色在于其专注于学术领域的数据挖掘与分析，能够为科研工作者和学者提供精准、全面的学术信息和推荐。平台通过深度挖掘学术数据，揭示了学术领域的发展动态、研究热点和潜在趋势，为用户的科研工作提供了有力的支持。此外，Aminer 还针对期刊用户提供服务，包括：在现有读者之外，为中英文期刊的扩展目标读者精准推送期刊优选文章；帮助期刊在交叉领域和新兴热点领域寻找国内外合适的约稿对象；帮助期刊建立持续更新的审稿人库，并自动推荐审稿人，提高审稿效率等。

3）平台数据要素构成。AMiner 平台以科研人员、科技文献、学术活动三大类数据为基础，构建三者之间的关联关系，深入分析挖掘，面向全球科研机构及相关工作人员，提供学者、论文文献等学术信息资源检索以及面向科技文献、专利和科技新闻的语义搜索、语义分析、成果评价等知识服务。平台的数据要素主要包括学术论文、专利、学者信息、科研机构信息等。

4）平台数据要素作用。在 AMiner 平台中，各类资源数据是平台进行分析和推荐的基础，通过对学术论文、专利等数据的深度挖掘和分析，平台能够揭示和深入了解最新的科研动态、技术趋势以及创新发展脉络。对于海量资源，通过人工标注数据、自动采集数据等多种方式构建形成的数据要素体系，实现充分共享、聚合，支持完成学者画像、机构画像、期刊画像等功能，并支持跨学科研究和探索。数据要素的准确性和完整性能有效支持平台为用户提供学术领域的人才分布和机构实力信息，寻找合作伙伴建立合作关系等对精准度要求较高的服务功能。

5）平台数据流的运行状况。AMiner平台通过高效的数据采集、清洗、整理和分析机制，实现了数据的实时更新和动态管理。同时，平台还建立了完善的数据安全防护体系，确保数据的安全性和隐私性。在数据流的应用方面，平台将数据与用户需求紧密结合，通过精准的分析和推荐算法，为用户提供个性化的学术信息和建议。此外，平台还不断优化数据流的处理和分析流程，提升数据处理效率和准确性，为用户提供更好的服务体验。

（九）数据仓储库

1. Harvard Dataverse

1）平台核心资源。Harvard Dataverse（HD）是免费开放的数据仓储平台，与100余种期刊合作共同开放数据。从学科分布来看，其更加偏向于收录社会科学数据。其数据保存于Harvard FAS研究计算中心，支持广义索引和长期保存功能。

2）平台特色和优势。考虑到元素的数量和复杂性，HD采用外层和内部模块化的元数据组织模型。平台将数据集描述分为宏观数据集层描述和微观文件层描述，在数据集层内部对元素进行模块化组织，充分对数据集进行从宏观到微观的描述，既可整体引用数据集，也可引用局部数据文件。如此，可凸显每一个元数据元素在描述功能的层次适用性，将数据集的充分描述与元素组织的逻辑性充分融合。

3）平台数据要素构成。主要包括：①元数据。包括数据的标题、作者、数据描述、关键词、学科分类、数据使用许可、DOI、出版日期、标题分类、相关出版物、储存日期、储存者、收录日期等。②使用数据。主要是数据的下载量和访问量。通过下载量和访问量数据，HD可以分析学科热点，也为作者提供学术认可和评价参考。

4）平台数据流的运行状况。主要包括：①数据收集。HD的数据来源为用户上传。在元数据创建方面，采用元数据模版复用的方式减少用户手动输入量，用户可自由创建、复制、修改、删除元数据模版，若需标引多个相同领域数据集和相似元数据，可复制元数据模版，在模版中修改必要的元数据标引。②数据处理。收集到的数据需要进行处理，包括清洗、整合、验证等，以确保数据的准确性和可靠性。

③数据存储。处理后的数据需要存储在适当的数据库或数据仓库中,以便后续的分析和处理。④数据分析。HD 统计数据量及访问量、下载量等数据使用指标。⑤数据共享和开放。在保护知识产权和隐私的前提下,公开用户上传的数据,以促进学术交流和合作。⑥数据安全保障。HD 在数据共享的过程中注重保障数据安全和数据所有者权益。数据所有者可运用元数据的条款(Terms)元素限定数据下载者从数据集层到文件层的数据使用权限。其名为 Dataset Guestbook 的内置工具能帮助数据所有者掌握下载者的姓名、邮箱、机构和地理位置等主要信息,保障数据所有者对数据下载情况的知情权。

2. ScienceDB

1)平台核心资源。ScienceDB(科学数据银行)是一个开放的通用型科学数据存储与发布平台,旨在服务全球开放科学数据共享事业。该平台由中国科学院计算机网络信息中心建设维护。ScienceDB 面向全球科研工作者、科研团队、学术期刊及出版商、科研机构及高校等利益相关者,提供科学数据存储、长期保存、出版、共享和获取等服务。平台提供多种数据共享方式与多样的数据许可协议,充分尊重和保障数据所有人权益[13]。

2)平台特色和优势。ScienceDB 对所有发布数据资源进行了搜索引擎发现优化,发布数据能够快速进入国际学术索引平台和国际化传播渠道,并通过多维度、多粒度呈现数据集影响力情况。ScienceDB 提供 API 服务,方便用户获取本站点的数据与内容,进一步推动数据开放共享事业。此外,平台还提供开放档案倡议-元数据获取协议(The Open Archives Initiative Protocol for Metadata Harvesting,OAI-PMH)服务。OAI 协议是一种通用的元数据获取协议,旨在提高互联网资源的共享范围和能力,将进一步拓展站点数据集的传播途径。

3)平台数据要素构成。主要包括:①数据集的元数据。ScienceDB 的必备元数据元素包括语言、标题、关键词、数据集简介、学科分类、通讯作者邮箱、数据集作者、数据类型、许可协议、数据共享方式,选择性元素包括关联论文标题、URL、DOI、数据集参考链接、基金支持信息。②评价数据。包括使用频次、数据评分、收藏次数等指标。

4）平台数据要素作用。根据数据集的评价数据，ScienceDB 可分析统计学科的关注热点和预测未来发展趋势，进而提供更人性化的学科支持服务。

5）平台数据流的运行状况。ScienceDB 提供了将数据、文本、照片、图像、插图或其他信息添加、创建、上传、提交、发布（提交）到网站的功能，统称"用户提交"。主要包括：①数据收集。ScienceDB 采集数据的方式为与数据期刊合作，其数据关联方式为 DOI、PID、CSTR，支持大部分类型的文件，不限制数据大小。②数据审核。为数据提供"匿名私有链接"和"私有访问链接"，以便对论文关联数据进行同行评议。③数据分析。ScienceDB 对数据的使用指标进行数据统计，其统计的指标包括数据使用频次、数据评分、收藏次数、引用文件下载量，并对每个数据的影响力进行持续追踪。④数据共享和开放。ScienceDB 为每个数据分配 DOI 和 CSTR，并提供多样的数据共享方式。⑤数据安全保障。为防止数据滥用，ScienceDB 允许用户设置默认许可协议外的数据保护时间段或公开时间节，实现数据民主的监控。为防止数据被篡改，ScienceDB 集成科学数据链（Science Data Chain）的功能，将收录的全部数据记账上链，覆盖数据集粒度和数据文件粒度的确权，开展数据防篡改的实践探索。

二、科技期刊平台建设内容

（一）科技期刊平台的核心内容

科技期刊平台的核心内容是为全球范围内的学者提供一个开放、便捷、高效的学术交流与知识传播平台，推动全球学术研究的发展与进步。

1）优质的学术资源：学术期刊平台必须拥有丰富的、高质量的学术资源，包括各个学科领域的研究论文、学术期刊、会议论文等。这些资源需要经过严格的审核和筛选，确保其学术价值和可信度。学术资源的主体包括：①学术论文：全球范围内的大量学术论文，包括期刊论文、会议论文、学位论文等。这些论文涵盖了各个学科领域的前沿研究和最新成果，为学者提供了丰富的学术参考和研究基础。②专利文献：专利是科技创新的重要体现，包括发明专利、实用新型专利和外观设计专利等,有助于学者了解技术发展趋势和市场动态,为科研创新提供灵感和支撑。学术平台往往也提供专利文献的检索和查询服务。③学术数据库资源:学术平台通常会接入多个权威的学术数据库,如CNKI、万方、维普等。这些数据库涵盖了广泛的学科领域和学术资源,包括期刊、图书、报告等,有效扩大平台的内容规模。④学者和机构:学术平台还会整理和展示学者和机构的信息,包括学者的研究方向、学术成果、合作情况,以及机构的科研成果、项目情况等。这些信息有助于学者了解学术领域的人才分布和机构实力,为合作和交流提供便利。⑤学术活动和会议信息:学术平台还会发布和报道学术活动和会议的信息,包括学术会议、研讨会、讲座等。这些资源为学者提供了参与学术交流和讨论的机会,有助于拓宽学术视野和建立学术网络。

2)开放获取政策:学术期刊平台通常遵循或兼容开放获取政策,即允许任何人都可以免费获取和使用平台上的某些学术资源。这有助于促进学术交流和知识传播,提高学术研究成果的可见性和影响力。实施开放获取政策对于学术平台来说,具有多方面的重要意义。首先,它极大地拓宽了学术资源的受众范围,使得更多人能够参与到学术研究中来,无论是学者、学生还是普通公众,都能够平等地获取和使用这些资源,这有助于增强学术研究的社会影响力,推动科学知识的普及和传播。其次,开放获取政策有助于提升学术成果的可见度和影响力。开放获取打破了订阅范围和访问权限,使得学术成果能够被更多人发现和引用,从而提高了其影响力和学术价值。此外,开放获取政策还有助于促进学术交流和合作。当学术资源变得更加容易获取时,学者之间的交流和合作也会变得更加频繁和便捷。这有助于形成更加开放和包容的学术氛围,推动学术研究的深入发展。

3)先进的检索技术:为了方便用户快速、准确地找到所需的学术资源,学术期刊平台通常配备先进的检索技术,如全文检索、关键词检索、作者检索等。这些技术可以帮助用户快速定位到相关文献,提高研究效率。学术期刊平台的检索技术发展前沿是智能检索技术,具体包括:①个性化检索服务:基于大数据和人工智能技术,系统能够根据用户的学术兴趣、研究方向以及过去的搜索历史等信息,为其推荐相关的高质量学术资源。这不仅提升了用户检索的效率,也使得学术资源的推荐更加精准和人性化。②语义检索技术：通过理解文献的语义信息来进行检索，使得用户可以用自然语言提问，系统将自动理解其语义并进行相关内容的检索。这种技术克服了传统关键词检索的局限性，提高了检索的准确性和效率。③跨平台整合与互操作性：学术期刊平台正致力于实现跨平台的资源整合与互操作性，将不同平台、不同格式的学术资源进行整合，为用户提供一站式的检索服务。这不仅减少了用户在不同平台间切换的麻烦，也提高了资源的利用率。④深度学习与机器学习在检索中的应用：通过训练模型来识别用户的搜索意图和模式，从而优化检索结果。这些技术使得检索系统能够更准确地理解用户需求，提供更有价值的学术资源。⑤可视化与交互式检索界面：为了提升用户体验，学术期刊平台还注重检索界面的可视化和交互式设计。用户可以通过图表、热力图等可视化工具更直观地了解学术资源的分布和关联，同时也可以通过交互式界面进行更灵活的检索操作。

4）互动与协作功能：学术期刊平台通常提供互动与协作功能，如在线评论、问答、共享文档等。这些功能可以促进学者之间的交流与合作，推动学术研究的进步。典型的应用场景包括：①在线协作工具：学术期刊平台通常提供一系列在线协作工具，如共享文档、在线编辑器等，使研究者能够共同编辑和审阅文档，协同完成研究任务。这些工具可以大大提高团队协作的效率，减少沟通成本。②学术活动垂直发布：平台经常发布各类学术活动信息，如学术会议、研讨会等，并为用户提供参与这些活动的机会。通过线上或线下的方式参与这些活动，研究者可以扩大自己的学术视野，结交更多的同行，并获取最新的学术动态和研究成果。③学术资源共享：平台通常设有共享空间，允许用户上传和分享自己的研究成果、数据集等资源。这不仅有助于推动学术资源的开放获取和共享利用，也有助于促进不同领域之间的交叉合作和创新。

5）支持国际合作与交流：国际学术出版需要国际合作与交流，与其他国家和地区的学术机构建立合作关系，共同推动学术研究的发展。拓宽学者的国际视野，促进不同文化背景下的学术交流。学术期刊平台通常具备在线交流与讨论的功能，学者和研究人员可以在平台上围绕一篇论文、一个选题、一本期刊等共同感兴趣的话题展开讨论，分享经验和心得。这种在线交流的方式打破了地域限制，使得国际的合作变得更加便捷和高效。平台可以作为一个连接点，将不同国家和地区的学者和研究人员聚集在一起，共同开展联合研究或项目合作。通过平台的资源整合和协调，可以形成跨国的科研团队，共同解决全球性的科技问题。

6）数据挖掘与分析：学术期刊平台可以利用大数据技术对平台上的学术资源进行挖掘与分析，发现新的研究趋势和热点，为学术研究提供有价值的参考信息。学术平台的数据发掘功能为研究人员提供了强大的工具，有助于他们更好地了解学术领域、评估学术成果、发掘研究信息以及提取有价值的知识和见解。数据发掘并非简单地收集和处理数据，而是需要借助人工智能、机器学习、统计等方法进行深入的数据分析。这包括对数据进行清洗、去噪、归一化等预处理步骤，以及运用统计分析、机器学习等方法揭示数据之间的关系和规律。通过这些步骤，研究人员可以从数据中提取出有价值的信息和知识，有助于研究人员把握学术前沿，发现新的研究方向，为学术研究提供有力支持。通过对研究领域的全面分析，研究人员可以挖掘出关键词、作者、研究机构等信息，进而分析特定领域的研究发展趋势和人物地位，增加合作机会。

（二）科技期刊平台运行的数据流模式

大部分期刊平台的数据流主要遵循以下通用模式：

1）数据收集：期刊平台首先需要获得数据授权，然后建立数据收集机制，并通过流程和管理确保入口数据的质量、完整性、及时性。根据各类期刊平台定位和功能的不同，其数据来源也有很大差异。①服务上游的投审稿平台和出版平台，业务流数据主要包括作者上传稿件、编辑和审稿人审理稿件及提出修改意见、排版稿件形成各种版本、最终发布到期刊平台或交付印刷厂印刷。除此之外，投审稿平台还必须建立和管理支持采编发业务的各类支撑数据库和工具，包括作者库、审稿人库、提供参考文献检测的文献库及检测工具、提供文字重复率检测的比对库及检测工具、提供智能排版的各种格式模板库及自动排版工具等。有的工具底层需要大型数据库支持，通常由专业公司开发，投审稿平台调用，也有的由具备实力的期刊平台自行开发，向期刊社提供服务。②服务中下游的期刊传播、知识服务平台，主要通过聚合资源形成规模，提供知识服务。数据主要来自收集各加盟期刊的已出版数据。此类平台通常会制定一定的收录标准，入编期刊必须满足一定的质量标准和形式标准，平台还开发方便期刊上传数据的工具接口，并有专门的数据部门负责监控数据提交情况，并对数据质量进行核校检查，以确保入口数据的完整性、规范性、及时性。③开放获取类平台，此类平台通常是公益性，以较少的投入为大众提供必要的资源，其数据管理不如商业性期刊平台管理严格和服务完善，通常由合作方利用开放获取平台提供的资源入口提交数据，或由学者在机构知识库、学术社区与论坛分享资源。

2）数据处理：收集到的数据需要进行处理，包括清洗、转换整合、验证、标引和分类、碎片化、规范化、建立关联、入库等，以确保数据的准确性和可靠性。在这个过程中，可能会需要运用数据挖掘和机器学习等技术来辅助识别和修正错误的数据。核心环节的处理模式通常为：①数据收录处理。包括数据清洗、格式转换、完整性验证、登记入册等。在收集到原始数据后，学术期刊平台会进行数据清洗工作，包括去噪、纠错、去重等操作，以确保数据的准确性和唯一性。格式转换方便统一格式，以便进一步由机器进行分析和处理。完整性验证是确保期刊平台数据质量的关键一步，需要验证论文中各项元数据的完整性，以及期刊提交论文与印刷出版版本之间的一致性。只有符合质量要求的数据才能进入下一步加工环节。②元数据加工。包括标引和分类、碎片化、规范化、结构化。为了进一步提高数据质量，满足检索、知识服务、评价的需求，期刊平台对检测合格的期刊论文需要进行元数据加工。例如：标引论文标题、DOI、作者、机构、摘要、关键词、基金、参考文献，甚至需要对正文目录、各章节、各级标题等进行标注。此外，还需要将论文中的图、表、概念、方法、结论等加以提取和标注，对标注出来可能重复出现的元素还需要进行规范化，例如：作者、机构、基金等；对文章进行学科分类，给出学科代码；对文章进行排版格式的转化，生成文本、CAJ、PDF、XML等格式文件，以便读者可以在各种终端设备上方便阅览。③建立关联。期刊平台上的学术论文不是孤立的，而是通过合作网络、引证网络、知识网络连接在一起的有机整体。因此数据层面需要为这种联系做好数据准备。除了作者与作者、文献与文献、机构与机构、期刊与期刊之间要建立连接关系，文献与项目、文章中的概念与词典里面对概念的解释、文章中的仪器设备与仪器设备提供商的设备使用说明等也可以建立关联。这些关联有时会突破期刊平台收录的数据范围，拓展到学术圈以及为学术服务的科研环境。这些功能的实现需要期刊平台拓展数据范围。

3）数据存储：处理后的数据需要存储在适当的数据库或数据仓库中，以便后续的分析和处理，同时需要综合考虑数据类型、数据量、访问频率、安全性等因素。数据存储模式可大体划分为：①传统模式，包括文件系统存储方式、关系型数据库或非关系型数据库等结构化或半结构化的存储模式，在易于理解、易于管理、易于操作的同时提供一定的灵活性和可扩展性。②分布式文件系统：分布式文件系统将数据分散存储在多个服务器上，以提供可靠性和高可扩展性。这种方式适用于数据量巨大、需要跨多个服务器进行存储和访问的场景。③采用云存储技术，将数据存储在云服务器上，实现数据的远程访问、备份和共享。这种方式可以满足数据随时随地的需求，并提供更好的数据安全性。

4）数据分析与呈现：利用人工智能技术和大数据分析技术，对期刊平台存储的数据进行分析，提取有价值的信息和知识，为用户提供更优质的情报服务、评价服务。常用的数据分析工具包括：①文献的自动分类与聚类：聚类分析可以用于对学术论文、研究领域或学者进行归类，发现其中的潜在结构和模式，并从大量的学术数据中提取出关键因子，帮助研究者理解学科发展的内在规律、特征、趋势。文本挖掘和情感分析可以帮助研究者提取文本中的关键信息、识别主题和观点，并分析文本所表达的情感倾向。②数据统计分析：通常期刊平台都会记录和分析期刊及论文在平台上的传播使用情况，例如：主题词出现的频次、论文的下载量和浏览频次、被引用频次等，结合时间因素，通过设计指标来反映期刊传播和影响力状况，通常使用的数据有总量、均值、中位数、众数、标准差等。学术期刊平台还提供这些统计指标的分析和解读，了解数据的分布情况、集中趋势和离散程度。③数据可视化：将统计分析后的数据以图表、报告等形式呈现，以便用户更好地理解和利用数据。常用的可视化效果主要通过图表呈现，包括使用折线图、柱状图、饼图等不同类型的图表来展示数据的趋势、分布和比例关系；使用热力图，通过颜色的深浅来表示数据的大小或密度；使用网络图展示节点之间的连接关系，如作者合作网络、引用关系网络等；使用词云，将文本数据中频繁出现的词汇以不同大小、颜色的字体展示学术论文的关键词分布、研究领域的热点话题等；使用地图展示具有时空特性的数据，例如，通过地图展示不同地区的研究成果分布情况或者通过时间线展示研究领域的发展历程。

5）数据安全保障：期刊平台需要建立完善的数据安全保障机制，包括数据加密、访问控制、备份恢复等措施，以防止数据的泄露、篡改、滥用、丢失和损坏等。具体包括：①建立完善的数据管理制度：制定详细的数据收集、存储、备份、共享和销毁规定，确保数据在整个生命周期内都得到妥善管理。②采用加密技术和访问控制机制：对敏感数据进行加密处理，同时设置严格的访问权限，确保只有授权人员能够访问相关数据，这有助于防止数据泄露和非法访问。③建立数据安全备份和恢复机制：定期备份数据，并建立快速恢复机制，以防意外数据丢失或损坏。这能够确保在发生问题时能够迅速恢复数据，保障学术研究的连续性。

（三）科技期刊平台数据要素的运行机制

期刊平台数据要素发挥作用的机制是通过收集、整理、分析和利用各类数据，为平台管理者提供决策依据，优化期刊内容和服务，推动学术评价和协同发展，促进服务创新和运营优化。这些机制共同作用，推动期刊平台的持续改进和发展，提升期刊的学术影响力和市场竞争力。具体包括：

1）数据驱动的决策机制：期刊平台通过收集和分析各类数据，如用户行为数据、期刊评价数据等，可以更全面地了解期刊的运营情况、读者的需求偏好以及学术趋势等。这些数据为平台管理者提供了有力的决策依据，帮助他们制定更合理的发展策略、内容优化策略和市场推广策略。

2）数据赋能的内容优化机制：通过分析文章的元数据、引用数据等，期刊平台可以评估文章的质量和影响力，从而优化期刊的内容选择和编排。同时，通过挖掘用户行为数据，平台可以更准确地把握读者的兴趣偏好和阅读习惯，为期刊提供更贴合读者需求的内容和服务。

3）数据驱动的学术评价机制：期刊平台可以利用引用数据、期刊评价数据等，对期刊和文章进行学术水平的客观评价。这些评价结果为作者提供了学术认可，也为读者提供了质量参考，促进了学术交流和合作。

4）数据驱动的协同发展机制：通过共享和开放数据，期刊平台可以促进学术机构、科研团队之间的协同发展。例如，平台可以提供 API 接口，允许其他机构获取和利用期刊平台的数据，进行二次开发和创新应用，推动学术研究的深入和发展。

5）数据驱动的服务创新机制：通过对用户行为数据的深度分析，期刊平台可以发现用户的潜在需求和问题，从而推动服务创新和改进。例如，平台可以根据用户的阅读习惯和兴趣偏好，推荐相关的文章、作者或研究机构，提供更具个性化的服务体验。

6）数据驱动的运营优化机制：通过对运营数据的分析和管理，期刊平台可以了解期刊的发行情况、广告收入等运营情况，从而制定合理的定价策略、成本控制策略和营销策略。这有助于平台实现经济效益和社会效益的平衡发展。

三、科技期刊平台内容建设路径

（一）与高水平数字化出版平台的差距

建设自主品牌的高水平数字化出版平台，改变目前我国大多数科技期刊不能基于自有平台运营的被动局面。这样的平台可以全方位为科研工作者提供学术成果展示和信息服务，增强科研成果的国际传播力，助力扩大中国科技文化的国际影响力。与国际领先出版平台相比，我国差距主要体现在：

1）平台规模和影响力：与国际知名出版集团和出版平台相比，我国在高水平数字化出版平台的建设方面还相对落后。国际上一些知名的出版集团，如爱思唯尔（Elsevier）、施普林格·自然等，已经建立了规模庞大、影响广泛的数字化出版平台，而我国在这方面还需要进一步发展和提升。

2）技术水平和创新能力：高水平数字化出版平台的建设需要具备先进的技术水平和创新能力。国际上一些出版平台已经采用了人工智能、大数据、云计算等先进技术，推动了出版业的数字化转型和升级。而我国在这方面还需要加强技术研发和创新能力的提升，以适应数字化出版发展的趋势。

3）国际化水平和合作能力：国际上一些出版集团和出版平台已经具备了较高的国际化水平和合作能力，能够跨地区、跨文化进行出版合作和交流。而我国在这方面还需要加强能力的提升，以推动高水平数字化出版平台建设的国际化发展。

4）知识产权保护和版权运营能力：数字化出版平台的建设需要重视知识产权保护和版权运营能力。国际上一些出版集团和出版平台已经具备了完善的知识产权保护和版权运营体系，能够有效地保护作者的权益和版权以及平台权益。而我国在这方面尚需完善。

5）集群化程度不足：与国际先进期刊出版平台相比，我国期刊出版平台对期刊的吸引力不足，尚未形成有影响力的集群。尽管我国已经有一些期刊出版集团和集群平台，但整体上还处于发展初期，缺乏统一的标准和规范，难以实现资源共享和协同发展。

（二）科技期刊平台内容建设路径

期刊平台充分发挥数据要素核心作用的措施包括建立完善的数据收集和分析体系、提高数据的质量和可靠性、强化数据的安全保障、推动数据的开放和共享、利用数据进行内容优化和服务创新、加强人才队伍建设以及建立合理的数据利用和收益分配机制。这些措施共同作用，有助于期刊平台更好地利用数据要素，提升期刊的学术影响力和市场竞争力。

1）建立完善的数据收集和分析体系：期刊平台应建立完善的数据收集和分析体系，确保能够全面、准确地收集各类数据。同时，应利用先进的数据分析技术和工具，对数据进行深度挖掘和分析，发现数据背后的规律和趋势，为期刊平台的发展提供决策支持。

2）强化数据的安全保障：期刊平台应建立完善的数据安全保障机制，包括数据加密、访问控制、备份恢复等措施，以防止数据的泄露、篡改、滥用、丢失或损坏等。同时，应遵守相关的法律法规和隐私政策，保护用户数据和隐私的安全。

3）提高数据的质量和可靠性：为了确保数据的准确性和可靠性，期刊平台应采取一系列措施，如建立数据治理机制、加强数据质量控制、采用标准化数据格式等。此外，还应定期对数据进行清洗、整合和验证，以消除数据中的噪声和异常值，提高数据的质量和可靠性。依据各个领域科学数据管理制度，对论文关联数据的真实性、客观性、完整性、准确性、可用性进行审查。

4）推动数据的开放和共享：在保护知识产权和隐私的前提下，期刊平台应推动数据的开放和共享，促进学术交流和合作。这可以通过建立开放获取政策、与其他学术机构合作、参与国际数据共享计划等方式实现。与本领域学者合作共同制定论文关联数据的使用规则，既要开放共享也要保护知识产权。

5）利用数据进行内容优化和服务创新：期刊平台可以通过分析数据，了解读者的需求偏好和阅读习惯，从而优化期刊的内容选择和编排。同时，可以利用数据进行服务创新和改进，如开发个性化推荐系统、建立学术交流社区等，提供更贴合读者需求的服务体验。

6）加强人才队伍建设：为了充分发挥数据要素的核心作用，期刊平台需要加强人才队伍建设，培养具有数据分析、数据挖掘等专业技能的人才。这可以通过引进专业人才、开展培训项目、与高校和研究机构合作等方式实现。

7）建立合理的数据利用和收益分配机制：期刊平台应建立合理的数据利用和收益分配机制，确保数据的利用能够带来经济效益和社会效益的平衡发展。这可以通过制定合理的定价策略、建立数据使用许可制度、与作者和合作伙伴共同分享收益等方式实现。

第三节　科技期刊平台建设技术要素分析

一、构建科技期刊平台的关键技术及实际应用

（一）数字技术在学术出版中的应用

随着以大数据、区块链、元宇宙、人工智能等为代表的新一代数字技术的迅猛发展，学术出版领域正经历着由数字技术驱动的一场深刻变革。这些技术不仅提高

了学术工作的效率，而且增强了学术交流的质量与效果，拓宽了知识传播的途径。从研究创作开始，到文章发表，再到成果传播与影响力评价，每一步都受到了数字化浪潮的深刻影响。数字技术在期刊平台的应用，使学术出版更加高效、便捷、开放、共享，加速了学术交流和知识传播。

图 3-2 显示了学术出版的四个核心环节，这四个环节完整地反映了一项研究成果从诞生到产生社会影响的全过程：创作阶段是这一过程的起点，学术工作者基于原始研究或深入分析形成论文或图书的草稿；出版阶段则涉及对学术成果的编辑、同行评审，以及最终的格式排版和出版发行，使研究成果得以正式公之于众；传播阶段则通过各种渠道和平台，包括图书馆、数据库和在线资源，确保研究内容可被广泛检索和获取；评价阶段通过引用次数、影响因子、下载量、社交媒体讨论等多元指标评估学术成果和期刊的影响力与学术贡献。下面将对创作、出版、传播、评价四个环节中主要的数字技术应用展开说明。

关键技术支撑
1.智能写作、智能搜索等人工智能技术
2.多维度数据分析的大数据分析技术
3.文献收集、分类、阅读、笔记等文献管理技术
4.写作、润色、翻译、参考文献插入等写作工具
5.数据存储管理技术

创作
收集、研究
分析、写作

关键技术支撑
1.选题策划、组稿约稿、采编、审稿等自动化流程工具
2.抄袭检测、智能审校、AIGC检测等人工智能技术
3.基于XML的自动排版技术
4.费用线上支付、电子发票等电子商务技术

出版
采编、评审
排版、发行

评价
筛选、评价
反馈、监测

关键技术支撑
1.引文分析和传播影响力分析等大数据分析技术
2.数据挖掘、自然语言处理、多模态识别等人工智能技术
3.网络爬虫、指标监测与分析的网络抓取分析技术
4.可视化展示技术

传播
发布、利用
服务、传播

关键技术支撑
1.OCR识别、XML碎片化加工、图片加工、音视频加工等多媒体加工技术
2.数据存储、管理、索引、检索的数据库技术
3.文献发布、交互、展示等网站构建技术
4.读者画像、个性化推送等大数据技术
5.数字版权保护技术

图 3-2　学术出版各环节的关键数字技术图谱

1. 创作环节的数字技术

数字技术在学术创作阶段的应用已经实现了多维度突破。文本编辑软件（例如 LaTeX 与 Markdown 等）的应用大大提高了学术论文制作的效能，特别是对数学公式、科学图表的编辑；协同写作平台如 Overleaf 允许多位学者同时在线协作一个文档，实时更新与交换意见，极大提高了创作的效率；参考文献管理工具如 Mendeley、EndNote 等，能够帮助研究者高效管理文献资源，并进行适当的引用与整合。此外，人工智能技术，如大语言模型（LLM）现已被应用于辅助写作、语法校正、语言润色、多语言翻译以及文献检索等方面。

2. 出版环节的数字技术

在出版阶段，数字技术已成为提升流程效率、确保内容品质及加强学术诚信的强大助力。数字化投审稿系统的运用，如 Editorial Manager、ScholarOne、腾云采编等，有效地简化了投稿、审稿、编辑和出版发行的流程；XML 标记语言已成为学术出版标准，支持内容的结构化标注，同时为内容的多端发布提供了强有力的技术支持；抄袭检测、智能审校、AIGC 检测等人工智能技术提高了审稿效率，进一步保护了学术出版内容的原创性和正确性。

3. 传播环节的数字技术

数字技术在传播环节扮演着举足轻重的角色。OCR 和音视频处理等多媒体加工技术实现了文本和多媒体的高效转换与结构化处理，从而支撑起互动性强、丰富多彩的内容展现形式；数据库技术的应用确保数据的长期存储、精准管理和便捷检索，显著提升了学术资源的可获取性和使用效率；网站构建技术通过打造亲和力强的交互界面和流畅的展示平台，为用户提供了个性化阅读体验；大数据技术通过对读者行为的分析，实现个性化推送，增强了阅读的针对性和吸引力；数字版权保护技术为学术成果提供了坚实的安全防护，维护了有关各方的知识产权等合法权益。同时，学术社交网络以及预印本服务器的存在，使得研究成果在正式出版前便可得到同行的反馈和讨论。此外，社媒平台推广也为学术作品的传播带来了新的途径与机遇。这些技术相互结合，极大提升了学术作品的传播效率和范围，增强了学术界的互动交流，促进了知识的广泛共享与创新发展。

4. 评价环节的数字技术

在学术成果的评价环节，数字技术的应用深刻地改变了传统评价体系。大数据分析技术允许对论文被引情况和影响力进行精准定量分析，为论文的学术价值和影响力提供更加客观的评估；数据挖掘、自然语言处理、多模态识别、机器学习等人工智能技术，能从海量文献中识别出新的研究趋势、预测热点话题，并可跨越文本、图像与音视频等多种数据形式进行综合分析；网络爬虫和分析技术监测实时的学术动态并跟踪研究指标，为学术界提供即时反馈和评价；通过可视化技术，复杂的数据和分析结果可被转化为直观的图形，这使得学术成果的评价更加易于理解，并为研究人员和出版机构决策提供了有力的辅助工具。数字技术帮助学术出版机构提高评价效率、扩大评价范围、促进评价多元化，为学术成果的评价提供更科学、客观、全面、准确的依据。

学术出版平台的开发，涉及高级软件开发、大数据分析平台建设、信息安全等基础设施建设，需要投入大量资金和资源。此外，许多先进数字技术还处在不断探索和发展的初级阶段，如人工智能算法优化、区块链版权保护机制、虚拟现实数据可视化等，还需依托科技期刊平台以获取足够的技术验证和发展完善。科技期刊平台是创新技术应用的前沿阵地，学术出版机构需要加强与科技期刊平台的合作，共同推动数字化出版工具和服务升级，促进学术交流和知识获取。

（二）构建科技期刊平台的关键技术

从国内外科技期刊平台的建设及运营经验来看，构建科技期刊平台的核心关键技术主要包括多媒体加工技术、排版及 XML 技术、大数据及数据库管理技术、数字版权保护技术、流程中的自动化工具、人工智能技术等。

1. 多媒体加工技术

多媒体加工技术在学术出版中扮演着不可或缺的角色，这些技术手段极大地丰富了科技期刊的内容表现力。利用多媒体加工技术，科技期刊平台能够更好地展示实验结果、数据分析和研究成果，增加期刊内容的多样性和互动性，同时提供更丰富的学术交流和学习体验，提升读者的参与度和理解效果，促进知识的深入交流和有效学习。例如，先进的图像处理编辑软件如 Adobe Photoshop、专业级的视频剪辑软件如 Adobe Premiere Pro 或 Final Cut Pro，对音频进行高清晰度处理的软件如 Audacity 或 Adobe Audition。通过 HTML5 和 CSS3，结合 JavaScript 等编程语言，科技期刊平台能够创造高度交互式的媒体元素，如动态图表和可操作模型。

多媒体的主要应用包括：①图片和图表展示；②视频摘要和实验过程、技术流程或研究成果的演示；③音频配文和采访；④交互式数据可视化：读者可以与图表、模型或数据进行互动，自定义展示方式和参数，以深入了解数据和研究结果。

当前，视频期刊[14]、增强出版[15]、数据期刊[16]等在国内外风起云涌，给科技期刊产业带来了全新的内容和形态。科技期刊平台呈现的内容多样性、交互的方式也随着多媒体加工技术的广泛应用得以大大拓展。

爱思唯尔从 2009 年开始在其旗下的细胞出版社（Cell Press）实施了"Article of the Future"项目，重新定义期刊论文的在线呈现方式，摆脱传统的以印刷为主的出版模式。"Article of the Future"的概念主要包含三大方面：①提供最佳的在线阅读体验；②提供更丰富的论文内容；③提供论文相关信息与附加功能。爱思唯尔支持作者分享更多信息，如数据、代码、视频、交互式图表，并创办了专门的视频期刊（Science Talks），用于发布原创的、经同行评议的科学讲座、教程或新闻等[17]。

中国知网构建学术文章的增强出版和数据出版服务，支持作者分享论文的更多信息，如高清图片、视频、音频、动画、3D 模型等各类多媒体资源。中国知网还推出视频服务，以学术视频为核心，将学术音视频等富媒体资源与学术文献深度融合、关联，为机构和个人用户提供立体化、多模态的知识服务。

施普林格·自然的视频书、约翰·威立的 WileyPlus、万方视频等等都是多媒体数字出版业务，编辑和发布科研视频、图像和音频，丰富了期刊内容，提高了文章的可视化效果，有助于更好地传播和分享学术研究成果，提供更丰富的学术体验。这些技术和多媒体内容为国内外的科技期刊平台增加了吸引力，提高了用户满意度。

2. 排版及 XML 技术

XML（可扩展标记语言）是一种结构化的标记语言，用于描述文档的内容和结构，并支持数据的交换和共享，使文档和数据可以结构化存储，从而能够轻松地索引、搜索和分发。

排版技术是指将文本、图像、表格等内容按照一定的规则和样式进行布局和呈现的技术。它涉及字体选择、字号控制、行距调整、段落格式等方面，以确保文章在页面上的布局和格式良好，使其易于阅读。

排版及 XML 技术是确保期刊内容可读性和可搜索性的关键，在构建科技期刊平台中起着重要作用，主要应用包括：

1）内容结构化：XML 技术使得期刊文章可以按照特定标准进行结构化，包括标题、作者、摘要、正文、参考文献等部分。这种结构化标记使得文章内容更易于索引、检索和引用，从而提高学术交流和研究的效率。

2）跨平台和格式转换：排版及 XML 技术使得期刊内容可以方便地转换为不同的格式，适应不同的阅读设备和用户需求，提高了期刊的可访问性和可用性。

3）引文链接：XML 可用于创建引文数据的结构化格式，每个引文可以用 XML 元素表示，包括作者、文章标题、期刊名称、出版日期等信息。学术出版商通常使用 XML 来创建引文数据库，存储海量的引文信息，这些数据库用于检索引文、生成引文索引或自动化引文链接，以及进行引文分析。XML 的结构化特性有助于管理引用信息，确保一致性，支持引文链接和数据共享，提高学术出版的质量和可访问性。

4）样式和格式一致性：排版技术可以确保学术期刊中的文章具有统一的样式和格式，包括字体、字号、标题层次、段落缩进等。这有助于提高期刊的专业形象，提升读者的阅读体验。

在国内外的科技期刊平台中，排版及 XML 技术均得到了广泛应用，它们能够确保期刊内容的高质量和形式的一致性，支持多种格式和跨平台的阅读体验，提高期刊的可发现性和可访问性，实现高效出版。

爱思唯尔的 ScienceDirect、施普林格•自然的 Nature Research 等学术出版平台和 Google Scholar、Web of Science、CrossRef 等数据库深入合作，通过 XML 技术，将文中的参考文献与引文链接系统和学术数据库链接，便于读者访问相关文献。

方正公司的 XML 数字化生产系统覆盖投审稿采编、智能审校、XML 生产、发布与传播、精准推送全流程，应用智能的文献结构化引擎和强大的多渠道发布引擎，从单篇稿件的生产到整刊合成实现自动化，缩短文献生产发布周期，满足学术文献快速出版的需要。

中国知网的格式精灵是一种基于 XML 的在线自动排版工具，为学术文章作者提供规范的格式调整服务。该工具内置图、表、公式排版知识库，对论文进行格式调整，包括但不限于字体字号、行段间距、分栏对齐、公式排列、图片排列等，将繁重的排版工作交由自动精修引擎完成，解决格式规范问题。作者只需要上传文稿到格式精灵，等待两三分钟，即可下载排版好的稿件[18]。

有科期刊采用基于 XML 数据的智能生产系统，实现有色金属刊群内中文版期刊论文一键自动排版，一次排版生成 PDF、DOC（DOCX）、XML、HTML 多种格式文件，自动同步到微信公众号等功能，提高了排版加工效率、准确度、论文传播效果[19]。

3. 大数据及数据库管理技术

随着科技期刊平台上数据量的不断增长，海量学术数据和用户数据的存储、管理、检索、分析、利用成为平台发展的核心挑战，这也导致大数据技术和数据库管理技术变得至关重要。数据库管理技术确保数据的安全性、一致性和可靠性，提高数据存储和检索的效率；大数据技术允许平台深入挖掘学术信息中的潜在规律和关联，从海量数据中提取有价值的信息，用于学术研究和决策支持。

大数据及数据库管理技术在科技期刊平台的主要应用方向包括：

1）期刊内容存储与管理：期刊平台利用数据库管理技术高效存储和管理期刊文章、图像、视频和音频等多种类型的数据，采用先进的数据库管理系统实现更快速、可扩展的数据存储。通过精细化的数据分类和索引策略，数据库管理系统能够有效地组织和检索各种类型的内容，提供更精准、快速的检索服务。

2）用户数据管理：期刊平台利用数据库管理技术记录和管理用户信息、浏览历史、下载记录、搜索习惯等个人数据，通过大数据技术进行用户行为分析，实现个性化的内容推荐和精准服务。

3）文献检索与推荐：利用数据库管理技术管理文献的元数据，如作者、标题、关键词、摘要、全文等，并对文献进行全文索引和相似索引，提供高效和准确的文献检索，支持用户根据学科分类、发表时间、期刊等条件进行检索及分组。大数据技术可分析用户的检索行为和关键词，根据用户的需求快速呈现相关文献，提高文献检索的准确性。

4）学术评价与指标管理：通过大数据技术，分析学术论文的引用情况和网络传播情况，统计被引、浏览、下载频次，构建反映论文、作者、期刊影响力的学术评价指标体系。

5）数据分析与挖掘：利用大数据技术构建数据分析与挖掘工具，促进研究数据的再利用和二次分析。通过分析文献的引用量、下载量、社交媒体提及等指标来挖掘学术热点，揭示研究趋势，方便用户快速了解哪些主题或文章在学术界受到广泛关注。

爱思唯尔采用大数据技术开发了一站式资源搜索平台 SciVerse，该搜索平台对 ScienceDirect、Scopus、Scirus 等资源平台、网络开放机构知识库资源和其他相关科研信息进行了整合，提供更强大的信息检索和数据分析功能。

中国知网充分利用平台上的海量数据资源和大数据分析技术，推出了面向作者的选刊投稿服务，提供国内 8000 多种学术期刊和国际 7.3 万种学术期刊的期刊信息，包括：期刊基本信息、是否 OA 出版、学术期刊的被收录情况、期刊的各种评价指标、期刊的学科情况、审稿速度、录用率、发稿数量、期刊的审稿和发表周期、版面费、投稿网址等。

当前各大科技期刊平台都会利用大数据挖掘技术，对平台上的海量数据资源和用户行为数据进行分析和挖掘，实现科研趋势分析、文章评价、内容推荐和个性化服务、数据驱动的决策支持等。平台利用大数据提高了读者的洞察和分析能力，更好地满足读者的需求，推动学术研究的发展，并提升期刊的竞争力和影响力。

4. 数字版权保护技术

在科技期刊平台上，知识产权和数字内容的安全至关重要，平台用到了大量的数字版权保护技术，如数字水印、加密算法、访问控制、数字版权管理系统（DRM）等，防止未经授权的复制、分发和非法使用。数字版权保护技术旨在维护知识产权，促进合法内容交易和防止盗版行为。

数字版权保护技术在科技期刊平台的主要应用方向包括：

1）防止非法下载和复制：防止未经授权的学术文章下载和复制。通过应用加密算法和访问控制机制，只有经过授权的用户才能访问和下载学术内容，从而防止盗版和非法传播。

2）数字水印和追踪：数字水印技术可以在学术文章或其他数字内容中嵌入不可见的标识信息，用于追踪和识别来源。这有助于确定内容的版权归属和授权情况，并在有侵权行为时进行追责。

3）授权和许可证管理：科技期刊平台经常需要处理作者和读者之间的授权和许可证问题。数字版权保护技术可以用于管理和跟踪授权信息，确保合法的内容使用和访问，防止未经授权的复制和传播。

4）数字版权检测和防护：为了防止学术论文的剽窃和盗版行为，科技期刊平台可以使用数字版权检测技术来识别和比对已有的学术文献，以发现抄袭、重复出版或剽窃行为。此外，平台还可以采取技术措施，如访问日志记录和防止页面截图等，来防止未经授权的内容复制和传播。

许多国内外知名的科技期刊平台都在数字版权保护技术方面采取了相应的措施，以保护学术内容的知识产权，提供更安全和可靠的服务。

施普林格·自然的学术出版物在线平台 SpringerLink 采用了多种数字版权保护技术，包括数字水印、加密和访问控制，以确保用户上传的内容在授权范围内进行访问和使用。并采用数字水印技术来追踪和识别学术内容的来源，保护学术内容的版权，并在有侵权行为时追责。

IEEE Xplore 是美国电气与电子工程师学会（Institute of Electrical and Electronics Engineers，IEEE）旗下的数字图书馆和学术数据库，提供了大量的科技期刊和会议论文。该平台采用了基于水印技术的版权保护措施，通过在文章中嵌入数字水印来识别和追踪未经授权的复制和分发行为。

arXiv 是一个广受科学家和研究人员欢迎的预印本平台，提供了大量的学术论文和研究成果。为了保护作者的版权，arXiv 使用了一种名为"arXiv identifier"的独特标识符，用于标识和追踪论文的来源和版权归属[20]。

中国知网采用加密、数字水印、IP 访问限制、下载频次监测等技术对平台上的数字资源进行版权保护。对于平台上的论文资源，除了提供 pdf 和 html 格式外，还推出了带 DRM 保护技术的 caj 格式，由专用的文献阅读器 CAJViewer 打开，实现对数字资源的授权管理、访问控制、数字签名和许可证管理等，确保内容的合法使用和传播。

5. 流程中的自动化工具

在期刊编校加工和出版过程中，嵌入一些自动化工具有助于提高期刊品质和出版效率。这些工具利用计算机技术和软件系统来代替或辅助手动操作，提高了出版流程的效率，减少了错误和重复工作。常见的自动化工具通常嵌入投审稿系统、同行评审系统，或开发为独立系统，如：论文查重系统、智能审校工具、自动排版软件等。

（1）投审稿系统

当前多数期刊已经采用投审稿系统接收投稿和审稿，这一方式缩短了投审稿周期，为作者投稿和追踪审稿流程带来便利，也加快了专家和编辑的审稿速度，完善了稿件录用流程，使得稿件更易于追踪、管理，作者、编辑、审稿人等之间可以更方便进行沟通。

科睿唯安的 ScholarOne 是学术出版和学术期刊管理领域广泛使用的一种投稿和出版系统。它提供了一整套工具和功能，支持学术期刊从投稿、同行评审、编辑、排版到最终出版全流程业务，服务的期刊用户量超过 7000 家[21]。

Aries Systems Corporation 公司开发的 Editorial Manager 是目前国际上使用最广泛的论文投稿与审稿系统之一，为编辑、审稿人和作者提供了一个集成化平台，管理从稿件提交到审稿、编辑决策、同行评审、排版直至最后的出版全过程。该平台现在已经被 Springer Heidelberg、Duke University Press、Yale University School of Medicine、Synthetic Metals、ASCE、AMSUS 等 200 多家学协会、大学出版社和商业出版商的 9000 多家学术期刊使用，代表期刊 Nature、Cancer Cell、PLoS ONE 等[22]。

中国知网的腾云期刊采编系统是面向期刊采、编、审、校、发全流程业务的综合性服务平台。系统通过稿件中心、统计中心、交互中心、用户中心、费用中心、出版中心等功能模块，为编辑、作者和审稿专家提供全流程稳定的专业服务。依托知网大数据，提供知网查重、参考文献审校、审稿人智能推荐、专家画像、研究趋势分析、自动预排版等服务；嵌入网络首发流程，支持多渠道数字出版发布，服务期刊用户 3400 多家[23]。

玛格泰克公司的 JournalX3.0 充分考虑了系统和数据安全性、期刊文章内容组织与呈现、自动任务管理、国内外行业标准的支持、数据分发（DDS）与集成、传播与评估、文献计量、内容增强与数据质量控制、用户行为分析和个性化服务等，实现编、排、校、发一体化，服务期刊用户 1900 多家[24]。

方正电子的鸿云投审稿系统集科研选题、稿件采集、同行评议、多人协同编校、多渠道同步出版等核心功能于一体，着重面向学术出版机构提供专业的投审稿服务。通过对学术大数据的挖掘，为出版单位的选题策划、专家遴选、稿源获取提供数据支撑，服务期刊用户 1000 多家[25]。

科学出版社自主研发的 SciEngine 全流程数字出版平台，贯通论文投审、论文结构化生产、数据仓储、资源发布、学术提升、国际化推广及科学评价等数字出版全链条，服务的科技期刊有 500 多种[26]。

Publons 是科睿唯安旗下的一个同行评审认证平台，自成立以来，目前已有 21 000 多种期刊、11 万多位评审人、超过 60 万份评审意见在这里被认证。Publons 还提供一系列工具，通过这些工具，编辑可以查找、筛选、联系和招聘新审稿人，并向审稿人提供反馈以帮助他们改进，这些都可以帮助编辑加强与审稿人的联系并将其转化为读者、作者或再次进行评审。

（2）论文查重系统

查重系统是检查来稿是否存在抄袭行为的工具，作者在采编系统提交稿件之后，论文通过查重系统，以一定的查重算法，与海量的文献资源进行比对，生成查重报告。查重报告包含检查文章与已发表文章的重复度、重复的内容以及重复的来源。查重系统现已被纳入大多数投审稿系统。国内主流的查重系统有知网查重、万方查重等；国际期刊使用的查重系统主要是 iThenticate/CrossCheck。例如，知网的采编嵌入了知网的查重系统；玛格泰克公司、仁和公司、勤云公司的系统都嵌入了万方的查重系统，中国的英文版期刊采编系统则大多数对接 iThenticate/CrossCheck。

（3）智能审校工具

智能审校工具利用自然语言处理技术、机器深度学习技术、语言分析模型、内容结构化技术等做自动审校。首先将出版行业的各类标准规范、关键词、错例进行整理，并输入机器，然后再对审校系统进行智能训练，通过机器学习，使得机器具有一定的判断能力。比较成熟的智能审校软件有黑马校对、方正的智能审校、知网的智能审校等。比如知网的智能审校工具，能够实现内容质量审读、格式体例检查、知识性检查、一致性检查、参考文献审校等功能，该工具已嵌入到腾云期刊采编系统之中，并提供 WPS、Word、PDF 和浏览器插件。

6. AIGC 等人工智能技术

在 2022 年 11 月，OpenAI 公司发布了 ChatGPT，掀起关于人工智能生成内容（AI Generated Content，AIGC）技术的广泛讨论，这种基于大模型的人工智能技术具有广泛的学习能力，甚至在某些领域达到或超过人类一般水平，极大地提升了机器的智能化水平。人工智能技术在学术出版和科技期刊平台上有着广泛的应用前景，包括研究趋势分析、辅助写作、辅助同行评审、内容推荐和语言处理。主要应用方向包括：

1）作者支持：为作者提供写作支持和反馈，通过自然语言处理技术分析和改善作者的写作风格、语法和逻辑结构，提供实时的语法和拼写检查，并提供写作建议和修改建议，帮助作者改进论文质量。

2）审稿支持：根据论文的主题和内容，自动匹配适合的审稿人，并提供初步的审稿意见作为参考，缩短审稿周期。还可以自动检查稿件的语法、拼写和结构错误，提高文献的质量和可读性。此外，人工智能还可以检测抄袭和重复发表等学术不端行为，提高学术出版的质量和可信度。

3）文献检索与推荐：支持自然语言输入的检索需求，提高文献检索的完整率和准确率。人工智能还可以对文献库里大量文献进行语义分析和关联挖掘，为研究人员提供更精确和全面的文献推荐，帮助他们更快地找到最相关的文献，提高研究效率。

国内外的知名科技期刊平台都纷纷使用人工智能技术改进服务质量、提升工作效率、开发新的业务方向。

爱思唯尔利用人工智能技术改进了论文投稿和审稿流程，已实现根据论文研究领域和主题自动匹配审稿人，并提供初步的审稿意见和评估报告。爱思唯尔还推出 Scopus AI，利用生成式人工智能来辅助研究人员阅读 Scopus 数据库里的学术论文，揭示各种研究主题的隐藏洞见，同时节省阅读时间[27]。

为探索 AI 在图书出版领域的应用，施普林格·自然于 2019 年出版了一本完全由 AI 生成的介绍锂电池的图书《锂离子电池》（*Lithium-Ion Batteries*）[28]，此后又在 2021 年采用混合人机交互方式出版了另一本 AI 生成的文献综述图书《气候、行星和进化科学：计算机生成的文献综述》（*Climate, Planetary and Evolutionary Sciences: A Machine-Generated Literature Overview*）[29]，将人工撰写的文本和计算机生成的文献综述融合在一起。

施普林格·自然开发了一款基于人工智能的语言润色工具——AJE AI，为学术稿件提供快速语言润色。AJE AI 可以在几分钟之内自动完善稿件，主要是纠正语法错误和改进措辞及用字用语[30]。

为了减少 AIGC 在学术论文写作中的滥用，中国知网推出 AIGC 检测服务，以各种 AI 大模型生成的语料进行特征训练，将传统 NLP 与 AI 大模型技术相融合，通过模型扩散度、内容平滑度、内容偏离度等维度，计算 AI 生成概率参考值（AIGC 值），可有效识别学术论文中人工智能生成部分，为编辑鉴别论文是否为人工智能代写提供线索。

这些在科技期刊平台上的人工智能应用给学术出版领域带来了许多价值，提高了论文写作和审稿的效率，改善了文献检索的准确性和全面性，帮助提升学术出版的质量和可信度，为研究人员和期刊编辑提供更好的支持和服务。

（三）主要技术服务商的产品和服务

在学术出版领域，数字技术的提供者除了各大科技期刊平台，还有第三方的技术服务商，为学术出版机构提供专业的技术和解决方案，它们的技术和服务在提升学术出版的可访问性、互操作性和影响力方面起到了关键作用，极大地提高了出版流程的效率和效果。

通过对中国学术出版机构目前使用的数字技术及所属的技术服务商进行调研和分析，我们可以更好地了解中国期刊出版的数字化发展态势和水平。下面主要围绕技术服务商所提供的产品和服务，描述我国学术出版在数字技术领域的实践。

1. Atypon

Atypon 是一个颇具影响力的科技公司，它的旗舰产品 Literatum 是专为出版商设计的一个高度定制化和可扩展的在线内容管理平台。Literatum 使得出版商可以直接管理和分发数字内容，同时提供了精细化的用户分析、内容个性化推荐、高级搜索功能和内容访问控制。Atypon 的服务特点在于提供了一个整合性的系统，它将内容托管、个性化营销、站点设计、数据分析、身份和访问管理和电子商务功能融合于一个多出版商的环境中，促进了内容的增值和用户体验的优化[31]。

2. Aries Systems

Aries Systems 是知名的出版工作流程解决方案提供商，其开发的 Editorial Manager（EM）被广泛用于学术期刊的投稿、同行评审和编辑决策过程。EM 系统是一款云基础设施的应用程序，它通过标准化和简化稿件的提交与审理，实现了出版流程的高效化和透明化，从而减少了从投稿到发表所需要的时间。EM 支持多种配置选项，以符合各个期刊的特定需求，包括对于统计和报告工具的内嵌支持，这些功能可以帮助编辑部更好地跟踪审稿和出版过程，优化出版策略。Aries Systems 的产品还包括生产跟踪系统（ProduXion Manager）、编委会会议系统（LiXuid Manuscript）等，能够提供全面的支持以满足精准和复杂的出版工作需求[32]。

3. 玛格泰克公司

玛格泰克公司的产品覆盖了期刊从投审稿到生产、发布、数据分发与传播、资源管理等全流程,包括:投审稿系统、全文内容结构化系统、可扩展标记语言(XML)自动排版系统、期刊集群发布系统、期刊微信公众号系统等,并提供云计算服务器平台、XML数据加工、参考文献校对、管家式VIP服务、内容精准推送等增值服务,拥有世界期刊及文献大数据平台iAcademic、自助式在线图表授权使用平台、枪手作者黑名单、MagOpen等大数据平台。公司除不断改进、迭代产品和服务,不断完善采编系统和网刊系统的功能外,还积极探索大数据支撑平台建设与服务、自动排版及内容重组、自然语言理解、内容传播等,可帮助期刊提升工作效率、降低成本,并提高期刊的传播能力[33]。

4. 方正电子

方正鸿云学术出版包括Scholar-X(XML)出版平台、Scholar-S发布与传播平台、Scholar-M多渠道传播平台、Scholar-C投审稿平台,形成了覆盖投稿、审稿、出版、传播、辅助分析等一体化全流程智能化解决方案。集科研选题、稿件采集、同行评议、多人协同编校、多渠道同步出版等功能于一体,突出学术大数据以及先进算法对实际业务活动的赋能。例如通过对学术大数据价值的挖掘,为出版单位的选题策划、高质量专家遴选、优质稿源的获取提供强有力的数据支撑;通过人工智能技术提供专业的审校以及内容编辑服务,提高工作效率;通过内容动态重组及发布技术,大幅缩短文献的发布周期,加速学术成果的传播[34]。

5. 勤云公司

勤云公司业务领域覆盖了期刊编辑部所需的主要技术服务,包括采编系统、学术会议管理系统、期刊集群平台,提供三级等保安全服务、SSL证书服务、域名服务、服务器空间托管服务、服务器代维、数据加工上网、电子书制作、html制作、微信制作、网站制作、文献精准推送服务、会议推广服务、约稿服务、智能一体化排版等服务[35]。

6. 仁和公司

仁和公司的XML一体化融合出版系统为科技期刊提供包括投审稿管理、XML

在线生产流程管理、XML在线排版编校、XML网刊发布、微信公众号融合、XML在线排版、影响力云监测、微信精准推送等服务内容。平台实现单篇出版、即时发布、智能校对，打通期刊在线数字出版全流程，以结构化和自动化为特点，实现媒体融合。仁和数字化出版依托自主知识产权软件产品，采用SaaS运营模式，为科技期刊客户提供数字出版流程改造升级与优化[36]。

7. 中国知网

中国知网是一个平台服务型企业，除了提供信息服务、知识服务外，也在期刊出版服务方面深耕多年，依托世界科技文献资源大数据系统，建成了全流程期刊出版服务平台——腾云协同采编系统。该系统为期刊出版机构提供包含策、作、编、审、校、排、发全流程的协同化、智能化的技术平台服务，其服务包括：①在期刊出版方面，为期刊提供创办新刊分析、选题策划、专家遴选、组稿约稿、投稿审稿、智能审校、网络首发、网刊发布、XML生产、全自动排版、全媒体出版、增强出版、双语出版、数据出版、移动采编发等服务；②在期刊运营方面，帮助期刊运营的产品涉及期刊和期刊集群平台、机构和个人用户服务、学术推广、广告投放、视频会议系统、在线会议系统、在线培训、读者服务中心等；③在资源管理方面，提供大数据中台、内容动态重组等功能，及虚拟专辑图库、表库、视频库、微视频库、专家库等产品；④在学术传播方面，提供相似性推荐、智能分享、学术社交、微信定制、掌上腾云APP、精准推送、全球学术快报等服务；⑤在期刊评价方面，提供基于定量数据分析的个刊影响力统计分析、中国学术期刊国际国内影响力统计、世界影响力指数评价等服务；⑥在知识服务方面，为科研人员提供作者服务、读者服务、行业服务、碎片化资源检索、智能翻译、智能问答、协同创新知识服务平台；⑦在大数据分析服务期刊决策方面，提供文献互引网络、作者合作网络、发文趋势、学术热点、关键词聚类、学术关系、行业舆情、竞刊分析、期刊画像、文章画像、作者画像、机构画像、学科画像、知识图谱、知识地图等服务[37]。

二、科技期刊平台技术发展趋势及未来展望

2023年4月28日，STM协会公布了国际科技出版趋势2027（STM Trends

2027），展望了未来三到五年可能影响科学、技术和医学出版行业的技术驱动趋势，这些关键领域包括人工智能（Artificial Intelligence）、开放研究（Open Research）、数字身份（Digital Identity）、协作（Collaboration）、社会责任（Social Responsibility）和科研诚信（Research and Integrity）[38]。

根据 STM Trends 2027，再结合当前 AI 大模型带来的强人工智能对学术出版行业的巨大冲击，以及对国内外科技期刊平台的最新技术应用的调研考察，我们认为科技期刊平台未来几年的技术发展趋势有以下几点。

（一）AI 大模型重塑学术研究和期刊出版

随着 AI 大模型的蓬勃发展，人工智能技术发生革命性变革，变得更加智能化，它将改变人们工作、学习、旅行、医疗和沟通的方式，各行各业都将围绕它进行重新定位。在 AI 时代，学术研究、期刊出版和传播平台的内容和形式都正在或者将要被重塑。

1）研究自动化与辅助：AI 大模型可以用于文献检索、摘要生成、自动化实验设计等任务，使研究过程更高效。研究者可以利用这些模型来查找相关文献、生成研究概要或设计实验方案，节省时间并提高研究的可行性。

2）学术写作与出版：AI 大模型可以辅助学术写作，包括论文撰写、摘要生成和图表设计。此外，它们还可以用于智能编辑，检查语法错误、逻辑问题和引用格式，提高论文质量。

3）科学传播和科普：AI 大模型可以用于生成易于理解的科普文章，将复杂的科学概念转化为通俗易懂的语言，有助于将科学知识传播给更广泛的受众。

4）同行评审和反抄袭：AI 大模型可以用于同行评审过程，自动生成审稿报告或检测论文中的抄袭行为，提高了同行评审的效率和准确性。

5）期刊编辑与推荐：学术期刊可以利用大模型来改进编辑流程，自动生成文章摘要、关键词或自动化编辑。此外，它们还可以用于个性化推荐，根据读者兴趣生成相关文章推荐。

6）期刊成为大模型的高质量预训练语料：科技期刊作为权威、可靠、持续发展的内容知识数据来源,可以作为 AI 大模型训练语料和外挂知识库,从而有效解决当前 AI 大模型生成内容可信度和真实性不足的问题。

AI 大模型正在重塑学术研究、期刊出版和传播平台的方方面面,为研究者提供了更多工具和资源,同时也带来了新的挑战和机遇。随着技术的不断发展,它们将继续影响学术界和科学出版领域的未来。

(二)控制人工智能滥用

虽然 AIGC 等人工智能工具在学术工作中具有潜力和优势,但滥用的风险也需要引起关注。随着 AIGC 工具的普及,越来越多的学生、老师和研究人员利用 AIGC 工具进行论文写作、作业撰写、实验设计等任务。然而,这种广泛应用 AIGC 工具进行内容生成的趋势也带来了滥用的风险。比如直接复制模型生成的文本,而不经过适当的引用和参考,严重影响了学术诚信;可能导致知识产权和原创性的问题,侵犯他人的知识产权;大模型训练数据的偏见、错误或低质量使得大模型生成的结果可能得出不准确或误导性的结论。

学生、老师和研究人员应该意识到正确使用和引用模型生成内容的重要性,遵守学术诚信的原则。同时,学术界和教育机构应该加强对 AIGC 工具滥用的监管和指导,制定相应的政策和准则,以确保学术研究的质量和诚信性。

比如爱思维尔制定了投稿到旗下期刊的论文作者使用 AIGC 工具的准则,要求:

1)仅可使用生成式人工智能和人工智能辅助技术来提高作品的可读性。

2)必须在人工监督和控制下应用该技术。

3)在手稿中必须披露生成式人工智能和人工智能辅助技术的使用。

4)不要将生成式人工智能和人工智能辅助技术列为作者或合著者,也不要将人工智能列为作者[39]。

国内,中国科学技术信息研究所(简称"中信所")牵头联合爱思唯尔、施普林格·自然、约翰·威立国际出版公司,共同编制《学术出版中 AIGC 使用边界指南》。该指南针对学术出版中 AIGC 的使用边界、标注、责任划分等问题开展研究,详细阐述了学术出版中 AIGC 的使用原则,并且为作者、研究机构、学术期刊出版单位等相关主体介绍了在研究开展和论文撰写、投稿、论文发表/出版后各阶段符合诚信原则的行为框架或实践指导,以达到防范学术不端、凝练各方共识的目的[40]。

除了制定 AIGC 使用政策和培训教育外,许多平台企业还积极开发检测 AIGC 内容的工具,自动检测稿件每一段文字,对于疑似 AIGC 的文字提示期刊编辑和审稿人对其进行更严格的审稿。

总之,确保学术诚信,防止人工智能的滥用,需要学术界、期刊出版社、政府和社会各界的共同努力。这涉及建立明确的规则、加强教育、建立监督机制以及遵循伦理原则,确保 AI 技术的应用不仅促进科学进步,也维护学术诚信和社会责任。

(三)大数据技术驱动期刊发展新趋势

大数据技术对学术出版的产品形态、出版理念都影响深远,传统的文本加工正在逐步向知识发现、知识整合转变,知识内容多以碎片、多源、异构、强关联的形式存在,而出版机构也正在向知识供应商转变。科技期刊平台企业通过对出版内容数据结构化、标签化、图谱化的处理,以用户需求为导向提供个性化知识服务,最终实现数字资源到数字资产的转变[41]。

在未来,大数据将继续引领期刊发展的趋势。数据驱动的决策将成为期刊管理的核心。期刊将更多地依赖大数据分析和挖掘来指导策略制定、内容规划和运营管理。数据分析和数据科学技术将帮助期刊平台更好地理解作者、审稿人和读者的需求,从而改进服务、提高期刊的影响力和可持续性。大数据技术的进一步发展将带来更多的技术应用,如人工智能、机器学习和自然语言处理等,为期刊提供更强大的数据处理和分析能力。

(四)区块链技术确保期刊数据的信任与透明

区块链技术作为一种去中心化、分布式的数据库技术,在学术出版领域,通过数据的不可篡改性、去中心化的信任机制、数据溯源和可追溯性、智能合约的自动执行,以及共享经济和激励机制等特点,可以提高期刊数据的可信度、透明度和安全性。区块链技术在科技期刊平台的应用将越来越广泛。

1）数据验证和完整性保护：每个数据块都包含了前一个块的哈希值，形成一个不可篡改的链。数据一旦被记录在区块链上，它几乎不可能被修改或删除，从而保护数据的完整性。

2）作者身份认证：区块链可以用于验证作者的身份，防止学术不端行为，如抄袭和伪造。通过区块链，作者的身份和贡献可以得到可信的认证，确保文章的真实性。

3）智能合约：区块链上的智能合约可以自动化和加速一些期刊流程，如稿件提交、审稿、版权管理和支付，提高了效率并降低了出错的可能性。

4）透明度和溯源：区块链可以提供数据的完全透明性，使任何人都可以查看和验证数据的来源和历史，增加期刊数据的可信度。

5）知识产权管理：区块链可以用于确保知识产权的保护。作者可以通过区块链记录其作品的版权信息，从而维护其知识产权。

区块链在学术出版领域中具有巨大的潜力，可以提高数据的可信度、透明度和安全性。学术论文的版权、审稿过程、引用信息等可引入区块链，提高数据的可信度，遏制学术不端行为。然而，它也伴随着一些挑战和问题，需要综合考虑技术、成本、隐私保护和监管等多个方面的因素，以确保有效应用区块链来维护学术期刊数据的信任与透明。

（五）利用知识图谱技术构建学术知识网络

随着科学技术的不断发展，学术知识的数量呈爆炸式增长，科技期刊平台需要处理大量的知识信息，知识图谱技术可以将这些知识信息组织成有机结构，表示为图形，将不同来源的知识连接起来，构建学术知识网络。知识图谱技术将有效解决知识爆炸、学术分化和学术交流不畅等问题，增强信息的可发现性和互联性。

1）增强内容的可发现性：知识图谱能够将分散的学术成果通过关键词、作者、引用、研究主题等多种线索关联起来，使得研究人员可以更容易地发现相关研究内容。这种技术不仅能够帮助用户搜索特定的文章，还能使用户了解一个研究领域的全貌。

2）促进跨学科研究：通过知识图谱的关联性，研究人员可以轻松地识别出不同学科之间的潜在联系，促进跨学科的合作与研究，拓展科学发现的边界。

3）提高研究效率：知识图谱技术可以帮助研究人员快速理解某一领域的研究历史和当前的研究热点，避免重复劳动，提高研究的效率和质量。

4）智能推荐：利用知识图谱，科技期刊平台可以为读者提供个性化的文章推荐。这些推荐不仅基于用户的阅读历史，还考虑了文章之间的内在联系和研究趋势。

5）增强学术出版的透明度和验证性：通过知识图谱，研究人员可以轻松追溯研究成果的来源和引用路径，增加学术出版的透明度，有助于检验研究的真实性和可靠性。

知识图谱技术为整个学术生态系统带来了更加紧密的协作和更深层次的理解，从而推动了科学知识的进步和创新。随着技术的不断发展和完善，我们可以预见知识图谱将在学术出版领域扮演越来越重要的角色。

（六）虚拟现实与增强现实引领科学展示新潮

随着技术的进步，科技期刊平台还可以采用虚拟现实（VR）和增强现实（AR）等技术，提供更丰富和沉浸式的阅读体验，研究成果可以以更生动、直观的方式呈现，读者可以通过 VR/AR 技术进行交互式阅读和实验，加深对科学研究的理解。

1）增强的内容呈现：使用 AR 应用程序扫描图表、图像或实验结果，以获得更多的交互信息和注释，提高内容的可理解性和吸引力。VR 和 AR 可以用于可视化大规模数据集，使研究者能够以更直观的方式探索和分析数据。

2）虚拟实验室体验：使用 VR 技术创建虚拟实验室环境、虚拟科学展览和交互性的教育内容，使读者能够在虚拟空间中进行实验和模拟。

3）虚拟会议和学术交流：VR 技术可以用于创建虚拟学术会议或讨论平台，全球各地的研究者能够互动和分享研究成果，而无需实际出席会议。

VR 和 AR 在科技期刊平台的应用可以为读者和研究者提供更丰富、互动和吸引人的体验，有助于更好地传达科学知识和研究成果。在实际应用中需要克服技术、资源、成本和用户接受度等挑战，并确保虚拟环境的隐私和安全。

（七）社交媒体推动科学传播新格局

互联网和数字技术的加速发展，改变了人们的阅读交流习惯以及获取信息的方式。各类大众与学术社交媒体平台为科研工作者提供了更为开放的学术交流渠道，也为期刊推广宣传提供了重要工具。期刊可借此在全球范围内扩大学术传播半径并吸引更多读者。

科技期刊可借助社交媒体的强大社交和协作功能，构建学术传播新格局。包括：

1）扩大受众：社交媒体为科学传播提供了一个广泛的平台，使科学信息能够迅速传播到全球范围。科技期刊可以通过社交媒体与学者、公众、同行进行更广泛的互动。

2）传播研究成果：科技期刊可以利用社交媒体发布重要的研究成果、新发现和实验结果，并获得反馈和评论；使用视频、图像和动画来解释复杂的科学概念，使其更易于理解；进行科普，鼓励公众参与科学研究和讨论；策划活动，搭建科学家之间以及与公众之间的桥梁，进行众包实验或数据收集，从而推动科学研究的发展。

3）数据分析与科学洞见：社交媒体平台产生的大数据可以为科学研究提供有价值的资源。研究人员可以利用社交媒体数据进行科学分析和研究，挖掘出科学领域的趋势、研究热点和科学社交网络等信息。

未来，科技期刊需要更加积极地利用社交媒体，同时应对虚假信息和信息滥用问题，以确保公众能够获得准确和可靠的科学信息。

第四节　科技期刊平台建设人才要素分析

通过对国内外代表性科技期刊平台进行调研，在人才需求、人才现状和人才队伍建设等方面，总结国内科技期刊平台人才队伍建设的特点、存在的问题，并对科技期刊平台人才队伍建设发展方向进行分析和总结。

一、科技期刊平台人才队伍组成及工作职责

通过梳理国内外较为成熟的科技期刊平台，将各类人才按照其在期刊平台工作流中所处的节点，分为数据人员、产品人员、开发人员、运营人员和管理人员。每个岗位的专业化、精细化分工和高效协作，保障了科技期刊平台顺利开发和运行，并产生良好的社会效益和经济效益。科技期刊平台人才的精细化分类见图3-3。

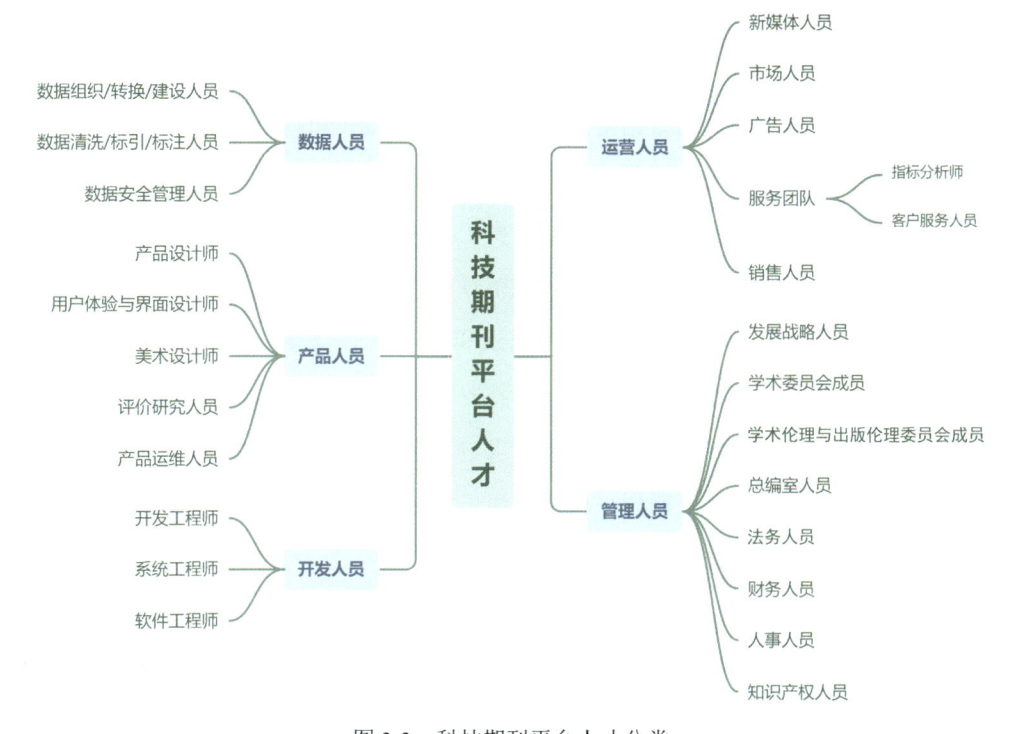

图3-3　科技期刊平台人才分类

（一）数据人员

科技期刊平台的建设以数据库的建设为基础，平台的数据人才根据具体岗位的不同而有不同专业技能的要求。他们的工作是将浩如烟海的科技期刊数据信息进行分类、整理，使之成为井然有序的数据流进入各数据库，为研究者们提供便捷的查阅体验。这些人员负责收集、整理、标注、分析和呈现各种数据，在科技期刊平台数据库建设中扮演着重要的角色，为平台的运营和发展提供有力的数据支持。科技

期刊平台的数据人才可大致分为数据组织/转换/建设人员，数据清洗/标引/标注人员和数据安全管理人员。

数据组织/转换/建设人员：在科技期刊平台的数据组织方面，主要工作职责是对期刊数据进行采集和整理。他们需要了解数据结构、数据类型、数据关系等基本概念，并能结合期刊平台的特点和需求，设计出合理的数据组织方案，将海量数据组织得井井有条，为科研人员提供便捷、高效的数据检索和分析服务。科技期刊平台的出版工作可视作数据组织工作的一部分，为平台提供各项期刊原始数据。在数据转换方面，建设人员承担着将原始数据转化为平台所需的标准化数据的工作职责。他们需要了解不同期刊数据格式、不同数据来源之间的差异，根据各期刊数据组织方案制定出有效的数据转换方案，设计和开发出相应的兼容的数据库系统并建设期刊数据库。他们需要掌握各种数据转换工具和技术，依据期刊平台的建设需求对数据进行定制和优化，以确保数据的规范性和一致性。在数据库建设方面，建设人员的工作职责是针对科技期刊平台的需求和特点，制定数据库设计方案和开发计划、开发和维护数据库系统、日常维护和监控数据库，他们需要了解期刊平台数据库设计的原则和方案，并能够根据实际需求进行定制开发。科技期刊平台的数据组织、转换和建设人员是保证期刊平台内容质量和数据库工作效率的关键人物，需要具备深厚的专业知识和丰富的实践经验。

数据清洗/标引/标注人员：科技期刊平台的数据清洗人员负责清理、整理和验证期刊平台上的数据，以确保期刊数据的准确性和完整性。期刊平台的数据清洗是确保数据质量和准确性的关键，可以大大提高期刊平台数据的可靠性和有效性。其工作包括以下方面。①数据预处理：对原始数据进行清洗和整理，以便后续的分析和处理，包括识别和纠正拼写错误、格式错误、重复数据等。②数据验证、查漏补缺、异常值处理：按照一定规则检查数据准确性和完整性，对于缺失的数据，反馈数据搜集部门进行补缺。对于明显超出正常范围的值，需要进行识别和处理，包括删除异常值或将其替换为合理的值。③标引标注：包括元数据标引、数据规范和消歧、主题分类、数据链接等。元数据标引是对文章本身所带有的数据进行标引，例如：标题、作者、机构、摘要、关键词、全文、参考文献等。数据规范和消歧是对同一对象的多种写法进行规范。主题分类是对文献所涉及的主题、研究领域、所属学科等进行标注。数据链接主要指引文链接、作者链接等。引文链接即在参考文献与被引用文章的题录之间建立正确的对应关系。作者链接是在作者姓名与作者个人主页间建立对应关系。标引标注工作对于提高期刊数据库的检索效率和准确性非常重要，能够帮助用户更快地找到所需的信息和文献。其中的主题分类工作，因为其专业性强，必须是拥有深厚的学科背景和科技知识底蕴的人才才能胜任。

数据安全管理人员：科技期刊平台数据安全管理员的工作职责是确保期刊数据在传输、存储和使用过程中的安全和完整性，防止数据被窃取、篡改、滥用和泄露。具体包括：①制定和执行数据安全策略，以确保数据的机密性、完整性和可用性。②实时监控和检测数据安全事件，如数据泄露、恶意攻击等，并采取相应的措施来防止这些事件的发生。③修复和恢复数据：当数据受到损害或丢失时，负责修复和恢复数据以保持数据的可用性和完整性。④培训和支持：为期刊平台数据库的工作人员和使用者提供数据安全培训和支持，增强数据安全意识，并帮助他们遵守数据安全规定。期刊平台数据安全管理员是维护和保护期刊平台数据安全的重要角色，确保数据的机密性、完整性和可用性。

（二）产品人员

科技期刊平台产品人员的工作职责是规划、设计和管理期刊数据库产品，以满足用户需求，提升期刊平台产品的竞争力和市场占有率。

产品设计师：科技期刊平台产品设计师的工作职责是通过设计和开发期刊平台产品，提供用户友好的界面和功能，满足研究人员、学生和教师等用户的需求。工作内容包括以下方面。①用户研究和需求分析：与期刊平台的目标用户进行交流，通过调研了解其需求，将这些需求转化为可执行的产品设计构想，以便设计出符合用户期望的期刊平台产品。②产品规划和策略：根据市场需求和用户反馈，规划产品的功能和特性，并制定产品发展规划、发展策略和实现路线图。③原型设计和制作：使用原型设计工具，设计出直观、易用的平台产品界面，将设计概念转化为可交互的原型，以便团队成员和目标用户对平台产品进行评估。④持续改进和优化：

根据用户反馈和数据分析，不断改进产品的功能和性能，以提高用户体验和满意度。⑤培训和支持：为用户提供培训和支持，帮助他们更好地使用产品。

用户体验与界面设计师：科技期刊平台用户体验与界面设计师的工作决定了用户与期刊平台产品或服务的交互体验。他们关注用户在使用期刊产品或服务时的整体感受，包括功能、易用性、视觉、情感等方面的体验。设计产品的色彩、图标、控件等方面的布局，应符合用户心理和行为习惯。

美术设计师：科技期刊平台美术设计师要依据期刊平台的定位和目标用户群体，结合所收录期刊的特点，设计并打造期刊平台的整体视觉风格，优化并提升用户的体验感。这个职位需要具备创意、审美和设计技能，以便为期刊数据库用户提供直观、易用且具有吸引力的界面。

评价研究人员：科技期刊平台收录期刊通常会制定一定的收录质量标准。该标准通常由评价研究人员所决定，如CSCD、WoS、Scopus等。评价研究人员负责评价期刊质量，工作职责包括：①评估期刊的学术水平：对期刊所发表的论文进行评估以确定期刊的学术水平，通常会考虑论文的质量、创新性、实用性等因素。②评估期刊的编辑和出版质量：对期刊的编辑和出版质量进行评估，包括论文的编辑加工、排版印刷、装帧设计等方面。③评估期刊的学术声誉：评估期刊在学术界的声誉和影响力，例如期刊的影响因子、被引次数、学术道德和诚信等。④评估期刊的国际化程度：包括期刊的编委组成、审稿专家来源、论文作者的国际合作等。

产品运维人员：科技期刊平台产品运维人员负责科技期刊平台产品的日常维护和管理工作，对平台产品内容进行定期检查和维护，及时发现并解决潜在的问题，确保产品稳定、可靠、高效地运行；及时响应和处理用户反馈的问题和故障，协助用户解决在使用过程中遇到的问题；监控平台产品的性能和呈现效果，及时发现并处理任何潜在的风险；定期对产品进行升级和更新，以适应新的业务需求和技术发展。

（三）开发人员

科技期刊平台技术开发人员负责期刊平台的技术研究和开发工作，他们的工作涉及从需求分析、设计、编码到测试等各个环节，直接关系到期刊平台的稳定性和可用性。他们通常具备计算机科学、软件工程或相关领域的背景，并具备编程、数据库管理和网络技术等技能。通常分为系统设计人员、研发人员、运维人员等。

系统设计人员：通常负责期刊平台系统的整体设计和规划。他们不仅需要考虑技术实现，还需要关注用户体验、需求、产品的市场定位。

研发人员：专注于软件的开发和编程，通常根据需求编写代码，并进行相关的测试和调试，以实现期刊平台的各项功能。

运维人员：通常负责期刊平台系统的集成和维护，工作范围涉及硬件、软件和网络等多个方面，确保平台的稳定性和高效性。具体包括以下方面。①系统维护：更新、升级和修复漏洞，以确保系统的稳定性和安全性。②性能优化：监控系统的性能并对其进行优化，以提高平台的处理速度和响应时间。③故障排除：当系统出现故障时及时排查和处理，以尽快恢复平台的正常运行。④备份与恢复：定期对系统进行备份，并确保在系统出现故障时能够快速恢复数据。

（四）运营人员

新媒体人员：科技期刊平台的新媒体人才是期刊平台运营团队中的重要成员。他们的工作职责是：①根据科技期刊平台内容的特点和目标受众，制定合适的内容策略，创作出高质量、有吸引力的宣传文案、视频、音频等多媒体内容，吸引读者的关注和兴趣，提高科技期刊平台的知名度和影响力。②根据各种新媒体平台的特点和运营规则，制定有效的运营策略，运用社交媒体、搜索引擎优化、内容营销等手段，帮助平台上的科技期刊提高在新媒体的曝光度和影响力。③通过数据分析了解读者的需求和行为习惯，为期刊平台的内容和运营策略提供数据支持，并根据分析结果不断优化内容质量和运营策略，提高读者满意度和平台传播效果，满足科技期刊平台在新媒体环境中的发展需求。

市场人员：科技期刊平台市场人员的工作职责是通过各种市场策略和活动，推广期刊平台，吸引更多的作者和读者，提高平台的知名度和影响力。工作内容包括以下方面。①制定市场策略：根据期刊平台的定位和目标受众，制定相应的市场策略，包括目标客户、竞争对手分析、市场调研等。②推广期刊平台：通过社交媒体、学术会议、研讨会等多种渠道宣传和推广期刊平台，提高平台的知名度和影响力。③拓展合作关系：与相关领域的机构、专家、学者等建立合作关系，为期刊平台引入更多的优质稿件和读者。④分析市场动态：定期分析市场动态和竞争对手情况，及时调整市场策略，保持竞争优势。⑤营销活动策划：策划各种营销活动如特刊、专题、征稿、学术会议或培训、科普或公益活动等，吸引更多的作者和读者关注和使用期刊平台。⑥数据分析与报告：定期分析市场数据和营销活动效果，撰写报告并提出改进建议，为决策层提供参考。

广告人员：负责期刊平台的广告业务，增加平台经营收入。制定并执行有效的广告销售策略和计划，寻找并开发潜在的广告客户，了解客户需求，为客户提供专业的广告解决方案。

服务团队：提供客户支持和服务，解答作者、编辑和其他用户的问题，收集和处理用户的反馈和建议，不断提升平台的服务和质量。期刊平台客户服务人员是期刊平台中不可或缺的一环，他们的工作直接影响着所有用户的使用体验和学术交流效果。①指标分析师：通过对平台的数据、用户行为和其他相关指标进行收集、整理和分析，包括用户行为、访问量、停留时间等，提供对平台性能、用户满意度和改进建议的见解，找出潜在问题和改进机会，制定并执行改进计划，以优化平台的性能和提高用户满意度。②客户服务人员：提供咨询和支持，回答用户关于期刊平台使用方面的问题，帮助其解决在使用过程中遇到的问题和困难；对于用户在使用过程中遇到的技术问题，提供相应的解决方案，确保他们能够顺利完成平台使用；提供个性化服务，根据用户需求，提供个性化的服务和建议，例如推荐适合的期刊、解释审稿流程等，提升他们的满意度和体验；反馈和建议，及时向上级和组织内其他部门反馈用户意见并提出改进建议，提高期刊平台服务质量。

销售人员：科技期刊平台的销售人员是负责推广和销售期刊平台的关键角色，他们需要了解期刊平台的功能、特点和优势，并能够与潜在客户建立联系，了解他们的需求和偏好，提供个性化的解决方案。工作职责是：①了解期刊平台的市场需求和趋势，例如学术界、研究机构、企业等对期刊平台的需求和偏好。②制定明确的销售目标和销售计划，并加以执行。③建立良好的客户关系，这是销售成功的关键之一。④跟踪和评估销售业绩，确保销售目标实现。

（五）管理人员

科技期刊平台通常具有繁杂的公司架构和运作体系，各部门通力配合才能保障平台日常工作的顺利进行。为了确保平台可持续发展，保障高水平的内容质量和出版质量，维护内外部良好运行和沟通，平台公司内还设有一些重要部门，如：发展战略部门、学术委员会、学术伦理与出版伦理委员会、总编室、法务部门、人事部门、财务部门、知识产权部门等。

发展战略人员根据市场趋势和用户需求，为平台制定科学、合理的发展战略和规划。科技期刊平台发展战略方向包括数字化转型、国际化发展、专业化发展、市场化发展、智能化发展和新媒体运营几大方向，其顶层设计对于期刊平台的发展至关重要。发展战略人员需具备战略思维和规划能力，具备敏锐的市场洞察力和分析能力，能够及时发现市场变化和竞争态势，为平台的运营和发展提供有力的支持；具备丰富的业务知识和经验，能够深入了解科技期刊平台的运营模式、业务流程和市场情况，为平台的运营和发展提供专业的建议和意见；具备出色的沟通和协调能力，能够与其他部门或合作伙伴进行有效的沟通和协作，确保平台的顺利运营和发展。期刊平台发展战略人员是科技期刊平台发展的重要保障，需要具备全面的能力和素质，为平台的长期发展做出贡献。

学术委员会负责学术质量审核和评估，主要职责是制定平台的学术标准，对争议进行仲裁等，确保科技期刊平台上传播的论文符合学术规范和质量要求。作为学术委员会成员，需具备深厚的学科背景和学术造诣，指导期刊平台的审稿和编辑工作，为期刊平台提供学术指导和建议，推动平台的发展和进步。

学术伦理与出版伦理委员会负责维护平台的学术诚信和出版伦理。他们的工作包括对编辑和审稿人等提供必要的培训和支撑，妥善处理违反学术伦理或出版伦理问题的案例，并及时发现学术不端行为的线索并提出对策。同时，与科技期刊社团组织和其他期刊平台合作，参与研究制定学术伦理和出版伦理准则，促进学术交流和知识传播的健康发展。

总编室负责编辑、出版和发行工作的管理。总编室人员的工作职责包括制定期刊的编辑方针和出版计划，确保期刊的质量和水平；组织稿件评审，确保稿件的质量和学术水平。期刊平台总编室是期刊出版过程中的核心部门，负责确保期刊的质量和学术水平，为读者提供优质的学术资源。

法务人员是确保期刊平台合法、合规运营的重要保障，他们需要具备专业的法律知识和丰富的实践经验，以应对各种复杂的法律问题。法务人员的职责包括：①确保期刊平台遵守国内外相关法律法规，包括著作权法、知识产权法、隐私权保护法、网络安全法等相关法规，确保平台运营的合规性。②对与科技期刊平台相关的合同进行审查，包括与作者、审稿人、编辑、客户等的合同，确保合同内容合法、合规，并预防潜在的法律风险。③负责期刊平台上涉及的知识产权保护工作，包括专利、商标、著作权等，确保平台不侵犯他人的知识产权，并维护平台的合法权益；④处理与期刊平台相关的法律纠纷，包括版权纠纷、合同纠纷等，代表平台进行法律诉讼或进行谈判。

财务人员负责管理期刊平台的财务活动，包括预算编制、成本控制、资金管理、会计核算、税务申报等。他们需要确保期刊平台的财务状况清晰、准确，并遵守相关法律法规和财务规定，确保期刊平台的财务状况稳定健康。

人事人员负责管理期刊平台各部门人员的人事活动，包括招聘与选拔、培训与发展、绩效管理、薪酬福利管理、劳动关系管理和企业文化建设。以帮助期刊平台吸引和留住优秀人才，提高员工的工作效率和满意度。

知识产权人员通常负责知识产权的引进及合作、监管与维护，包括以下方面。①根据平台发展战略和定位，引进知识产权，与各期刊（或图书、会议等）建立合作关系。②管理和保护平台上的知识产权，审核并完善平台上内容的合法授权，并采取必要措施防止侵权行为。③监测平台上可能出现的侵权行为，并及时采取措施应对，包括向相关机构报告侵权行为、与侵权者协商解决方案等。④为期刊平台的用户提供知识产权咨询和支持，包括解答与知识产权相关的问题、提供建议和帮助等。不同期刊平台的知识产权人员职责可能有所不同，具体职责还需根据平台实际情况确定。

二、国际期刊平台人才情况调研

本调研通过收集爱思唯尔[42]、施普林格·自然[43]、约翰·威立[44]、科睿唯安[45]2023年公开发布的岗位招聘信息，梳理对各类人才的需求情况及各岗位的工作职责及技能要求，总结归纳国际典型期刊平台人才需要具备的核心素质，综合分析人才的成长环境与职业发展路径。

（一）国际期刊出版平台人才调研

出版人员是科技期刊平台出版内容的获取者和出版流程的执行者，技术研发人员是平台数字化出版业态技术设施的建设者，市场与销售人员是平台市场效益的实现者，数据分析人员是平台商业规律和商业新机的发掘者，平台管理人员是平台工作顺利运转的推动者。调研显示，爱思唯尔、施普林格·自然、约翰·威立和科睿唯安的招聘信息对出版人员、技术研发人员、市场与销售人员、数据分析人员和平台管理人员的需求以及人才发展路径大体一致。

1）出版人员：与国内编辑人员的工作职责不同，国际科技期刊平台的出版人主要负责策划、编辑、发行和推广相关学科领域的图书、期刊和其他出版物，并与作者、读者、分销商和其他出版合作伙伴建立联系。他们是出版内容的获取者、出版流程的执行者，不承担编校工作。2023年8月31日的招聘数据显示，爱思唯尔、施普林格·自然、约翰·威立、科睿唯安等各国际科技期刊出版平台对于出版人的需求量和占比分别为25人（占平台招聘总人数20%）、67人（35%）、10人（15%）和33人（16%）。横向上看，全球各期刊出版单位对出版人工作级别的划分由低到高大致分为初级、中级、高级/经理级和主编级，工作职责由基础的辅助性事务性工作到高级的管理工作及跨部门独立开展项目，对人员的学历和能力要求也同步提高。国外很多主要期刊平台采用的独立主编模式，主编为全职工作，以保证内容的可信度、完整性以及专业化和细分化。从招聘信息上看，出版人的岗位设置和职位晋升路径都比较相似。从国家和地区分布来看，出版人的需求数量与所在国家科技水平和科研水平相关，说明学术出版的本地化趋势明显。

2）技术研发人员：近些年来，科技期刊平台已经成为国际学术期刊出版、传播的主要形态。一些大型的国际出版集团完成了数字化转型，定位由期刊出版单位转型为新型信息解决方案提供商。因此，国际科技期刊平台对技术研发人才的需求与日俱增。几大国际科技期刊平台爱思唯尔、施普林格·自然、约翰·威立和科睿唯安2023年对于技术研发人才的招聘启事数据显示，各个平台对于技术研发人才的需求量相对较大，分别为37人（29%）、45人（23%）、33人（49%）和76人（36%）。其中技术研发人才包括软件工程师、系统架构师和数据库管理员等。这些人员负责开发和维护平台的技术基础设施，确保平台的稳定性、安全性和性能，工作级别由低到高大致分为初级、中级、高级/经理级和高级管理岗。岗位职责由较单一的某种技术应用逐步扩展至团队管理与项目整体的组织、实施、工作分配和监督，能力要求从基础的学士学位、一年工作经验、精通某种技术和具备学习能力逐步拓展至强大的项目规划、组织、管理能力，同时还要具有人员管理经验、财务预算能力以及解决问题的经验和能力。同时，国际科技期刊平台的技术人才具有较明显的国家和地区特点，他们在一些国家和地区建立研发总部，支持平台为世界各地的使用者提供服务。如爱思唯尔的技术部门设置在荷兰、印度和英国。施普林格·自然的技术部门设置在德国、美国、英国和比利时。约翰·威立的技术部门设置在斯里兰卡、英国、约旦和罗马尼亚。科睿唯安的技术部门设置在印度、塞尔维亚和美国。

3）市场与销售人员：国际科技期刊平台性质除公立图书馆开发维护的公益平台外，大多都是纯商业性的，其发行和传播工作的市场化、集团化程度较高。国际学术期刊大多遵循的是"经营与学术分离"的出版原则，来自不同地区、不同时间、不同语言的内容在同一数字平台上呈现，体现出规模效益，因而降低了单篇论文的获取成本。在几大国际期刊出版平台的招聘页面，市场和销售岗位的招聘数量仅次于技术人才和编辑人才，爱思唯尔、施普林格·自然、约翰·威立和科睿唯安的销售市场人才的需求数量分别为23人（18%）、12人（6%）、15人（22%）和37人（18%）。国际平台对市场和销售人员的要求包括：对数据库产品有一定的了解，做好所负责区域客户的开发和维护等。市场营销人员的需求与出版人类似，与所在国家科技水平和科研水平相关，因为科技水平与科研人员规模决定了对科技期刊论文阅读的需求。

4）数据分析人员：大数据时代，通过对海量信息和数据的收集整理和科学系统的分析，发掘数据中潜藏的商业规律，并通过数据预测新的增长点、发现商业机会，已成为现今各行各业企业的常规工作。各国际期刊平台也纷纷提供数据分析的岗位，为数字出版产业链实现更高效的循环提供有效助力。数据分析岗位均需与销售团队密切合作，通过对数据收集、数据分析、模型开发、定义质量指标、模型的质量评估并加工成容易理解的可视化效果，有效地向技术和非技术利益攸关方传达数据见解。

5）平台管理人员：国际科技期刊平台在全球诸多国家都设立分部，具有繁杂的公司架构和运作体系，各地区、各部门通力配合保障日常工作的顺利进行。因此，为了维护公司各机构、各部门间工作的顺利运行和良好的沟通，设置了一些在日常运营的关键点上起着重要作用的岗位，诸如法律人才、产品经理、数字化营销专家、美术设计人员等。细致的分工协作保证了各机构的通力合作和工作有序开展，保障了旗下多种高质量学术刊物的出版发行。这些岗位大都属于数字化出版时代的新兴岗位，为期刊平台进入数字化时代起到了推动作用。

（二）国际科技期刊出版平台人才队伍特点及管理经验

国外科技期刊平台的业务范围覆盖全球，涉及跨国、跨部门、跨团队、多线程，对各岗位人才的国际化和专业化程度提出更高要求。同时，各平台之间的快速发展和激烈竞争会导致人才流动相对频繁。基于以上人才队伍特点，国际期刊平台对人才队伍的培养和稳定也采取一系列有效措施，如良好的福利待遇、创造职业荣誉感和有凝聚力的团队氛围，以及创造多元化职业发展空间。

1. 国际科技期刊平台人才队伍特点

国际科技期刊平台因发展历史长，产业化程度高，呈现出成熟的产业结构特点，其人才队伍具有以下特点：

1）人才国际化程度高：国际期刊平台通常面向全球范围内的作者和读者，涉及跨国业务，因此其人才队伍需要具备国际化的视野和语言能力，能够适应不同国家和地区的文化背景和工作方式，工作地点也遍布全球各个国家和地区。

2）人才专业化程度高：国际科技期刊平台需要汇聚世界各个领域的优秀论文，因此其人才队伍需要具备高度的专业知识和技能，确保期刊平台内容的质量和水平。国际期刊平台通常涉及多个部门和团队的合作，快速处理大量的论文和稿件，需要与作者、读者、审稿人等各方进行密切的沟通和协作，同时处理与其他部门沟通的多线程工作，因此其人才队伍需要具备高效的工作能力和时间管理能力以及高度的团队协作精神和沟通能力，能够及时处理各种任务和问题，共同完成工作任务。

3）人才流动性强：相较于国内科技期刊平台，国际科技期刊平台的人才流动相对频繁[46]，究其原因，以下是一些可能影响国际科技期刊平台人才流动的关键因素。①职业发展机会：人才流动的主要动机之一是寻求更好的职业发展机会。在国际科技期刊平台上，员工可能会因为更高职位、更丰富的工作内容或更好的职业发展前景而选择离开现有平台。②薪酬待遇：薪酬待遇是影响人才流动的另一个重要因素。如果行业标准或竞争对手的薪酬水平高于目前水平，可能会导致人才流失。③工作环境：包括公司文化、领导风格、团队合作等方面。如果国际科技期刊平台的工作环境不够友好或不符合人才的期望，可能会导致人才流动。④行业趋势：国际科技期刊行业的趋势和发展速度快，如果国际科技期刊平台无法跟上行业趋势或无法满足市场需求，可能会导致人才流失。

2. 国际科技期刊平台人才队伍管理经验

1）良好的福利待遇：国际科技期刊平台对于员工的薪酬及福利等通常在招聘页面上予以明确展示，例如工资和奖金、退休计划、定期体检、灵活的办公时间、带薪休假制度、培训及报销、多种保险选择、员工援助计划、家庭友好福利和各种员工折扣等等。一些岗位明确写出了薪酬范围。如施普林格•自然出版集团美国分公司副出版人的年薪为60 000～70 000美元，主管年薪为74 000～82 000美元，编辑总监年薪120 000～135 000美元，主编的年薪为120 000～125 000美元，战略执行编辑的年薪100 000～110 000美元。约翰•威立的助理编辑年薪为56 000～78 000美元，方案业务主管年薪50 400～68 800美元，薪资水平与当地其他行业的薪资水平相比具有较强竞争力。

2) 创造职业荣誉感和有凝聚力的团队氛围：国际科技期刊平台在招聘页面用激励的语句突出了公司愿景和岗位的宏大使命，极大地提升了职业荣誉感，使得员工为自己的工作感到骄傲和自豪，从而激发工作积极性。国际科技期刊平台非常重视团队协作，在招聘主页都强调了团队的良好氛围和协作精神，并且选出优秀员工事迹在主页予以展示，一方面给众多员工树立职业榜样，另一方面，体现了平台的多元、包容、协作的环境，让员工融入其中，增加了员工归属感和职业稳定性。

3) 创造多元化职业发展空间：初级、中级、高级的岗位设置也可视作科技期刊平台人才晋升的路线。随着岗位级别的提高，工作职责也由简单、单线程逐步向复杂、多线程转变，相应的对学历及能力的要求也逐级递增，级别越高对人才综合素质及思想水平的要求也越高。这个规律在全球出版行业具有普适性。国际科技期刊平台在全球范围内拥有完整的产业链，人力资源管理系统成熟，设有多元化的岗位及相应的培训项目，所以员工的职业发展道路也是多方向的。员工可在工作一段时间后在机构内部选择其他的职业发展道路，通过跨部门工作得到更多的发展空间。例如，施普林格·自然给期刊编辑提供了编辑岗位之外的职业上升通道，如市场经理、图书项目经理等。多元化的岗位配置可以使编辑人员有机会在机构内部多个部门轮岗，接触不同部门的业务，同时又始终在出版领域积累经验，从而为以后获得更具挑战性的工作机会打下基础[47]。

三、我国科技期刊平台人才情况调研

本书对国内产业化程度较高的几家知名科技期刊平台如中国知网、北京卓众出版有限公司（以下简称"卓众出版"）、科学出版社 SciEngine 平台、中华医学会杂志社等单位的人才队伍建设情况进行了调研。

（一）中国知网人才队伍建设情况

中国知网平台管理团队的组织架构如图 3-4。中国知网目前人才规模总量达 3000 多人。其中，平台经营人才占比约 4%，平台管理人才占比约 7%，技术研发人才占比约20%，学科专业出版人才占比约10%，美术设计人才占比3%，合作服务人才占比3%，法律人才占比1%，市场宣传人才占比7%。人才布局侧重技术研发。在人才培养和队伍建设上，中国知网已建立较完善的制度支撑体系。围绕完善人才"引、育、留、用"全链条体制机制，从人才引进、培养、评价、激励等多个关键环节，健全人才政策制度体系，优化人才发展环境。

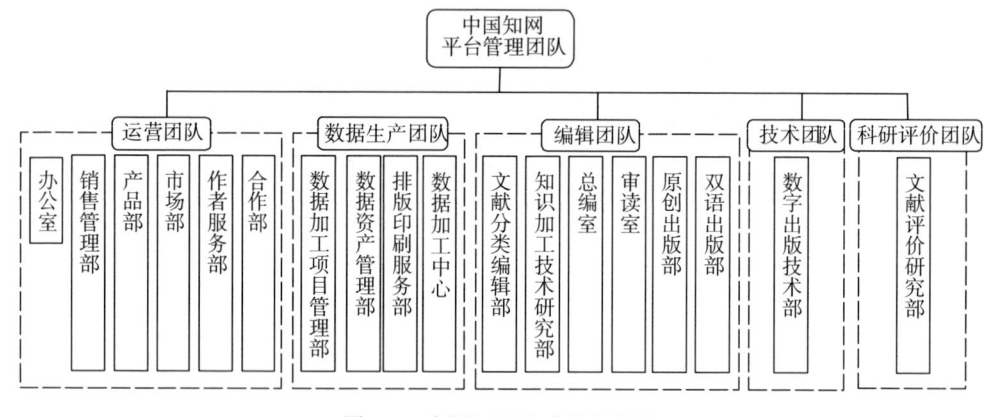

图 3-4　中国知网人才队伍情况

完善人才队伍结构：注重高层次人才引进，按照严入口、高水平原则，加大高层次人才引进力度，遴选业绩突出、具有创新潜力的管理人才和技术骨干人才；逐步推进储备管理人员、继任者计划并建立"储备管理人员库"和"关键人才库"，着力推动打造科技人才梯队。

拓宽职业发展路径：组织设计了管理序列和专业序列双通道，为员工提供"纵向晋升"与"横向流动"的职业发展路径。

优化人才培养体系：启动了管理人员分层培养和培训的管理体系，持续开展体系化的系列培训课程，对各类人才进行差异化培养，细化相应课程设计，有效增强其专业素质能力，落实各项培养体系。进一步优化重点领域、重点人才的顶层设计与跟踪管理，提升各级管理人员能力素质和胜任力；围绕公司"人工智能、数据科学与大数据技术、软件工程、知识管理与数字出版"等重点技术领域，组织系统架构、软件开发、互联网安全、数据资产、产品规划等多方面研发技能课程，不断加强科技人才培养体系建设。

（二）北京卓众出版有限公司人才分布及队伍建设情况

卓众出版平台管理团队的组织架构如图3-5。卓众出版目前人才规模总量达200多人。其中，平台管理人才占比约18%，新媒体人才占比约26%，技术研发人才占比约18%，销售人才占比13%，美术设计人才占比8%，合作服务人才占比3%，数据资源人才占比3%，法律人才占比1%，市场推广人才占比3%，其他人才占比7%。人才布局侧重技术研发和新媒体人才。卓众出版重视人才的引进培养，一直以来以"人才兴社"作为公司首要目标，人力资源一直被认为是卓众出版最重要的核心资源，由公司统一管理。人才由引进为主转变为自主培养为主，公司逐渐建立起一支适应数字出版新业务特点的高效团队。

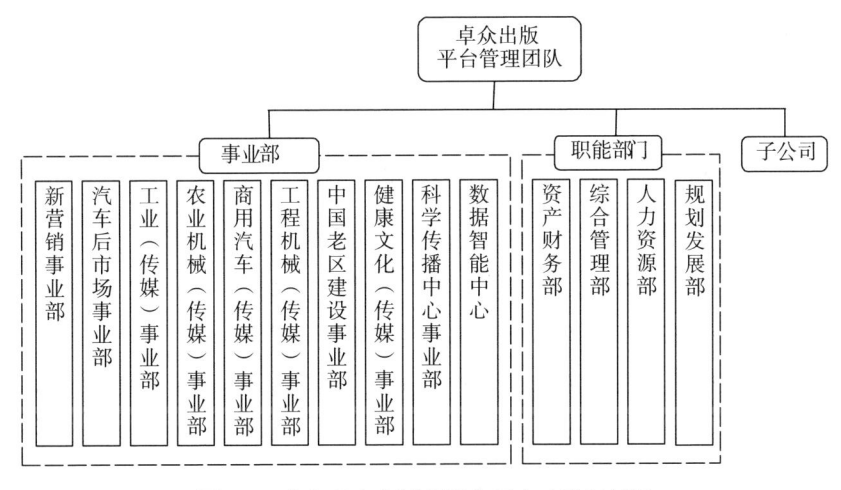

图3-5 北京卓众出版有限公司人才队伍情况

卓众出版组织策划实施了"人才支撑三年专项行动"，从人才引进、骨干培养、队伍建设等方面均取得了良好效果。"源头活水工程"，通过高标准引进大批技术人才和新媒体人才，带来数字营销、数字服务的新理念、新思路、新活力，从经营业绩、管理能力、企业文化等方面对其进行全方位培养，打造储备人才库。这些员工在视频制作、产品运营、全媒体等新型岗位上快速成长、发挥作用，成为合格员工、部门骨干，同时对老员工进行互联网思维引导和新媒体技能培训，促使传统媒体从业人员实现主动转型；"数字菁英100计划"，在管理人才、经营人才、内容人才等方面设置奖励机制，鼓励各岗位、各部门人才积极参与到事业发展中并作为骨干重点培养；"干部磨砺成长工程"，从2020年起卓众出版开始实施"创业池"计划，筛选出一批具有前瞻性、符合数字传媒时代发展战略方向的产品、项目、团队进行孵化，鼓励员工在事业部层面进行创新创业，为其提供更加灵活多元的创新发展空间，对骨干人才的经营能力、管理能力、创新能力进行全面培养，使其成为可独当一面的领军人物。在公司层面进行人才调配，让最适合的人才在最适合岗位上发挥人才最大价值，人员效率大幅跃升，生产力得到有效提升。卓众出版将"务实、创新、团结、高效、开放、清正"的企业文化渗透到日常工作中，使员工人才价值观与公司文化保持高度一致，尤其将"开放"的理念融入工作方方面面，时刻保持创造力和创新活力，使企业在市场竞争中得以胜出[48]。

（三）科学出版社 SciEngine 平台人才分布及队伍建设情况

科学出版社平台管理团队的组织架构如图 3-6。科学出版社自主研发了科技期刊全流程数字出版平台 SciEngine，并树立了"坚持人才第一"的人才队伍建设发展战略，激励和促进成熟型、复合型、国际化人才引进和发展，进一步增强期刊团队力量，推进国际和国内运营团队的合作，提升期刊集群服务能力[49]。通过科学出版社全资设立的苏州技术公司负责平台的软、硬件技术研发和服务。北京中科期刊出版有限公司和石家庄编务公司组建期刊数据生产和加工排版团队，为平台提供生产业务支撑。经过科学布局和组织重构，SciEngine 平台组建了有一定规模，且覆盖需求策划、技术研发、测试运维、数据制作、网络发布，以及期刊发展、营销推广、分析评价、印制发行、编辑培训等方面的专业型人才队伍。

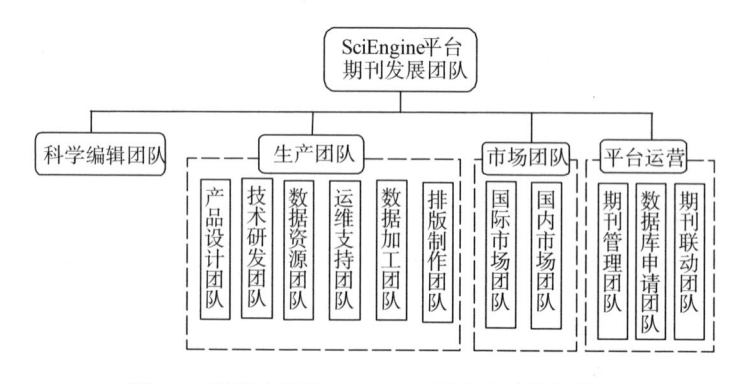

图 3-6　科学出版社 SciEngine 平台人才队伍情况

在数字出版平台建设过程中，SciEngine 平台营造了宽松的知识交叉和兴趣驱动的人才培养环境，将合适的人才放在合适的岗位，使人才在实际工作中锻炼和成长。及时补充紧缺人才力量，使大家在工作中各司其职，充分发挥人才的主动性和团队的保障力。围绕创新能力建设，SciEngine 平台定期组织数字出版创新研讨活动，聚焦数字出版各环节中的新思路、新技能、新方法，培养大家的融合出版学习和创造能力。

（四）《中华医学杂志》社有限责任公司人才分布及队伍建设情况

中华医学会杂志社平台管理团队的组织架构见图 3-7。中华医学会杂志社着眼一流期刊建设目标，接轨国际培养专业化编辑、出版人才队伍；以立德树人为根本、卓越目标为导向，构建完备的人才培养体系，打造数字出版团队，瞄准一流的领军人才和专业人才，将其吸纳进办刊队伍。自 2014 年成立新媒体部负责数字出版和产品研发工作以来，中华医学会杂志社为适应融合出版，加大人才引进力度，引入高级工程师，进一步夯实融合出版专业人才体系，目前融合出版团队已由最初的 6 人增加至 19 人。中华医学会杂志社市场营销部组建 20 人的团队，在会议运营、版权经营、继续教育产品开发、新产品市场调研、品牌建设、公共关系等层面发挥着越来越重要的作用。中华医学会杂志社对于各类人才建立了较完善的人才队伍培养制度和建设体系，不断优化人才发展环境。根据实际情况细化各部门、各岗位的激励

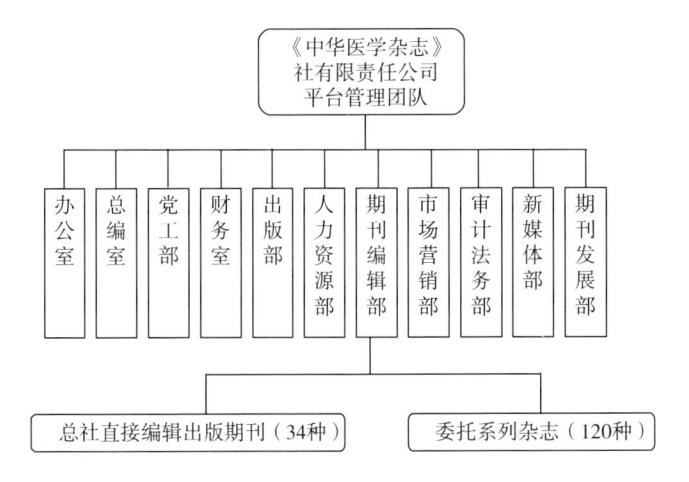

图 3-7 《中华医学杂志》社有限责任公司平台人才队伍情况

晋升制度，如《中华医学会杂志社新媒体部年薪制员工年度薪资执行方案》《市场营销部员工业务岗位管理办法（试行）》等，激发了员工积极性。中华医学会杂志社通过理论与实践相互印证、相互促进，探索出一种具有自身特色的人才培养范式[50]。

四、我国科技期刊平台人才现状和发展措施

（一）我国科技期刊人才队伍特点

党的二十大报告明确提出，培养造就大批德才兼备的高素质人才，是国家和民族长远发展大计。全面建设社会主义现代化强国，促进科技期刊高质量发展，需要培养一支政治素质高、业务能力强、善于创新创造的期刊人才队伍，这是国家的战略需求。高质量的科技期刊人才在驱动科技期刊产业创新、激活科技期刊发展新格局、推动科技期刊高质量发展方面起到了关键性作用。期刊人才建设和培养需要立足新时代、新征程的中心任务和战略部署，紧密结合行业实际和发展实际，群策群力，系统谋划[51]。

我国科技期刊平台的人才队伍逐渐形成以经营管理类人才为主导、编辑人才为基础、新媒体人才、技术人才、市场营销人才等为支撑的人才体系。呈现出以下几个特点：

1）全面的专业素养：我国科技期刊平台人才队伍的政治素养、管理素养、学术素养、信息素养、文化素养对平台高质量发展起到了重要作用。正确的政治观、法律观、大局观和较强的敏锐度，保障科技期刊平台基本发展方向；有效的管理保障了科技期刊平台各部门、各环节有序的运转和协同；与时俱进的学科专业能力保障了科技期刊平台提供优质内容和优质服务；专业化的数字技术能力保障了科技期刊平台的高质量数字化建设；精准高效的新媒体运营能力丰富了科技期刊平台的传播形式，拓宽其传播途径，并加强了信息联络。

2）多学科背景：我国科技期刊平台人才队伍通常具备多学科的背景，不仅具备相关学科领域的专业知识，还了解数字出版产业的发展趋势、技术前沿和不断变化的商业模式。

3）产业思维：科技期刊平台的人才队伍通常具备较强的产业思维。产业思维

是一种将科技期刊平台置于更广阔产业环境中的思考方式,在科技期刊平台的实际工作中,需要运用产业思维来指导期刊平台的各项决策。具备产业思维的平台人才不仅关注期刊的学术质量和影响力,还要深入洞察产业趋势、市场需求和竞争态势,以更加前瞻性和战略性的视角来推动平台的发展。

4）先进的技术能力:我国科技期刊平台人才队伍掌握了多项自主知识产权的平台相关技术能力。除了少数面向国际的英文期刊出版发布平台由国外技术团队开发外,大多数国内期刊平台均由国内技术团队自主研发。他们了解相关产业的技术发展和创新趋势,能够评估和解读相关技术的优势和应用前景,为作者和读者提供比较满意的平台功能和服务。

5）较强的市场营销能力:我国科技期刊平台人才队伍具备较强的国内市场营销能力,但国际市场营销能力有待加强。面向中国市场,他们能够进行市场调研和分析,制定有效的市场推广策略,提高期刊的知名度和影响力,吸引更多的作者和读者参与。

6）良好的团队合作能力:科技期刊平台的工作人员通常都能够在团队中有效地合作,他们相互沟通、分享信息、协调工作,并共同解决问题,以推动科技期刊平台的顺利运营和发展。

以上特点使得科技期刊平台能够较好地理解和满足学术期刊出版传播的需求,推动学术研究与产业发展紧密结合,促进科技创新和经济增长。

（二）我国科技期刊平台人才队伍存在的问题

与国际科技期刊平台对标,我国在科技期刊平台人才建设方面,存在以下突出问题。

1）平台经营与管理人才的盈利能力亟待提高:由于科技期刊平台不论内容还是服务群体均具有很强的专业性,而我国长期以来学术出版的事业属性突出,对营利性关注不足,因此,当期刊平台的管理和运营既需要学术专业背景又需要盈利能力,但二者不可兼顾时,我国的期刊平台往往由专业技术岗位中的优秀人才升任,因此部分平台管理人员缺乏先进的经营理念和管理经验,也造成平台盈利能力不足。复合型人才一将难求，需求远大于供给，招聘难度也很大。

2）薪资待遇缺乏竞争力：科技期刊平台之间的竞争压力导致对高水平平台技术人才、新媒体人才、市场营销人才等需求量持续增加，对从业人员的专业素质、学术水平、外语能力要求也大幅提高，工作内容更加复杂而且专业。然而在职位晋升、薪酬待遇、生活工作条件方面，国内期刊平台提供的相应政策和措施不能及时调整，与同类国际科技期刊平台和互联网、技术型企业相比，薪资标准差距较大且增长乏力、升职空间有限。期刊平台人才发展面临要求高、待遇低、晋升难的问题，极大影响了各类人才对期刊事业的忠诚度、进取心和职业热情，造成高质量高水平人才难以引入，更难留住。

3）继续教育措施不足：目前我国高校等教育机构对于科技期刊管理人才的培养力度不够，课程设置和教学内容与实际需求存在一定的脱节，导致人才供给不足；国家新闻出版署规定的编辑出版继续教育培训从内容设置上看，主要针对的是传统编辑出版人才，技术、新媒体、市场营销等数字出版方面的培训无法满足现有需求；科技期刊平台企业也无力开展有效的培训、缺乏有效措施激励员工不断提升技能和知识水平。总体而言，我国从高等教育的专业设置和相关领域的科研活动，到继续教育和产学研结合的人才培养，都缺乏对平台人才队伍的系统化支持。

4）国际化人才短缺：目前，我国科技期刊平台人才队伍的整体素质和国际化水平还有待提高，这主要表现在以下几个方面。①外语水平：我国科技期刊平台从业人员在外语方面存在不足，直接影响了论文的国际化传播和学术交流。在平台建设和运营过程中，常出现语言表述不准确、不规范的问题，在一定程度上影响了平台的学术质量和学术影响力。②国际化视野：我国科技期刊平台人员的国际化视野有限，对国际学术前沿动态的把握不够敏锐，导致平台发展与国际发展趋势存在一定的脱节现象，平台管理、技术创新和市场营销等方面均存在较大差距。③人才流失：面对国际期刊集团和出版平台的本土化竞争，我国科技期刊及期刊平台都面临着国际办刊人才和平台人才流失的挑战。由于高端人才在市场上具有较高的价值，他们往往会被更高的福利待遇、更具潜力的职业发展前景所吸引，容易被竞争力更强的国际期刊平台或者其他行业挖走。

（三）我国科技期刊平台人才问题的应对措施

中国科技期刊平台可以采取以下措施来解决人才问题：

1）人才引进与培养：我国科技期刊平台应加强优秀人才的引进和培养。通过建立培训计划、提供学术交流机会和奖励机制等方式，培养和吸引具有较高专业素养和学术背景的优秀人才和高层次人才加入科技期刊平台行业；积极引进具有丰富经验和专业知识的人才，提升团队的专业水平和素养。根据具体岗位设立专门的人才培养项目、期刊人才荣誉等，在岗位设计、业绩考核、职业荣誉等各个方面，给予优秀期刊人才应有的专项支持措施，分类培养、精准施策，鼓励人才多元化发展；建立有效的激励机制，通过提供具有竞争力的薪资待遇、奖金、福利等措施，激发人才的工作积极性和创造力；树立高远发展目标，在实践中锻炼人，在发展中提高人，以成就激励人，以事业留住人。

2）专业化团队建设：科学合理的人才管理措施是建设高水平人才队伍的有力保障。有效的管理和领导对于塑造积极的工作文化至关重要。我国科技期刊平台需建立科学的管理体系，通过制定规范和标准化的管理制度，建立有效明确的组织结构、职责分工和团队协作机制，确保各个部门之间的信息畅通，提高整体工作效率和质量；根据不同学科领域的需求，组建具备相关专业知识和背景的项目团队，通过团队合作和专业分工，提高期刊平台上各产品的学术质量和服务水平；注重培养领导力，培养具备战略思维、创新能力和团队管理能力的平台领导者，通过组织培训、学习交流和导师制度等方式，提升管理人员的领导力水平，促进团队合作，激发团队创新和凝聚力。

3）创新人才培养：高校是出版人才教育培养的主体，科技期刊人才首先应从高等院校学科设置和建设上着手，解决人才培养源头问题。加快数字化出版学科建设，加大在出版人才教育培养方面的师资和经费投入，鼓励数字出版领域学术研究和示范性教材编写，培养更多符合目前科技期刊平台发展需求的出版专业人才。在继续教育方面，围绕提升期刊人才综合能力和建设高素质专业化期刊队伍的目标，鼓励和调动行业协会、社会机构参与出版人才教育培训，完善数字出版领域继续教育体系，助力高素质人才队伍建设。在产学研结合方面，鼓励平台企业重视与各类教育机构的合作，通过内部培训和外部培训，提高现有员工的管理技能和业务水平，这可以帮助他们更好地应对挑战。在期刊国际化人才培养方面，加强对外交流与合作，充分借鉴国际知名期刊平台的成功经验，拓展国际培训的广度和深度。

4）国际化与全球竞争：随着全球科技交流日益频繁，我国科技期刊平台需要更广泛的国际化视野和竞争力，吸引国际人才加入团队，积极引进具有国际学术背景和经验的编辑和工作人员；提供国际化的学术服务和编辑支持，加强与国际期刊和学术组织的交流与合作；通过参与国际学术会议、组织国际研讨会和合作出版项目等方式吸引国际作者和读者参与；建立多语言编辑和翻译团队，提供多语种的编辑和翻译服务，更好地满足国际作者的需求，提高论文的质量和可读性；开展国际化培训，提升编辑和工作人员的国际视野和专业能力；通过邀请国际专家进行培训、组织国际学术交流和研讨会等方式，提高团队的国际化水平，吸引和培养具备国际化背景和能力的人才，提高期刊的国际影响力和竞争力，促进中国科技期刊的国际化发展。

通过以上措施，我国科技期刊平台可以更好地应对人才问题，提升团队整体素质和工作效率，为学术研究和科技创新提供更好的支持和服务。

第五节　科技期刊平台建设资本要素分析

通过对国内外具有代表性的科技期刊出版平台的调研，从资金投入、并购产品、盈利模式和权益分配机制等方面，分析资本要素在平台建设中发挥的作用，并就吸引资本进入期刊平台的政策环境、社会环境进行分析。

一、国际科技期刊平台建设资本要素分析

（一）国际科技期刊平台主要资金来源

国际科技期刊平台的资金来源主要有以下几个方面：平台通过在网页和应用程序上展示广告来获得收入；平台向读者提供订阅服务，收取订阅费用；平台向作者

收取发表论文的费用，或者向读者收取阅读特定文章的费用；平台可能获得来自政府、机构或个人的赞助和捐赠；平台可能与学术机构、研究机构或企业建立合作关系，共同推广和分享研究成果，并从这些合作中获得收入。

2022~2023 财年，爱思唯尔 STM 业务营收增长 10%至 29.09 亿英镑[52]。爱思唯尔 STM 板块中，收入占比约 40%的数据库/工具及电子参考文献业务，主要为学界/政府部门、企业及保健机构提供工具，如 Scopus 数据库、SciVal 学术期刊分析工具。收入占比约一半的原创研究业务，帮助研究人员验证、改进其科研成果并在爱思唯尔的 2800 多种期刊上发表。爱思唯尔母公司励讯集团的股票在伦敦、阿姆斯特丹和纽约证券交易所交易，市值约为 588 亿英镑、684 亿欧元、749 亿美元（http://www.relx.com/investors），每年在技术应用上的投资在 15 亿美元左右。

2022 年，施普林格·自然实现了 5.6%的收入增长，达到 18.2 亿欧元，调整后的营业利润增至 4.87 亿欧元[53]。2022 年，施普林格·自然基本收入增长 4%，主要由 Nature 系列期刊和 OA 业务的增长推动的。目前出版 600 种 OA 期刊，出版超过 125 万篇开放获取文章，并正朝着 2024 年底之前有一半的研究论文为开放获取的目标而前进。Nature Communications 与医学和生命科学期刊一起引领了 OA 的发展。OA 期刊 Scientific Reports 发表了超过五分之一的 OA 文章，与前一年持平。期刊板块数字产品的收入一直保持在 95%左右。2022 年，施普林格·自然产品和技术投资和运营支出 1.36 亿欧元，从 2020 年到 2022 年在这些领域的总投资超过 3.7 亿欧元。正在投资建设的期刊出版平台 SNAPP 已经托管了施普林格·自然出版集团 3000 种期刊中的 640 种。

荷兰威科集团 2023 年 2 月发布的 2022 财年年报显示，该集团总营收增长 6%至 54.53 亿欧元，调整后营业利润增长 8%至 14.24 亿欧元。威科集团投入新产品开发的资金约 6 亿欧元，占总营收的 11%，较 2021 财年提高 1 个百分点，创下该集团历史纪录。威科集团的一大亮点是，应用专家解决方案，将专业知识与技术相结合，来实现内容及工作流程的自动化，提升客户的工作业绩和效率。专家解决方案的主要收入来自医疗卫生业务，该业务提供全球临床诊断工具 UpToDate、临床用药数据库 Medi-Span 和 Lexicomp 等。不少解决方案运用 AI、NLP、机器人流程自动化及预测性分析等先进技术。开发团队在以客户为中心的语境下设计流程，开发基于大规模敏捷框架的解决方案。

英国英富曼集团（Informa）2023年3月发布的2022财年年报显示，该集团总营收增长31%至22.62亿英镑，调整后营业利润增长58.5%至4.96亿英镑。其中专注学术出版及知识服务的泰勒•弗朗西斯营收增长9.0%至5.94亿英镑，调整后营业利润增长1.5%至2.07亿英镑。2022年，英富曼集团推行几大战略，包括剥离非核心业务Informa Intelligence、专注于学术出版及B2B市场、增强以数据智慧使用为支撑的数据服务，以及重视人才建设与数字化投资。剥离Informa Intelligence业务获得的25亿英镑资金，重新用于集团的增长业务领域，以为投资者（股东）提供更大的资金回报。泰勒•弗朗西斯的知识产品覆盖广泛的学科领域，在教育、心理、工程、医学和环境科学领域具有优势地位，其专注于三大核心业务：订阅业务、OA出版及专业科目出版纸电图书的高级学习业务。泰勒•弗朗西斯通过签署23个转换协议，与全球500多家机构开展OA出版合作。

（二）国际科技期刊平台通过并购加快数字化进程

大型STM出版集团在国际化和数字化的道路上，及时洞察利益相关者的需求变化并对公司战略做出调整，一直引领着整个科技出版的发展。纵观STM出版集团的发展路径，都经过了三次战略转型：通过外延式扩张的收购和并购发展核心业务、提供产品服务并建设数字化平台、提供知识服务。STM出版集团首先在资本快速扩张以占据市场份额后，开始推出产品业务和数字化平台增强竞争力，而在近10年开始进入知识服务阶段，对数据进行提取、加工和整合。

爱思唯尔首先通过并购手段丰富其产品线，经典收购案例包括但不限于：1991年收购帕加蒙出版社（Pergamon）和世界顶尖的旗舰期刊《柳叶刀》；1999年收购旗舰期刊《细胞》的出版商细胞出版社；2001年收购哈克出版公司（Harcourt），带来Academic Press、Butter-worth Heinemann、Churchill Livingstone、Mosby、W.B. Saunders和MD Consult等众多著名出版品牌。数字化战略落地后，爱思唯尔投资了众多知识服务公司和技术公司，诸如：Atira（研究管理方案提供商）、Mendeley

（基于云的研究管理和社交合作平台，2013年）、Amirsys（放射学、病理学和解剖学的信息解决方案及内容提供商）、Newflo（媒体监控公司）、InferMed（临床决策支持技术提供商）、Hivebench（实验室数据管理工具）、SSRN（人文和社会科学资源库及在线社区）、Plum Analytics（替代计量学先驱，用创新方法揭示研究兴趣和使用）、bepress（学术机构研究展示服务提供商）、Aries Systems（科技出版工作流程解决方案提供商）、Via Oncology（为肿瘤学专业人士提供临床决策支持解决方案的领先供应商）、Parity Computing（AI推送STM内容的信息分析商）、SciBite（AI语义分析公司）、Shadow Health（医疗保健仿真软件技术支持公司）、Osmosis（医学在线教育平台）。与此同时，爱思唯尔整合科研工作全流程中的用户需求和内容资源，推出众多行业领军的平台和数据库，主要有：1997年推出的ScienceDirect平台，以世界最大的同行评议为基础的科技与医学研究数据库；2004年发布的研究文献摘要与引文数据库Scopus，收录了7 000多家出版商的27 000多种期刊；2009年推出的SciVal系统（科研评价测评系统）为7500家研究机构提供研究表现的评估与测评。在此基础上，爱思唯尔掌握了越来越多的科研数据和技术应用经验，进一步强化了竞争优势。

施普林格·自然从20世纪90年代开始已经开始持续发展数字化创新。2008年，收购了世界最大的开放获取期刊出版商BioMed Central（BMC），并创立新的施普林格·自然开放资源库；2015年，与自然出版集团完成合并，成为世界上最大的科学出版商；2017年收购电子学习服务供应商iversity；2018年收购医疗通信服务提供商Medidact；2021年收购开放获取出版机构Atlantis Press。同时，施普林格·自然与数码科技公司Digital Science、智能搜索初创公司Unsilo、化学信息软件公司InfoChem和语义技术开发公司Ontotext等展开合作，以数字化平台高效智能地利用高质量的可靠数据集，逐渐成为全球最大的产品数字化创新者和开放科学领域的领军者。

约翰·威立也在早期通过并购不断强化其核心业务，也在数字化的转型中收购了一批第三方服务和专门的技术服务商：1999年收购培生教育（Pearson Education）旗下的一些子品牌；2001年收购世界主要的计算机出版商之一Hungry Minds, Inc.；

2005 年收购出版发售信息技术专业图书和软件的全球出版商 Sybex，Inc.；2007 年收购 Blackwell Publishing；2012 年收购专业金融的电子学习系统提供商 Efficient Learning Systems；2014 年收购专注于领导和管理技能开发的学习解决方案提供商 CrossKnowledge；2016 年收购专业技术服务商 Atypon；2019 年收购自适应学习技术和数字化课件供应商 Knewton、计算机科学和 STEM 课程的数字课件平台 zyBooks；2020 年收购 Bio-Rad Laboratories，Inc.的信息产品，包括该公司的光谱学软件和光谱数据库；2021 年收购开放获取出版机构 Hindawi、同行评议管理及编辑服务公司 J&J Editorial 和开放获取服务提供商 Knowledge Unlatched。随着科研需求的日益增长，约翰•威立同样在资源整合后，做出了更专注于提供知识型服务的选择。

泰勒•弗朗西斯出版集团从 2001 年开始出版电子刊物，到 2019 年确立多学科整合、提供机器可读元数据、复合数字出版的数据战略模式，中间也经历了数轮转型与升级。在早期收购出版商或品牌的基础上，泰勒•弗朗西斯出版集团通过与电子出版商 Versaware 达成电子书转化协议、研发文章追踪系统 Central Article Tracking System、推出电子期刊平台 Taylor & Francis Online，并且也在近年不断进行科技服务商或技术平台的并购，例如：2017 年收购文献管理软件 Colwiz；2020 年收购开放研究出版平台 F1000 Research。

二、国内科技期刊平台建设资本要素分析

（一）国内科技期刊平台主要资金来源

中国科技出版传媒股份有限公司（以下简称"中国科传"）作为"中国科技期刊卓越行动计划集群化试点项目"建设单位，通过内外资源整合、技术研发、平台牵引、互惠合作以及兼并重组等手段和方式，在已有"国家科技期刊出版基地"项目建设基础上，2014 年开始搭建集论文投审、内容生产、数据仓储、资源发布、学术提升、营销推广及科学评价的全链条数字出版与知识服务体系，打造了自主品牌的 SciEngine 全流程数字出版与传播平台和以自有高水平国际期刊群为核心的内

容资源集聚平台,在改变"借船出海"的模式、自己"造船出海"的方向迈出了关键性的一步,使期刊集群建设有了必不可少的抓手。建设过程中累计获得项目经费6000万余元,分别来自2015年财政部文化产业发展专项资金、2019年中国科技期刊卓越行动计划集群化试点项目、国家科技期刊出版基地等项目和公司自筹资金。

《中国激光》杂志社有限公司（下文简称"中国激光杂志社"）于2004年倡议成立了中国光学期刊联盟,涵盖国内所有光学期刊并向相关及交叉学科延伸。为聚集学科数字资源,推动学科期刊数字出版水平与服务能力,先后于2004年上线中国光学期刊网,2013年开通新媒体传播体系,2016年上线科云出版生产系统,2017年上线汇同会议系统,2019年发布并于2021年全新升级Researching平台,构成了完备的全流程期刊出版与传播交流平台。前后19年的数字化建设工作,总投入超过5000万元,资金来源有社外项目资助、社内业务补贴等两大类,比例为7∶3,近5年的主要项目资助包括2019年中国科技期刊卓越行动计划集群化试点项目、2023年上海市促进文化创意产业发展财政扶持资金支持项目、国家新闻出版署"2023年度数字出版精品遴选推荐计划项目"。

（二）国内科技期刊平台资本合作与并购情况

中国科传在充分发挥办刊优势的基础上,以服务学者为目标,逐步形成了以《中国科学》《科学通报》《国家科学评论》等为代表的一流中国科技期刊品牌,以SciEngine平台为支撑的期刊全流程数字出版与国际传播服务,以整合国际科技出版机构（法国EDP Sciences出版社）和国际合作（北京科爱森蓝文化传播有限公司,以下简称"科爱公司"）为纽带,搭建科技期刊集群化发展平台,与国内科技期刊共同努力,面向国内外,办好中国科技期刊[54]。

中国科传与爱思唯尔公司合资,由中国科传控股的科爱公司按照国际化经营模式,面向国际市场,直接参与国际竞争,并充分利用双方的资源和品牌优势,通过不断努力,截至2024年7月,编辑出版国际期刊达到180余种,其中已有68种被SCIE/ESCI收录、1种被AHCI收录,已成为国内最大的英文科技期刊出版机构。中国科传还通过海外并购的方式,推动中国科技出版走出去,促进英文科技期刊出版规模的跨越式发展，加快我国科技期刊国际竞争力和学术影响力的提升速度。2019年11月，中国科传与法国物理学会、法国化学学会、法国光学学会、法国应用数学与工业学会4家学会在法国巴黎举行了收购EDP Sciences 100%股权的签约仪式，正式完成了对法国最大的独立科技出版商的并购。本次并购是中国科传在实现上市后开展的第一次跨境资本运作，也是中国科技出版机构第一次真正意义上完成对西方国家出版机构的并购，而且是并购了一家历史悠久、底蕴深厚、具有一定规模的科技出版机构。此次并购对快速提升中国科技期刊的国际影响力和市场竞争力都将起到积极的作用。EDP Sciences是法国最大的独立科技出版商，年出版图书近百种，期刊83种，其中英文期刊62种，法文期刊21种；SCIE/ESCI收录37种。

通过审计、评估、挂牌、摘牌、资产交割等增资程序，2021年8月26日，有研集团、中国有色金属学会、中南大学出版社、有科期刊出版（北京）有限公司（以下简称"有科出版"）四方签署协议，中南大学出版社以"中国有色金属知识库"及其相关产品作价增资有科出版，"中国有色金属知识库"及其相关产品全部权益归有科出版所有，有科出版拥有了包含行业99%以上期刊的"有色金属期刊集群"和有色行业唯一的数据库"中国有色金属知识库"，股东变更为中国有色金属学会、有研集团、中南大学出版社，自此，有科出版正式开启了学会、高校、出版企业联合出版模式，集三方资源打造中国有色金属科技期刊出版集团[55]。2023年5月23日，有科出版与约翰·威立签约，双方将开展全方位、深层次的出版合作，携手打造一批世界顶尖科技期刊品牌。在数字平台建设上，发挥双方国内国际双平台优势，在现有资源库（有色金属期刊集群+中国有色金属知识库）基础上，进一步推动数字资源与期刊资源深度融合发展，在期刊数据基础上整合政策法规、产业信息、商业运营等完整周期数据资源，打造引领世界的政、产、学、研、商全方位知识服务的新型知识库[56]。

万方数据股份有限公司（以下简称"万方数据"）是国内较早以信息服务为核心的股份制高新技术企业，是在互联网领域，集信息资源产品、信息增值服务和信息处理方案为一体的综合信息服务商。该公司目前有六家股东单位：中国科学技术信息研究所、中国文化产业投资基金、中国科技出版传媒股份有限公司、北京知金科技投资有限公司、四川省科学技术信息研究所和科学技术文献出版社。作为国内较早开展互联网服务的企业之一，万方数据在为用户提供信息内容服务的同时，坚持以信息资源建设为核心，开发独具特色的信息处理方案和信息增值产品，进一步为用户提供从数据、信息到知识的全面解决方案，代表性产品有万方数据知识服务平台和万方医学网。万方数据知识服务平台专注于知识的发现、共享、传播与应用，收录了超过4亿条覆盖各学科、各行业的高品质学术资源，利用自有核心技术为学术创造和科研创新提供全方位的信息服务和解决方案。万方医学网拥有1100余种中文生物医学期刊（包括中华医学会、中国医师协会等权威机构主办的高质量医学期刊），26 000余种外文医学期刊，5万分钟医学视频等高品质医学资源。万方医学网致力于为医护人员、医学科研人员、医疗管理者及公众提供具有个性化的专业信息查询工具及决策咨询服务，助力智慧医疗及医疗信息化建设。

三、我国科技期刊平台建设资本的政策与环境分析

（一）我国政治与经济环境的影响分析

资本是发展科技期刊平台建设中的一个重要因素。科技期刊平台的集约化发展一直是我国期刊界同仁在寻求的模式，在中国科协、中宣部、教育部、科技部联合印发的《关于深化改革 培育世界一流科技期刊的意见》中，也把推进期刊的集群化发展作为未来的建设目标[57]。我国现在已有一些较有影响力的期刊集群平台，如入选"中国科技期刊卓越行动计划集群化试点项目"的中国科技出版传媒股份有限公司、中国教育出版传媒集团有限公司、《中华医学杂志》社有限责任公司、有科期刊出版（北京）有限公司、《中国激光》杂志社有限公司等。目前，这些期刊集群平台的运作都在公有资本的范畴。

国外著名的科技期刊出版集团，如爱思唯尔、施普林格•自然、泰勒•弗朗西斯、约翰•威立等，都是通过大量资本运作和并购等方式不断壮大的。但由于国内外科技期刊的出版制度和发展环境不同，我国科技期刊不能照搬国外科技期刊的发展模式，"大资本"的运作方式并不适合我国科技期刊的发展现状。自2005年中共中

央、国务院下发《关于深化文化体制改革的若干意见》以来，至2019年末，我国共有15家出版集团股改上市，但并没有在期刊出版领域形成规模效应[58]。"小、散、弱"现象在我国科技期刊产业发展中依然存在，考虑到民间资本的小额度和灵活性与科技期刊的"小"和"散"有着天然的一致性，今后可以考虑在科技期刊平台资源集聚建设中充分利用民间资本的力量[59]。

改革开放以来，我国聚集了大量的民间资本。为了充分利用民间资本的力量，2010年，《国务院关于鼓励和引导民间投资健康发展的若干意见》发布[60]。

目前，国家在新闻出版领域依然对非公资本有着明确的限制要求，但主要还是面向内容出版审核把关这一核心环节。国务院《关于非公有资本进入文化产业的若干决定》（2005年）提出"非公有资本不得投资设立和经营通讯社、报刊社、出版社……；不得经营报刊版面、广播电视频率频道和时段栏目；不得从事书报刊、影视片、音像制品成品等文化产品进口业务"。

国家除了对期刊内容审核把关等核心环节进行严格管控外，对期刊出版平台技术、数据加工、后期服务等期刊运行流程，则允许多元化资本来推动。国家也先后发文鼓励非公资本参与到文化产业发展中来，共同推动文化产业繁荣发展。从2009年新闻出版总署印发《关于进一步推进新闻出版体制改革的指导意见》，到2012年《新闻出版总署关于支持民间资本参与出版经营活动的实施细则》，再到2014年文化部、中国人民银行、财政部印发《关于深入推进文化金融合作的意见》指出"各类社会资本积极投入文化产业，形成了多层次、多渠道、多元化的文化产业投融资体系"，非公资本作为"新兴文化生产力"进入出版领域的限制越来越少，对出版活动的参与度越来越大，积极性也越来越高[61]。

（二）资本参与我国科技期刊平台建设的思考与建议

进一步盘活国有资产，联手扩大出版集团阵营，加快培育出版传媒骨干企业和战略投资者。拥有多家新闻出版单位的地方、中央部门和单位可以整合出版资源，组建出版传媒集团公司。中国科传收购法国EDP Sciences出版社100%股权，实现了对国际优秀出版资源的整合；由中国科传和爱思唯尔合资成立的科爱公司，则充分利用了外资，并且实现了国内外出版资源的充分利用；有科出版是国有资本的联合，主要股东为中国有色金属学会、有研集团、中南大学出版社，在行业内实现了优势出版资源的整合。

非公资本是社会资本的重要组成部分，也是社会资本中的活跃"分子"。国外科技出版集团都是通过资本运作和市场化的发展最终做大变强的。随着数据出版、视频出版等出版模式的兴起，AI、大数据、区块链、云计算等技术的运用，新型数字出版技术在期刊出版、期刊评价等方面发挥着越来越重要的作用，能否与互联网技术融合发展已成为制约科技期刊出版平台发展的重要因素[62]。万方数据股份有限公司是国有资本与民营资本的合作范例，双方充分利用了市场化的出版资源。

致　谢

本章第三节特别感谢北京万方数据股份有限公司副总经理乔晓东，他为我们提供了宝贵的思路，使我们在科技期刊平台人才分类过程中能够更好地把握方向。乔总的洞见和指导对于完成本章第三节内容起到了至关重要的作用。

参考文献

[1] 国务院反垄断委员会关于平台经济领域的反垄断指南[EB/OL]. (2021-02-07) [2024-02-21]. https://www.gov.cn/xinwen/2021-02/07/content_5585758.htm.

[2] 国家发展改革委等部门关于推动平台经济规范健康持续发展的若干意见[EB/OL]. (2021-12-24) [2024-02-21]. https://www.gov.cn/zhengce/zhengceku/2022-01/20/content_5669431.htm.

[3] Bowen J. Metadata to Support Next-Generation Library Resource Discovery: Lessons from the eXtensible Catalog, Phase 1[J]. Information Technology and Libraries, 2008(27): 6-19.

[4] 杨锐. SpringerLink 数字出版物平台特点浅析[J].科技与出版, 2014(12): 11-16.

[5] SpringerLink[EB/OL]. [2023-09-12]. https://rd.springer.com/.

[6] ScienceDirect: 爱思唯尔一流的同行评审学术文献平台[EB/OL]. [2024-04-28]. https://www.elsevier.com/zh-cn/products/sciencedirect.

[7] About arXiv[EB/OL]. [2024-05-10]. https://info.arxiv.org/about/index.html.

[8] About PMC[EB/OL]. [2024-05-10]. https://www.ncbi.nlm.nih.gov/pmc/about/intro/.

[9] CDAJ 学术期刊大数据分析平台[EB/OL]. [2024-05-10]. https://cdaj.cnki.net/cdaj/.

[10] Web of Science Core Collection[EB/OL]. [2024-05-10]. http://webofscience.help.clarivate.com/Content/wos-core-collection/wos-core-collection.htm.

[11] 中国科学院文献情况中心. 中国科学文献服务系统[EB/OL]. [2024-05-10]. http://www.sciencechina.cn/.

[12] 国家科技图书文献中心[EB/OL]. [2024-05-10]. https://www.nstl.gov.cn/Portal/zzjg_jgjj.html.

[13] Science Data Bank[EB/OL]. [2024-05-10]. https://www.scidb.cn/about/introduction.

[14] 刘冰, 史红, 常青云. 医学视频期刊出版探索及视频科技期刊发展面临的相关问题[J]. 编辑学报, 2020, 32(5): 82-87.

[15] 宋宁远, 王晓光. 增强型出版物模型比较分析[J]. 中国科技期刊研究, 2017, 28(7): 587-592.

[16] 刘灿, 王玲, 任胜利. 数据期刊的发展现状及趋势分析[J]. 编辑学报, 2018, 30(4): 344-349.

[17] 杜杏叶, 李涵霄. 爱思唯尔数字学术服务模式研究及启示[J]. 中国科技期刊研究, 2022, 33(8): 1065-1074.

[18] 中国科学技术协会. 2022年中国科技期刊产业发展报告[M]. 北京:科学出版社, 2023.

[19] 中国科学技术协会. 2021年中国科技期刊产业发展报告[M]. 北京:科学出版社, 2022.

[20] arXiv identifier[EB/OL]. [2024-05-10]. https://info.arxiv.org/help/arxiv_identifier.html.

[21] 科睿唯安 ScholarOne[EB/OL]. [2024-05-10]. https://clarivate.com.cn/solutions/scholarone/.

[22] Editorial Manager[EB/OL]. [2024-05-10]. https://www.ariessys.com/solutions/editorial-manager/.

[23] 中国知网. 腾云期刊出版平台[EB/OL]. [2024-05-10]. https://find.cb.cnki.net/.

[24] 玛格泰克 JournalX[EB/OL]. [2024-05-10]. https://www.magtech.com.cn/CN/model/index.shtml.

[25] 北京北大方正电子有限公司. 方正鸿云学术出版[EB/OL]. [2024-05-10]. https://www.journal.founderss.cn/index.html

[26] 科学出版社 SciEngine[EB/OL]. [2024-05-10]. https://www.sciengine.com/.

[27] Scopus AI[EB/OL]. [2024-05-10]. https://beta.elsevier.com/products/scopus/scopus-ai.

[28] Beta Writer. Lithium-Ion Batteries[M]. Cham:Springer Cham, 2019.

[29] Guido Visconti. Climate, Planetary and Evolutionary Sciences[M]. Cham:Springer Cham, 2021.

[30] AJE AI[EB/OL]. [2024-05-10]. https://www.aje.cn/curie/.

[31] Atypon[EB/OL]. [2024-05-10]. https://www.atypon.com/.

[32] Aries Systems[EB/OL]. [2024-05-10]. https://www.ariessys.com/.

[33] 玛格泰克[EB/OL]. [2024-05-10]. https://www.magtech.com.cn/.

[34] 方正鸿云[EB/OL]. [2024-05-10]. https://www.founderss.cn/.

[35] 勤云[EB/OL]. [2024-05-10]. https://www.e-tiller.com/.

[36] 仁和公司[EB/OL]. [2024-05-10]. https://www.rhhz.net/.

[37] 中国知网[EB/OL]. [2024-05-10]. https://www.cnki.net/.

[38] STM Trends 2027[EB/OL]. [2024-05-10]. https://www.stm-assoc.org/trends2027/.

[39] The use of generative AI and AI-assisted technologies in writing for Elsevier[EB/OL]. (2023-08-18) [2024-05-10]. https://www.elsevier.com/about/policies/publishing-ethics/the-use-of-ai-and-ai-assisted-writing-technologies-in-scientific-writing.

[40] 《学术出版中 AIGC 使用边界指南》正式发布 [EB/OL]. (2023-10-13) [2024-05-10]. https://cx.wanfangdata.com.cn/cnris/zmt/20231013/897510198023815168.html.

[41] 中国科学技术协会. 中国科技期刊发展蓝皮书（2022）[M]. 北京: 科学出版社, 2023.

[42] Springer Nature Group Careers/Career Opportunities[EB/OL]. (2023-09-29) [2024-03-19]. https://careers.springer nature.com.

[43] Elsevier Group Careers/Elsevier Jobs [EB/OL]. (2023-09-25) [2024-06-07]. https://relx.wd3.myworkdayjobs.com/ en-US/ElsevierJobs.

[44] Wiley Group Careers/Join the World of Learners at Wiley[EB/OL]. (2023-09-30) [2024-06-07]. https://careers.wiley.com/.

[45] Clarivate group careers[EB/OL]. (2023-10-10) [2024-06-07]. https://careers.clarivate.com/search/searchjobs.

[46] 王丽丽, 高霏. 国际出版行业人才职业发展的现状及启示[J]. 学报编辑论丛, 2021(1): 43-49.

[47] 许艳玲, 赵勋, 刘萱. 国际出版集团编辑成长路径对我国科技期刊编辑人才培养的启示[J]. 今日科苑, 2022(5): 43-54, 86.

[48] 孙明, 任舒翼, 谢艳丽. 科技期刊融合转型路径探析: 以北京卓众出版有限公司为例[J]. 数字出版研究, 2023, 2(2): 66-71.

[49] 梁永霞, 李翠霞. 造船出海, 打造中国学术品牌期刊集群平台: 黄延红博士访谈录[J]. 中国科技期刊研究, 2022, 33(7): 995-998.

[50] 刘冰. 加强平台和人才两个支点建设, 推进卓越科技刊群高质量发展[J]. 出版广角, 2022(20): 14-20.

[51] 吴尚之. 为建设文化强国培养更多期刊人才[J]. 中国出版, 2023(5): 5-7.

[52] 渠竞帆. 十大国际出版集团 2022/2023 财年出版业务分析[N]. 中国出版传媒商报, 2023-06-30(013).

[53] Springer Nature Group. Annual progress report 2022 [EB/OL]. [2024-05-10]. https://annualreport.springernature.com/2022/.

[54] 黄延红, 侯修洲. 科技期刊全流程数字出版平台的构建[J]. 中国科技期刊研究, 2020, 31(1): 51-55.

[55] 李翠霞, 梁永霞. 推动行业科技创新发展建设中国品牌的世界一流刊群: 钱九红董事长访谈录[J]. 中国科技期刊研究, 2022, 33(3): 399-404.

[56] 杜一娜. 创办高起点新刊创建"有科+"模式[N]. 中国新闻出版广电, 2023-06-13(008).

[57] 中国科学技术协会. 四部门联合印发《关于深化改革培育世界一流科技期刊的意见》[EB/OL]. (2019-08-16) [2023-02-28]. http://www.cast.org.cn/art/2019/8/16/art_79_100359.html.

[58] 胡升华. 出版集团化战略对科技期刊发展的启示：兼论 SCI 导向的科学价值观偏差[J]. 编辑学报, 2020, 32(2): 119-127.

[59] 杨旺平. 民间资本参与我国科技期刊全产业链闭环的现状、问题与实施路径[J]. 出版与印刷, 2023(2): 51-62.

[60] 国务院. 国务院关于鼓励和引导民间投资健康发展的若干意见[EB/OL]. (2010-05-13) [2023-02-28]. http://www.gov.cn/zwgk/2010-05/13/content_1605218.htm.

[61] 闫群, 张凡, 彭斌. 非公资本参与我国科技期刊出版产业链的现状与思考[J]. 中国科技期刊研究, 2021, 32(3): 307-312.

[62] 李春红, 焦高星, 张锦飞. 技术和资本视角下的科技期刊全产业链发展路径[J]. 中阿科技论坛（中英文）, 2021(11): 29-32.

第四章　中外科技期刊平台产业价值对比分析[①]

本章通过文献调研方式查阅了国外科技期刊平台相关网站、文献资料以及相关公司财报、年报，同时采用问卷调查形式对国内科技期刊集群及平台进行了调研，分别对国内外科技期刊集群的规模、运营模式、投入情况及经济效益展开研究，综合分析了国内外科技期刊产业平台的发展和模式，以期反映平台的产业价值。在此基础上，运用SWOT分析法，分析在开放科学、AIGC等外部因素下中国科技期刊平台面临的发展机遇及挑战。

国际科技期刊平台根据商业化情况以及出资方的情况可分为五大类，包括：综合性学术出版集团所拥有的期刊集群平台、专业性出版社所属期刊集群平台，大学出版社所属期刊集群平台、由学协会建立的期刊集群平台、合作模式的期刊网络出版平台。

国际科技期刊平台在社会效益方面，主要体现在可持续和社会责任，例如减少碳排放，推动包容性、多样性和公平性，促进科研诚信建设，推进开放获取和开放评审等。

在经济效益方面，国际科技期刊平台一般体现出以数字化业务为主的多种产品与服务组合运营模式。其收入来源涉及出版平台服务、生产服务、出版合作伙伴的服务、APC收入、版权收入、机构订阅、个人订阅、会员、作者服务、数据库服务、行业咨询和解决方案、为学术社会提供的各种定制服务、科研平台和工具的服务等，另外还有围绕上述服

[①] 第四章执笔：谢艳丽、韩燕丽、沈锡宾、赵慧君。

务拓展的周边业务收入，如会议收入、展览收入、广告收入、培训及认证收入等。出版资源收入占比较大。例如，约翰·威立2023年发布的2022财年年报中显示，研究出版与平台收入占总收入的53%，其研究出版和平台约95%的收入来自数字和在线产品及服务。爱思唯尔公司订阅收入占总收入的74%，交易收入占26%，其2022年电子业务占89%，印刷相关占11%，数字化收入占比较大。

国内科技期刊平台按主办方性质可分为以下几类：一是内容聚合性平台。代表性企业包括中国知网、万方数据库和维普数据库；二是由出版机构主办的平台。包括科学出版社的 SciEngine 平台和科爱出版服务平台以及高等教育出版社的 Frontiers 平台；三是由学协会主办的平台。包括中华医学会杂志社（隶属中华医学会）的中华医学期刊网和MedNexus，中国激光杂志社（隶属中国科学院上海光学精密机械研究所与中国光学学会）旗下的中国光学期刊网和Researching平台；四是由高校出版机构主办的平台。如清华大学出版社旗下的SciOpen平台。

在社会效益方面，国内科技期刊平台为科研与技术创新提供了更为高效和集中的学科情报服务，在全球科技成果传播中扮演了不可或缺的角色。

在经济效益方面，大多数国内科技期刊平台的经费主要来自自筹和财政基金支持。科学出版社在建设过程中累计投入经费6000万余元，中华医学会杂志社每年在平台建设方面的相关投入在800万元以上，中国激光杂志社每年的技术投入约为750万元，中国煤炭行业知识服务平台自2016年初上线以来累计投入400万余元。知网等几个主要内容聚合平台的累计投入额更大，并且每年还要不断维持较高的运营成本与迭代开发费用。在经营模式和收入方面，国内的内容聚合型数据库平台因其收录期刊众多、数据量庞大、服务功能全面以及多元化的盈利模式，拥有较大的营收规模和良好的经济效益，如中国知网2021年的营业收入达到17.52亿元。相比之下，由出版机构或学协会主办的科技期刊平台规模较小，盈利方式相对单一。目前，中华医学会杂志社所运营的平台服务较为完善，能实现自给自足，而其他平台收入较低，很少实现盈利。

以 SWOT 工具进行国内外对比分析发现，我国科技期刊平台近年在基础设施、规模化、国际化等方面积累了一定的优势，科技期刊数字出版与传播已成共识，并具备一定的产业价值，为国内科技期刊平台的可持续发展奠定了良好的数量基础和质量基础。但相比国外知名期刊平台，还存在着一定的劣势，如产业链未完全打通、服务功能还不完善；国际化程度较低，国际影响力较弱；盈利模式尚未完全成熟，未形成规模化收入等。当前，我国科技期刊平台建设面临良好发展机遇，国家政策推动科技期刊迈向世界一流，科技自立自强为科技期刊平台提供重要稿源基础，人工智能等技术兴起为科技期刊平台建设赋能，开放科学进一步促进期刊平台的建设与可持续发展。同时，国际的激烈竞争和国际局势复杂多变也给科技期刊平台的建设带来了相当大的挑战。在这种情况下，我们只有抓住开放科学和新兴技术带来的发展机遇，更加主动地参与国际竞争，才能推动我国期刊开放出版平台建设及可持续发展，构建以技术为支撑、以数据为核心的科研工作、学术出版和传播生态体系，推动我国科技期刊平台从信息服务向知识服务转型，成为科技进步的强大支撑。

第一节 国际期刊平台产业价值分析

本节从国际期刊平台的基本情况（包括国际期刊平台的类型、平台和出版商的基本情况、平台成长历史案例、平台保持先进性的措施）、国际期刊平台提供的服务（包括服务的先进性、服务的内容）、国际期刊平台的社会效益、国际期刊平台的经济效益（包括国际期刊平台运营和经营特点、平台收入和支出）几个方面阐述国际期刊平台的产业价值。

一、国际期刊平台基本情况

（一）国际期刊平台的类型

国际知名的科技期刊平台根据商业化情况以及出资方的情况可分为以下几类。

综合性学术出版集团所拥有的平台：以施普林格·自然、爱思唯尔、约翰·威立等几大商业化出版集团为例。这些出版集团经过几百年的发展，通过各种收购、并购等，逐渐发展成为综合性、全球化的大型国际出版商。这些出版集团均拥有上千种涵盖多个学科的学术期刊，他们较早着手数字化建设，现在均能提供支持期刊相关的创作、采编、生产、出版、传播等全流程业务活动的数字平台，并通过资源整合、知识挖掘、科研评价等为作者、科研机构、学术社区提供服务。此外，他们还在人工智能等技术方面不断加大投资力度。几家大型学术出版商以及期刊集群平台出版了全球一半的学术文章，这些大型出版商在经济实力、运行模式等方面的优势，也帮助他们创办并合作推出了越来越多的学术期刊，加速了学术资源的聚集。

专业性出版社所属期刊平台：以威科出版集团（Wolters Kluwer，以下简称"威科"）为例。威科集团旗下四大业务包括医疗卫生、财税与会计、法律与法规、金融与合规。威科平台的一大特点是将专业知识与技术相结合，来实现内容及工作流程的自动化，提升客户的工作业绩和效率。例如，在医疗卫生方面，其相关业务有期刊、临床解决方案、临床用药数据库、患者参与、医学教育、护理教育及实践等，专业程度很高。

大学出版社所属期刊平台：以剑桥大学出版社、牛津大学出版社为例。大学出版社和学校联系密切，具有所在学校的特色。这些出版社的优势是拥有世界一流的作者和专家，有世界一流的学术资源，数字化转型早且数字化程度高，国际化程度高且本地化策略灵活。牛津大学出版社的数字化转型，主要包括纸质出版物数字化、学术数据平台建设、学术资源开放存取以及其他围绕着这一系列核心业务的数字版权运营和管理权运营。

学协会所属的期刊平台：以美国电气与电子工程师学会（Institute of Electrical and Electronics Engineers，IEEE）、英国皇家化学学会（Royal Society of Chemistry，

RSC)、美国化学学会（American Chemical Society，ACS）为例。这些学协会的期刊出版愿景和使命与学协会一致，以能更好地服务学科、促进学科发展为目的。通常此类平台的期刊学术水平较高，在学科中的影响力较高。期刊平台的建设、经营和运营有鲜明的学科特色，也有学协会特色，期刊覆盖的学科主要是学协会所涉及的学科。平台功能方面主要是服务学协会的会员，促进学会会员交流、学习，推动人才建设，帮助人才提升。

以合作模式运营的期刊网络出版平台：以科技在线图书馆 SciELo 为例。SciELo 于 1997 年在巴西建立，源于拉丁美洲、加勒比海及伊比利亚国家科技期刊开放存取计划建设项目，目前采用一种合作性网上电子出版模式，其出版的期刊覆盖了农业、植物学、动物学、医学等多个领域。SciELo 电子出版模式已被阿根廷、哥伦比亚、哥斯达黎加、墨西哥、秘鲁、葡萄牙、乌拉圭等国采用，在 SciELo 主页上可链接到这些国家的开放存取期刊，共有 200 多种。

其他：以一些由政府机构、基金会、学术组织、个人建设的期刊相关平台为例。和期刊相关的平台并非只是采编发平台，还包括标准、工具、元数据等平台，这类平台可能由某个学术组织、某个基金会、某些政府机构甚至个人等建立。例如 CrossCheck 帮助英文学术期刊查重，帮助期刊出版商筛选投稿；DataCite 服务目的包括为科学数据创建元数据（metadata）集，为用户分配 DOI，增强数据搜索能力，与会员共同建立共享数据库和高效引用机制。

本节因为要研究平台产业价值以及经济效益，以更好地了解国际学术出版商的商业运营以及全球化的市场运作模式，更好地诠释国际期刊平台的产业价值，所以以综合性学术出版集团、学协会以及大学出版社所拥有的期刊平台为主要研究目标。

（二）国际期刊平台和出版商的基本情况

调研了国际大型综合性出版商施普林格·自然、爱思唯尔、约翰·威立、泰勒·弗朗西斯的情况，学协会出版机构 RSC Publishing、ACS Publishing、IEEE 的情况，以及大学出版社如牛津大学出版社的情况，综合展示上述期刊平台上的资源数量以及出版机构的出版情况、经营规模、国际化程度等，见表 4-1、表 4-2。

表 4-1　几家大型综合出版商的平台资源数据以及出版商情况

序号	平台	平台简介	出版商	出版商简介
1	SpringerLink[1]	3830 种期刊； 1700 种混合 OA 期刊； 文章 8 647 615 篇； 章节 5 225 068 个； 会议论文 1 443 570 篇； 参考工作条目 723 553 项； 协议和草案 73 374 份； 视频 Videos 445 个[2,3]	SpringerNature	服务全球 73 个国家； 35 000 多个机构； 在全球拥有 200 多个办公室； 每年投稿一两百万篇； 出版文章 41 万多篇； 2022 年发表 OA 文章 15 万多篇； OA 变革协议涵盖全球 3 500 家机构[3]
2	ScienceDirect®	4 803 种期刊； 34 683 种电子书[4]； 2022 年发表了超过 60 万篇同行评审文章； 每月接待 1 800 多万访客[4-6]	Elsevier	总部位于阿姆斯特丹； 主要经营点位于北美的波士顿、纽约、费城、圣路易斯和伯克利，欧洲的伦敦、牛津、法兰克福、慕尼黑、马德里和巴黎，亚太地区的北京、金奈、新德里、新加坡和东京，以及南美的里约热内卢； Elsevier 有 9 500 名员工[4]； 客户遍布 170 多个国家[6]
3	Wiley Online Library[7]	1 600+种期刊； 250+种参考书； 22 000+种在线图书； 大多数 Wiley 期刊提供的开放访问选择	Wiley	有 42 个子公司； 7 000 多名员工； 遍布 22 个国家和地区； 出版中心位于澳大利亚、中国、德国、印度、英国和美国[8]
4	Taylor & Francis Online[9]	3 109 种期刊； 其中 339 种完全开放获取期刊； 5 090 000+篇论文	Taylor & Francis	2022 年出版 8 100 本新书； 160 万现场活动访客； 400+场主要直播和点播活动[10]

表 4-2　几家大学出版商以及学协会出版商所属期刊平台资源数量以及出版商情况

序号	平台	平台简介	出版商	出版商简介
1	RSC Publishing	56 种同行评议期刊； 约 2 000 种书[11]	RSC Publishing	在 6 个国家有 9 个办公室，分别位于：英国的伦敦和剑桥、美国华盛顿和费城、中国的北京和上海、德国的柏林、印度的班加罗尔和日本的东京。 2022 年在 52 本期刊出版 35 064 篇文章，168 628 个作者来自于 127 个国家和地区，28.3%的文章是 OA[12]
2	ACS Publishing Center[13]	超过 75 种期刊； 包括 12 种完全开放获取的"黄金"期刊	ACS Publishing	ChemRxiv 发布的预印本超过 15 000 份，浏览量/下载量超过 4 000 万。分布在 99 个国家 5 000 多个机构接入 ACS 内容； ACS 总部位于华盛顿[14]
3	IEEE Xplore[15]	410 种期刊 80 种杂志； 7 071 本图书； 9 465 本会议文集； 2 429 个标准	IEEE	2022 年出版 222 106 篇会议论文； 81 921 篇期刊和杂志的文章； 126 个标准出版； 会员总量 427 780 人； IEEE 有 11 个办公室，分布于美国、新加坡、奥地利、中国、日本、印度[16]
4	Oxford Academic[17]	500 种同行评议期刊； 60 多种完全开放获取的期刊； 50 000 种学术图书	Oxford University Press	在 12 个国家建设有办公室或者分支机构[18]

（三）国际期刊平台的发展历程

国际商业出版商通常建设有覆盖期刊出版全流程的数字化平台，尽管各有特色和优势，但都是从最初的传统出版开始，在一定时期内着手数字化建设，近些年更是加快了在人工智能等技术领域的布局。研究国际期刊出版商的发展历史，可以看出他们数字化出版平台发展的历史、现状和未来方向以及壮大的过程。本部分以施普林格·自然的期刊平台为例，通过施普林格·自然的发展历史，了解国际期刊出版商的平台建设情况。施普林格·自然数字化出版的历史进程见图4-1。

根据施普林格·自然的发展历史，其在2004年推出的"Open Choice"和2008年推出的"SpringerOpen"等OA化演进过程，以及贯穿出版企业发展史的期刊集群数字化和规模化建设的做法目前依旧值得我国研究和学习。另外，通过施普林格·自然的发展历史还可以看出，其发展伴随着各种收购和并购。通过出版商一系列的收购和并购，可以观察到其业务重点和努力方向。由于第三章已经介绍了收购和并购相关内容，所以本节不再赘述，但是从中可以看出，国际出版商在十几年前已经完成了出版内容的数字化并开始了开放获取出版的尝试，当前在开放科研、开放评审、开放知识服务、开放科学数据等方面做了更多努力，在智能产品、智能平台、智能服务、虚拟现实等方面做了更多探索，并且更重视用户体验、用户交互等。

（四）国际期刊平台保持先进性的措施

技术在日新月异的变化，技术进步是各个国际出版商不能忽视的问题，这将会影响其业务的发展以及未来的市场情况。各个国际出版商出版平台，都很重视对技术创新以及未来规划的投入。

1. 技术团队以及技术基础设施投入

几大国际出版商都有庞大的技术团队。例如励讯集团大约有10 000名技术人员，其中一半以上是软件工程师。该公司每年在技术上的支出为16亿美元[4]。出版商从数千个来源获取不同格式的高质量的数据，包括结构化和非结构化数据，将这些丰富的数据集与技术基础设施相结合，为客户创造有效运用创新知识的解决方案。

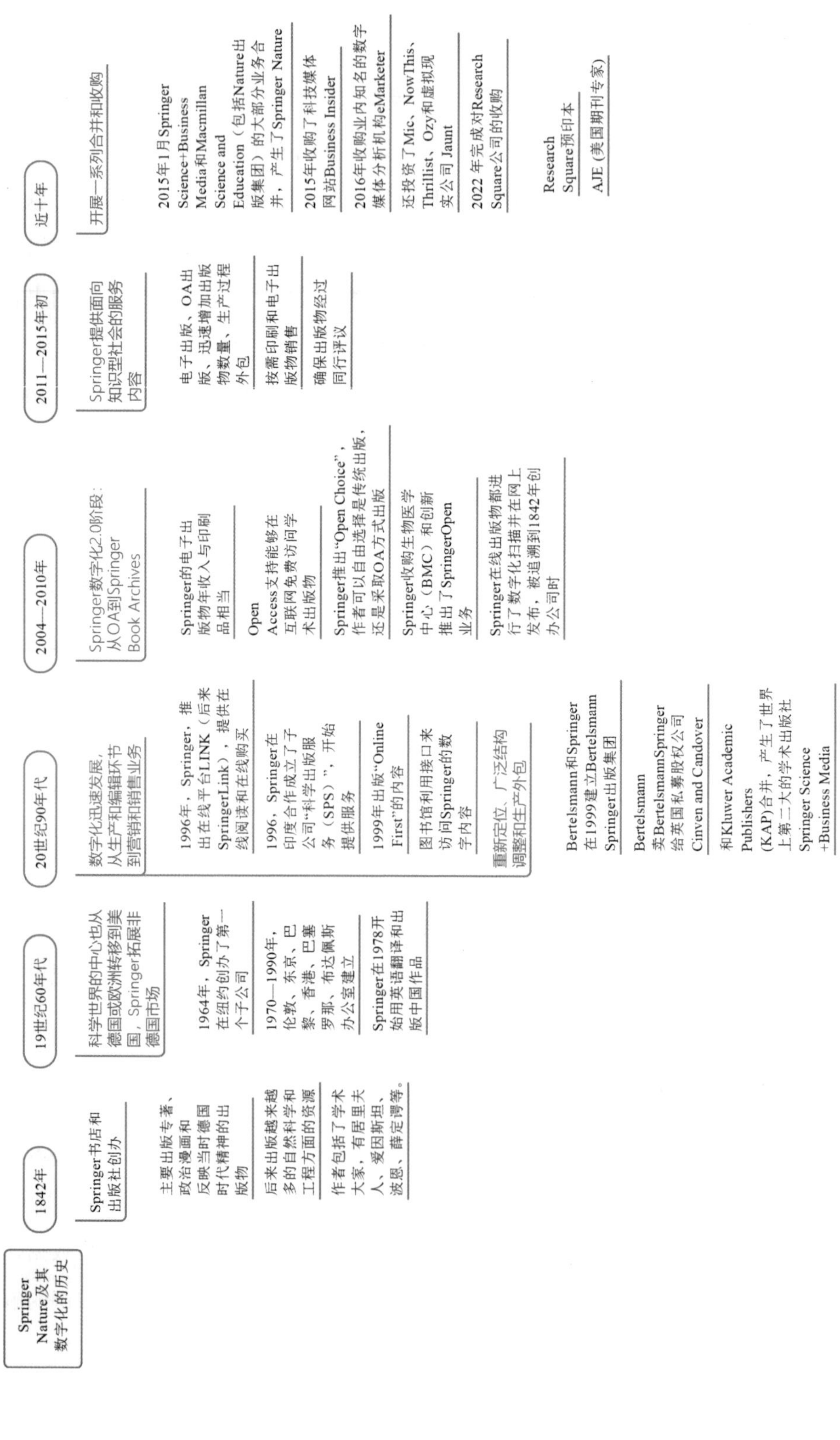

图 4-1 施普林格·自然数字化出版的历史[19]

Springer Nature 及其数字化的历史

1842年
- Springer书店和出版社创办
- 主要出版专著、政治漫画和反映当时德国时代精神的出版物
- 后来出版越来越多的自然科学和工程方面的资源
- 作者包括了学术大家，有居里夫人、爱因斯坦、波恩、薛定谔等

19世纪60年代
- 科学世界的中心也从德国或欧洲转移到美国，Springer拓展非德国市场
- 1964年，Springer在纽约创办了第一个子公司
- 1970—1990年，伦敦、东京、巴黎、香港、布达佩斯罗那、布达佩斯办公室建立
- Springer在1978年开始用英语翻译和出版中国作品

20世纪90年代
- 数字化迅速发展，从生产和编辑环节到营销和销售业务
- 1996年，Springer推出在线平台LINK（后来出在线平台SpringerLink），提供在线阅读和在线购买
- 1996，Springer在印度合作成立了子公司"科学出版服务（SPS）"，开始提供服务
- 1999年出版了"Online First"的内容
- 图书馆利用接口来访问Springer的数字内容
- 重新定位，广泛结构调整和生产外包

2004—2010年
- Springer数字化2.0阶段，从OA到Springer Book Archives
- Springer的电子出版物收入与印刷品相当
- Open Access支持能够在互联网免费访问学术出版物
- Springer推出"Open Choice"，作者可以自由选择是传统出版，还是采用OA方式出版
- Springer收购生物医学中心（BMC）和创新推出了SpringerOpen业务
- Springer在线出版物都进行了数字化扫描并在网上发布，最追溯到1842年创办公司时

2011—2015年初
- Springer提供面向知识对社会的服务内容
- 电子出版，OA出版，迅速增加出版物数量，生产过程外包
- 按需印刷和电子版物销售
- 确保出版物经过同行评议

近十年
- 开展一系列合并和收购
- 2015年1月Springer Science+Business Media和Macmillan Science and Education（包括Nature出版集团）的大部分业务合并，产生了Springer Nature
- 2015年收购了科技媒体网站Business Insider
- 2016年收购业内知名的数字媒体分析机构eMarketer
- 还投资了Mic、NowThis、Thrillist、Ozy和虚拟现实公司Jaunt
- 2022年完成对Research Square公司的收购
- Research Square预印本
- AJE（美国期刊专家）

Bertelsmann和Springer在1999年建立Bertelsmann Springer出版集团

Bertelsmann卖Bertelsmann Springer给英国私募股权公司Cinven and Candover

和Kluwer Academic Publishers（KAP）合并，产生了世界上第二大的学术出版社Springer Science+Business Media

2. 为丰富流畅的数字化服务提供技术保障

我国英文科技期刊在和各大国际出版商的合作中发现，国际期刊平台不仅功能多、服务好、使用流畅，而且更加人性化，这些都离不开各大期刊平台背后的技术团队的努力，也离不开先进技术的支撑和保障。例如，技术是励讯集团的关键推动因素[4]。励讯集团不断构建和优化新产品、数据和技术平台，以创建可靠、可扩展和安全的平台。在大数据和人工智能技术应用方面，励讯集团从内容中提取数据点，链接数据点并丰富它们，并使其可分析，进而应用先进的统计数据和算法，如机器学习和自然语言处理，为专业客户提供他们工作所需的可操作的见解。爱思唯尔正在应用先进的机器学习和自然语言处理（NLP）技术，帮助研究人员、工程师和临床医生更有效地执行任务。爱思唯尔创造了让用户易于掌控的工具，帮助他们更快地工作，腾出时间专注于自己的目标，并改善研发解决方案、临床解决方案、研究平台、研究智能和教育领域的成果。

3. 高投资促进技术迭代更新

近年来，各大出版商都加大了对技术的投资，不断优化现有平台，不断推出新的产品和服务。例如，施普林格·自然的财务业绩使其能够保持对技术的高水平投资[3]，以提供更好的产品、服务、解决方案、出版流程和其他数字能力。2020年至2022年期间，施普林格·自然在产品和技术方面的投资超过3.7亿欧元[3]。从自动将论文与同行评议专家进行匹配，到人工智能生成的研究摘要，技术应用贯穿整个出版业务流程。技术正在推动开放科学，更快释放知识力量。出版商积极部署包括人工智能在内的先进技术来改进产品和服务，以深入了解科研社区；开发和共享技术和研究解决方案，以培养研究人员的技能、信心，从而推进科学发现和研究。

4. 通过收购、并购、合作保证技术快速升级

出版商通过收购、并购、合作以保证技术的快速升级。从几大出版商近年的收购、并购案例可以看出其在技术领域的重点发展方向。例如，约翰·威立2007年收购全球最大的学会出版社Blackwell Publishing，将影响因子最高的期刊《临床医师癌症杂志》(*CA:A Cancer Journal for Clinicians*)收入麾下；2013年收购FIZ Chemie

Berlin 的资产，后者是为有机与工业化学家提供在线数据库产品的领先供应商；2016 年并购 Atypon，Atypon 旗下出版平台 Literatum 为全球近 9000 本期刊和 1500 余家的社会机构、出版商服务；2019 年收购了 zyBooks 的开发公司 Zyante，Inc.，zyBooks 是计算机科学和 STEM 课程的电子课件平台；几乎同时，约翰•威立收购了自适应学习技术和数字化课件供应商 Knewton，这是约翰•威立在三个月内对课件平台的第二次收购；2020 年并购知名开放获取公司 Hindawi，扩大了自己开放获取期刊的市场；2021 年约翰•威立宣布了对 eJournalPress（EJP）的资产收购，EJP 是一家领先的学术出版软件和支持服务提供商，EJP 的在线稿件提交、同行评议和期刊生产跟踪系统为作者、编辑和出版商提供了全面的服务。

二、国际期刊平台提供的服务

（一）国际期刊平台服务的先进性

先进的国际期刊平台具有以下特点：①能出版划时代学术成果，有权威性，学术认可度高；②能吸引大量的学者，学术影响力大；③读者、作者、用户等来自较多的国家和地区，国际覆盖面广；④平台界面友好、功能齐全、技术先进，并且能提供优异的学术服务。

前面提到的各大国际出版商，出版了不少一流学术期刊、出版了大量划时代并影响学科发展的学术成果。平台都积累了大量的资源，都在享受规模化发展的红利。如，爱思唯尔出版了国际最高水平的学术成果，出版了 99%以上的诺贝尔科学奖获得者的成果，从学术角度起到了引领作用，推动了行业的发展。爱思唯尔的用户遍布全球 170 多个国家和地区[4]。学会的出版商，例如 IEEE 在 6 个国家有 11 个办公地；有 99 个国家的 5000 多个机构接入 ACS，阅读其内容；这些期刊出版商为期刊、编辑、作者、学者以及其他用户提供了功能强大、用户友好、技术创新、理念先进的平台。这些优异的服务都体现了平台的先进性。

（二）国际期刊平台服务的内容

国际主要期刊出版平台不仅为期刊提供全流程的出版服务，为读者提供便利的检索服务，还为作者、科研人员提供完善的学术服务，通过开发产品、工具、数据库提供更多增值知识服务等。

1. 为期刊提供出版全流程服务

国际大型出版商通常为期刊提供采编平台、生产平台、出版发布平台、传播平台等，服务期刊出版。例如，爱思唯尔投资了 SSRN，一个开放访问的在线预印本社区，研究人员在这里发布早期研究，Scopus Author Profiles 显示预印本情况，以提供对研究人员重点领域的早期看法。爱思唯尔的采编系统是 Editorial Manager，文章的发布系统是 ScienceDirect。根据爱思唯尔母公司励讯集团 2022 财年年报[6]，爱思唯尔为全球 1800 多家机构提供变革性交易，支持开放获取研究。爱思唯尔几乎所有期刊都支持开放获取出版，有 700 多种专门的作者付费期刊，是最大的开放获取期刊组合。在为期刊编辑服务方面还有：为期刊编辑提供一系列的指导，指导如何与评审专家合作，如何与作者合作，如何与同行面对面交流；通过一系列活动来支持编辑出版中的包容性和多样性，并提供系列工具，包括提供爱思唯尔的各项政策、编辑的快速编辑指南、文章跟踪工具。

2. 为作者、科研人员提供完善的学术服务

国际出版商通常很重视作者服务，他们会为作者提供选刊、投稿、阅读校样、传播、追踪影响力服务。例如，爱思唯尔通过其期刊帮助研究人员验证、改进和传播他们的科学发现，通过应用高质量标准来加强科学知识的记录，并确保可以访问、共享和建立值得信赖的研究。爱思唯尔为作者提供服务的产品和平台包括：①在撰写论文方面：通过 Finda Journal 选刊投稿，通过 Mendeley 帮助管理文献简化工作流程，Researcher Academy 指导研究工作，Research integrity 指导确保相关工作满足研究诚信的目标，Authors' Update 与行业发展、支持和培训保持联系，Elsevier Connect 帮助发现作者和编辑撰写的涵盖所有科学学科的热门话题的文章，Researcher Academy 提供学习学术写作技巧，Language editing by Elsevier Author Services 确保语言的流畅，搜索引擎优化（Search Engine Optimization，SEO）使文章更加引人注目；②在开放获取方面：提供便利的信息指导作者根据需要选择是 OA 出版或者订阅式出版，Publishing ethics resources 帮助确保作者的论文以合乎道德的方式进行出版，Submission and revision 通过简化的系统和流程减少投稿的繁琐，Proof central 允许作者通过在线模式提供稿件的修改，Article transfer service 帮助便利地提交稿件给另外的期刊，Sharing your data and code during submission 帮助提交研究数据和代码使其可查找、可访问、可互操作和可重复使用，CRediT 承认每位作者的贡献。

3. 为读者提供便利的检索服务

期刊平台通常都能为读者提供检索、阅读、下载、版权获取等服务。不同出版商又各有特色。例如，爱思唯尔的 Highlights 帮助搜索文章并将其匹配到合适的受众；图形摘要能让读者快速了解论文的主要信息。SciFinder 是 ACS 旗下的在线版数据库学术版，是重要的一站式化学信息检索平台，可以检索有关生物化学、化学、化学工程、医药等相关学科的信息，包括期刊、专利、论文、会议报告、会议记录、技术报告、图书、学位论文、评论，还有物质、反应等；针对检索结果还可以进行分析和多种限定。

4. 通过数据库、产品、工具为用户提供多维度知识服务

国际期刊出版商和期刊平台不仅出版期刊，还开发不同的产品和工具，例如：提供学术评价等多维度的知识服务和解决方案。其内容资源也不仅仅是期刊内容，还包括了期刊、图书、专利等文献中的图片、视频、案例、标准、科学数据等元数据。

以爱思唯尔为例，爱思唯尔的数据库和工具以及电子参考资料占收入的近 40%。这些工具包括 Scopus、SciVal、Pure、Interfolio、ClinicalKey、ClinicalPath、Reaxys、SciBite、HESI、Sherpath、Shadow Health、Complete Anatomy、Osmosis 和 Gravitas。在研究领域，爱思唯尔的智能产品组合结合了高质量的结构化数据、先进的数据科学、一系列指标和强大的可视化工具，使研究人员、大学管理层、决策者、研究与试验发展（R&D）高管能够产生见解，制定和实施研究战略，并做出决策。从 Scopus 等解决方案中的策划和连接数据，到 SciVal 的人工智能技术，再到 API 驱动的互操作性，研究智能组合与机构所依赖的系统集成并增强了这些系统。2022 年，爱思唯尔收购了 Interfolio，为高等教育提供教师信息解决方案，扩大学术机构的服务范围。2022 年，爱思唯尔的化学研究平台 Reaxys 通过扩大与 LexisNexis PatentSight 的合作，增强了其在化学专利覆盖率方面的市场领先地位。在健康领域，爱思唯尔的临床解决方案包括为护士、护理团队和患者提供的数字解决方案。其临床参考平台 ClinicalKey 帮助医生、护士和学生通过跨专业的内容找到临床答案。

三、国际期刊平台的社会效益

国际出版商通常也非常关注可持续方面的话题和社会责任，例如减少碳排放，推动包容性、多样性和公平性，促进科研诚信建设，推进开放获取和开放评审，应对社会环境变化以及市场和经济危机，应对气候变化等。他们做了多方努力，并实施了一系列的举措。

励讯集团网站上展示其宗旨：通过开发帮助研究人员提高科学知识的产品来造福社会；帮助医生和护士改善病人的生活；帮助律师促进法治，为客户实现公正和公平的结果；帮助企业和政府防止欺诈；帮助消费者获得金融服务并获得公平的价格；帮助客户了解市场并完成交易。爱思唯尔致力于在各个方面（性别、种族、年龄、国籍、性取向和能力）推动多样性，创造更具包容性的心态；减少网络欺诈和身份盗窃，制定了数据隐私原则、治理结构和控制计划，确保满足数据隐私要求，保护个人身份信息；为 125 个中低收入国家的研究人员提供核心和前沿的科学信息。施普林格·自然研究诚信小组（SNRIG）与作者、编辑、工作人员、评论家和更广泛的研究界合作，使用最新的人工智能（AI）工具保持高编辑标准。致力于进行可靠和值得信赖的研究，提出了确保全球合作中包容性和公平性的新方法，包括：提高认识、提高透明度、提高引文多样性和促进包容性同行评审；2021 年为有经济需要的作者免除 1840 万欧元以上的费用，其中 660 万欧元用于中低收入国家或地区的通讯作者发表完全 OA 文章；通过新的商业模式、使用实用的方法与技术、制定适当的政策来资助 OA 出版的研究[3]。RSC Publishing 和 ACS Publishing 两家基于学会的出版社也都紧密围绕学会和出版社的使命和愿景开展工作，坚持出版高质量的内容，致力于推动化学相关科学领域的发展。

四、国际期刊平台的经济效益

大多数国际出版商的平台作为商业性的出版平台，只有盈利才可以生存和发展。学协会、大学出版社这类非营利组织，虽不以盈利为目的，即不向出资人、设立人或者会员分配所取得利润，但还是要自负盈亏，例如 RSC Publishing 和 ACS Publishing 也还依靠期刊论文盈利，期刊和平台的盈利会用于为会员提供更多的服务，例如提供免费的会议交流机会。

（一）国际期刊平台运营和经营模式

1. 以数字化业务为主

几个大型国际出版商的数字化收入为企业主要收入来源。以约翰·威立为例，根据 2023 年发布的 2022 财年年报中显示，约 83%的收入来自数字产品和技术支持服务[8]，其业务主要包括下面几个部分：研究出版和平台、学术和专业学习、教育服务。通过销售代表直接向全球数千家研究机构销售数字化的订阅期刊，间接通过独立订阅代理，通过促销活动，以及通过协会赞助期刊的专业协会会员资格销售期刊。期刊订阅主要通过 Wiley Online Library 在线提供的数字内容合同获得许可，合同由约翰·威立直接与客户或其订阅代理协商，订阅期通常为日历年。印刷版期刊通常由独立的印刷机构直接邮寄给订户，订阅收入通常是提前收取的。Wiley Online Library 通过 Literatum 平台提供，摘要的获取是免费的，完整的内容可以通过许可协议或个人文章购买获得[8]。

2. 灵活的定价策略

国际出版商通常都制定了灵活的定价策略。定价可根据是否是会员单位，或者是否是发展中国家等而有所变化。例如约翰·威立通过与某些非营利组织的合作，大部分内容免费或以成本价格提供给发展中国家。和期刊的合作费用及分成，也同样根据合作的内容以及期刊需求的个性化而有所不同。

3. 充分拓展收入方式和市场覆盖

国际出版商有丰富的收入模式，其收入不仅仅来源于个人读者或者机构读者。

以约翰•威立为例,其提供两种开放获取发布模式。第一种是混合开放获取,另一种是完全开放获取。约翰•威立在开放获取商业模式下,被接受的研究文章将在支付文章处理费的情况下发表,然后所有开放文章都可以立即免费在线访问。开放访问文章的贡献者保留了许多权利,通常会根据允许重用的条款许可他们的作品。所有开放获取的文章都要经过与订阅期刊相同的严格同行评审流程。除收取 APC 之外,广告、备份文件销售、版权许可、期刊和文章重印以及个人文章销售都是约翰•威立收入的来源。约翰•威立在线出版平台通过新的应用程序和商业模式、在线广告、个人销售和按次付费选项提供收入增长机会。广告收入来自印刷品和在线期刊订阅产品、在线出版平台 Literatum、网络研讨会和虚拟会议等在线活动以及社区兴趣网站和其他网站。约翰•威立还与国际出版商合作,并从内容的复制、翻译和其他数字用途中获得许可收入。2016 年约翰•威立并购 Atypon,Atypon 是一家出版软件和服务提供商,使学术和专业协会以及出版商能够通过 Literatum 平台在网络上交付、托管、增强、营销和管理其内容。Literatum 是约翰•威立为社会和其他研究出版商提供的在线出版平台,集成约 2800 种期刊的 1000 多万篇文章,以及 26 000 本在线书籍[8]。

市场不仅仅只是覆盖作者、学者、机构等,而是有更广阔的覆盖范围。以英富曼集团为例,英富曼集团市场有两个方面:学术市场和 B2B 市场。在专业和主题方面,学术市场包括医药保健、教育、商业与管理、心理学、环境科学、生物科学、工程学、计算机与信息科学、数学;B2B 市场包括健康与营养、人工智能、专业美容与个人护理、私人资本、航空、游戏、网络安全。在产品和服务方面,学术市场包括开放的研究平台,付费阅读出版、期刊和电子书、研究人员服务;B2B 市场包括现场和点播活动,数字研究、媒体和内容,内容联合、B2B 数据服务、受众发展、潜在客户开发[10]。英富曼集团目前正在进行投资数字和数据驱动服务,以加快其数字能力,推动新服务的发展,增强了现有的产品和客户关系,扩大了对新受众和邻近市场的影响力。

4. 利用技术推动商业发展和更高质量的服务

近年各大出版商在技术方面均有大额投入,并充分利用技术推动商业模式创新和发展,以及为用户提供更高质量的服务。例如,施普林格•自然的数字网络为研究人员和机构提供了更多的可见性和价值，正在使用包括人工智能和机器学习在内的新技术来支持从科学发现、学术研究、学术出版、传播到提升学术影响力的整个研究周期。出版商利用技术促进公平，使用人工智能帮助编辑从全球学术网络中快速找到最好的评审专家，并帮助非英语母语的科学家改善他们的科学交流，接触新的全球受众；文章处理平台（Snapp）中嵌入的技术正在帮助维护已发表研究的可信度和质量，检测抄袭和欺诈行为。

（二）国际平台收入和支出

国际出版商并非只是做学术出版，往往涉及多种业务。例如励讯集团就有四个业务领域，STM业务只是其中的一个方面。2022年励讯集团四个业务领域收益比例是：保险、企业和政府数据及服务业务34%，STM出版、数据库、产品、分析等业务占34%，法律相关业务占21%，市场、商业等业务占11%[4]。约翰·威立2023年发布的2022财年年报[8]中研究出版和平台收入约占约翰·威立合并收入的53%。英富曼集团也分为四块业务，市场、技术、社区、学术出版（泰勒·弗朗西斯），收入分别占42%、14%、18%、26%[10]。

在学术出版方面其收入来源涉及出版平台服务、生产服务、出版合作伙伴的服务、APC收入、版权收入、机构订阅、个人订阅、会员、作者服务、数据库服务、行业咨询和解决方案、为学术社会提供的各种定制服务、科研平台和工具的服务等等，也有部分国际出版商有会议收入、展览收入、广告收入等。较大比例的依旧是出版资源的收入。例如，约翰·威立2023年发布的2022财年年报中的研究出版与平台收入约占公司合并收入的53%，其中研究出版与平台约95%的收入来自数字和在线产品及服务。爱思唯尔公司订阅收入占总收入的74%，交易收入占26%。

从传统业务和数字业务等来划分，可以看出，国际出版商绝大部分都是数字业务。例如，励讯集团在85.53亿英镑的营业收入中，电子业务83%，B2B业务11%，印刷业务6%[4]；订阅业务占54%，其他占46%。其中励讯集团下属爱思唯尔公司2022年电子业务占89%，印刷相关占11%。约翰·威立的研究出版和平台约95%的收入来自数字和在线产品及服务。

从地域来看，各大国际出版商在美洲、欧洲、亚洲、非洲等各有业务部署。例如励讯集团在北美的业务占 60%，欧洲业务 21%，其他地区占 19%[4]。其下属爱思唯尔公司 2022 年 48%的收入来自北美，21%来自欧洲，其余 31%来自世界其他地区。

国际出版商的支出涉及人员、办公场地、平台设计研发、各项会议活动、生产、纸张和印刷、办公设备、日常办公、购买和并购、市场宣传推广、会议和差旅费用、购买第三方平台/软件/服务的费用，还包括各种税费的支出以及各国货币转化的损失等。各个国际出版商投入重点根据年份可能会有所不同，也会随着市场的变化而改变。例如爱思唯尔 2022 年的基本运营成本主要用于对全球技术平台的投资、新产品和服务的推出以及展会活动水平的提高，这部分相对前一年增长 9%。各大出版商在收购和并购方面也有比较高的比例，例如，励讯集团收购无形资产的摊销费用，包括在合资企业中的摊销份额，2022 年为 2.96 亿英镑（2021 年是 2.98 亿英镑），收购相关成本为 6200 万英镑（2021 年是 2100 万英镑）[4]。约翰·威立 2023 年发布的 2022 财年年报中显示年度运营和管理费用支出较上年增加 5690 万美元，增幅 6%，主要反映在支持增长投资的额外资源支出、支持增长举措的技术成本、更高的广告和营销成本，以及在一定程度上更高的员工相关成本以及更高的编辑成本。

国际出版商可能的收入和支出内容如图 4-2 所示。各个出版商运营模式不同，

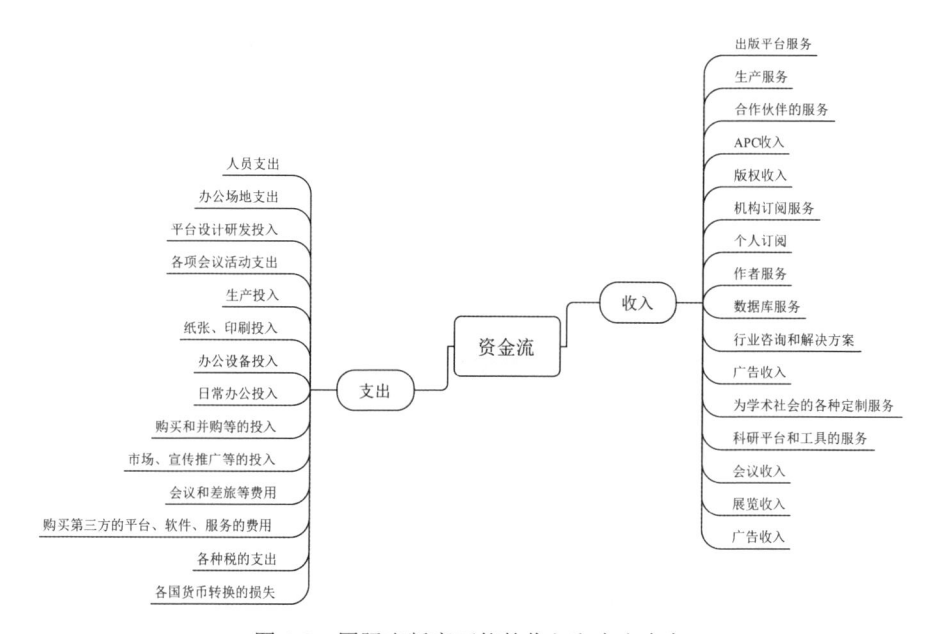

图 4-2 国际出版商可能的收入和支出内容

例如 RSC Publishing、ACS Publishing 的收入可能更多依赖期刊论文的收入，其所组织的学术会议更多是免费会议。

第二节 国内科技期刊平台产业价值分析

得益于培育世界一流科技期刊计划的有力支持和中国科技期刊卓越行动计划的有效实施，中国科技期刊事业取得了显著的发展成果，这些成果不仅体现在期刊数量的快速增长，更体现在期刊质量和影响力的全面提升。在此过程中，各期刊出版单位和数据库运营机构通过不断整合资源、技术革新、创新发展，成功创建了一批具备集群规模的数字出版平台，成为我国科技期刊内容组织、生产和传播的重要阵地，也创造了一定的产业价值，收获了经济和社会效益。

本节为方便探讨国内科技期刊平台的经营规模与产业价值，根据主办方的性质对知名的科技期刊平台划分为以下几种类型：一是内容聚合性平台。代表性企业包括中国知网、万方数据库和维普数据库；二是由出版机构主办的平台。包括科学出版社的 SciEngine 平台和科爱出版服务平台以及高等教育出版社的 Frontiers 平台；三是由学协会主办的平台。包括中华医学会杂志社（隶属中华医学会）的中华医学期刊网和 MedNexus，中国激光杂志社（隶属中国科学院上海光学精密机械研究所与中国光学学会）旗下的中国光学期刊网和 Researching 平台；四是由高校出版机构主办的平台。如清华大学出版社旗下的 SciOpen 平台。

作为中国集群化平台的先驱者，也是实践者，本课题组对多家获得中国科技期刊卓越行动计划集群化试点项目的期刊单位进行重点调研，结合其他具备代表性的集群化期刊出版单位问卷反馈或实地调研，整合梳理成如下报告。

一、国内科技期刊平台基本情况

（一）中国科技期刊平台现况

本节以中国知网、中华医学会杂志社、科学出版社和中国激光杂志社等平台为例，叙述国内大型期刊平台的情况，综合展示其期刊规模、资源数量以及国际化程度等。

1）中国知网：1995 年始创于清华大学，2019 年加入中核集团。中国知网的经营主体为"两司一社"，即同方知网（北京）技术有限公司、同方知网数字出版技术股份有限公司和《中国学术期刊（光盘版）》电子杂志社有限公司。中国知网致力于全方位、立体化、体系化打通国内国际知识生产、传播和利用的全过程，推进数字出版产业与期刊、图书、报纸等各类传统出版产业的深度融合发展，建设促进知识学习、交流和创新的"中国知识基础设施"工程（CNKI），服务科教兴国和创新发展战略。

作为中国学术界的重要组成部分，它提供了广泛的学术资源，包括期刊论文、学位论文、会议论文、专利、标准、统计数据、报纸、年鉴等内容。这些资源涵盖了自然科学、工程技术、生物医药、社会科学、人文艺术等多个领域，满足了各类学术研究和教育需求。截至目前，中国知网拥有 3000 余种核心期刊资源，覆盖了中国几乎所有的学术期刊。此外，它还收录了数百万篇学位论文和会议论文，以及大量的专利和标准文献。中国知网的特色之一是其强大的中文学术资源库，涵盖了超过 95% 的中国正式出版的中文学术文献，这在国际上是相对罕见的，使其成为研究中国学术成果的重要窗口。截至 2022 年 5 月，中国知网已经拥有超过 2 万家机构用户和 1.23 亿个人注册用户，覆盖了超过 90% 的高校，其他类型用户的覆盖率也超过了 60%。

中国知网还提供了一系列增值服务，如期刊评价、学者评价、学术不端检测、数据报告和辅助写作服务等。同时，中国知网还为编辑部提供了包括采编系统、排版生产和网刊服务等一系列工具。

2）中华医学会杂志社：中华医学会杂志社拥有中华医学会旗下医学期刊的大部分资源，于 2016 年创建了中华医学期刊网，并在 2019 年创建了中华医学期刊全文数据库，出版平台整合了 200 余种中英文期刊，截至 2023 年底共刊载全文 131 万篇。这一全文数据库的建立，不仅提升了中华医学会杂志社的出版能力，也为医学研究者和临床工作者提供了一个宝贵的学术资源库。通过该平台，用户可以方便地访问到最新的医学研究成果，包括临床研究、基础医学研究、药物研发等领域的最前沿信息。

此外，中华医学会杂志社还通过与国际知名出版社及其技术公司开展合作，创建了英文期刊传播平台 MedNexus，上线了 24 种英文医学期刊，加强了中国医学期刊的国际曝光度和影响力。这些期刊不仅在国内医学界有着广泛的影响，也逐渐被国际同行所认可和引用。

3）科学出版社：科学出版社拥有 2 大集群化期刊出版平台。其一为 SciEngine，创建于 2014 年，是国内自主品牌的全流程数字出版与传播平台和以自有高水平国际期刊群为核心的内容资源集聚平台。SciEngine 平台搭建了集论文投审、内容生产、数据仓储、资源发布、学术提升、营销推广及科学评价的全链条数字出版与知识服务体系，共收录中英文期刊 500 余种，刊载全文 56 万余篇。

此外，科学出版社旗下还有科爱出版平台（全称北京科爱森蓝文化传播有限公司，简称科爱），科爱由科学出版社和爱思唯尔共同投资成立，自 2013 年战略转型为 OA 期刊出版服务提供商以来，科爱出版的学术期刊覆盖了健康医学、工程与技术、物质科学、生命科学和社会科学等多个学科领域。截至 2023 年 10 月，科爱公司的英文科技期刊达到 169 种，期刊内容通过 ScienceDirect 平台对全球开放。

4）中国激光杂志社：中国激光杂志社主办的中国光学期刊网，是中国光电行业的旗舰型网络知识服务平台。它是一个集期刊数字出版和多元服务于一体的平台，主要宗旨是为会员提供丰富的光电资讯、文献情报、展会、培训以及光电产品介绍等相关服务。中国光学期刊网目前收录 80 种中英文期刊，刊载全文 19 万篇。

平台提供光电行业最新的学术论文、科技动态、学术活动信息等多种资源，推动行业内的知识共享与交流，促进光电科技的发展和应用。积极举办或报道各类学术会议，如国际信息光学与光子学学术会议、光学青年科学家论坛、全国激光技术与光电子学学术会议等，为专业人士提供交流合作的机会。同时，通过专题策划、实验室介绍、专家库等栏目，为用户提供了一个全面、深入了解光电领域进展的平台。

5）清华大学出版社：清华大学出版社的 SciOpen 平台是一个专业的开放获取资源平台，于 2022 年 6 月上线。它主要服务于科研学者、有论文发表需求的作者，以及希望创办或发展期刊的高等院校、科研院所、学术协会和期刊社等单位。截至 2023 年 11 月，该平台收录 65 种英文期刊，刊载全文约 1.8 万篇，提供超过 7000 条电子资源数据，日均访问量达 1.8 万次，用户分布在 170 多个国家。SciOpen 提供从稿件提交、同行评审到内容托管、分析和身份管理的全流程服务，并为各期刊的发展提供专业建议和多种服务选项。

6）北京卓众出版有限公司：北京卓众出版有限公司专注于机械领域的技术类期刊，出版了 20 种科技期刊并实现了集群化办刊、集约化经营和集团化管理。在数字化转型中，卓众出版开发了机械技术期刊数字资源运营管理平台，该平台于 2022 年 6 月正式上线，服务于卓众出版的机械技术期刊群。该平台包括内容生产管理和营销传播平台、面向垂直领域的行业大数据平台。内容生产管理和营销传播平台负责数字媒体内容的全流程管理和在线营销活动管理，而垂直行业大数据平台则专注于技术应用与产业转化，提供决策参考依据，助力产业升级。

7）煤科总院出版传媒集团：煤科总院出版传媒集团创立的中国煤炭行业知识服务平台（中国煤炭期刊网）是我国煤炭领域首个综合性专业化知识服务平台，于 2015 年正式启动。该平台集合了煤炭及其相关专业的 68 种期刊，提供期刊展示、投审稿服务以及行业数据库等多元化服务。截至 2023 年底，共收录了包括 50 万余篇论文在内的 100 多万条数据。该平台主要服务于煤炭及相关专业的专家学者、科研人员、技术人员以及煤炭一线工作人员等，用户可以通过该平台免费查阅下载论文资源、科研成果、行业资讯等。该平台日均浏览量超过 2 万次，2023 年浏览量超过 700 万次，是煤炭行业热度较大的网站平台之一。

以上数据表明，国内科技期刊平台的运行已经进入相对平稳的阶段，未来发展的方向是如何在现有的基础上开展进一步的学术运营并形成可持续发展的模式。

（二）中国科技期刊平台的未来规划调研

1）中国知网：在发展方向上，中国知网正致力于实现更广泛的国际化和数字化。一方面，它在不断丰富内容资源，加强与国际学术出版社的合作，提高中国以及世界学术成果在国内外学术界的传播及影响力。另一方面，中国知网正在利用最新的信息技术，如人工智能、大数据分析等，来提高其服务的智能化和个性化程度。通过这些努力，中国知网旨在为全球用户提供更加高效、便捷的学术信息服务，并促进全球学术交流与合作。

2）中华医学会杂志社：中华医学会制定了《中华医学会关于深化改革 培育世界一流科技期刊的实施意见》，经第 25 届理事会第 24 次常务理事会审议通过，把培育世界一流期刊作为一流学会建设的核心战略，坚持质量建刊、特色立刊、精品兴刊的办刊方针，以繁荣学术交流、推动学科发展、助力创新驱动为目标，加强顶层设计，多措并举，推动学会系列期刊高质量发展。在"关键措施"中明确提出"加强平台建设，提升出版能力"。

3）科学出版社：科学出版社作为"中国科技期刊卓越行动计划集群化试点项目"建设单位，以 SciEngine 平台为支撑，制定了科技期刊集群发展五年规划。通过内外资源整合、技术研发、平台牵引、互惠合作以及兼并重组等手段和方式，在已有"国家科技期刊出版基地"项目建设基础上，进一步加快代表中国科学院乃至国家水平的期刊集群的发展，以一批一流学术期刊为龙头，开发国际发布平台与运营支撑系统，集成内容发布、传播、社交等功能，形成完善的平台经营服务模式，以良好的平台服务提升集群建设效率和效果。

4）中国激光杂志社：中国激光杂志社提出三到五年的中长期规划，让期刊出版平台紧扣学科发展需求，引入 AI 等新技术应用，深化专业学科刊群服务，提升国际传播影响力，引领学科期刊集群化发展方向。

5）清华大学出版社：清华大学出版社关于 SciOpen 平台的未来提出：首先提升服务水平，吸引国内外高水平期刊的加盟合作，以高质量期刊为突破重点，不断扩大平台期刊规模与影响力，形成良性循环，从而吸引更多外部顶尖期刊入驻 SciOpen 平台；其次完善智能推荐、学术画像、科研趋势分析等知识服务功能，提升高级检索和智能推荐的精准度，加强对文献数据的挖掘与分析，全面提升服务科研创新能力。

6）中南大学出版社：中南大学出版社按照"集中优势、集群建设、集约发展、集团经营"的指导思想，推进"湘版一流期刊数字出版平台"项目建设，为科技期刊数字出版转型，面向融合出版、知识服务实现产业升级，建设国际化传播能力提供技术平台支撑。

（三）中国科技期刊平台的未来规划总结

通过对以上国内各科技期刊平台的规划进行总结，关于平台的主要规划和方向可以从以下4个方面进行概述。

1. 扩大规模和技术创新

各出版单位提出加强平台的建设的重点是扩展平台的规模，加快平台内容转换的效率，以及提升平台功能、技术创新和服务水平。技术创新的主要措施包括推动语义检索、机器阅读理解、大数据精准推荐和传播等技术的研发和应用，从而提高文献传播的效率和读者的使用体验。同时，还计划加强智能出版工具的探索研究，比如自动排版工具和智能选刊工具。

2. 内容质量提升和学术内容的完善

强化出版内容的学术质量提升是平台服务的一个重要发展方向。目标是充分发挥集群化平台在办刊方面的集约化、规模化优势，通过管理促进期刊提升稿件质量和推动优质学术内容的产出。为实现这一目标，各平台纷纷制定一体化的综合服务方案，提供包括服务传统期刊办公的投审稿、编审排版、多终端发布的生产系统，以及服务融合出版和开放科学的新型数字出版服务，如多媒体论文、数据仓储、新媒体发布、精准推送等。以旗舰期刊带动刊群发展，通过科学的方法、专业化的指导、平台提供的流程管理和服务引导，全方位提升期刊的影响力。

3. 开放获取和科学生态建设

开放获取和科学生态的建设也是当前期刊平台考虑的一个重要发展方向。各平台均计划以一批出版社或期刊为试点，推进向开放获取转型和规范开放出版。多个平台发展目标都设定为建设成为国家级的开放获取平台，营造一个开放的科学生态。为实现这一目标，提出吸纳更多期刊加盟、加强数据期刊的托管、平台升级、支持开放评审和开放数据等具体举措。

4. 务实的管理和运营目标

国内期刊平台均在规划中提及了期刊管理和运营方面的内容。如：建立责权清晰的运营团队和管理部门、制定科学合理的运营目标和激励机制、加强对运营团队的建设和复合型人才的培养，吸纳更多具有国际视野和可持续发展能力的专业人才等。

综上所述，国内科技期刊平台的发展策略当前主要定位于扩大规模、提升质量、提高技术能力、改善服务，推动科技期刊的集约化和市场化进程，提高其国际影响力和竞争力，同时也将有助于推动国内科研的创新和发展。

二、国内科技期刊平台社会效益

"风起正是扬帆时，恰是乘势而为之际"，国内的科技期刊集群化平台正在乘着当下的政策好时机快速崛起，为科研与技术创新提供了更为高效和多元化的服务。逐步成为全球科技成果传播中不可或缺的学术资源中心。

（一）为科研服务

国内科技期刊平台通过整合多方资源和专业工具，为科研人员提供了全面、高效和智能的服务。期刊平台的智能检索和推荐系统可以帮助科研人员更快更精准地找到所需的资料和信息，从而大大提升了科研效率。部分平台还可以通过大数据和 AI 技术，对科研趋势进行精准分析，从而为科研人员提供更为精准和个性化的服务。例如，中国知网提供了一系列的学术辅助工具，如引文分析、学术趋势预测、专利情报分析等。这些工具能够帮助科研人员把握学科发展动态，预测研究趋势，从而更好地规划和定位自己的研究方向。

此外，平台还提供了一系列与出版相关的服务，包括但不限于稿件完整性检测、学术不端检测系统、AI 写作检测系统以及结构化自动排版工具等，这些工具不仅可以帮助科研人员更好地准备和提交他们的研究成果，还可以提升稿件的质量和可读性。例如，中国知网提供的学术不端检测服务广泛应用于国内期刊的初审和终审，也被广泛应用于博硕士学位论文的检测，保障科研成果的原创性和质量。

（二）全球科技成果传播

科技期刊平台在全球科技成果的传播中扮演了不可忽视的角色，成为我国增强科技期刊国际影响力和话语权的重要工具。首先，这样的平台促使我国的科技期刊更加国际化，通过与 WoS、Scopus、DOAJ、PubMed/PubMed Central、CSCD 等全球重要数据库建立沟通机制，迅速让国际社群认识和接纳我国的科技研究成果。例如，SciOpen、SciEngine 和 MedNexus 等平台已成功对接了多个国内外知识发现引擎，包括 Google Scholar、EurekAlert!、Kudos 和百度学术等，同时还接入了如 Facebook、Twitter、LinkedIn 和微信等社交传播系统，部分平台还集成了 TrendMD 等文献推荐系统来进一步加强学术成果的推广。

其次，这些平台是我国学者开展国内外学术交流、建设一流学术期刊的具体行动。它们不仅是我国学术话语权和影响力的提升渠道，更是促进我国科学界更好地融入国际学术圈、构建全球学术共同体和科研交流社区的关键途径。此外，这些平台还是维护我国知识产权和信息安全，推进开放科学建设，以及实现我国学术出版向知识服务转型升级的重要保障和支柱。

在新冠病毒肆虐的疫情时期，中国的科技期刊出版平台勇于承担责任，积极参与到新冠病毒研究成果的集结与传播中来，纷纷创立了专题、专栏甚至学术平台，以及时发布和传播新冠病毒相关的科研成果。中华医学会杂志社作为医学领域的领军集团，率先向处于第一线的医疗工作人员免费提供了 41 本相关期刊的线上阅读服务。2020 年，科技部、国家卫生健康委员会、中国科协、中华医学会联合搭建了"新型冠状病毒肺炎科研成果学术交流平台"，汇聚了超过 2420 篇的学术文献。这一平台以其丰富的资源得到了人民网、新华网和中国科学报等媒体的广泛报道，也被世界卫生组织、世界医学会和多家国际知名出版商平台所推荐和链接，为全球抗疫提供了宝贵的"中国智慧"。这一系列的行动也被记录在国务院新闻办公室 2020 年 6 月发布的《抗击新冠肺炎疫情的中国行动》白皮书中。

（三）中国科技期刊平台对全国融合出版的推动作用和行业引领价值

在融合出版日新月异发展的时代，中国科技期刊平台展现了其在推动行业进步和担当引领角色上的显著力量。这种积极影响主要凸显在以下三大方面：首先，期刊平台深刻洞察行业需求，与国内多家科技期刊联袂共创了一套前沿的数字出版系统，使得科技期刊的生产和传播工作更加高效和精准。其次，期刊平台创新了一系列数字出版的新流程、新标准和新应用。这种不懈努力不仅为国内科技期刊的数字转型提供了鲜活的实例和榜样，还大大降低了新系统的应用门槛，有助于缩减成本和提升工作效率，从而推动了整个行业的繁荣和进步。最后，期刊平台提供的一站式数字出版服务和全方位传播推广服务，打造了一个开放而高效的合作和共赢平台，有力地推动了中国科技期刊的繁荣和全球影响力的提升。

中国科技期刊平台赢得了多项国家及省部级的荣誉和表彰。其中，中华医学期刊网旗下的中华医学期刊全文数据库被授予了中国版权协会 2020 年度的最佳版权实践奖和 2021 年度国家新闻出版署数字出版精品推荐计划提名项目。新型冠状病毒肺炎科研成果学术交流平台也获得了中宣部数字出版精品遴选推荐计划、中宣部"百佳数字出版精品献礼建党百年专栏"、全国新闻出版深度融合发展创新案例。SciEngine 平台连续多年获得多个部委的项目资助和荣誉认证。2015 年，该平台获得了财政部的文化产业发展专项资金；2016 年，它又被国家新闻出版署评选为"全国报刊媒体融合创新案例 20 佳"；2022 年，它再次被列入国家新闻出版署的数字出版优质平台推荐计划，显现其在行业内的卓越表现和领先地位。2018 年，中国光学期刊网荣获中国出版协会优秀知识服务平台。

三、国内科技期刊平台经济效益

中国科技期刊平台对于科研机构和图书情报服务部门来说，它不仅提供有专业性的高质量学术资源，还能通过数据统计和分析服务支持科研产出评价和影响力的评估，因此取得显著的经济效益，完成了数字化转型。

（一）国内科技期刊平台的主要经营模式

1. 内容聚合性平台的经营模式

以中国知网和万方数据库等为代表的内容聚合性数据库公司已经汇集了国内

较为全面的学术资源，并形成了友好的聚合平台和庞大的销售体系，通过向国内科技期刊购买数字出版相关版权，再整合后进行集中销售。通过提供高质量的学术资源和专业服务，在学术界和相关行业中建立了良好的声誉，其盈利模式多元、稳定，能够有效支持其持续的内容更新和服务改进。它们的盈利模式可以概括为以下几个方面：

包库订阅费是数据库公司的主要收入来源。高校、研究机构、企业等机构用户通过支付年度订阅费来获取数据库的访问权限，机构内个人用户访问资源时不用再支付任何费用。

按需购买指用户按需购买特定的文献或数据，这种方式适用于对特定资源有需求但不需要完整订阅整个数据库服务的用户。

增值服务指数据库公司提供各种基于内容的附加服务，如文献相似度检测、翻译和润色服务、排版和文字编校服务、数据分析、定制化报告等。

广告收入指在其平台上展示相关领域的产品、设备、机构宣传等广告内容而获得的收入。

合作和技术服务收入是通过与出版社、学术机构等合作开展项目研究或开发产品，提供技术支持和数据管理等服务而取得的收入。

2. 国内科技期刊出版机构的平台经营模式

除内容聚合性平台外，国内大部分由期刊出版机构自主建设的科技期刊平台都实施了免费阅读的策略，可以获利的出版机构寥寥无几，就目前调研结果来分析，仅有中华医学会杂志社的全文数据库实施了订阅模式，并通过多种运营手段实现了自负盈亏，从而确保了平台的持续运营。以下以中华医学会杂志社为案例，介绍国内科技期刊集群化平台的经营模式。

机构订阅：机构订阅是中华医学会杂志社数字出版平台的主要收入来源，中华医学会杂志社通过代理模式将全文数据库等产品向国内的学术机构、医疗机构和图书馆等进行销售。

个人订阅：个人用户订阅特定的期刊电子版或通过充值购买单篇或单期的文献。

第三方合作商订阅：通过提供中华医学期刊云资源服务系统（SDK）等资源服务系统，与第三方合作伙伴实现收益分享。目前中华医学会杂志社已经通过个性化的 SDK 服务将优质的学术资源集成到医学领域的 APP 中，允许该 APP 的个人用户在版权保护的基础上阅读文献。

广告收入：利用平台的访问量和用户基础，通过广告投放获得额外收入，尤其在新媒体平台，个别期刊实现了纸质期刊广告到线上广告的转移。

增值服务：包括数字出版服务、组织学术活动，以及开放获取出版模式下的特定学术内容传播，进一步丰富了服务形式。

保障平台的长期稳定运营无疑是所有平台主办方都必须面对的一项重大议题。依赖政府政策和资金援助虽然可以为平台提供一定的支持，但这并不是最理想的长期战略，不能成为长期依赖的模式，主办方应积极寻找和创造更为独立自主、稳定持久的盈利渠道。

（二）国内科技期刊平台资金投入

在资金投入方面，大多数期刊平台的经费主要来自自筹和财政基金支持。例如科学出版社在建设过程中累计投入经费 6000 万余元，其中系统研发 5100 万元，第三方数据库跨平台数据双向交互链接 450 万元，营销推广服务 550 万元。中华医学会杂志社每年在平台建设相关的投入在 800 万元以上，包括人员成本、系统研发、数据加工、网络服务等。中国激光杂志社每年在期刊平台的技术投入约为 750 万元。中国煤炭行业知识服务平台自 2016 年初上线以来累计投入 400 万余元，近年来，随着平台运维趋于平稳，年投入约为 50 万元（不含人力成本），主要用于平台的优化升级和服务器运维。此外，清华大学出版社、中南大学出版社、浙江大学出版社也在新平台的创建阶段投入了大量的经费。

（三）国内科技期刊平台的收入状况

国内的内容聚合型数据库平台因其收录期刊众多、数据量庞大、服务功能全面以及多元化的盈利模式，拥有较大的经营规模和良好的经济效益。相比之下，由出版机构或学协会主办的科技期刊平台规模较小，盈利方式相对单一。

从披露的信息来观察，2021年中国知网的营业收入达到17.52亿元，充足的财力支撑了其在研发和市场开拓方面的活动。中国知网在全国范围内设立了分公司和办事处，并拥有超过1000名销售人员的团队，以及9个数据加工基地和先进的数据处理设施。此外，中国知网还具备先进的数据库检索和资源整合技术，拥有数百名专业技术工程师以及100余项自主知识产权的数字出版技术。

中华医学会杂志社数据库订阅收入占数字出版总收入的四分之三。其他收入来源包括个人付费订阅和第三方付费模式，后者通过中华医学期刊云资源服务系统实现。中华医学会杂志社实现了自负盈亏，确保了平台的可持续运营。此外，该社还向外界提供了大量免费资源，如中国临床案例成果数据库、MedNexus等，这些平台的开放获取出版模式为学术交流和知识传播提供了支持。

除订阅收入外，各平台还可能通过提供数字出版服务或推广和传播服务来获取收益。例如，中国激光杂志社利用其平台组织多元化的学术活动，增加了活动的丰富性和多样性。科学出版社的数字出版业务在2022年占总收入的14%，比上年增长7%；卓众出版的数字业务收入已超过总收入的80%。

第三节 国内外期刊平台产业价值对比分析

SWOT分析法，又称为道斯矩阵或优势劣势分析法。S、W、O、T分别代表Strength（优势）、Weakness（劣势）、Opportunity（机会）和Threat（挑战）。本节在前两节对国内外期刊平台产业价值分析的基础上，利用SWOT分析法对其产业价值的差异进行分析，可以清晰地比较国内外期刊平台的优劣势、长短板，探讨国内科技期刊平台面临的发展机遇和挑战，由此针对SWOT所涉的四个方面提出相应的解决对策，对国内科技期刊平台产业价值的进一步构建及完善给予启发。

一、优势（S）分析

随着新兴技术的发展，在现有的科技期刊出版发布和传播体系以及科研体系中，科技期刊平台的作用和价值日益凸显，在学术引领、国际化传播和科技交流中发挥着越来越重要的作用。国内科技期刊平台近年在基础设施、规模化、国际化等方面积累了一定的优势，为国内科技期刊平台的可持续性发展奠定了良好的数量基础和质量基础，提供了必要条件，并支撑其未来的国际化和产业化发展。

（一）科技期刊数字出版与传播已成共识

科技期刊平台是实现知识服务最重要的载体，在促进知识的高效生产、传播与应用方面发挥了重要作用。随着我国数字技术的日趋成熟与大量的应用赋能，我国科技期刊对数字出版与传播已达成共识，逐步具备自主搭建科技期刊平台的能力，基本实现了科技期刊产品数字化、出版流程数字化以及发布传播的数字化。

（二）我国科技期刊平台种类较多，并具备一定的规模

我国科技期刊平台经过 30 年发展，在研究及实践方面均取得一定成果，涌现了一批各具特色、具备一定规模的科技期刊平台。最先出现的是以资源聚集和规模化传播为特征的全文数据库，如万方、知网、维普；然后是支持期刊数字出版的各种采编系统；随着国际化学术交流的需求日益强烈、开放科学新趋势，以及国际出版集团带给我国本土期刊的竞争压力，定位于国内学术交流的期刊平台已无法满足新的需求。在政府资助的推动下，近几年新建成了一批支持原创出版、定位高端期刊、面向国际交流的以开放获取为主的新型期刊出版平台。

如上节提到的"中国科技期刊卓越行动计划集群化试点项目"建设的 SciEngine、SciOpen 等科技期刊平台，其平台上出版的优质科技期刊数量从数十种至数百种不等，最多的有近 500 种科技期刊，基本均可实现投审稿、XML 生产、数据仓储、内容发布与传播、科研分析与评价等功能，是较为完整的全流程数字出版与知识服务平台。此外，还有一些基于某类或相近学科形成的科技期刊平台，如中国煤炭期刊网[20]、中国化学会期刊平台[21]、中国光学期刊网[22]等。

加上我国已有的各类采编评议平台、发布传播平台、索引增值平台、学术社交平台等期刊平台，我国科技期刊平台已呈现初具规模体系且正在加速提升的态势，为我国孵化、培育和建成一批世界一流期刊奠定了基础。

（三）我国科技期刊平台已具备一定的产业价值

目前我国科技期刊平台种类较多，布局较合理，覆盖了"内容生产－出版传播－市场运营"等科技期刊出版产业链各环节，实现了资源、信息、服务的共享。这些平台在科研成果的发布和传播方面发挥了重要作用，持续推动我国科技期刊向着世界一流期刊迈进。科技期刊平台在构建学术出版的生态链中成为不可或缺的重要一环，实现了自身的社会价值和经济价值。多数期刊平台已通过订阅、增值服务、广告、技术服务等方式实现了盈利，或通过自身提供公益性服务得到政府、科研机构及企业的赞助而可持续发展。

二、劣势（W）分析

虽然近年我国科技期刊平台取得了较大的进展，但相比国外知名期刊平台，还存在着明显的差距，在竞争中往往处于劣势地位。如国内科技期刊平台从设计到搭建缺乏整体规划，容易形成"信息孤岛"；数据的存储、展示、传播、交流等还没有融入国际主流科学交流渠道中[23,24]；期刊平台缺乏后继的运营思路，缺乏成熟的盈利模式，提供除出版传播之外的增值服务较少等。科技期刊的竞争已经变为科技期刊平台的竞争，认清其不足并继续发展、提升，才能与国际期刊平台同台竞技。

（一）国内科技期刊平台产业链未完全打通，服务功能还不完善

国内科技期刊平台虽然类型多样，但其产业链并未完全打通，尚未形成整体的生态价值并向科研和数据产业的上下游延展。出版、传播和知识服务存在脱节：①老牌期刊平台以聚合资源和传播为主，不具有原创出版功能，且收录文献以中文为特色，国际影响力偏弱；②新兴期刊出版平台虽然具备了原创出版功能，但出版端散小弱局面没有根本改变，服务期刊数量少，缺乏规模效益；平台依托的基础数据少，难以开发高质量服务产品；③缺乏能提供全球前沿知识服务的期刊数据增值服务类平台。目前国内没有类似 WoS、Scopus 等收录了全球优秀期刊数据、能为学者和期刊提供全球科技前沿情报和评价服务的数据增值平台，在产业布局上存在缺失。

以爱思唯尔、施普林格·自然等为代表的国际知名出版机构建设并运营的期刊平台，已在科研产业上下游各个环节的业务链上开始布局，它们除了提供基础的期刊投审稿、文章在线发布、全文数据库、国际传播、期刊评价等基础服务之外，还布局了审稿人平台、发表后同行评审平台、学术社交平台（如 Research Gate、Academia.edu）、预印本数据库等，能为期刊提供详尽的数据分析服务，部分咨询业务和法律服务。此外能面向科研人员以及学术出版的整个科研生命周期提供有效支持服务，包括提供科研项目管理系统、科研选题管理工具、科研竞争分析工具、科研成果评价工具、信息服务等[25]。因此，国际上著名的期刊平台基本完成了从生产出版平台向提供科研服务和评价的知识服务平台转换，各子平台、工具和服务之间可互通互融，为科研人员、读者、出版者提供完整的解决方案，已经形成了非常完整的产业链，产品布局延伸到价值链的每个环节。

我国科技期刊平台虽然数量较多，具有了产业化发展的趋势，但还处在初级发展阶段，平台服务主要集中于出版、生产和传播环节，知识服务环节尚有较大缺口。

（二）国内科技期刊平台的国际化程度较低，国际影响力较弱

科技期刊的国际化传播已是大势所趋。优质的科技期刊平台是科技期刊提升影响力和传播力的重要工具，是科研工作者传播科研成果的重要载体，也是加快内容资源国际化传播的重要途径。但目前国内科技期刊平台的国际化程度还较弱，国际传播能力尚不足。

国内主要的科技期刊平台如 SciOpen、SciEngine 和 MedNexus 等虽然已实现了与 WoS、Scopus、DOAJ、PubMed/PubMed Central 等全球重要数据库的沟通机制，整合了多个国际知识发现引擎和文献推荐系统，但在国际出版平台标准适应上具有滞后性，受数据接口技术开发限制，以及语种、推广力度的限制，底层数据访问和交换技术实现尚有难度，与国际数据库检索（如 WoS、Scopus）、国际第三方通用搜索引擎（如 Google 学术）以及社交网络（如 YouTube）的对接总体仍旧较弱[26]，直接导致曝光度不足，与国际主流平台没有完全接轨，未能完全融入全球学术传播体系中。

（三）国内科技期刊平台盈利模式尚未完全成熟并形成规模

我国科技期刊平台除了部分主要依靠订阅、技术服务等方式实现盈利之外，大多科技期刊平台市场化程度较弱，尚未形成成熟的盈利模式。

国际期刊平台主要盈利方式有订阅、OA 盈利以及增值服务（包括会员收费、广告、版权许可等），此外还有一些盈利增长来源于资本间的并购整合。十大国际出版集团 2022~2023 财年数据也基本反映出这几种主要的盈利方式[27]。订阅模式是百余年来国际期刊平台传统的商业模式，这种模式是由期刊平台向消费者收费。随着订阅费用的迅速增长，订阅模式的可持续发展受到了一定程度的威胁，开放获取（OA）模式被寄予了厚望。这种模式是作者支付出版所需要的文章处理费，出版后的论文可以被免费获取。这使期刊平台盈利模式从向消费者收费转向生产者收费。这里的生产者有个人、文献组织或机构、一些资助者（包括大学、政府、基金会和其他企业等多主体对国际出版商直接资助）等，也有国际期刊平台在二者基础上采取了一些折中方案，即混合开放获取（hybrid open access），作者可以选择支付文章处理费以实现开放获取，也可以选择不支付这笔费用以保持订阅获取。

国际期刊平台另外一部分主要盈利方式是增值服务，且增值服务在其营收中占据了越来越高的比例，并且表现出很强的盈利能力和未来预期。因国际期刊平台在发展中形成了比较完整的产业生态链，覆盖了科研活动的整个周期，其强大的技术能力开发出了不同的产品和工具，为科研人员、作者、专家、企业、政府、教师、学生、图书馆人员等不同群体提供了出版之外的各种增值服务和产品，如数据分析、咨询、信息服务等基于知识服务的解决方案，还有广告、版权收入，这些均成为其盈利来源。

我国主流的学术期刊全文数据库中国知网、万方数据等，以及中华医学会建立的期刊平台盈利模式以订阅为主。国内对 OA 的政策尚不明确，亦缺乏规范成熟的 OA 盈利模式，实践更是较少。中国科学引文数据库（CSCD）2021 年收录的 1017 种高水平中文期刊中，采取规范 OA 运作模式的期刊只有 43 种，占比为 0.4%[28]。因此在相当一段时间内，我国科技期刊难以从目前的订阅模式迅速向开放获取出版过渡。此外，国内科技期刊平台提供的一些技术维护费和出版服务费也是其盈利来源之一，但是占比较小。目前几个新建的期刊出版平台和学科集群化平台除了中华医学会的期刊平台能获得包括平台付费阅读收益、新媒体广告收益和平台加盟收益三大部分[29]的收益之外，其他仍旧处于投入期，有的投入已累计高达近亿元，距离自负盈亏尚有较长的道路要走。

三、机会（O）分析

当前我国正面临着良好的机遇，建设一批拥有自主知识产权的国际化科技期刊平台正当其时。

（一）顶层设计，推动科技期刊平台高质量建设

2019年8月，四部委出台《关于深化改革 培育世界一流科技期刊的意见》，对推进我国科技期刊建设作出全面部署。该《意见》明确提出"建设数字化知识服务出版平台"。2019年9月19日，中国科协等七部委联合下发《关于组织实施中国科技期刊卓越行动计划有关项目申报的通知》（科协发学字〔2019〕41号），正式启动实施"中国科技期刊卓越行动计划"。在关于建设国际化数字出版服务平台项目中，提出"抓住数字化、智能化促进期刊出版变革的重大机遇，……建设高效精准的知识服务数字化平台，以数字化重构出版流程，推动融合发展"，"采取先进技术和创新模式，集成先进投审稿系统、精准推送、文献检索、学术画像、科研分析、学术社交等多种复合功能，建设国际化、智能化数字出版服务平台，面向国内外科技期刊提供专业服务"成为其支持方向。在"集群化试点"中提出"实现集约化、平台化、规模化运作"，其支持方向中也明确提到"建立刊群展示和服务平台"[30]。

2020年9月，习近平总书记在科学家座谈会上的重要讲话中强调"要办好一流学术期刊和各类学术平台，加强国内国际学术交流。"打造世界一流学术平台是构建中国特色学术话语体系、保证国际学术话语权不可或缺的有力支撑[31]。

2022年1月，教育部、财政部、国家发展改革委发布了《关于深入推进世界一流大学和一流学科建设的若干意见》，科技期刊平台对一流学科建设、推

动我国科技创新，提高我国在国际科技领域的地位和影响力等具有重要支撑作用与赋能作用。

在国家的顶层设计、政策指导之下，除了原有的规模化、集约化的期刊出版平台建设进一步深入发展、迭代升级之外，一些新的期刊平台也借助政策支持或财政资金支持，取得了较大的成效。

（二）科技自立自强，为科技期刊平台提供重要稿源基础

党的二十大报告明确提到"实现高水平科技自立自强，进入创新型国家前列""建成教育强国、科技强国、人才强国、文化强国、体育强国、健康中国，国家文化软实力显著增强"。只有推动科技自立自强，提升国家科技创新能力和水平，才能更好地适应和引领全球科技创新发展趋势。科技期刊是科技创新体系中的重要组成部分，建设具有中国特色的科技期刊平台是完善科技创新体系的重要举措。

为了实现科技自立自强，政府、科研机构及企事业单位加大科研投入，提供良好的研发环境和支持政策，鼓励更多优秀的科研工作者参与科技创新活动。2022年，我国全社会研发经费支出首次突破 3 万亿元，研发投入强度首次突破 2.5%，基础研究投入比重连续 4 年超过 6%[32]。一批重大创新成果竞相涌现，我国已发展成为全球科技论文第一大国。这为建设世界一流的科技期刊平台提供了重要稿源基础、作者基础和国际交流基础。

（三）人工智能等技术兴起，赋能科技期刊平台建设

以大数据、云计算、物联网、人工智能等为代表的新一代信息技术发展已经开始越来越广泛应用于学术出版场景，深刻地影响着科技期刊平台的发展。特别是人工智能技术，它的智能化、自动化、定制化、数据驱动、开放等特点，将有可能扫除不同国家交流的语言障碍、机器与人交流的语言障碍，帮助使用者理解知识和辅助决策。我国科技期刊应抓住方兴未艾的人工智能技术带来的机遇，利用新技术促进期刊平台进一步转型升级，构建以技术为支撑、以数据为核心的科研工作与学术出版传播有机结合的生态体系，逐渐在国际竞争中由跟跑转变为并跑和领跑。

（四）开放科学趋势下，进一步促进国内期刊平台的建设与可持续发展

开放科学是全球科技发展的趋势，日渐成为全球共识，其理念也很快在国内得到认可。在此背景下，我国出台了一系列支持开放科学的相关措施，开展了多项实践，并取得了一定成效，当前集中在开放获取期刊、开放科学数据、开放科研基础设施、开源软件与源代码等，未来还将进一步扩展到开放科学传播等方面[33]。如2020年SciEngine平台与中国科技期刊开放获取平台（COAJ）整合，国家科技期刊开放平台全新升级上线[34]，均是在此理念和背景之下的中国实践。科技期刊平台无疑将进一步成为开放获取重要的加速器，推动科技创新、学术交流和全球合作，同时面临新的机会与挑战。

四、挑战（T）分析

（一）我国科技期刊平台面临激烈的国际竞争

我国科技期刊近年来快速发展，"走出去"和"造船出海"并举，但期刊平台仍旧处于发展的初级阶段。过去几十年，国际期刊平台利用自身的技术优势、资源优势、资本优势，通过各种收购并购，快速拓展业务领域，在学术出版和知识服务相关领域快速扩张，构建了完整的产业链、服务链，极大提高了市场竞争力。在自身业务不断多元化和专业化过程中，其经济实力及对学术资源的把控能力不断加强。而改革开放后，随着我国科技的快速发展，高质量科技成果产出丰富，吸引了国际出版集团纷纷布局，争抢我国学术资源；国际出版平台全面拥抱OA并向全方位服务平台转型的方向发展，作为技术驱动引擎的学术研究基础设施不断夯实[35]，与美国、英国等强国相比，我国科技期刊平台整体水平有较大差距，面临着激烈的国际竞争和诸多挑战。

（二）国际局势复杂多变，将会影响国际合作和交流

当前国际局势正处在新的动荡变革期，前所未有地复杂严峻。全球范围内的科

技竞争日益激烈，各国都在加强科技创新和人才培养，以提高自己在国际科技领域的地位和影响力。在复杂的国际局势和多元竞争之下，学术交流已很难保持中立地位，国与国之间贸易摩擦和技术封锁对国际合作和交流造成一定的阻碍，一些国家对于我国科技期刊的内容审查、限制等因素都会影响科技期刊平台的运营和国际化发展。

（三）我国对国际评价体系、标识体系、出版标准等的制定参与度较低

建设相互信任、彼此认同的出版标准、学术评价体系、交易体系、学术共同体规范和服务工具对于期刊出版传播平台的发展愈加重要[36]。国际出版平台一直积极参与并主导着学术论文的评价体系、平台数据标准、出版标准以及相关的标识体系标准和规范的制定，而我国科技期刊及平台则缺乏主动参与、话语权较弱。

五、对策与建议

基于上述分析，我国科技期刊平台可依照 SO（利用外部机会巩固内部优势）、WO（利用外部机会克服内部劣势）、ST（依靠内部优势规避外部威胁）和 WT（克服内部劣势规避外部威胁）这四种对策来发展。我国科技期刊平台必须立足当下，探索适合我国科技期刊平台发展的、具有中国特色和具备自主知识产权的科技期刊平台发展路径，培育具有核心竞争力的可以参与国际竞争的科技期刊平台。

（一）抓住开放科学的机遇，持续推进我国科技期刊平台建设

开放科学是全球科技发展的趋势。在此背景下我国科技期刊平台需要尽快制定适用我国科技发展、适用我国科技期刊发展的开放获取政策并对此保持清醒和独立的研究，解决面临的政策问题、实践问题以及相关权益归属问题，包括 APC 费用合法性与标准问题、开放获取期刊及平台服务标准、开放获取各方权益责任等，持续推动我国科技期刊开放出版平台建设及可持续发展。在产业层面，在国家政策和资金引导下突破资源配置的体制机制障碍，着重解决限制规模化发展的各种问题，

支持具有国际影响力的科技OA出版平台做大做强；在企业层面，鼓励优秀出版企业构筑基于开放数据的科技出版生态级平台，面向研究人员整个科研生命周期提供解决方案，创新科技出版服务模式[36]。

（二）抓住新技术发展契机，完善我国科技期刊平台的服务功能

数字技术是典型的通用技术，已在各行业获得广泛应用并推动数字经济的深刻变革。支持科技期刊平台打造自主可控、安全可信的大模型技术，重点解决现有大模型知识记忆错误、信息时效性不足、逻辑推理错乱、缺乏专业知识的问题，突出专业、安全、可信等特色，赋能知识密集型行业领域，创新出版服务流程、推动数字化转型和智能化升级，打破语言、技术等方面的壁垒，深入产业服务领域，凸显产业价值，成为科技进步的强大支撑。

（三）主动地参与国际竞争，既要"走出去"又要"引进来"

我国科技期刊平台与国际期刊平台同台竞争体现出的差距，正是我国科技期刊平台未来发展的空间。中国的科技期刊平台要对标国际期刊平台，就要以开放包容的心态，充分吸收国际期刊平台的先进理念、学习成功经验、遵守基本道德规范，学习并推广有效方法。中国的科技期刊团体要对标国际组织，主动参与制定期刊平台的标准体系、标识体系，提高我国科技期刊平台的标准适配能力；同时跟踪研究国外最新技术和发展趋势，期刊平台企业要加大研发投入，从技术底层、功能设计、业务逻辑、基础数据建设等各方面，对我国科技期刊平台进行改造升级，吸引国内外优秀期刊入驻。

参考文献

[1] SpringerLink[EB/OL]. [2023-10-04]. https://link.springer.com/.

[2] 张蕾. 施普林格•自然首次发布纯开放获取期刊报告[EB/OL]. (2022-08-12) [2023-10-04]. https://baijiahao.baidu.com/s?id=1740965499765076284&wfr=spider&for=pc.

[3] Springer Nature Annual Progress report 2022[EB/OL]. [2023-10-04]. https://annualreport.springernature.com 2022/.

[4] ScienceDirect[EB/OL]. [2023-10-04]. https://www.sciencedirect.com/.

[5] Elsevier Journal and Article Ecosystem[EB/OL]. [2023-10-04]. https://www.elsevier.com/__data/assets/pdf_file/0006/613248/2018_03_12_Elsevier-slides-v7.pdf.

[6] RELX Annual Report 2022[EB/OL]. [2023-10-04]. https://www.relx.com/investors/annual-reports/2022.

[7] Wiley Online Library[EB/OL]. [2023-10-04]. https://onlinelibrary.wiley.com/?utm_medium=paidsearch&utm_source=baidu&utm_campaign=R76DW89&utm_content=DA16__RM-CHINA_AGT__Baidu_search_branding_ads_general.

[8] Wiley Annual Report 2022[EB/OL]. [2023-10-04]. https://www.annualreports.com/HostedData/AnnualReportArchive/j/NYSE_JW-A_2022.pdf.

[9] Taylor & Francis Online[EB/OL]. [2023-12-07]. https://www.tandfonline.com/.

[10] Informa 2022 Annual Report[EB/OL]. [2023-10-04]. https://www.informa.com/investors/annual-report/.

[11] RSC publishing[EB/OL]. [2023-12-07]. https: //pubs. rsc. org/.

[12] Trustees' report and financial statements 2022[EB/OL]. [2023-12-07]. https://www.rsc.org/about-us/corpo rate-information/.

[13] ACS publishing Center[EB/OL]. [2023-12-07]. https://publish.acs.org/publish/.

[14] American Chemical Society Annual Report 2022[EB/OL]. [2023-12-07]. https://www.acs.org/about/annualreport.html.

[15] IEEE Xplore[EB/OL]. [2023-12-07]. https://ieeexplore.ieee.org/Xplore/home.jsp.

[16] 2022 IEEE Annual Report[EB/OL]. [2023-12-07]. https://www.ieee.org/about/annual-report.html.

[17] Oxford University Press Annual Report[EB/OL]. [2023-12-07]. https://global.oup.com/about/annual report/? cc=gb.

[18] Oxford University Press Contacts by region[EB/OL]. [2023-12-07]. https://global.oup.com/contact_us/? cc=gb.

[19] Springer-Driving academic publishing since 1842[EB/OL]. [2023-10-04]. https://www.springer.com/cn/ about-springer/history.

[20] 朱拴成. 科技期刊集群化服务平台融合出版探索实践：以中国煤炭期刊网为例[J]. 编辑学报, 2019, 31(2): 209-211.

[21] 郝临晓, 周素坤, 郑素萍. 中国化学会期刊集群平台建设的探究和实践[J]. 中国科技期刊研究, 2022, 33(6): 813-816.

[22] 吕璇, 邓迎, 顾驾鸿, 等. 中国科技期刊出版平台建设中的内容服务与功能分析[J]. 编辑学报, 2021, 33(2): 182-188.

[23] 吴国云, 卢焱. 科技期刊数字出版平台建设的思考与建议[J]. 编辑学报, 2020, 32(5): 487-491.

[24] 黄延红, 侯修洲. 科技期刊全流程数字出版平台的构建[J]. 中国科技期刊研究, 2020, 31(1):

51-55.

[25] 张维, 冷怀明, 王治, 等. 国内重点科技期刊群集约化管理和运营模式研究[J]. 出版发行研究, 2022(12): 52-57.

[26] 张莉, 石磊. 科技期刊数字出版平台的建设思考与实践[J]. 中国科技期刊研究, 2022, 33(5): 610-613.

[27] 渠竞帆. 十大国际出版集团 2022/2023 财年出版业务分析[N]. 中国出版传媒商报, 2023-06-30(13、14).

[28] 任胜利, 杨洁, 宁笔, 等. 2022 年我国英文科技期刊发展回顾[J]. 科技与出版, 2023(3): 50-57.

[29] 沈锡宾, 刘红霞, 李鹏, 等. 中国科技期刊集约化数字出版的效益分析: 以中华医学会杂志社为例[J]. 中国科技期刊研究, 2019, 30(12): 1304-1310.

[30] 中国科学技术协会. 关于组织实施中国科技期刊卓越行动计划有关项目申报的通知[EB/OL]. (2019-09-19) [2024-06-07]. https://www.cast.org.cn/xs/TZGG/art/2019/art_d03c25b4abf648aaae102e4cd0c8baaa.html%27.

[31] 江波. 高校学术期刊助力"双一流"建设[EB/OL]. (2021-07-06) [2024-06-07]. https://baijiahao.baidu.com/s?id=1704514542477790900&wfr=spider&for=pc.

[32] 进一步突出科技创新支撑引领[EB/OL]. [2023-12-16]. http://finance.people.com.cn/GB/n1/2023/1216/c1004-40140220.html.

[33] 邓履翔, 熊杨. 联合国教科文组织《开放科学建议书》及反馈意见对我国开放科学的启示[J]. 数字出版研究, 2023, 2(1): 107-121.

[34] 丛挺, 陆奕澄. 大规模开放环境下科技出版趋势展望[J]. 数字出版研究, 2022, 1(1): 84-96.

[35] 黄莹, 张昕, 李思闽. 迈入开放科学生态系统构建加速期: 2022 年海外学术期刊出版发展报告[J]. 数字出版研究, 2023, 2(1): 42-58.

[36] 黄莹. 我国英文科技期刊出版传播平台现状、问题与优化策略: 基于"中国科技期刊卓越行动计划"支持的五家平台的案例分析[J]. 中国科技期刊研究, 2023, 34(11): 1473-1478.

第五章　科技期刊产业的平台经济优化策略[①]

在数字化浪潮的推动下，科技期刊产业正加速向平台经济转型。我国科技期刊平台在政策支持、期刊自身平台化需求等因素的推动下，取得了快速发展，但也面临着专业集群化发展难、与世界一流期刊平台差距大等挑战。为促进科技期刊平台经济健康发展，我们应着力完善政策环境、优化数字版权、支持平台办刊、加强技术创新，并深耕平台经济。

我国科技期刊平台之所以能迅速发展并取得显著成效，主要有四方面原因。一是国家出台了一系列政策措施，鼓励科技期刊平台建设，促进科技期刊数字化转型；二是越来越多的科技期刊积极拥抱平台，致力于打造自身的平台优势；三是大型科技期刊平台通过整合资源、优化流程，实现了规模化效应；四是我国科技期刊在规模、影响力、盈利模式等方面与国际一流科技期刊相比存在差距，而平台化发展是缩小差距的有效途径之一。

科技期刊平台在持续发展的过程中面临诸多挑战。对于专业集群化平台而言，其主要挑战是如何发展壮大。期刊的主办和出版属地管理机制，限制了跨区域集群化发展的步伐，缺乏集约化运营导致资源利用效率不高。数字技术高速迭代对资金的需求量大，而多元的盈利模式尚未形成，导致投资回报周期长。兼具编辑业务知识、数字出版技术及新媒体平台运营经验的复合型期刊出版人才和技术人才的匮乏，制约平台的发展。对于科技期刊传播服务平台而言，主要挑战是如何对标世界一流

[①] 第五章执笔：肖宏、何朝辉、王海勇、龚婷。

期刊平台。学术资源大规模积聚受到版权限制、原创出版政策支持不足、出版领域资本运作受阻、国际化程度不高、社会效益与经济效益不平衡等诸多问题的制约，这些问题已成为制约科技期刊平台发展的瓶颈，亟须突破。

为有效应对挑战并推动科技期刊平台产业健康发展，我们需要从国家和平台两个层面，共五个方面发力。

完善政策环境，探索更加灵活、开放的管理策略，打破地方保护壁垒，支持科技期刊、刊群、集群化平台进行跨地区整合，优化科技期刊资源配置，鼓励和引导科技期刊资源跨区域流动，促进资源共享，提高期刊的国内外竞争力。

优化数字版权管理机制，推动行业合规建设。既要充分保护作者的著作权以及信息网络传播权，又要充分发挥期刊编辑部的作用，规范签署授权协议，合规获得作者授权，还要推动知识资源平台积极完善授权形式，实现知识资源的有效传播和利用。

支持平台办刊，放宽对期刊刊号的限制，鼓励有条件的科技期刊平台申请办理期刊刊号，支持科技期刊平台在确保学术水平和编辑出版质量的前提下，多办刊、办好刊。鼓励科技期刊平台充分发挥平台自身的技术优势、数据优势和传播优势，集中资源、优化流程、提高效率，创办高质量的学术期刊。

加强技术创新，充分利用最新的人工智能、大数据、区块链、元宇宙等技术，不断优化平台功能，改进平台的界面设计，提供智能化的辅助写作工具，便捷的投审稿系统，功能强大的检索和阅读工具，以及个性化的推荐服务。通过提供优质的平台体验，吸引更多研究人员、期刊编辑和读者使用平台。

深耕平台经济，创新盈利模式，以实现持续发展。科技期刊平台构建了一个连接作者和读者的全链条。在这个价值链上，只有不断扩大产品和服务的范围，满足各环节用户的不同需求，实现多元化经营，才能立于不败之地。

科技期刊平台是科技成果传播的重要载体，对促进科技创新和学术交流具有重要意义。国家和平台需共同发力，有效应对科技期刊平台化发展过程中面临的政策、技术、发展机制等方面的挑战，促进科技期刊产业健康发展。

第一节　我国科技期刊平台整体发展状况

近年来，在政府支持和市场需求的共同推动下，我国科技期刊行业经历了快速发展和深刻变革。随着数字化转型的深入，传统纸质期刊逐渐向电子期刊转变，多媒体和互动功能的融入使得科技期刊的传播更为广泛和高效。我国科技期刊平台不仅增强了内容的丰富性和可访问性，还通过引入新技术和服务提升了用户体验。在此过程中，平台化建设成为期刊发展的重要趋势，众多期刊通过构建或加入专业平台，实现了资源共享、交叉融合和价值最大化。科技期刊的国际影响力和竞争力也在不断提升，为国内外读者提供了高质量的学术交流平台。

一、国家政策对科技期刊平台的支持逐步加大

2020年9月，习近平总书记在科学家座谈会上强调，"我国拥有数量众多的科技工作者、规模庞大的研发投入"，"关键是要改善科技创新生态，激发创新创造活力，给广大科学家和科技工作者搭建施展才华的舞台，让科技创新成果源源不断涌现出来。""要创造有利于基础研究的良好科研生态，建立健全科学评价体系、激励机制，鼓励广大科研人员解放思想、大胆创新，让科学家潜心搞研究。要办好一流学术期刊和各类学术平台，加强国内国际学术交流。"[1]

《中共中央关于制定国民经济和社会发展第十四个五年规划和二〇三五年远景目标的建议》第三条第7点明确提出，要"构建国家科研论文和科技信息高端交流平台"。2019年8月，中国科协、中宣部、教育部、科技部联合印发《关于深化改革　培育世界一流科技期刊的意见》，提出要"建设数字化知识服务出版平台。

强化政府、产业有效互动，依托出版集团和学会、高校等期刊集群，建设数字化知识服务平台，集论文采集、编辑加工、出版传播于一体，探索论文网络首发、增强数字出版、数据出版、全媒体一体化出版等新型出版模式，提供高效精准知识服务，推动科技期刊数字化转型升级"。2021年6月，中宣部、教育部、科技部印发《关于推动学术期刊繁荣发展的意见》，提出："推进融合发展平台建设。支持大型学术期刊出版单位开发全流程数字出版平台、综合性学科资讯平台、知识服务平台，运营服务学者的虚拟学术社区。支持办刊规模较大、技术基础较好的出版企业、期刊集群等聚合出版资源，打造专业化数字出版平台"[2]。

建设功能强大的科技期刊出版平台、服务平台、传播平台、交流平台，支持科技期刊繁荣发展，是当前我国坚持创新驱动发展、全面塑造发展新优势、强化国家战略科技力量的重大战略任务和保障措施之一。

二、期刊积极推动自身平台化建设

随着数字时代的到来，期刊社面临着前所未有的挑战和机遇。为了适应这一变化，期刊社必须转型，从传统的出版模式向平台化模式转变。国家对科技期刊繁荣发展的政策支持，以及"国家数字复合出版系统工程"和"中国科技期刊卓越行动计划"等重大项目的实施，大大加快了期刊平台化建设的进程。

越来越多的期刊社采用最新的数字出版技术，如在线投审稿、智能编辑、智能排版、数字版权管理、云计算和大数据分析等，构建数字出版平台，提高出版效率，降低出版成本，提升用户体验。这些技术还能够帮助期刊社收集和分析用户数据，从而帮助其更好地了解读者需求，为读者提供精准的个性化推荐和服务。

出版机构和学协会依托自身的学科优势，构建以学科为核心的集群平台。通过整合同一学科或相关学科的期刊，形成学科期刊集群，各期刊不仅可以共享资源，提高运营效率，还能通过集群内的相互引用和交叉推广，提升期刊的学术影响力。目前国内知名的科技期刊集群化平台有科学出版社的 SciEngine 和科爱出版服务平台，高等教育出版社的 Frontiers，中华医学会杂志社的中华医学期刊网和 MedNexus，中国激光杂志社旗下的中国光学期刊网和 Researching，清华大学出版社旗下的 SciOpen，浙江大学的浙江大学学术期刊网，重庆地方期刊联合创办的渝出版期刊集群平台和由《中国农业大学学报》牵头组建的中国农业期刊网等[3]。

平台化建设不仅是技术上的升级，更是一种业务模式和管理理念的革新，它要求期刊社以更开放的姿态整合资源，提供多元化的服务，以满足科研人员和读者的需求。通过平台化，期刊社能够增强自身的竞争力，提高科技期刊的影响力和服务水平。

三、我国已形成一定规模的期刊平台

在知识传播和学术交流日益全球化的今天，单个期刊或者小型集群化期刊平台很难独立承担起科研传播的重任，因此，有必要借助国际和国内的大型、专业型科技期刊出版、传播平台，进行科研论文的生产、加工和广泛传播。大型科技期刊平台的规模效应和专业服务为科技期刊提供了提升质量、扩大影响和实现可持续发展的重要途径。

我国已创建了一批具备规模效益、覆盖科技期刊产业链各环节的科技期刊平台，成为我国科技期刊生产和传播的重要阵地。按平台功能划分，服务采编出版流程的典型平台有：知网腾云、玛格泰克、仁和、三才、勤云等；服务期刊全文传播和知识服务的典型平台有：中国知网、万方数据、维普等；具有预印本性质的平台有：国家科研论文与科技信息高端交流平台、ChinaXiv、中国科技论文在线等；具有评价功能的典型索引数据库平台有：知网中国引文库、中科院 CSCD、NSTL 引文库等。各平台汇聚丰富的学术文献，依托元数据深度标引、人工智能、大数据挖掘等技术，对期刊数据进行智能匹配与预测计算，构建科技情报分析与技术监测平台体系，为用户提供科研决策分析与预测服务，同时对海量资源进行深度挖掘，并开展学科发展监测与预测，将零散的知识信息转化为有效知识，为各领域的用户提供最符合本领域特点的知识服务。

四、与国际一流科技期刊平台相比仍有差距

近年来，我国科技期刊平台建设取得了显著进展，但与国际一流科技期刊平台相比，仍存在一定的差距。主要表现在四个方面。

（一）品牌和影响力不足

与国际知名出版集团和出版平台相比，中国的数字出版平台在品牌和国际影响力方面还相对落后。国际上一些知名的出版集团，如爱思唯尔、施普林格·自然等，已经建立了规模庞大、影响力广泛的数字化出版平台，集团旗下的期刊拥有深厚的历史积淀和卓越的学术声誉，其品牌效应明显，影响力遍及全球，这些期刊通常是科研人员发表高影响力研究成果的首选。相比之下，国内科技期刊平台在品牌建设和国际影响力方面仍存在一定差距。这导致国内外科研人员对期刊的认可度普遍较低，期刊吸引顶尖稿件的能力以及在国际学术交流中的话语权明显不足。

（二）经营规模和经营效益有待提升

在经营规模和效益方面，国内科技期刊出版平台与国际一流期刊平台存在显著差距。国际顶尖期刊如《自然》（Nature）和《科学》（Science）等，通常是大型出版集团的重要组成部分，这些集团不仅拥有雄厚的资金和庞大的资源网络，而且涉足书籍、数据库和其他学术产品的出版，形成了全方位的科研出版生态系统。这种规模效应使它们能够在全球范围内吸引更多高质量稿件和广告，实现多元化的盈利，从而确保它们拥有稳定而强劲的现金流及高额利润率。相较之下，国内科技期刊出版平台通常规模较小，资金与资源整合能力有限，且经营模式较为单一，主要依靠政府或主办机构投入、少量订阅费或 APC 费用、行业知识服务等收入来维持运营，缺乏国际市场竞争力和经济效益。

（三）技术水平和创新能力有限

高水平科技期刊出版和传播平台需要具备先进的技术水平和较高的创新能力。国际一流科技期刊平台在数字出版、在线投审稿，以及文章推广方面的功能较为先进。例如，它们较早就运用大数据和人工智能技术来优化稿件处理流程，提高出版效率，并通过各种数字营销手段增加文章的可见度和引用率。反观国内科技期刊平台，它们虽然在技术应用上不断进步，但与国际平台相比，在新技术应用、国际化推广和传播等方面，仍有一段差距。

（四）国际化水平和合作能力不够

国际上一些出版集团和出版平台已经具备了较高的国际化水平和合作能力，能够跨地区、跨文化进行出版合作和组织学术交流，其作者团队、编审团队、读者群广泛覆盖全球各国家和地区。而国内科技期刊平台在这方面存在明显差距，还需要加强国际化合作和提升国际交流能力。

总之，我国科技期刊平台要清楚认识自身的优势和不足，努力克服在发展过程中面临的各种问题和挑战，借鉴国内互联网产业快速发展的成果，吸收国外科技期刊平台的成功经验，加强科技期刊平台在内容、数据、技术和人才等方面的建设，用先进的技术服务科技期刊平台建设，用科学的体系建设吸引和留住优秀人才，建立一批国际领先的科技期刊平台，提高国内科技期刊和科技期刊平台的全球竞争力。

第二节　科技期刊平台发展过程中面临的问题和挑战

科技期刊平台是一种集聚学术资源，促进学术成果传播与交流的组织形态，包括上游内容生产端的生产（排版）平台、投审稿平台等，中游出版传播端的出版发布平台、出版托管平台、内容收录平台（单刊、刊群、全文数据库）等，以及下游的索引增值平台、科研评价平台和学术社交平台。

在平台经济视域下，科技期刊平台被视为是一种综合性资源服务平台，以期刊为纽带，使得大量知识生产和提供者、知识加工和服务提供者、知识消费和使用者可以在特定规则下进行交互。按平台运维单位的性质，可将我国的科技期刊平台分为两大类，一类是由出版机构和学协会构建的专业性集群化平台，一类是由企业构建的集成各类学术资源的传播服务平台，这两类平台面临的问题和挑战有很大的不同。

一、专业集群化平台的主要挑战——如何发展壮大

出版机构和学协会依托自身的学科优势，整合同一学科或相关学科的期刊，形成学科期刊集群，构建以学科为核心的专业性集群平台，如中华医学会杂志社的中

华医学期刊网、中国激光杂志社的中国光学期刊网等。此类专业集群化平台要做大做强，成长为大平台，面临着一系列问题和挑战。

（一）跨区域集群化发展受限

我国期刊实行主管、主办和出版三级管理体系，其中主办和出版采用属地管理。在这种模式下，科技期刊的主办单位和出版单位必须在同一行政区域内。这在一定程度上限制了科技期刊的跨区域集群化发展。为了突破这一局限，我们需要探索更加灵活和开放的管理策略，促进资源有效整合，以加速科技期刊做大做强。这对提高期刊的国内外竞争力，提升我国科技期刊的整体水平和国际地位至关重要。

（二）集群而不集约的情况尚未得到根本性解决

在现阶段，大部分国内学术期刊平台依然呈现"聚集而非高度整合"的现状，这主要表现在资源分散、合作不充分和规范不统一等方面。为解决这一问题，需要推动期刊平台制定统一的标准和规范，加强资源共享与合作，并建立有效的交流和协调机制。同时，也需要加强平台之间的技术支持和服务，以促进平台更为集约和高效地运行。

（三）数字技术的高速迭代需要持续投入

技术投入是保持期刊平台竞争力的关键。随着人工智能、大数据、区块链等技术的快速迭代，平台需要不断进行技术革新和升级换代，以提升出版、审稿、分发和检索的效率和用户体验。然而，对于专业集群化平台而言，这些技术更新需要巨大的前期投入和持续的维护成本，对于许多出版社和学协会来说，这是一个不小的挑战。技术的迭代速度和专业人才的缺乏进一步加剧了这一挑战，使得许多专业集群化平台难以跟上科技的发展步伐。

（四）盈利模式不够多元

科技期刊在探索盈利模式时面临着不小的挑战。传统上，科技期刊以订阅费、版面费和广告收入为主要收入来源，这让其在数字化和开放获取（OA）的大潮下显得力不从心。OA模式虽然促进了学术交流，但也给期刊带来了新的经济压力，因为研究资助和作者付费可能不足以覆盖所有运营成本。此外，随着信息获取渠道的多样化，传统的订阅模式正遭受挑战，期刊必须探索包括数据服务、增值服务等在内的新型盈利模式，以适应不断变化的市场需求。

（五）复合型期刊出版人才和技术人员稀缺

一方面科技期刊数字出版领域对兼具编辑业务知识、数字出版技术及新媒体平台运营经验的复合型人才的需求越来越大，但由于复合型人才培养周期长且培养成本高，此类人才极为稀缺。另一方面由于缺乏明确的薪资、激励政策，以及专门的数字出版职称体系，数字出版编辑的职称晋升存在障碍，积极性难以调动，这导致科技期刊平台往往无法有效吸引并留住人才，平台的人才梯队建设、人才培养等难以支撑平台的长远发展。

二、传播服务平台的主要挑战——如何对标世界一流

集成各类学术资源的传播服务平台，特别是中国知网、万方数据、维普资讯等由企业运营的商业平台，在市场上形成了较好的自我发展能力，它们面临的主要挑战是如何对标世界一流学术出版和传播平台。

（一）学术资源的大规模积聚受版权限制

《信息网络传播权保护条例》的出台，以及"网络转载法定许可"取消等法律法规的变化，为期刊数字出版领域带来了前所未有且影响深远的巨大挑战。主要表现为：平台上的发表于新法规出台前的巨量历史文献授权链条不完整、传统的期刊版权声明等行业授权惯例存在授权瑕疵、学术文献数字化传播稿酬标准不明确、作者与出版单位的著作权使用费分配不合理等。这一系列涉及合法合规经营的问题，影响数字期刊平台的发展。

（二）原创出版方面获得的政策支持不足

国际一流的科技期刊平台都拥有大量高水平科技期刊，如爱思唯尔旗下拥有超

过2500种期刊、施普林格·自然拥有超过2900种期刊、约翰·威立拥有超过1600种期刊，而且各自包含全球顶级旗舰期刊，如《自然》《柳叶刀》《物理评论快报》等。在旗舰期刊的引领下，出版商集聚了全球大量优质学术资源，包括专业办刊团队、专家学者团队及数量众多的各层级各学科领域的论文来稿。为了留住这些学术资源并使出版企业做大做强，国际出版商积极创办或以合作方式创办各学科领域新刊以顺应新兴交叉学科发展的变化；创办各旗舰期刊的子刊群，以容纳更多次优论文的发表和交流；创新OA期刊以响应开放科学浪潮，实现盈利方式的转型。这些举措不断强化出版集团的竞争优势，实现企业经济效益和社会效益的良性循环。

对标这些国际一流的大型科技期刊出版传播平台，国内的科技期刊平台出版与传播是分离的——具有传播优势的平台基本不具备原创出版的能力，而原创出版平台又不具备传播优势。

要鼓励具有传播优势的期刊平台加大原创出版的投入，或者对高水平的科技期刊进行并购，这就需要国家政策的支持。我国目前期刊刊号审批严格，是影响新创期刊发展的重要原因之一，现行政策也不支持科技期刊转让和并购，这些对刊号的严格限制确保了出版市场的秩序，但同时也限制了我国科技期刊平台的发展，影响了科技期刊产业做大做强的发展潜力。

（三）出版领域进行资本运作存在阻力

与爱思唯尔、施普林格·自然，以及WoS等相比，我国大型期刊集成数据服务平台，如中国知网、万方数据和维普资讯等，国际论文资源和科技信息量明显不足，内容资源质量水平不够高端。在收入方面，国内规模最大的学术期刊平台中国知网年收入仅十几亿元人民币，与国际一流的学术出版平台年收入几十亿美元相比，差距较大。

要快速追赶，就需要加大投入，而资金是科技期刊平台实现快速发展的必要条件。科技期刊平台只有获得充足的资金支持，才能实现扩大规模、并购重组、提升实力。然而，我国科技期刊平台在资本运作方面仍存在一些阻力。

一方面，科技期刊出版被视为教育和文化的一部分，受到特殊保护，不能完全按照市场经济规则运作。这些政策和法规可能会限制外部资本的介入以及科技期刊平台上市，阻碍了增长。另一方面，我国出版单位大多呈现小而散的"单刊运作"模式，集团化集约化程度较低，科技期刊领导者及管理者人数众多，平均每个主管单位主管期刊 3.86 种，平均每个主办单位主办期刊 1.60 种，平均每个出版单位出版期刊 1.16 种[4]，加上政策的限制，要通过收购优质期刊增强科技期刊平台的竞争力，困难重重。

（四）国际化程度亟待提高

国际化是科技期刊平台发展的必然趋势。国际化程度越高，覆盖面越广，影响力就越大。然而语言和文化差异、遵守国际标准以及国际学术交流的规则都是实现国际化需要跨越的门槛。国际化不仅仅是文章内容的英文化，更包括编辑流程、评审体系、营销策略与国际接轨。编辑和出版标准的国际化是提高国际竞争力的必经之路，这包括编辑流程及出版格式的规范化、数据的透明化等。

此外，国际学术出版竞争异常激烈，如何在竞争中提高学术质量，提升国际影响力，是每个科技期刊以及期刊平台都需要面对的问题。国际认可度和引用率是衡量科技期刊国际化成功与否的关键指标。我国期刊需要通过提高研究质量、加强国际合作与参与、完善同行评审制度，来提升其在国际学术界的影响力和认可度。

（五）盈利模式上需兼顾社会效益和经济效益

在科技期刊平台的运营中，一个突出的挑战是如何兼顾社会效益与经济效益。这一挑战的核心在于，科技期刊作为知识传播的媒介，其首要任务是促进科学知识的广泛传播和学术交流，这是其社会效益的体现。然而，期刊作为一种出版物，其生存和发展也需要稳定的经济收入来支持。这就要求期刊传播服务平台在商业运作上既要追求盈利，以保障平台的可持续性发展，又要确保科研成果能够得到有效传播，促进学术交流和科技进步，这往往需要对内容进行补贴或降低获取成本，在短期内可能会影响经济效益。

第三节　科技期刊平台健康发展的对策建议

一、完善政策，鼓励科技期刊跨区域整合

集群化、集约化是期刊社发展壮大、谋求进一步发展的必然要求，只有走集群化、集约化发展之路，才能提高期刊的议价能力、谈判能力和整体实力。实行"编营分离"的集约化发展模式是在期刊体制改革大环境下扩大推广、加速期刊集群化建设的有效途径之一。

期刊集群化发展有利于集沟通业界、服务学界、开展科研于一身，形成"产学研"一体化的优势，使集群内期刊建设的内容更为丰富多元[5]。集群化发展可以为科技期刊带来规模经济和协同效应。通过整合资源，科技期刊可以共享编辑、审稿、发行等环节的资源，降低运营成本，提高工作效率。此外，跨区域整合还有助于形成统一的品牌影响力，增强期刊的市场竞争力和国际影响力。在学术交流方面，集群化可以打破地域限制，促进交流与合作，加速科学知识的创新和传播。

未来，应完善相关政策，打破地方保护壁垒，探索更为开放与合作的管理策略，为期刊主管主办单位变更提供便利。支持科技期刊平台进行期刊的跨地区整合、跨主办机构整合、跨主管部门整合，因需集聚期刊资源。鼓励拥有期刊较多的主管单位出台具体政策，引导科技期刊资源在系统内部进行整合，促进办刊人才跨区域流动和学术资源的优化配置，促进资源共享，提高期刊的国内外竞争力。

二、优化数字版权，推动科技期刊行业合规建设

近年来，随着我国数字出版产业的蓬勃发展，相关版权保护法律法规也在不断探索和完善之中。尽管现行法律法规在努力促进网络作品传播的同时保护版权，但是在发展势头迅猛、传播范围较窄、专业性很强的学术类数字出版领域仍需进一步完善。该领域的成果在产生、界定、交流传播、盈利模式等方面均与大众文化娱乐类有很大区别，不仅凝聚了作者的智力劳动，也有在期刊组织下的学术共同体投入了大量的劳动、期刊平台为了更好地传播和向全社会提供知识服务付出了很大的努

力及成本。然而目前在法律层面,还存在各种权益概念界定不明确的问题,尚未形成标准化规范体系,难以满足数字出版所涉及各方权益保护的需求,无法匹配数字出版发展的新形势。数字出版传播相关的版权法律体系的改革势在必行。

《信息网络传播权保护条例》的出台,以及"网络转载法定许可"取消等法律法规的变化,未能妥善处理期刊平台历史文献如何授权的问题,尤其是著作权纠纷案涉及较多的都是2006年《信息网络传播权保护条例》施行以前的文献,许多作者已经无法取得联系。对此,相关部门可出台相关规定或标准对大量的存量文献授权问题与增量资源授权予以区别,进而确保合理性[6]。此外,否认期刊版权声明等行业授权惯例使大量已发表并网络传播文献出现大面积授权违规风险、学术文献数字化传播稿酬标准不明确或不合理、作者与出版单位的著作权使用费分配不合理等一系列涉及合法合规经营的问题,影响了整个期刊数字化平台的发展。

作者、期刊出版单位、知识资源平台三方,都是知识生产过程中的组成部分。作者是知识生产的第一责任者,期刊出版单位是文献的编辑加工者及部分内容生产者,知识资源平台是文献的编辑分类者、数字化加工者、技术服务提供者,三方均为知识的生产、传播、利用作出了贡献。图书馆和读者作为知识消费者希望方便快捷、低成本乃至免费、精准获得经过验证的可靠的知识。相关部门需要全面考虑知识生产与消费的平衡,在知识出版、传播利用和知识产权保护之间找到一个平衡点,更要体现作者、期刊出版单位、知识资源平台三方各自的价值,而不要失之偏颇。总之,充分保护作者的著作权固然重要,但信息网络传播权则必须考虑期刊编辑部、期刊平台的权益,同时还要考虑个人知识产权保护与大规模知识资源的公众利用问题。

为了促进数字出版平台的健康发展,相关部门亟须完善并出台数字出版领域法律法规和相关标准。具体而言,包括明确数字版权概念、数字出版的侵权方式、合理使用界限和侵权责任认定等问题,尤其是作者与出版机构和知识资源平台方签署授权合同或协议时,法律要有相关规定与指引,依法对数字出版版权进行规范化指导。

三、支持集团化办刊，助力科技期刊平台补短板

为了促进科技期刊产业做大做强，还需要积极创办新刊。科技期刊是评价、记录、保存、传播最新科研成果最具价值的载体和平台，也体现了学术话语权。在科技强国亟需的学科领域以及新兴、交叉学科领域，我国科研交流需求十分旺盛，因此许多学者和学术机构有着创办新刊的积极性。我国严控新刊数量的同时，西方出版商却在积极布局，抢走了我国学者大部分优秀稿源。数据显示，2023年中国学者SCIE论文量已高达71万余篇。SCIE的172个学科领域的9000多种期刊，有76个学科领域中我国尚无期刊布局；而在这76个学科领域中，中国学者在国际SCIE期刊上发表论文数已居世界前三位的学科有52个[4]。

政府应出台相应的政策，增加科技期刊刊号的供应，简化审批流程，允许有条件的科技期刊平台申请办刊。建议优先支持已经具有办刊经验和资源优势的学术团体、科研机构、出版单位、期刊平台积极创办新刊。世界一流期刊与一流期刊平台是相互成就、密不可分的关系。爱思唯尔、施普林格•自然、约翰•威立、泰勒•弗朗西斯等四大国际商业出版商都有着大量的学术期刊和顶级的学术期刊，也是创办新刊的主力军。科技期刊平台办刊可以利用平台自身的技术优势、数据优势和传播优势，集中资源、优化流程、提高效率，起点高，更容易创办出高质量的学术期刊。依托大规模学术数据资源的科技期刊投审稿平台，可以实现编辑、审稿、出版等环节的标准化和自动化，降低办刊成本，提高办刊质量。此外，平台办刊还能够促进跨学科交流，为不同领域的科研工作者提供一个共享和学习空间，推动学科交叉融合和创新发展。

国际新创期刊大多以OA模式出版，开放获取显著降低学术成果的获取成本，加速了学术信息的流通和科研成果的应用。同时，开放科学还要求开放更多内容，例如，开放数据有助于增强研究的透明度和可复制性，为科研工作的质量提供了更为坚实的保障。应鼓励期刊平台开放部分资源。而社会各界应加大对本土OA期刊的支持力度，如允许期刊制定合理APC费用，或通过政府购买服务、转换协议等方式，为OA出版提供资金保障，降低科研工作者的出版负担。

四、加强技术创新，提升上下游用户使用体验

出版发布平台、知识资源平台、索引增值平台、学术社交平台等科技期刊平台汇聚了大量的科研成果，促进了学术知识的传播和迭代发展，是一个国家创新体系的重要组成部分，更是国家学术话语权和文化软实力的重要体现。20世纪90年代至今，科技期刊平台已成为当前学术文献和文化知识传播的重要渠道之一，并涌现出中国知网、万方数据、维普资讯等一批知识资源集成平台，这些平台已成为绝大多数学术期刊的重要传播阵地，为数以亿计的终端用户提供了数字化知识服务。这些平台的发展和完善，显著提升了我国学术出版的影响力和竞争力。

中国的科技期刊平台要对标世界一流的学术出版平台，加强技术创新和出版模式创新，从文献检索到数据获取，向分析、写作、出版、分享和推广、评价及整个学术生态各环节提供服务转变，形成生态级平台。

期刊平台应该整合更多优质资源，并提供强大的检索功能、情报服务、评价功能。国内期刊平台也应整合全球范围内的学术期刊、会议论文、专利等资源，而不应只限于中文资源。积极参与国际标准的制定，遵守国际标准和规范，建立文献之间的情报网络，提供可靠便捷的数据分析工具、直观科学的分析结果，要确保用户可以方便地获取全球最新研究成果和学科情报。同时，科学数据类平台还应与各大出版社、数据提供商合作，整合丰富的科研数据资源，如基因组数据、生物信息学数据库、科学实验数据等，以满足研究人员对数据的需求。

平台需要加强技术创新，充分利用最新的人工智能、大数据、区块链、元宇宙等技术，不断优化技术平台，改进平台的界面设计，提供智能化的辅助写作工具、便捷的投审稿系统，优化检索和阅读功能，支持多平台多终端发布。采用先进的数据分析和人工智能技术来提供个性化的推荐服务，同时保护知识版权、监测学术不端行为，进而辅助科研伦理实践，净化学术环境。平台通过提供优质的用户体验，吸引更多的研究人员、期刊编辑和读者使用。

平台需要进行出版模式的创新，满足不同用户的多样化需求，如开放获取、网络首发、增强出版、数据出版、多语种出版、预印本出版等。平台提升文献的出版质量

和传播速度，提供更加开放、高效、可信的学术出版服务，有助于满足学术界和读者不断变化的需求，推动学术研究的发展和创新，促进学术出版行业可持续发展。

建设好科技期刊平台，既是数字经济环境下产业发展的需求，也是国家提升文化软实力的重要抓手。国家应加强对科技期刊平台的顶层设计与规划引导，在国家科技发展重点战略方向上加强对平台的战略性投入，以现有期刊平台为基础，通过专项资金、政府法案、社会倡议、标准规范等形式，积极扶持科技期刊平台做大做强，与科技期刊协同、健康发展，形成资源全面、技术先进、经济可持续发展的学术资源信息综合服务体系。

五、深耕平台经济，创新盈利模式实现持续发展

陈威如在《平台战略》一书中强调：一个成功的平台企业并非仅提供简单的渠道或中介服务。纵观全球许多重新定义产业架构的企业，我们往往就会发现他们成功的关键——建立起良好的"平台生态圈"，连接两个以上群体，弯曲、打碎了既有的产业链。平台商业模式的精髓，在于打造一个完善的、成长潜能强大的"生态圈"。它拥有独树一帜的精密规范和机制系统，能有效激励多方群体之间互动，达成平台企业的愿景[7]。

传统出版业价值链是线性的：作者—编辑者—出版者—生产印制者—发行经销商—零售—传播者—读者。互联网经济下的出版业是"弯曲型"价值链：支持线上出版、网络首发、按需出版等新模式的网络出版平台上，作者、编者和读者实现了直接互动。预印本平台则更进一步，甚至绕过了编辑出版环节，使最新内容第一时间与读者见面，实现了先阅读、后发表。在数字化科研环境下，作者希望自己的科技创新成果能在第一时间得到最广泛的创新价值比较分析以及同行的评估与认可；读者也希望自己能第一时间掌握科技前沿领域最新话题、最新进展，深度、系统地了解知识聚变的关键环节[2]。

科技期刊平台应以平台经济思维重新构建盈利模式。平台连接作者和读者，扩大了产品和服务的范围，其盈利模式除了包括主要的订阅、广告、会员会费、学术服务、咨询服务、OA出版收取APC费用等传统的学术期刊出版盈利方式外，还可

以考虑出版专业书籍、学术数据库、在线课程、学术会议组织服务、学术咨询和培训等增值服务，通过这些举措实现对学术出版上游和下游的收费。期刊平台还可以通过支持企业知识服务和创新服务扩大营收；通过发布研究成果、提供行业前沿信息、提供创新合作机会、促进学术交流与跨界合作以及支持专利申请和知识产权保护，为企业创新提供多方面的支持和帮助。

此外，还要与广大科研机构、学者以及相关政府部门等建立合作，共同探索科技期刊的可持续发展之路。例如，可以通过政府资助和学术赞助等方式，对那些具有高社会价值但可能商业价值不高的内容给予支持，以此来平衡经济效益和社会效益；可以利用人工智能和大数据分析等数字技术，提高运营效率和用户体验，降低成本，从而在不牺牲社会效益的前提下提高经济效益。

要建好科技期刊平台，就要充分借力科技创新需求，融汇科研、出版及市场各方力量，共同打造一个繁荣的发展生态系统。这需要我们在科学共同体甚至人类命运共同体的宏大视野下，洞见未来世界创新格局之变，以各类技术手段为纽带，促成科技创新成果的跨文化、跨国界传播。要建立面向世界、面向未来的竞争力，就必须全面落实《关于推动学术期刊繁荣发展的意见》，提升现有平台的发展战略格局，加大战略投入力度，打破体制、机制的束缚，顺应媒体融合发展趋势，推动科技出版数字化转型，推进科技期刊平台建设，提升开放办刊水平，积极开拓国际市场。

参考文献

[1] 习近平：在科学家座谈会上的讲话[EB/OL]. (2020-09-11) [2024-05-10]. http://www.cppcc.gov.cn/zxww/2020/09/14/ARTI1600040539672106.shtml.

[2] 肖宏, 李军, 张铁明. 加快建设国家科技出版融合发展平台的作用与意义[J]. 中国出版, 2021(19): 5-10.

[3] 中国科学技术协会. 中国科技期刊产业发展报告（2022）[M]. 北京: 科学出版社, 2023.

[4] 中国科协学会服务中心. 中国科技期刊发展蓝皮书（2023）[M]. 北京: 科学出版社, 2023.

[5] 刘俊, 张昕, 颜帅. 大学出版社学术期刊集群化运营模式研究: 以清华大学出版社期刊中心为例[J]. 编辑学报, 2016, 28(6): 561-565.

[6] 初萌. "知网模式"的版权问题及应对之策: 以图书馆在线提供学术期刊论文为切入点[J]. 科技与出版, 2023, 42(1): 96-107.

[7] 陈威如, 余卓轩. 平台战略[M]. 北京: 中信出版社, 2013.

附录1 国内外科技期刊相关企业经营状况报告[①]

一、调研概述

以国内外科技期刊相关出版商、大学/研究机构出版社、学术团体及平台运营商作为调研对象，汇总2022年度报告中的关键经营数据，客观呈现了国内外科技期刊相关企业营业收入、成本、利润、投资支出及履行社会责任投入等情况。

本附录为国内科技期刊产业化发展提供数据支持，为找准发展方向、明确发展路径、制定对策建议提供参考，实现有据可依、有证可查；同时也为提升科技期刊经济效益以及建成良好产业生态提供案例参考。

本附录主要基于以下两条原则对国际科技期刊相关企业进行筛选：

1）JournalSeek数据库出版100种以上期刊或在相关领域内影响力较大；

2）确定披露年度经营数据。

最终确定的国际科技期刊相关企业共计19家，其中包括出版企业6家，大学/研究机构出版社3家，学术团体9家，平台运营商1家。具体情况如附表1-1所示。

对国内出版上市企业的筛选主要基于2022年检数据中5160种科技期刊主管/主办单位的检索，从中选择已出版科技期刊的企业，最终确定的国内出版上市企业共计12家。具体情况如附表1-2所示。

[①] 附录1执笔：孙璐、赵军娜。

附表 1-1 国际知名科技期刊相关企业分类列表

序号	类型	中文名称	英文名称	国家
1	出版企业	爱思唯尔出版集团	Elsevier	荷兰
2		施普林格·自然出版集团	Springer Nature	德国
3		泰勒·弗朗西斯集团	Taylor & Francis	英国
4		约翰·威立国际出版公司	John Wiley & Sons Inc.	美国
5		威科出版集团	Wolters Kluwer	荷兰
6		博睿学术出版社	Brill	荷兰
7	大学/研究机构出版社	剑桥大学出版社	Cambridge University Press	英国
8		牛津大学出版社	Oxford University Press	英国
9		美国国家科学院出版社	National Academies Press	美国
10	学术团体	美国科学促进会	American Association for the Advancement of Science	美国
11		美国电气与电子工程师学会	Institute of Electrical and Electronics Engineers	美国
12		美国化学学会	American Chemical Society	美国
13		英国皇家物理学会	Institute of Physics	英国
14		英国皇家化学学会	Royal Society of Chemistry	英国
15		英国工程技术学会	Institution of Engineering and Technology	英国
16		国际计算机学会	Association for Computing Machinery	美国
17		美国医学会	American Medical Association	美国
18		英国医学会	British Medical Association	英国
19	平台运营商	科睿唯安	Clarivate	美国

附表 1-2 国内出版上市企业信息列表

序号	国内出版机构名称	股票代码	所在地
1	江苏凤凰出版传媒股份有限公司	A股 凤凰传媒 601928	南京市
2	中南出版传媒集团股份有限公司	A股 中南传媒 601098	长沙市
3	中文天地出版传媒集团股份有限公司	A股 中文传媒 600373	上饶市
4	山东出版传媒股份有限公司	A股 山东出版 601019	济南市
5	新华文轩出版传媒股份有限公司	A股 新华文轩 601811	成都市
6	南方出版传媒股份有限公司	A股 南方传媒 601900	广州市
7	长江出版传媒股份有限公司	A股 长江传媒 600757	武汉市
8	时代出版传媒股份有限公司	A股 时代出版 600551	合肥市
9	中国出版传媒股份有限公司	A股 中国出版 601949	北京市
10	北方联合出版传媒(集团)股份有限公司	A股 出版传媒 601999	沈阳市
11	中国科技出版传媒股份有限公司	A股 中国科传 601858	北京市
12	读者出版传媒股份有限公司	A股 读者传媒 603999	兰州市

二、国际科技期刊相关企业经营状况

（一）爱思唯尔出版集团

1. 主营业务

爱思唯尔出版集团（Elsevier，以下简称"爱思唯尔"）所属母公司——励讯集团（RELX）是面向专业和商业客户，提供信息分析和决策工具的全球提供商，主要业务包括科技与医疗、保险业、法律和展览等。爱思唯尔的业务包括初级研究、数据库和工具、参考资料和制药、生命科学推广等。

2. 期刊版块信息

爱思唯尔2022年度出版期刊数量超过2800种，文章数量超过60万篇，OA文章数量为15万篇。

3. 营业收入、利润与资产情况

爱思唯尔2022年度营业收入为29.09亿英镑，按出版类型，印刷业务占营业收入的11%，电子业务占营业收入的89%；按地区，北美市场占营业收入的48%，欧洲市场占营业收入的21%，其他地区占营业收入的31%；按业务类型，订阅业务占营业收入的74%，交易业务占营业收入的26%。营业利润为11.00亿英镑。

励讯集团2022年度营业收入为85.53亿英镑，基本每股收益为85.2便士，总资产为158.29亿英镑。

4. 营业支出情况

励讯集团2022年度营业支出为30.35亿英镑，技术研发支出为16.00亿美元，投资支出4.36亿英镑；爱思唯尔营业支出信息未披露。

5. 员工情况

励讯集团2022年度总员工为35 700人，其中研发人员数量为10 000人，女性员工数量为17 850人；爱思唯尔员工数量为9500人。

(二)施普林格•自然出版集团

1. 主营业务

施普林格•自然出版集团（Springer Nature，以下简称"施普林格•自然"）是一家全球领先的从事科研、教育和专业出版的机构，主要业务范围包括研究、教育和专业三大版块。其中研究版块包括期刊、图书、专家解决方案、医疗保健；教育版块包括语言学习、学校课程、国际课程和高等教育；专业版块包括医药、运输工程和企业管理。

2. 期刊版块信息

施普林格•自然2022年度出版期刊数量超过3000种，发表文章数量超过41.08万篇，其中OA文章数量为15.49万篇。

3. 营业收入、利润与资产情况

施普林格•自然2022年度营业收入为18.22亿欧元。

4. 营业支出情况

施普林格•自然2022年度产品及技术的投资和运营支出为1.36亿欧元。

5. 员工情况

施普林格•自然2022年度总员工数量为9500人，其中女性员工比例为58%。

(三)泰勒•弗朗西斯集团

1. 主营业务

泰勒•弗朗西斯集团所属母公司——英富曼集团（Informa）是一家国际知识、情报和学术研究专业服务公司，主要业务包括知识链接、情报服务、市场服务、技术服务四大版块。泰勒•弗朗西斯是世界著名大出版社，主要业务包括图书、期刊、学习资料的出版以及内容平台构建等。

2. 期刊版块信息

泰勒•弗朗西斯2022年出版期刊未披露。

3. 营业收入、利润与资产情况

泰勒·弗朗西斯 2022 年度营业收入为 5.94 亿英镑，按业务类型，期刊订阅收入为 3.26 亿英镑，交易业务收入为 2.67 亿英镑，广告收入为 90 万英镑；营业利润为 1.54 亿英镑，总资产为 9.59 亿英镑。

英富曼集团 2022 年度基本每股收益为 112.0 便士。

4. 营业支出情况

英富曼集团 2022 年度营业支出为 17.68 亿英镑（泰勒·弗朗西斯数据未予披露）。

5. 员工情况

泰勒·弗朗西斯 2022 年度总员工数量为 2866 人。

（四）约翰·威立国际出版公司

1. 主营业务

约翰·威立国际出版公司（John Wiley & Sons Inc.，以下简称"威立"）是一家服务于科研人员、专业人士、学生、大学和企业的大型出版商，主要业务包括科研出版及平台、教育服务和学术及职业学习三大版块。

2. 期刊版块信息

威立 2022 年度出版期刊数量超过 1900 种。

3. 营业收入、利润与资产情况

威立 2022 年度营业收入为 20.83 亿美元，学术平台收入为 5432.10 万美元，出版发行收入为 10.57 亿美元，营业利润为 1.48 亿美元，基本每股收益为 2.66 美元，总资产为 33.62 亿美元。

4. 营业支出情况

威立 2022 年度营业支出为 18.64 亿美元，投资支出为 1.94 亿美元，产品/技术研发支出为 2701.50 万美元。

5. 员工情况

威立 2022 年度总员工数量为 9500 人。

（五）威科出版集团

1. 主营业务

威科出版集团（Wolters Kluwer，以下简称"威科"）是全球领先的专业信息服务和出版公司，主要业务包括医疗健康，税务与会计，治理、风险与合规审查，法律与监管四大版块。其中医疗健康版块主要业务包括书籍、期刊、电子出版物、软件和在线数据库等。

2. 期刊版块信息

威科旗下有多个期刊出版品牌，如 Lippincott Williams & Wilkins、Medknow 等，出版 100 多个学科的 300 余种医疗健康领域的期刊。

3. 营业收入、利润与资产情况

威科 2022 年度营业收入为 54.53 亿欧元，数字化产品（含服务订阅）收入为 39.50 亿欧元，期刊订阅（含印刷）收入为 1.57 亿欧元，营业利润为 13.33 亿欧元，总资产为 95.10 亿欧元，基本每股收益为 4.03 欧元。

4. 营业支出情况

威科 2022 年度营业支出为 26.11 亿欧元，其中投资支出为 2.99 亿欧元。

5. 员工情况

威科 2022 年度总员工数量为 20 451 人。

（六）博睿学术出版社

1. 主营业务

博睿学术出版社（Brill，以下简称"博睿"）是一家历史悠久的国际学术出版机构，主要业务包括人文学科（历史、艺术、语言文学、哲学）、社会科学和国际法相关学术领域的书刊的出版、发行和印刷。

2. 期刊版块信息

博睿 2022 年度出版期刊数量为 1063 种。

3. 营业收入、利润与资产情况

博睿 2022 年度营业收入为 4804.80 万欧元，数字化产品收入为 2790.00 万欧元，期刊订阅收入为 1325.10 万欧元，营业利润为–451.30 万欧元，总资产为 6156.30 万欧元，基本每股收益为–1.85 欧元。

4. 营业支出情况

博睿 2022 年度营业支出为 3878.10 万欧元，产品/技术研发支出为 913.70 万欧元，投资支出为 2684.60 万欧元。

5. 员工情况

博睿 2022 年度总员工数量为 250 人，其中女性员工占比为 66.00%。

（七）剑桥大学出版社

1. 主营业务

剑桥大学出版社（Cambridge University Press，CUP）隶属于英国剑桥大学，是世界上最大的教育和学术出版社之一，主要业务包括学术、英语教学和教育领域书刊的出版、发行和印刷。

2. 期刊版块信息

CUP 2022 年度出版期刊数量超过 400 种。

3. 营业收入、利润与资产情况

CUP 2022 年度营业收入为 8.68 亿英镑，营业利润为 1.06 亿英镑，总资产为 11.84 亿英镑。

4. 营业支出情况

CUP 2022 年度投资支出为 2.19 亿英镑。

5. 员工情况

CUP 2022 年度总员工数量为 6100 人。

（八）牛津大学出版社

1. 主营业务

牛津大学出版社（Oxford University Press，OUP）隶属于牛津大学，是全球最大的大学出版社，主要业务包括各个学术领域的著作、教科书、英语教学专用书、工商管理著述、圣经、音乐、儿童书籍、词典、工具书以及期刊的出版、发行和印刷。

2. 期刊版块信息

OUP 2022 年度出版期刊数量超过 500 种，其中 OA 期刊数量为 120 种，OA 文章数量为 22 000 篇。

3. 营业收入、利润与资产情况

OUP 2022 年度营业收入为 7.81 亿英镑，物业租金收入为 1660 万英镑，投资收入为 10 万英镑，总资产为 7.25 亿英镑，营业利润为 9360 万英镑。

4. 营业支出情况

OUP 2022 年度营业支出为 1.48 亿英镑。

5. 员工情况

未披露相关信息。

（九）美国国家科学院出版社

1. 主营业务

美国国家科学院出版社（National Academies Press，NAP）隶属于美国科学院，主要业务包括美国国家科学院、工程院和医学院的报告和图书出版，以及《美国国家科学院院刊》（Proceedings of the National Academy of Sciences，PNAS）的出版发行。

2. 期刊版块信息

NAP 负责 PNAS 的出版和发行。

3. 营业收入、利润与资产情况

PNAS 2022 年度的营业收入为 1654.20 万美元，期刊订阅收入为 1049.80 万美元，版面费收入为 601.80 万美元。

美国国家科学院 2022 年度的总资产为 14.94 亿美元。

4. 营业支出情况

PNAS 2022 年度的营业支出为 1654.20 万美元，其中出版支出 415.00 万美元，运营支出 776.60 万美元。美国国家科学院 2022 年度的投资支出为 2.69 亿美元。

5. 员工情况

未披露相关信息。

（十）美国科学促进会

1. 主营业务

美国科学促进会（American Association for the Advancement of Science，AAAS）是世界上最大的多学科科学协会，主要业务包括组织会员活动，出版知名学术刊物《科学》及图书。

2. 期刊版块信息

AAAS 负责《科学》及其子刊的出版和发行。

3. 营业收入、利润与资产情况

AAAS 2022 年度营业收入为 1.20 亿美元，捐赠款收入为 3336.30 万美元，投资收入为 1127.90 万美元，会员费收入为 169.60 万美元，出版发行收入为 7324.40 万美元，营业利润为 140.80 万美元，总资产为 1.65 亿美元。

4. 营业支出情况

AAAS 2022 年度营业支出为 1.18 亿美元，投资支出为 8386.00 万美元。

5. 员工情况

未披露相关信息。

（十一）美国电气与电子工程师学会

1. 主营业务

美国电气与电子工程师学会（Institute of Electrical and Electronics Engineers，IEEE）是一个国际性的电子技术和信息科学工程师学会，主要业务包括会员管理、会议、活动举办，电气工程、计算机科学、电子技术图书和期刊的出版，标准制定，教育服务，慈善捐助，奖项授予等。

2. 期刊版块信息

IEEE 2022 年度出版期刊及杂志数量达 200 种。

3. 营业收入、利润与资产情况

IEEE 2022 年度营业收入为 5.42 亿美元，标准制定收入为 4691.84 万美元，会议和活动收入为 1.90 亿美元，期刊订阅收入为 2.44 亿美元，会员费收入为 5793.92 万美元，投资收入为 –1.03 亿美元，营业利润为 7208.10 万美元，总资产为 10.92 亿美元。

4. 营业支出情况

IEEE 2022 年度营业支出为 4.70 亿美元，投资支出为 9.81 亿美元。

5. 员工情况

未披露相关信息。

（十二）美国化学学会

1. 主营业务

美国化学学会（American Chemical Society，ACS）是一个化学领域的专业组织，致力于为全球化学研究机构、企业及个人提供高品质的文献资讯及服务，主要业务涵盖化学领域的研究与技术创新、科学教育与职业培训、公共政策与科学、可持续发展与环境等。

2. 期刊版块信息

未披露相关信息。

3. 营业收入、利润与资产情况

ACS 2022 年度营业收入为 7.51 亿美元，数字化产品收入为 6.67 亿美元，投资收入为 2023.60 万美元，总资产为 17.22 亿美元，会员费收入为 1099.30 万美元，营业利润为 6523.60 万美元。

4. 营业支出情况

ACS 2022 年度营业支出为 6.86 亿美元，产品/技术研发支出为 507.70 万美元，投资支出为 14.48 亿美元。

5. 员工情况

未披露相关信息。

（十三）英国皇家物理学会

1. 主营业务

英国皇家物理学会（Institute of Physics，IOP）是英国和爱尔兰的物理学专业学术团体，主要业务包括发展和支持物理教学、激励企业创新和生产力提升、提供政府政策建议和支持、学生培训等。IOP 旗下出版社（IOP Publishing，IOPP）负责物理学和相关学科领域的期刊、图书、会议论文集和杂志的出版。

2. 期刊版块信息

IOPP 2022 年度出版 90 多种期刊。

3. 营业收入、利润与资产情况

IOP 2022 年度营业收入为 7488.30 万英镑，交易业务收入为 172.50 万英镑，投资收入为 45.10 万英镑，会员费收入为 168.40 万英镑，出版发行收入为 6807.50 万英镑。营业利润为 –444.50 万英镑，总资产为 7372.30 万英镑。

4. 营业支出情况

IOP 2022 年度营业支出为 7685.50 万英镑。

5. 员工情况

IOP 2022 年度总员工数量为 582 人。

（十四）英国皇家化学学会

1. 主营业务

英国皇家化学学会（Royal Society of Chemistry，RSC）是一个国际非营利组织，主要业务包括化学领域图书、期刊的全球出版和数据知识服务，为化学科学家提供资源支持、化学教育、构建全球社区、慈善工作等。

2. 期刊版块信息

RSC 2022 年度出版期刊 52 种，文章数量为 3.5 万篇，OA 文章占比为 28.3%。

3. 营业收入、利润与资产情况

RSC 2022 年度营业收入为 6597.20 万英镑，投资收入为 97.50 万英镑，捐赠款收入为 49.70 万英镑，会员费收入为 403.20 万英镑，交易业务收入为 40.60 万英镑，学术会议和活动收入为 139.90 万英镑，出版发行收入为 5712.90 万英镑，营业利润为 –1437.70 万英镑，总资产为 1.49 亿英镑。

4. 营业支出情况

RSC 2022 年度营业支出为 7207.10 万英镑。

5. 员工情况

RSC 2022 年度总员工数量为 652 人，编校人员数量为 307 人，研发人员数量为 148 人。

（十五）英国工程技术学会

1. 主营业务

英国工程技术学会（Institution of Engineering and Technology，IET）是一个注册的慈善和会员组织，主要业务包括工程和技术领域的会员与专业发展、专业知识服务、工程与技术解决方案等。

2. 期刊版块信息

IET 2022 年度出版期刊 43 种，文章数量超过 3600 篇。

3. 营业收入、利润与资产情况

IET 2022 年度营业收入为 6756.50 万英镑，知识服务和解决方案收入为 3045.10 万英镑，投资收入为 435.10 万英镑，会员费收入为 1926.00 万英镑，捐赠款收入为 55.40 万英镑，交易业务收入为 1017.80 万英镑，营业利润为 –1594.50 万英镑，总资产为 1.98 亿英镑。

4. 营业支出情况

IET 2022 年度营业支出为 6882.60 万英镑，投资支出为 1933.60 万英镑。

5. 员工情况

IET 2022 年度总员工数量为 634 人。

（十六）国际计算机学会

1. 主营业务

国际计算机学会（Association for Computing Machinery，ACM）是一个全球性的科学和教育组织，主要业务包括支持会员专业成长、全球计算机技术社区构建与联系、赞助各类会议、奖项颁布、全球公共政策制定、数字图书馆以及计算机研究领域的期刊、杂志与会议论文集的出版等。

2. 期刊版块信息

ACM 2022 年度出版期刊数量近 70 种，文章数量近 5000 篇。

3. 营业收入、利润与资产情况

ACM 2021 年度营业收入为 7812.70 万美元，学术会议和活动收入为 1169.30 万美元，投资收入为 1931.00 万美元，捐赠款收入为 951.00 万美元，会员费收入为 725.90 万美元，出版发行收入为 2391.40 万美元，营业利润为 3129.40 万美元，总资产为 2.14 亿美元。

4. 营业支出情况

ACM 2021 年度营业支出为 4688.30 万美元。

5. 员工情况

未披露相关信息。

（十七）美国医学会

1. 主营业务

美国医学会（American Medical Association，AMA）是美国最大的医生组织，主要业务包括解决慢性病、专业发展、消除卫生保健障碍、卫生公平、倡导和创新支持以及医学学术期刊出版等。

2. 期刊版块信息

未披露相关信息。

3. 营业收入、利润与资产情况

AMA 2022 年度营业收入为 4.93 亿美元，专利使用费和认证产品收入为 2.93 亿美元，期刊订阅收入为 3370.00 万美元，广告收入为 1330.00 万美元，投资收入为 1510.00 万美元，会员费收入为 3380.00 万美元，营业利润为 8290.00 万美元，总资产为 11.97 亿美元。

4. 营业支出情况

AMA 2022 年度营业支出为 4.06 亿美元，产品/技术研发支出为 2950.00 万美元，投资支出为 5.38 亿美元。

5. 员工情况

AMA 2022 年度总员工数量为 1267 人。

（十八）英国医学会

1. 主营业务

英国医学会（British Medical Association，BMA）是英国医生的工会和专业机构，主要业务包括代表英国医生和医学生进行谈判，从而争取最佳的条款和条件，并就影响医疗行业的问题进行游说和竞选，其下属英国医学会出版集团主要负责医学和专业期刊的出版。

2. 期刊版块信息

BMA 2022 年出版期刊数量未披露。

3. 营业收入、利润与资产情况

BMA 2022 年度营业收入为 1.43 亿英镑，期刊订阅和广告收入为 8316.50 万英镑，会员费收入为 5221.70 万英镑，投资收入为–1256.50 万英镑，营业利润为–62.7 万英镑，总资产为 3.08 亿英镑。

4. 营业支出情况

BMA 2022 年度营业支出为 1.46 亿英镑，投资支出为 1.25 亿英镑。

5. 员工情况

BMA 2022 年度总员工数量为 971 人，编校员工数量为 462 人。

（十九）科睿唯安

1. 主营业务

科睿唯安（Clarivate）致力于通过为全球客户提供值得信赖的数据与分析，洞悉科技前沿，加快创新步伐，帮助全球范围的用户更快地发现新想法、保护创新、并助力创新成果的商业化。科睿唯安旗下拥有 Web of Science（包含科学引文索引，即 Science Citation Index，SCI）、InCites 平台、EndNote、Cortellis、德温特世界专利索引（Derwent World Patents Index，DWPI）、Thomson Innovation 平台、Techstreet 国际标准数据库等。科睿唯安有两大业务，其中科学部门包括"科学和政府产品线"（AGPL）和"生命科学和健康产品线"（LSHPL）；知识产权部门包括"专利产品线"（PPL）、"商标产品线"（TPL）、"域产品线"（DPL）、"知识产权管理产品线"（IPMPL）。

2. 期刊版块信息

未披露相关信息。

3. 营业收入、利润与资产情况

科睿唯安 2022 年度总营业收入为 26.60 亿美元，订阅收入为 16.20 亿美元，交易和其他收入为 5.99 亿美元，续订收入为 4.42 亿美元；美洲收入为 14.64 亿美元，欧洲、中东和非洲收入为 6.98 亿美元，亚太地区收入为 4.99 亿美元；营业利润为 –39.60 亿美元，基本每股收益为 –5.97 美元，总资产为 139.45 亿美元。

4. 营业支出情况

科睿唯安 2022 年度营业支出为 65.85 亿美元。

5. 员工情况

科睿唯安 2022 年员工数量未披露。

三、国内出版上市企业经营状况

（一）江苏凤凰出版传媒股份有限公司

1. 主营业务

江苏凤凰出版传媒股份有限公司（以下简称"凤凰传媒"）的主营业务包括图书、报刊、电子出版物、音像制品的编辑出版、发行，智慧教育、数据中心、影视、职业教育产业、软件开发以及游戏研发等。

2. 期刊版块信息

截至 2022 年，检索发现凤凰传媒出版 1 种科技期刊——《祝您健康》。

3. 营业收入、利润与资产情况

凤凰传媒 2022 年度营业收入为 1 359 585.32 万元，营业利润为 217 512.12 万元，总资产为 2 970 230.79 万元，每股收益 0.82 元，投资收益为 26 387.33 万元。

凤凰传媒 2022 年度期刊业务（含报纸）的总营业收入为 51 959.73 万元，发行收入为 19 890.54 万元。

4. 营业支出情况

凤凰传媒 2022 年度营业支出为 1 153 133.03 万元，研发投入为 5768.26 万元。

凤凰传媒 2022 年度期刊业务（含报纸）的总支出为 28 801.47 万元，发行支出为 11 957.62 万元。

5. 员工情况

凤凰传媒 2022 年度总员工数量为 7125 人，硕博员工数量为 901 人，研发人员数量为 238 人。

（二）中南出版传媒集团股份有限公司

1. 主营业务

中南出版传媒集团股份有限公司（以下简称"中南传媒"）主要产品为出版物，

用途是为消费者提供知识、信息，满足消费者的精神文化需求。主要业务涵盖出版、发行、印刷及印刷物资供应、媒体、数字教育、金融等领域。

2. 期刊版块信息

截至 2022 年，检索发现中南传媒出版 2 种科技期刊——《医药界》和《康颐》。

3. 营业收入、利润与资产情况

中南传媒 2022 年度营业收入为 1 246 461.49 万元，营业利润为 152 811.61 万元，总资产为 2 481 875.31 万元，每股收益为 0.78 元，投资收益为 6945.97 万元。

中南传媒期刊业务的总营业收入为 3388.05 万元，发行收入为 2758.26 万元，广告收入为 45.75 万元，服务与活动收入为 584.04 万元。

4. 营业支出情况

中南传媒 2022 年度营业支出为 1 078 384.26 万元，研发投入为 14 502.88 万元，对外股权投资支出为 53 014.87 万元。

中南传媒 2022 年度期刊业务的印刷支出为 939.99 万元。

5. 员工情况

中南传媒 2022 年度总员工数量为 13 107 人，硕博员工数量为 724 人，研发人员数量为 310 人。

（三）中文天地出版传媒集团股份有限公司

1. 主营业务

中文天地出版传媒集团股份有限公司（以下简称"中文传媒"）主营业务包括书刊和音像电子出版物编辑出版、印刷发行、物资供应等传统出版业务；国内外贸易和供应链业务、现代物流和物联网技术应用等产业链延伸业务；新媒体、在线教育、互联网游戏、数字出版、影视剧生产、艺术品经营、文化综合体和投融资等新业态业务。

2. 期刊版块信息

截至2022年,检索发现中文传媒出版1种科技期刊——《农村百事通》。

3. 营业收入、利润与资产情况

中文传媒2022年度营业收入为1 023 637.99万元,总资产为2 873 099.23万元,投资收益为60 678.29万元,营业利润为205 220.46万元,每股收益为1.42元。

中文传媒2022年度期刊业务的总营业收入为3033.59万元,发行收入为2913.62万元,广告收入为1.00万元,服务与活动收入为118.97万元。

4. 营业支出情况

中文传媒2022年度营业支出为860 105.84万元,研发投入为25 118.94万元,对外股权投资支出为26 403.73万元。

中文传媒2022年度期刊业务的总支出为1493.39万元,发行支出为584.54万元,印刷支出为908.85万元。

5. 员工情况

中文传媒2022年度总员工数量为6633人,硕博员工数量为442人,编校人员数量为583人,研发人员数量为431人。

(四)山东出版传媒股份有限公司

1. 主营业务

山东出版传媒股份有限公司(以下简称"山东出版")主营业务是图书、期刊及电子音像出版物,发行、印刷服务及物资贸易,以及文化活动体验、文旅组织服务等。

2. 期刊版块信息

截至2022年,检索发现山东出版出版1种科技期刊——《妈妈宝宝》。山东出版2022年度期刊总销售量为246.83万册。

3. 营业收入、利润与资产情况

山东出版 2022 年度营业收入为 1 121 502.43 万元，总资产为 2 056 632.02 万元，营业利润为 166 750.82 万元，投资收益为 3234.18 万元，每股收益为 0.81 元。

山东出版 2022 年度期刊业务的总营业收入为 2327.78 万元。

4. 营业支出情况

山东出版 2022 年度营业支出为 948 936.61 万元，研发投入为 1701.98 万元。

山东出版 2022 年度期刊业务的总支出为 2405.35 万元。

5. 员工情况

山东出版 2022 年度总员工数量为 9224 人，硕博员工数量为 597 人。

（五）新华文轩出版传媒股份有限公司

1. 主营业务

新华文轩出版传媒股份有限公司（以下简称"新华文轩"）主营业务包括出版业务、阅读服务业务、教育服务业务等。

2. 期刊版块信息

截至 2022 年，检索发现新华文轩出版 2 种科技期刊——《大自然探索》和《西部特种设备》。

3. 营业收入、利润与资产情况

新华文轩 2022 年度营业收入为 1 093 030.25 万元，营业利润为 141 467.61 万元，总资产为 2 065 138.76 万元，每股收益为 1.13 元，投资收益为 11 185.60 万元。

新华文轩期刊业务的总营业收入为 4051.04 万元，发行收入为 3999.42 万元，广告收入为 51.62 万元。

4. 营业支出情况

新华文轩 2022 年度营业支出为 944 034.17 万元，研发投入为 1416.67 万元，对外股权投资支出为 1472.23 万元。

新华文轩 2022 年度期刊业务的总支出为 1940.48 万元，印刷支出为 1673.39 万元，发行支出为 226.14 万元，广告、活动及其他支出为 40.95 万元。

5. 员工情况

新华文轩 2022 年度总员工数量为 7947 人，硕博员工数量为 495 人，研发人员数量为 35 人。

（六）南方出版传媒股份有限公司

1. 主营业务

南方出版传媒股份有限公司（以下简称"南方传媒"）的主营业务包括图书、报刊、电子音像出版物的出版和发行，以及印刷和印刷物资供应。

2. 期刊版块信息

截至 2022 年，检索发现南方传媒出版 5 种科技期刊——《药店周刊》《健康忠告》《名医》《中外玩具制造》《汽车与你》。

3. 营业收入、利润与资产情况

南方传媒 2022 年度营业收入为 905 458.60 万元，营业利润为 112 066.64 万元，总资产为 1 481 783.93 万元，每股收益为 1.06 元，投资收益为 5261.80 万元。

南方传媒 2022 年度期刊业务的总营业收入为 8671.31 万元，广告收入为 7781.98 万元，发行收入为 690.25 万元，服务与活动收入为 199.08 万元。

4. 营业支出情况

南方传媒 2022 年度营业支出为 794 220.23 万元，研发投入为 749.12 万元。

南方传媒 2022 年度期刊业务的总支出为 4491.23 万元，广告、活动及其他支出为 2345.69 万元，发行支出为 1338.49 万元，印刷支出为 807.05 万元。

5. 员工情况

南方传媒 2022 年度总员工数量为 7158 人，硕博员工数量为 577 人，编校人员数量为768人，研发人员为22人。

（七）长江出版传媒股份有限公司

1. 主营业务

长江出版传媒股份有限公司（以下简称"长江传媒"）的主营业务包括图书、期刊、报纸、音像制品、电子出版物的出版、发行、印制、物资贸易等。

2. 期刊版块信息

截至2022年，检索发现长江传媒出版1种科技期刊——《湖北应急管理》。

3. 营业收入、利润与资产情况

长江传媒2022年度营业收入为629 503.92万元，营业利润为79 575.68万元，总资产为1 247 183.14万元，每股收益为0.60元，投资收益为15 988.79万元。

长江传媒2022年度期刊业务的总营业收入为17 448.00万元，发行收入为14 085.00万元，服务与活动收入为3363.00万元。

4. 营业支出情况

长江传媒2022年度营业支出为547 902.64万元，研发投入为2224.41万元，对外股权投资支出为13 100.00万元。

长江传媒2022年度期刊业务的总支出为7189.00万元，其中印刷支出为3978.00万元，发行支出为236.00万元，编录经费及其他支出为2975.00万元。

5. 员工情况

长江传媒2022年度总员工数量为4967人，硕博员工数量为590人，研发人员为152人。

（八）时代出版传媒股份有限公司

1. 主营业务

时代出版传媒股份有限公司（以下简称"时代出版"）的主要业务包括图书、

期刊、全媒体出版策划经营及印刷复制、传媒科技研发、股权投资等。

2. 期刊版块信息

截至2022年，检索发现时代出版出版4种科技期刊——《工程与建设》、《中兴通讯技术》、《中兴通讯技术（英文版）》（ZTE Communications）和《电脑知识与技术》。时代出版2022年度期刊总销售量为360.86万册。

3. 营业收入、利润与资产情况

时代出版2022年度营业收入为764 608.08万元，总资产为768 654.33万元，营业利润为35 044.91万元，每股收益为0.71元，投资收益为5184.70万元。

时代出版2022年度期刊业务的总营业收入为2328.36万元，发行收入为1798.36万元，广告收入为468.95万元，其他相关服务或活动收入61.05万元。

4. 营业支出情况

时代出版2022年度营业支出为729 503.14万元，研发投入为3322.38万元，对外股权投资支出为23 740.00万元，扶贫投入57.50万元。

时代出版2022年度期刊业务的总支出为1482.58万元，印刷支出为1350.41万元，稿费支出为34.19万元，编录经费支出为97.98万元。

5. 员工情况

时代出版2022年度总员工数量为2255人，其中编校人员数量为412人，硕博员工数量为388人，研发人员为519人。

（九）中国出版传媒股份有限公司

1. 主营业务

中国出版传媒股份有限公司（以下简称"中国出版"）的主要业务包括图书、报纸、期刊、电子音像等出版物的出版和发行。

2. 期刊版块信息

截至2022年，检索发现中国出版出版5种科技期刊——《机器人外科学杂志

（中英文）》《天天爱科学》《百科知识》《现代音响技术》《城镇建设》。中国出版2022年度期刊总销售量为1530.36万册。

3. 营业收入、利润与资产情况

中国出版2022年度营业收入为614 124.88万元，营业利润为72 423.56万元，总资产为1 486 219.60万元，每股收益为0.36元，投资收益为10 977.53万元。

中国出版2022年度期刊业务的总营业收入为24 066.75万元，发行收入为12 590.55万元，广告收入为11 468.69万元，服务与活动收入为7.51万元。

4. 营业支出情况

中国出版2022年度营业支出为563 188.64万元，研发投入为4402.20万元，对外股权投资支出为5171.65万元。

中国出版2022年度期刊业务的总支出为17 196.38万元，其中印刷支出为4263.11万元，广告、活动及其他支出为1931.16万元，发行支出为11 002.11万元。

5. 员工情况

中国出版2022年度总员工数量为3904人，硕博员工数量为1392人，研发人员数量为201人。

（十）北方联合出版传媒（集团）股份有限公司

1. 主营业务

北方联合出版传媒（集团）股份有限公司（以下简称"出版传媒"）的主要业务包括图书、期刊、电子音像出版物的出版、发行和印刷，以及印刷物资供应和票据印刷等。

2. 期刊版块信息

截至2022年，检索发现出版传媒出版2种科技期刊——《汽车维修技师》和《城市环境设计》。出版传媒2022年度期刊总销售量为307.59万册。

3. 营业收入、利润与资产情况

出版传媒2022年度营业收入为261 115.77万元，总资产为420 376.17万元，营业利润为7447.59万元，每股收益为0.14元，投资收益为758.95万元。

出版传媒2022年度期刊业务的总营业收入为1106.76万元。

4. 营业支出情况

出版传媒2022年度营业支出为260 349.46万元，研发投入为1488.37万元，对外股权投资支出为2405.70万元。

出版传媒2022年度期刊业务的总支出为631.77万元。

5. 员工情况

出版传媒2022年度总员工数量为2090人，硕博员工数量为303人，编校人员数量为338人，研发人员数量为53人。

（十一）中国科技出版传媒股份有限公司

1. 主营业务

中国科技出版传媒股份有限公司（以下简称"中国科传"）的主要业务包括图书出版业务、期刊业务、出版物进出口业务和知识服务业务等。

2. 期刊版块信息

截至2022年，中国科传出版期刊554种，其中，中文期刊254种，英文期刊276种，中英文期刊5种，法文期刊19种；共有101种期刊被SCI收录，其中36种期刊处于Q1区，4种期刊影响因子在国际同学科期刊中排名第一，16种期刊的影响因子居国际同学科期刊排名前10%。根据2023年6月科睿唯安（Clarivate Analytics）公布的2022年度《期刊引证报告》（Journal Citation Reports，JCR），中国科传主办和出版的英文期刊SCI影响因子普遍得到显著提升。《国家科学评论》2022年影响因子为20.6，创历史新高，在世界综合类科技期刊中排名第四；《能源化学》2022年影响因子达到13.1，在全球应用化学领域期刊中排名第二。中国科传海外分支机构法国 EDP Sciences 出版的期刊中，有 35 种被 SCI/ESCI 收录，2 种期刊位居国际同领域期刊排名 Q1 区，其中《天文学与天体物理学》（*Astronomy & Astrophysics*，*A&A*）是世界三大天文学原创研究论文发表期刊之一，2022 年影响因子达到 6.5。中国科传与爱思唯尔合资创办的科爱公司共有 38 种期刊获得影响因子，其中 21 种 SCIE 期刊全部进入 Q1 区，另有 1 种 A&HCI 期刊、16 种 ESCI 期刊首次获得影响因子。《生物活性材料》2022 年影响因子 18.9，连续三年在全球生物材料领域期刊中排名第一。

中国科传 2022 年度期刊总销售量为 88.81 万册。

3. 营业收入、利润与资产情况

中国科传 2022 年度营业收入为 270 897.66 万元，营业利润为 48 440.19 万元，总资产为 678 853.94 万元，每股收益为 0.59 元，投资收益为 3782.65 万元。

中国科传 2022 年度期刊业务的总营业收入为 18 181.46 万元。

4. 营业支出情况

中国科传 2022 年度营业支出为 226 503.28 万元，研发投入为 435.56 万元。

中国科传 2022 年度期刊业务的总支出为 11 722.13 万元，印刷支出为 2459.36 万元，编录经费及其他支出为 7063.87 万元，稿费支出为 1905.37 万元，纸张支出为 293.54 万元。

5. 员工情况

中国科传 2022 年度总员工数量为 1379 人，其中硕博员工数量为 659 人，编校人员数量为 715 人，研发人员数量为 125 人。

（十二）读者出版传媒股份有限公司

1. 主营业务

读者出版传媒股份有限公司（以下简称"读者传媒"）的主要业务包括期刊、图书、教材教辅等纸质出版物的出版、发行、阅读服务及电子出版物、在线教育、文化创意等。

2. 期刊版块信息

截至 2022 年，检索发现读者传媒出版 1 种科技期刊——《飞碟探索》。读者传媒 2022 年度期刊总销售量为 7533.23 万册。

3. 营业收入、利润与资产情况

读者传媒 2022 年度营业收入为 129 146.73 万元，营业利润为 8440.71 万元，总资产为 244 815.45 万元，每股收益为 0.15 元，投资收益为 1365.27 万元。

读者传媒 2022 年度期刊业务的总营业收入为 19 050.83 万元，发行收入为 18 030.75 万元，广告收入为 1020.08 万元。

4. 营业支出情况

读者传媒 2022 年度营业支出为 124 141.61 万元，研发投入为 1014.2751 万元。

读者传媒 2022 年度期刊业务的总支出为 10 793.94 万元，其中印刷支出为 7658.17 万元，稿费支出为 331.49 万元，广告、活动及其他支出为 987.78 万元，发行支出为 1816.50 万元。

5. 员工情况

读者传媒 2022 年度总员工数量为 502 人，硕博员工数量为 164 人，研发人员数量为 33 人。

附录2 科技期刊平台相关的法律法规和政策

科技期刊平台相关法律法规和政策	颁布时间	修订	颁布机构	和平台相关的内容	对科技期刊平台建设的指导意义

一 科技发展相关法律法规和政策

1	《中华人民共和国科学技术进步法》	1993-7-2	2007-12-29第一次修订，2021-12-24第二次修订	全国人民代表大会常务委员会	第十三条 国家制定和实施知识产权战略，建立和完善知识产权制度，保护知识产权，激励自主创新。营造尊重知识产权的社会环境。社会组织和科学技术人员应当增强知识产权意识，增强自主创新能力，提高知识产权的运用、保护、管理和服务知识产权的能力，提高知识产权质量。第三十一条 国家鼓励企业、科学技术研究开发机构、高等学校和其他组织建立优势互补、分工明确、成果共享、风险共担的合作机制，按照市场机制联合组建研究开发平台、技术创新联盟、创新联合体等，协同推进研究开发与科技成果转化，提高科技成果转化效能	从平台的角度，可以协同推进研究开发与科技成果转化，提高科技与知识产权转移转化成效，同时保护知识产权

二 科技期刊相关法律法规和政策

1	《出版管理条例》	2001-12-25	2011-3-19第一次修订，2013-7-18第二次修订，2014-7-29第三次修订，2016-2-6第四次修订，2020-11-29第五次修订	国务院	第三十六条 通过互联网等信息网络从事出版物发行业务的单位或者个体工商户，应当依照本条例规定取得《出版物经营许可证》。提供网络交易平台服务的经营者应当对申请通过网络交易平台从事出版物发行业务的单位或者个体工商户的经营主体身份进行审查，验证其《出版物经营许可证》。第六十一条 未经批准，擅自设立出版物的出版、印刷或者复制、进口业务，擅自从事出版物的出版、印刷或者复制、进口、发行业务，假冒出版单位名称或者伪造、假冒报纸、期刊名称出版出版物的，由出版行政主管部门、工商行政管理部门依照法定职权予以取缔；依照刑法关于非法经营罪、假冒单位名称罪或者伪造、假冒报纸、期刊名称罪的规定，依法追究刑事责任；尚不够刑事处罚的，没收出版物，违法所得和从事违法活动的专用工具、设备，违法经营额1万元以上的，并处违法经营额5倍以上10倍以下的罚款；违法经营额不足1万元的，可以处5万元以下的罚款；侵犯他人合法权益的，依法承担民事责任	(1)通过互联网等信息网络从事出版物发行业务的单位应当依照本条例规定取得《出版物经营许可证》。(2)假冒出版单位名称或者伪造、假冒报纸、期刊名称出版出版物的，依照刑法关于非法经营罪的规定，依法追究刑事责任
2	《使用文字作品支付报酬办法》	2014-9-23		国家版权局	第十条 著作权人许可使用人以纸介质出版方式之外的其他方式使用文字作品，除合同另有约定外，使用者应当参照本办法规定的付酬标准和付酬方式付酬，报酬没有约定或者约定不明的，使用者应当将所得报酬扣除合理成本后的70%支付给著作权人。第十四条 著作权人许可使用人通过转授权方式在网络外出版作品，但对支付报酬没有约定或者约定不明的，使用者应当将所得报酬扣除合理成本后的70%支付给著作权人。除合同另有约定，使用数字或者网络环境下使用文字作品，可以参照本办法规定的付酬标准和付酬方式付酬，在数字或者网络环境下使用文字作品，除合同另有约定外，使用者可以参照本办法规定的付酬标准和付酬方式付酬	作者和期刊的合同应该明确可以授权放到的数据库或数字网络环境，并注明授权期限。在数字或者网络环境下使用文字作品，使用者可以参照本办法规定的付酬标准和付酬方式付酬

附录2 执笔：韩燕丽。

---

① 附录2 执笔：韩燕丽。

续附录 2

科技期刊平台相关政策	颁布时间	修订	颁布机构	和平台相关的内容	对科技期刊平台建设的指导意义
3 《网络出版服务管理规定》	2016-2-4		国家新闻出版广电总局、工业和信息化部	第四条 国家新闻出版广电总局作为网络出版服务的行业主管部门,工业和信息化部作为互联网行业主管部门,依据职责分工,分别负责对全国网络出版服务实施相应的监督管理。地方人民政府各级出版行政主管部门和各级电信主管部门依据各自职责对本行政区域内网络出版服务及接入服务实施监督管理工作并做好配合工作。 第七条 从事网络出版服务,必须依法经过出版行政主管部门批准,取得《网络出版服务许可证》。 第八条 从事网络出版服务活动的,应当具备以下条件: (一)有确定的从事网络出版业务的网站域名、智能终端应用程序等出版平台; (二)有确定的从事网络出版服务范围; (三)有从事网络出版服务所需的必要的技术设备,相关服务器和存储设备必须存放在中华人民共和国境内。 第十四条 《网络出版服务许可证》有效期为5年。有效期届满,需继续从事网络出版服务的,应于有效期届满60日前按本规定第十一条的程序提出申请。出版行政主管部门应当在该许可证有效期届满前作出是否合于延续的决定。批准的,换发《网络出版服务许可证》;保障网络出版物出版质量。 第二十三条 网络出版服务单位实行编辑责任制度,责任校对制度等管理制度,保障网络出版物出版质量。 在网络上出版其他出版单位已在境内合法出版的作品目不改变原出版内容的,须在网络出版物的相应页面显著标明原出版单位名称以及书号、刊号,网络出版物号或者网址信息。 第二十四条 网络出版物不得含有以下内容: (一)反对宪法确定的基本原则的; (二)危害国家统一、主权和领土完整的; (三)泄露国家秘密、危害国家安全或者损害国家荣誉和利益的; (四)煽动民族仇恨、民族歧视,破坏民族团结,或者侵害民族风俗、习惯的; (五)宣扬邪教、迷信的; (六)散布谣言,扰乱社会秩序,破坏社会稳定的; (七)宣扬淫秽、色情、赌博、暴力或者教唆犯罪的;	①国家新闻出版广电总局作为网络出版服务的前置审批机构,负责监督管理网络出版工作。工业和信息化部为互联网行业主管部门,依据职责对全国网络出版服务实施相应的监督管理。②从事网络出版服务,必须依法经过出版行政主管部门批准,取得《网络出版服务许可证》。③《网络出版服务许可证》有效期为5年,有效期届满,应再次提出申请。④网络出版服务单位实行责任编辑制度,应确保相关出版物内容;⑤网络出版服务也要注意重大选题制度。 备案:⑥不得未成年人保护。⑦网络出版服务单位实行年度核验制度,年度核验每年进行一次

续附录 2

	科技期刊平台相关政策	颁布时间	修订	颁布机构	和平台相关的内容	对科技期刊平台建设的指导意义
4	《关于深化改革培育世界一流科技期刊的意见》	2019-8-16		中国科协、中宣部、教育部、科技部	（八）侮辱或者诽谤他人，侵害他人合法权益的；（九）危害社会公德或者民族优秀文化传统的；（十）有法律、行政法规和国家规定禁止的其他内容的。第二十五条 为保护未成年人合法权益，网络出版物不得含有诱发未成年人模仿违反社会公德和违法犯罪行为的内容，不得含有恐怖、残酷等妨害未成年人身心健康的内容，不得含有披露未成年人个人隐私的内容。第三十六条 网络出版服务单位按照国家新闻出版广电总局关于社会安定等方面有关重大选题的内容，应当按照涉及国家安全、社会安定等方面有关重大选题备案管理的规定办理备案手续。第三十七条 网络出版服务单位的重大选题未经备案手段，不得出版。第三十八条 直辖市出版行政主管部门负责对本行政区域内的网络出版服务单位实施年度核验包括网络出版服务单位的设立条件、登记项目、出版经营情况、年度核验内容，内部管理情况等出版质量，遵守法律法规、规范。	（1）总体要求：基本原则，建设目标：实现科技期刊数字化转型，有效提升我国科技期刊的国际传播力影响力。要求搭建新型传播平台，建设科技期刊国际传播平台。（2）重点任务中：全力推进数字化、集团化、专业化、国际化进程。建设科技期刊论文大数据中心。面向科技变革与产业变革前沿，按照国家政策和任务管理制度，鼓励引入企业协同办刊，在大数据、人工智能、工业互联网等方面探索与科技集团合作。发挥科技类企业技术、资本和人才的平台优势，推动产学研深度合作。发挥科研机构+企业"创新中国特色科技期刊发展模式，催生数字化知识服务平台。"高校+企业"新业态，强化政府、产业有效互动，依托出版集团和学会、高校等期刊集群。建设数字化网络首发，集成数字出版，数据出版，全媒体一体化出版，编辑加工，出版传播一体，探索论文网络首发，提供高效精准知识服务，推动科技期刊出版数字化转型升级
5	《出版业"十四五"时期发展规划》	2021-12-30		国家新闻出版署	九个主要方向中：“四、壮大数字出版产业。着力推出一批数字出版精品。大力发展数字出版新业态。做大做强数字出版企业。”“六、加强出版公共服务体系建设。增强出版公共服务效能，创新开展全民阅读活动。保障特殊群体基本阅读服务。提升乡村阅读服务水平。”“七、健全现代出版市场体系：推动市场主体做优做强。加强出版主体市场准入，健全现代出版市场体系。"	根据意见：全力推进数字化建设。引入企业力量，推动产业研审读合作，在大数据、人工智能、工业互联网、智能制造等方面探索多种协同办刊方式。建设全流程服务以及新型出版平台，探索全流程服务以及数字化转型升级。大力发展数字化数字出版业；加强公共服务体系建设；全现代化市场体系；健民走出去；相关平台和网下出版应遵守规范，遵守网上网下出版秩序守规范，加强出版主体做优做强。推动出版市场领域

续附表 2

	科技期刊平台相关政策	颁布时间	修订	颁布机构	和平台相关的内容	对科技期刊平台建设的指导意义
6	《关于推动学术期刊繁荣发展的意见》	2021-5-18		中宣部、教育部、科技部	"八、推动出版领域市场准入机制。完善出版领域市场准入机制。" 出去方式渠道：加强出版走出去内容建设。拓展出版走出去方式渠道：提高出版国际竞争力影响力。""九、提高出版业治理能力与管理水平：完善党管出版工作体制机制。规范网上出版秩序。加强著作权保护和运用。深化出版领域'放管服'改革。加强出版领域法规体系建设。" 四、加快融合发展 （六）推动数字化转型；（七）推进融合发展平台建设	科技期刊加快融合发展（1）推动数字化转型；（2）推进融合发展平台建设

三 平台建设相关法律法规和政策

1	《互联网信息服务管理办法》	2000-9-25	2011年1月8日修订	国务院	第三条 互联网信息服务分为经营性和非经营性两类。经营性互联网信息服务，是指通过互联网向上网用户有偿提供信息或者网页制作等服务的活动。非经营性互联网信息服务，是指通过互联网向上网用户无偿提供具有公开性、共享性的信息的服务活动。第四条 国家对经营性互联网信息服务实行许可制度；对非经营性互联网信息服务实行备案制度。未取得许可或者未履行备案手续的，不得从事互联网信息服务。第五条 从事新闻、出版、教育、医疗保健、药品和医疗器械等互联网信息服务，依照法律、行政法规以及国家有关规定须经有关主管部门审核同意的，在申请经营许可或者履行备案手续前，应当依法经有关主管部门审核同意。第十五条 互联网信息服务提供者不得制作、复制、发布、传播含有下列内容的信息：（一）反对宪法所确定的基本原则的；（二）危害国家安全，泄露国家秘密，颠覆国家政权，破坏国家统一的；（三）损害国家荣誉和利益的；（四）煽动民族仇恨、民族歧视，破坏民族团结的；（五）破坏国家宗教政策，宣扬邪教和封建迷信的；（六）散布谣言，扰乱社会秩序，破坏社会稳定的；（七）散布淫秽、色情、赌博、暴力、凶杀、恐怖或者教唆犯罪的；（八）侮辱或者诽谤他人，侵害他人合法权益的；（九）含有法律、行政法规禁止的其他内容的。	相关平台提供①互联网信息服务一定要经过许可或备案；②非经营性互联网信息服务提供者不得从事有偿服务

附录2 科技期刊平台相关的法律法规和政策

续附录2

	科技期刊平台相关政策	颁布时间	修订	颁布机构	和平台相关的内容	对科技期刊平台建设的指导意义
2	《信息网络传播权保护条例》	2006-5-18	2013年1月30日修订	国务院	第二条 权利人享有的信息网络传播权受著作权法和本条例保护。除法律、行政法规另有规定的外，任何组织或者个人未经权利人许可，不得通过信息网络向公众提供他人的作品、表演、录音录像制品。通过信息网络提供他人作品、表演、录音录像制品的，应当取得权利人许可，并支付报酬。第五条 未经权利人许可，不得进行下列行为：（一）故意删除或者改变通过信息网络向公众提供的作品、表演、录音录像制品上的权利管理电子信息，但由于技术上的原因无法避免删除或者改变的除外；（二）通过信息网络向公众提供明知或者应知未经权利人许可被删除或者改变权利管理电子信息的作品、表演、录音录像制品。第六条 通过信息网络提供他人作品，属于下列情形的，可以不经著作权人许可，不向其支付报酬	通过该条例了解未经权利人许可不得进行的行为，以及如何通过信息网络向公众提供信息作品等。提供信息网络全文的平台应该详细阅读该条例，确保拥有期刊全文的信息网络传播权，防止侵犯著作权人的信息网络传播权
3	《计算机软件保护条例》	2013-1-30	2001-12-20公布，2011-1-8第一次修订，2013-1-30第二次修订	国务院	为了保护计算机软件著作权人的权益，调整计算机软件在开发、传播和使用中发生的利益关系，鼓励计算机软件的开发与应用，促进软件产业和国民经济信息化的发展，根据《中华人民共和国著作权法》，制定本条例。软件著作权、软件著作权的许可使用和转让、按照本条例，附则	从事平台建设一定要仔细研究这部法律法规全文。注意软件软件著作权的保护、保护计算机软件著作权人的权益、防止侵权
4	《即时通信工具公众信息服务发展管理暂行规定》	2014-8-7		国家互联网信息办公室	第四条 即时通信工具服务提供者应取得法律法规规定的相关资质。第五条 即时通信工具服务提供者应当落实安全管理责任。第六条 即时通信工具服务提供者应按照"后台实名、前台自愿"的原则。第七条 即时通信工具服务使用者为从事公众信息服务活动开设公众账号，即时通信工具服务提供者应当对申请者进行审核，向互联网信息内容主管部门分类备案。第八条 即时通信工具服务提供者使用者从事公众信息服务活动，应当遵守相关法律法规。即时通信工具服务提供者一定仔细研究该规定全文	即时通信工具服务提供者应当取得即时通信工具服务从事互联网新闻信息服务资质。即时通信工具服务提供者应当自觉遵守，即时通信工具服务提供者应按照"后台实名、前台自愿"的原则，要求即时通信工具服务使用者通过真实身份信息认证后注册账号
5	《中华人民共和国网络安全法》	2016-11-7		全国人民代表大会常务委员会	第十条 建设、运营网络或者通过网络提供服务，应当依照法律、行政法规的规定和国家标准的强制性要求，采取技术措施和其他必要措施，保障网络安全、稳定运行，有效应对网络安全事件，防范网络违法犯罪活动，维护网络数据的完整性、保密性和可用性。第十五条 国家建立和完善网络安全标准体系。国务院标准化行政主管部门和国务院其他有关部门根据各自的职责，组织制定并适时修订有关网络安全管理以及网络产品、服务和运行安全的国家标准、行业标准	从事科技期刊平台建设需要高度关注法律法规全文。①国家标准的强制性要求、服务应当符合相关国家标准的强制性要求。②网络运营者应当要求用户提供真实身份信息，在与用户签订协议或者确认提供服务时，要求用户提供真实身份信息。③网络运营者对其收集的用户信息严格保密，并建立健全

续附录 2

科技期刊平台相关政策	颁布时间	修订	颁布机构	和平台相关的内容	对科技期刊平台建设的指导意义
				国家支持企业、高等学校、研究机构、行业标准的制定。 第二十一条 国家实行网络安全等级保护制度。 第二十二条 网络产品、服务应当符合相关国家标准的强制性要求。网络关键设备和网络安全专用产品应当按照相关国家标准的强制性要求，由具备资格的机构进行安全认证合格或者安全检测符合要求后，方可销售或者提供。 第二十三条 网络运营者为用户办理网络接入、域名注册服务，办理固定电话、移动电话等入网手续，或者为用户提供信息发布、即时通讯等服务，在与用户签订协议或者确认提供服务时，应当要求用户提供真实身份信息。 第二十五条 网络运营者应当制定网络安全事件应急预案，及时处置系统漏洞、计算机病毒、网络攻击、网络侵入等安全风险。 第二十六条 开展网络安全认证、检测、风险评估等活动，向社会发布系统漏洞、计算机病毒、网络攻击、网络侵入等网络安全信息，应当遵守国家有关规定。 第二十七条 任何个人和组织不得从事非法侵入他人网络、干扰他人网络正常功能、窃取网络数据等危害网络安全的活动；不得提供专门用于从事侵入网络、干扰网络正常功能及防护措施、窃取网络数据等危害网络安全活动的程序、工具；明知他人从事危害网络安全的活动的，不得为其提供技术支持、广告推广、支付结算等帮助。……	①网络运营者应当遵循合法、正当、必要的原则，公开收集、使用规则，明示收集、使用信息的目的、方式和范围
6	《具有舆论属性或社会动员能力的互联网信息服务安全评估规定》	2018-11-15		国家互联网信息办公室	具有舆论属性或社会动员能力的互联网信息服务提供者有下列情形之一的，应当依照本规定自行开展安全评估，并对评估结果负责，也可以委托第三方安全评估机构实施。 第四条 互联网信息服务提供者开展安全评估，应当对信息服务和新技术新应用的合法性，落实法律、行政法规、部门规章和本规定的安全管理措施的有效性，防控安全风险的有效性等情况进行全面评估，并重点评估存在安全隐患的内容（详细情形见该《规定》）。 第六条 互联网信息服务提供者安全评估中发现存在安全隐患及时整改，直至消除相关安全隐患	（一）开办论坛、博客、微博客、聊天室、通讯群组、公众账号、短视频、网络直播、信息分享、小程序等信息服务要了解相关内容； （二）开办具有发动社会公众从事特定活动能力的其他互联网信息服务，要或者具有提供公众舆论表达渠道能力提供的其他互联网信息服务，要认真研究相关规定； （三）互联网信息服务提供者在一定情形下应当依照本规定自行开展安全评估，并对评估结果负责

续附录 2

	科技期刊平台相关政策	颁布时间	修订	颁布机构	和平台相关的内容	对科技期刊平台建设的指导意义
7	《网络信息内容生态治理规定》	2019-12-15		国家互联网信息办公室	为了营造良好网络生态,保障公民、法人和其他组织的合法权益,维护国家安全和公共利益,根据《中华人民共和国网络安全法》《互联网信息服务管理办法》等法律、行政法规,制定本规定。主要内容涉及总则,网络信息内容生产者,网络信息内容服务平台,网络信息内容服务使用者,网络行业组织,监督管理,法律责任,附则几个部分	网络信息内容生产者、网络信息内容服务者、网络信息内容使用者、网络行业组织当仔细研究规定全文。以建立健全网络综合治理体系,以营造清朗的网络空间、建设良好的网络生态为目标,开展违法和不良信息的弘扬正能量、处置违法和不良信息等相关活动
8	《互联网用户公众账号信息服务管理规定》	2021-1-22		国家互联网信息办公室	为了规范互联网用户公众账号信息服务,维护国家安全和公共利益,保护公民、法人和其他组织的合法权益,根据本规定。主要内容包括:总则,公众账号信息服务平台,公众账号信息服务使用者,公众账号信息服务生产运营者,监督管理,附则	公众账号信息服务平台提供互联网用户公众账号信息服务,应当取得国家互联网信息服务行政法规规定的相关资质。公众账号信息服务生产运营者向社会公众提供互联网新闻信息服务,应当取得互联网新闻信息服务许可
9	《中华人民共和国个人信息保护法》	2021-8-20		全国人民代表大会常务委员会	第四条 个人信息是以电子或者其他方式记录的与已识别或者可识别的自然人有关的各种信息,不包括匿名化处理后的信息。个人信息的处理包括个人信息的收集、存储、使用、加工、传输、提供、公开、删除等。第十条 任何组织、个人不得非法收集、使用、加工、传输他人个人信息,不得非法买卖、提供或者公开他人个人信息;不得从事危害国家安全、公共利益的个人信息处理活动	从事平台建设一定要仔细研究这个法律法规全文。防止个人信息泄露、合理处置个人信息,防止采集过度,注意个人信息跨境提供的规则
10	《生成式人工智能服务管理办法(征求意见稿)》	2023-4-11		国家互联网信息办公室	第四条 提供生成式人工智能产品或服务应当遵守法律法规的要求,尊重社会公德、公序良俗。第五条 利用生成式人工智能产品提供聊天和文本、图像、声音生成等服务的组织和个人(以下称"提供者"),包括通过提供可编程接口等方式支持他人自行生成文本、图像、声音等,承担该产品生成内容生产者的责任;涉及个人信息的,承担个人信息处理者的法定责任,履行个人信息保护义务。第六条 利用生成式人工智能产品向公众提供服务前,应当按照《具有舆论属性或社会动员能力的互联网信息服务安全评估规定》向国家网信部门申报安全评估,并按照《互联网信息服务算法推荐管理规定》履行算法备案和变更、注销备案手续。第七条 提供者应当对生成式人工智能产品的预训练数据、优化训练数据来源的合法性负责。	研发、利用生成式人工智能产品,面向中华人民共和国境内公众提供服务的应认真研读本办法全文。利用生成式人工智能产品向公众提供服务前,应当按照《具有舆论属性或社会动员能力的互联网信息服务》向国家网信部门申报安全评估,并按照《互联网信息服务算法推荐管理规定》履行算法服务法律法规、注册备案手续

续附表 2

	科技期刊平台相关政策	颁布时间	修订	颁布机构	和平台相关的内容	对科技期刊平台建设的指导意义
					第八条 生成式人工智能产品研制中采用人工标注的，提供者应当制定符合本办法要求、清晰、具体、可操作的标注规则，对标注人员进行必要培训，抽样核验标注内容的正确性。 第九条 提供生成式人工智能服务应当按照《中华人民共和国网络安全法》规定，要求用户提供真实身份信息。 第十条 提供者应当明确并公开其服务的适用人群、场合、用途，采取适当措施防范用户过分依赖或沉迷生成内容	
11	《计算机信息网络国际联网安全保护管理办法》	1997-12-16		国务院批准 公安部发布	为了加强对计算机信息网络国际联网的安全保护，维护公共秩序和社会稳定，制定本办法。任何单位和个人不得利用国际联网危害国家安全、泄露国家秘密；不得违法犯罪下列的、社会的，集体的利益和公民的合法权益，不得从事违法犯罪活动。任何单位和个人不得从事下列危害计算机信息网络安全的活动（详细见该《办法》）。任何单位和个人不得从事下列危害计算机信息网络安全的活动（详细见该《办法》）。任何单位和个人不得从事违反法律规定，利用国际联网侵犯用户的通信自由和通信秘密受法律保护。任何单位和个人不得违反法律规定，利用国际联网业务的单位和个人需注意安全保护职责和公安机关的监管要求	从事国际联网业务的单位和公安机关的监管利用的需求；不注意安全保护职责和公安机关不得利用，查管要求。任何单位和个人不得危害国家安全、泄露国家秘密；不得违反法律规定，利用国际联网侵犯用户的通信自由和通信秘密
12	《负责任研究行为规范指引（2023）》	2023-12		科技部监督司	为引导科研人员和科研机构、高等学校、医疗卫生机构、科技部监督司组织编写了《负责任研究行为规范指引》，开展负责任的科学研究、企业等（以下统称"科研单位"）开展负责任的科学研究，从研究选题与实施、数据管理、成果署名、成果发表、同行评议、伦理审查、知识产权保护，学术交流与合作等方面，提出了科学研究实践中应普遍遵循的科学道德准则和学术研究规范	在研究选题与实施、数据管理、文献引用、成果署名、成果发表、同行评议、伦理审查、知识产权保护，学术交流与合作等注意行为规范

四 科学数据相关法律法规和政策

		颁布时间	修订	颁布机构	和平台相关的内容	对科技期刊平台建设的指导意义
1	《国家科技资源共享服务平台管理办法》	2018-2-24		科技部 财政部	为深入实施创新驱动发展战略，下简称国家平台），推进科技资源开放共享，规范管理国家科学数据开放共享、提高资源利用效率，促进创新创业，制定本办法。明确了国家平台建设和数据管理的角度，推进创新创业，制定本办法。明确了国家平台建设和数据提交、保存、交互共享政策，以及国家科技平台的管理组件、评价等	从平台建设和数据管理的角度，推动数据资源利用效率，促从资源共享提交、保存、交互共享等
2	《科学数据管理办法》	2018-3-17		国务院办公厅	第十条 科学数据中心承担科学领域数据开放共享的重要载体，由主管部门委托科学数据相关领域的整合汇交工作，主要职责是： （一）负责承担本领域科学数据的分类、加工整理和分析挖掘； （二）保障科学数据安全，依法依规推动科学数据开放共享； （三）加强国内外科学数据方面交流合作	从平台的角度执行（一）相关领域科学数据的整合汇交；（二）关注科学数据分级分类、加工整理数据共享、分析挖掘；（三）保障科学数据安全，推动科学数据开放共享；（四）做好和相关科学数据开放的交互链接

附录2 科技期刊平台相关的法律法规和政策

续附表2

	科技期刊平台相关政策	颁布时间	修订	颁布机构	和平台相关的内容	对科技期刊平台建设的指导意义
3	《中华人民共和国数据安全法》	2021-6-10		全国人民代表大会常务委员会	在中华人民共和国境内开展数据处理活动要认真研读本法	在中华人民共和国境内开展数据处理活动应认真研读本法。开展数据处理活动应当坚持总体国家安全观，建立健全数据安全治理体系，提高数据安全保障能力，涉及数据安全制度、数据安全保护、政务数据安全与开放等
4	《中共中央国务院关于构建数据基础制度更好发挥数据要素作用的意见》	2022-12-2		国务院	为加快构建数据基础制度，充分发挥我国海量数据规模和丰富应用场景优势，激活数据要素潜能，做强做优做大数字经济，增强经济发展新动能，构筑国家竞争新优势，合规使用的数据产权制度；建立公平高效、合规使用的数据产权制度；建立公平合理、合规流通的数据流通和交易制度；弹性包容的数据治理制度；保障措施	从平台建设和数据管理的角度，建立数据产权制度，在国家数据分类分级保护制度下，推进数据跨境流通交易。有序发展数据跨境流通交易。主要内容涉及：总体要求；建立保障数据来源可确认、使用范围可界定、流通过程可追溯、安全风险可防范的数据可信流通体系。完善数据内部收益的再分配调节机制，企业创新内部数据合规管理体系，不断探索完善数据基础制度
5	"数据要素×"三年行动计划(2024—2026)开征求意见	2023年12月16日至2023年12月22日公开征求意见		国家数据局等17部门	以推动数据要素高水平应用为主线，充分发挥数据要素价值，实现经济规模和效率中的倍增效应。相应经济规模和效率中的倍增效应。相应经济规模和效率中将通过提升数据供给水平、优化数据流通环境、加强数据安全保障等多重保障措施，促进我国数据资源优势转化为经济发展新优势。推动科技重大项目等方面的科学数据基础设施建设，科技重大项目产生的科学数据资源建设，支持和强化高质量科学数据库建设，推进货运奇泰数据，实现货运运输一次委托、结算数据，费用一次结算，货物、车辆、交通运输高质量发展；提出，推动科研机构、龙头企业等开展行业性工智能大模型训练数据支撑领域，药物研发等领域，以数智融合加速技术创新和产业升级	推动科学数据有序开放共享，促进各类数据基础设施、科技重大项目等产生的各类科学数据互联互通，完善数据资源体系，打造高质量科学数据集，以科学数据支撑构建人工智能大模型训练数据集

续附录 2

五 科研伦理和科研诚信相关法律法规和政策

	科技期刊平台相关政策	颁布时间	修订	颁布机构	和平台相关的内容	对科技期刊平台建设的指导意义
1	《关于进一步加强科研诚信建设的若干意见》	2018-05-30		中共中央办公厅、国务院办公厅	诚进一步加强科研诚信建设，营造诚实守信的良好科研环境提出：总体要求（指导思想、基本原则），完善科研诚信管理工作机制和责任体系，加强科研活动全流程诚信管理，进一步推进科研诚信制度化建设，切实推进科研诚信的教育和宣传，严肃查处违背科研诚信要求的行为，加快推进科研诚信信息化建设，保障措施。提出以习近平新时代中国特色社会主义思想为指导，落实党中央、国务院关于科研诚信体系建设的总体要求，以优化科技创新环境为目标，以推进科研诚信制度化建设为重点，以健全监督与惩戒机制为保障，全覆盖、零容忍、严肃查处违背科研诚信要求的行为，坚持无禁区，坚持共治的科研诚信建设新格局，营造诚实守信、追求真理、崇尚创新、鼓励探索、勇攀高峰的良好氛围，为建设世界科技强国奠定坚实的社会文化基础。从平台的角度：加强科研诚信平台、地方科研诚信信息系统与全国信用信息共享平台、国家科技管理信息系统互联互通，逐步推动科研诚信信息系统分权限实现信息共享，为实现跨部门跨地区联合惩戒提供支撑	从平台的角度：明确科研诚信建设各主体的职责，强调学术期刊应充分发挥在科研诚信建设中的作用
2	《学术出版规范 期刊学术不端行为界定》	2019-5-29		国家新闻出版署	标准界定了学术期刊论文出版过程中各类学术不端行为的判断和处理。本标准适用于学术期刊论文出版过程中各类学术不端行为的判断和处理。主要内容包括：术语和定义；论文作者学术不端行为类型；审稿专家学术不端行为类型；编辑者学术不端行为类型	从平台的角度：明确学术不端行为的界定，防范学术不端问题，同时建设学术不端黑名单等
3	《关于进一步弘扬科学家精神加强作风和学风建设的意见》	2019-6-11		中共中央办公厅、国务院办公厅	为激励和引导广大科技工作者追求真理、勇攀高峰，加快培育促进科技事业发展的强大精神动力，共同遵循的价值理念，在全社会营造尊重科学、尊重人才的良好氛围，自觉践行、大力弘扬新时代科学家精神，加快形成风清气正的科研环境，提出：总体要求（指导思想、主要目标，基本原则），自觉践行、大力弘扬新时代科学家精神，加快转变政府职能，构建良好科研生态：加强宣传，营造尊重人才、尊崇创新的舆论氛围、保障措施	编辑与出版，著作权管理、学术不端防范等方面可参考准则与规范
4	《科技期刊出版伦理规范》	2019-9-25		中国科学技术协会	科技论文写作与投稿、同行评议、编辑与出版、著作权管理、学术不端防范测和统计、防范学术不端的技术手段等方面可参考准则与规范	平台建设要遵循《科技期刊相关出版伦理规范》，不违背与投稿、同行评议、编辑与出版、著作权管理、学术不端检测和统计、防范学术不端的技术手段等方面可参考准则与规范

附录2 科技期刊平台相关的法律法规和政策

续附录2

	科技期刊平台相关政策	颁布时间	修订	颁布机构	和平台相关的内容	对科技期刊平台建设的指导意义
5	《学术出版第三方服务的边界蓝皮书(2020年版)》	2020-7		施普林格·自然出版集团与中国科学技术信息研究所联合制定发布	·有些第三方服务机构利用研究人员的发表压力,通过提供不当服务来操纵出版过程,其中最突出的做法是操纵同行评审和代写代发。《蓝皮书》对这两种学术不端行为的典型特征和操作作进行了分析梳理,并就可接受服务与不可接受服务提供了一整套详细的指引,覆盖了整个研究过程中第三方服务不当行为,有助于研究机构可能提供的各种服务——从数据收集到稿件准备,再到研究成果的发表和传播等	·有些第三方服务现在大部分是通过平台实现。研究典型第三方服务不当行为,有助于研究机构可能提供的各种服务——从平台的角度回避相关问题
6	《网络安全标准实践指南-人工智能伦理安全风险防范指引》	2021-1		全国信息安全标准化技术委员会	相关组织个人开展人工智能研究开发、设计制造、部署应用等相关活动,应参行本指南	本实践指南依据法律法规要求及社会价值观,针对人工智能伦理安全风险,给出了安全风险防范措施,为相关组织或个人在各领域开展人工智能研究开发、设计制造和部署应用等活动提供指引
7	《中国科协全国学会科技出版伦理道德公约》	2022-2		211家中国科协全国学会	倡议科研人员、期刊编辑和审稿人破除"圈子"文化和利益纽带,加强行为自律,抵制各种情、关系稿,确保出版过程观公正,保证我国科技事业高质量发展。呼吁广大科研人员遵守科研活动规范,确保研究成果真实可信,坚守学术诚信,认真保存实验数据,不抄袭、剽窃他人代技论文、要格守出版伦理规范,篡改研究数据、研究结论,不通过第三方购买,代写、"挂名",不在他人论著时,审稿拉合理引用等情形,坚决抵制一稿多投、重复发表,抄袭剽窃,弄虚作假等行为	
8	《新一代人工智能伦理规范》	2021-9-25		国家新一代人工智能治理专业委员会	从事人工智能相关活动应参研读全文	将伦理道德融入人工智能全生命周期,为从事人工智能相关活动的自然人、法人和其他机构等提供伦理指引
9	《关于加强科技伦理治理的指导意见》	2022-3		中共中央办公厅、国务院办公厅	主要内容涉及总体要求,明确科技伦理治理原则,健全科技伦理治理体系,加强科技伦理治理制度保障,强化科技伦理审查和监管,深入开展科技伦理教育和宣传	从事生命科学、医学、人工智能等科技活动的单位,研究内容涉及科技伦理敏感领域的,应设立科技伦理(审查)委员会。还应该制定人工智能等重点领域的

续附录 2

	科技期刊平台相关政策	颁布时间	修订	颁布机构	和平台相关的内容	对科技期刊平台建设的指导意义
10	《科研失信行为调查处理规则》	2022-8		科技部等二十二部门	为规范科研失信行为调查处理工作，贯彻中共中央办公厅、国务院办公厅《关于进一步加强科研诚信建设的若干意见》的精神，制定本规则。针对在科学研究及相关活动中发生的违反科研行为准则与规范的行为，有关主管部门和高等学校、科研机构、医疗卫生机构、企业、社会组织等单位对科研失信行为不得证据包庇，任何单位和个人不得阻挠、干扰科研失信行为的调查处理	科技伦理规范、指南等，完善科技伦理相关标准，明确科技伦理要求，引导科技人员和科技机构合规开展科技活动
11	《涉及人的生命科学和医学研究伦理审查办法》	2023-2-18	卫生部《涉及人的生物医学研究伦理审查办法（试行）》(2007-1-11);国家卫生计生委《涉及人的生物医学研究伦理审查办法》(2016-9-30)	国家卫生健康委、教育部、科技部和国家中医药局	学术期刊在刊发涉及人的生命科学和医学研究成果时，应当确认该研究经过伦理审查委员会的批准。研究者应当提供相关证明	学术期刊有责任确保发表的相关研究成果符合科研伦理方面要求
12	《学术出版中AIGC使用边界指南》	2023-9		国内，中国科学技术信息研究所（简称"中信所"）牵头联合爱思唯尔、施普林格·自然、约翰·威立国际出版公司，共同编制	使用 AIGC 的平台建议研读全文	避免 AIGC 可能会被滥用成为"学术造假"的工具，产生诸如著作权归属、学术不端、算法黑箱、数据和隐私保护、内容虚假等科技伦理问题

续附录 2

	科技期刊平台相关政策	颁布时间	修订	颁布机构	和平台相关的内容	对科技期刊平台建设的指导意义
13	《科技伦理审查办法（试行）》	2023-9-7		科技部、教育部、工业和信息化部、农业农村部、卫生健康委、中国科学院、中国社科院、中国工程院、中国科协、中央军委科技委	第三条 开展以下科技活动应依照本办法进行科技伦理审查：（一）涉及以人为研究参与者的科技活动，包括以人为测试、调查、观察等研究活动的对象，以及利用人类生物样本、个人信息数据等的科技活动；（二）涉及实验动物的科技活动；（三）不直接涉及人或实验动物为研究对象，但可能在生命健康、生态环境、公共秩序、可持续发展等方面带来伦理风险挑战的科技活动；（四）依据法律、行政法规和国家有关规定需要进行科技伦理审查的其他科技活动。第十五条 科技伦理（审查）委员会应按照以下重点内容和标准开展审查：（五）涉及数据和算法的科技活动，数据的收集、存储、加工、使用等处理活动以及研究开发数据新技术等应符合国家数据安全和个人信息保护等有关规定，数据安全风险监测及应急处置方案合理，算法、模型和系统的设计、实现、应用等遵守公平、公正、透明、可靠、可控等原则，符合国家有关要求，伦理风险评估审核和应急处置方案合理，用户权益保护措施全面得当。第四十二条 科技部负责建设国家科技伦理管理信息登记平台，为地方、相关行业主管部门加强科技伦理监督提供技术支撑。第四十三条 科技伦理审查结果应在设立登记平台进行登记。登记内容包括科技伦理（审查）委员会组成、章程、工作制度等，相关内容发生变化时应及时更新	
14	《负责任研究行为规范指引（2023）》	2023-12		科技部科研诚信建设联席会议办公室	科技部等部门组织编写了《负责任研究行为规范指引》，提出了科学研究实践中应普遍遵循的科学道德准则和学术研究规范。主要内容涉及研究选题、学术交流与合作、数据管理、成果署名、成果发表、文献引用、知识产权保护、培养指导、监督管理。科研数据管理方面提出：存和使用应符合数据管理规定。建立研究数据管理制度和质量控制体系，对数据的采集、记录、加工、分析、归档、使用、共享、保密、安全作出明确规定。参考或借鉴他人观点或成果时应恰当方式准确引用，并尊重他人知识产权。使用生成式人工智能生成的内容，特别是涉及事实和观点等关键内容的，应明确标注并说明其生成过程，确保真实准确和尊重他人知识产权	从平台建设的角度：建立期刊相关的研究数据的管理制度，对数据的采集、汇交、保存、归属、使用、共享等等作出明确规定。保障研究数据的采集、保存和使用应规范，准确、可追溯、可查询、规范管理数据、准确、可审核和数据质量平台出发的文章应对已发表成果使用规范引用。使用他人已发表图表或图片的，应取得版权所有者许可并在许可的范围内使用，同时注明来源或出处。也应注意知识产权。使用人工智能生成图表或图的，应事先注明人工智能生成或出处

续附表 2

科技期刊平台相关政策	颁布时间	修订	颁布机构	和平台相关的内容	对科技期刊平台建设的指导意义
15	《科研诚信规范手册》	2023-12-13		国家自然科学基金委员会	落实学风建设行动计划的重要举措：一通过阐述科学研究、科研管理等活动中应该遵守的相关行为准则，重点说明所有科研人员、评审专家、科研机构和资助机构在科研诚信方面应当达到的行为标准；二说明有关科研诚信"不能做"的方面，即"有问题"的行为；三是对科研天端行为做出说明。与科研有关的内容包括数据与图片、涉及人类参与者的研究、成果署名与署名引文注释、署名与发表、学术评议、处理利益冲突等方面规范和应当承担的责任。将原来一般性的科研行为规范进一步扩展到重复性、数据管理与共享制度、研究的浪费、利益冲突、负责任的科研与创新及科研环境等深层次问题，增加了对这些问题的研究并注重完善相关管理政策和措施	平台建设应遵守科研诚信的相关规定，从平台建设的角度，落实科研诚信规范

六 版权和知识产权相关法律法规和政策

1	《中华人民共和国著作权法》	1990-9-7	2001年10月27日第一次修正 2010年2月26日第二次修正 2020年11月11日第三次修正	全国人民代表大会常务委员会	和学术出版相关的： 第三条 本法所称的作品，是指文学、艺术和科学领域内具有独创性并能以一定形式表现的智力成果，包括： （一）文字作品； （二）口述作品； （六）视听作品； （八）计算机软件； （九）符合作品特征的其他智力成果。 第十条 著作权包括下列人身权和财产权： （一）发表权，即决定作品是否公之于众的权利； （二）署名权，即表明作者身份，在作品上署名的权利； （三）修改权，即修改或者授权他人修改作品的权利； （四）保护作品完整权，即保护作品不受歪曲、篡改的权利； （五）复制权，即以印刷、复印、拓印、录音、录像、翻录、翻拍、数字化等方式将作品制作一份或者多份的权利； （六）发行权，即以出售或者赠与方式向公众提供作品的原件或者复制件的权利； （十二）信息网络传播权，即以有线或者无线方式向公众提供，使公众可以在其选定的时间和地点获得作品的权利； （十三）摄制权，即以摄制视听作品的方法将作品固定在载体上的权利； （十四）改编权，即通过改变作品，创作出具有独创性的新作品的权利； （十五）翻译权，即将作品从一种语言文字转换成另一种语言文字的权利； （十六）汇编权，即将作品或者作品的片段通过选择或者编排，汇集成新作品的权利； （十七）应当由著作权人享有的其他权利	平台建设应遵守著作权法的条款，做好著作权保护。既要保护学术成果相关的人身权和财产权，做好作品转让和授权，约定好细节，方便合法的传播和再使用